本书为国家社会科学基金项目"《群书治要》中的德福观研究"
（编号：19BZX123）结项成果

德福一致

《群书治要》中的德福观

刘余莉　聂菲璘　著

人民出版社

目　录

绪　论

中国的史籍书林之中蕴涵着十分丰富的治国理政的历史经验，其中包含着许多涉及国家、社会、民族及个人的成与败、兴与衰、安与危、正与邪、荣与辱、义与利、廉与贪等方面的经验与教训。自 2015 年元旦开始，习近平主席在发表新年贺词时，书架上都摆放着一部经世之作——《群书治要》，这部经典出现在习近平主席的书架上绝非偶然。《群书治要》不仅奠定了"贞观之治"的思想理论基础，而且是一部与开创盛世关系密切的宝典。深入研究《群书治要》可以发现，德福一致思想贯穿始终。

一、《群书治要》——开创盛世的经典

《群书治要》是唐太宗于贞观之初为求治国良策而令魏徵、虞世南、褚亮、萧德言等社稷之臣，以"务乎政术""本求治要"为宗旨，整理历代帝王治国资政史料，撷取上始五帝、下尽晋年之间，经、史、子部典籍之中有关修身、齐家、治国、平天下之精要，汇编而成的资政巨著。全书收录典籍六十八部，凡五十卷，五十余万字。难能可贵的是，《群书治要》摘录的少数原著在五代之后便已失传，唯有《群书治要》保留了其精华内容，如《尸子》《昌言》《典论》《政要论》《体论》《典语》《傅子》《袁子正书》等，这使得《群书治要》的研究具有更加重要的文化价值。

唐太宗阅读《群书治要》手不释卷，感慨"览所撰书，博而且要，

见所未见，闻所未闻，使朕致治稽古，临事不惑"¹。《群书治要》不仅是魏徵向唐太宗进谏的重要理论依据，也是太宗创建"贞观之治"的思想源泉和理论基础。《群书治要》由日本遣唐使带回日本，成为日本天皇及皇子、大臣从政的参考书，帮助日本实现了承和、贞观两朝盛世。这使得《群书治要》被誉为开创盛世的经典。不仅如此，诚如魏徵在序言中所赞叹的，此书实为一部"用之当今，足以鉴览前古；传之来叶，可以贻厥孙谋"的治世宝典，其中的治国理政思想，特别是关于国家盛衰的规律，具有普遍价值，历久弥新，不仅能"救弊于一时"，而且可"成法于万世"。

《群书治要》中德福观的内容贯穿全书，内容丰富翔实，论述全面深刻，对于当今实现道德教化深入人心具有重要的借鉴和参考价值。但中外学界系统研究《群书治要》德福观的论文或专著尚未出现。目前，对该书德福观的研究相对分散且不成体系，如刘余莉《〈群书治要〉十讲》中的《国家兴衰由于官德》一文，从七方面对比了盛世和衰世的特征：与民同乐，残害其民；考察历史，自骄自智；任用忠贤，听信奸佞；乐闻其过，乐闻其誉；反求诸己，怪罪他人；抑损情欲，纵欲享乐；天下为公，天下为私，以此论证了官德修养与国家兴衰的直接相关。² 萧祥剑《〈群书治要〉五十讲》中的《勤修善政，化解灾难》一文论述了传统社会应对灾害的古老智慧，指出反躬修德可化解灾难；《历史证明的因果律》一文通过列举史实，论证了善恶报应的因果原理，阐述了古圣先贤如何重视因果教化；《盛衰兴亡的规律》一文强调了道德教育关系国家兴衰。³

事实上，在中国传统社会，伦理道德教化能够行之有效，德福一致的观念深入人心是重要原因之一。德福一致的教育可以净化人心、安定社会。人人信因果，则不敢作恶而努力行善，此天下大治之道也；人人不信因果，则无法无天，甚至无恶不作，乃天下大乱之道也。德福一致观念是中国传统伦理型文化的重要特征，在中国传统道德教育中起着不可替代的重要作用。但由于历史原因，现代人对德福一致的思想质疑、误解甚至批判，以致不能理性对待因果规律。这与没有甚至不敢深入触碰并研究挖掘经典中的德福一致思想密不可分。习近平总书记在多次重要讲话中强调"国无德不兴，人无德不立"[4]，这为重新研究中国历史典籍中的德福一致观提供了新的契机。

因此，从学术上系统研究《群书治要》中蕴涵的德福观，不仅有助于完善对《群书治要》伦理思想的学术研究，还能深入认识《群书治要》德福观的道德实践价值，对于新时代实施深入人心、切实有效的道德教育，建设物质文明与精神文明相协调的现代化，实现中华民族伟大复兴，具有重要的理论意义和实践价值。

二、《群书治要》中的德福观——德福一致

德、福及其之间的关系始终是伦理学研究的重要范畴，中西方自古以来的圣贤哲人对此都有深刻思考。中华文化历史悠久，中华文明源远流长。作为中国传统文化的重要内容，德、福都是自上古就已出现的概念，对其理念及价值的探讨和实践贯穿整个中国历史。与西方哲人通过逻辑推理得出德福之间关系的研究方法不同，中国古代典籍不仅记载了大量关于德福关系的论述，还收录了丰富的个体及国家层面关于德福一致的历史验证。根据这些史实和论述，放眼历史长河，不仅可以得出德福一致的基本观点，还可以合理解释看似德福背离的现象。

（一）何谓德

"德"是中国传统文化中的一个核心概念，内涵极为丰富。从文字学方面考察，"德"的甲骨文写作㣆、㣉等，字形从行，直声，或从彳，直声。"行"本是道路，引申而有走路的意思；"彳"是"行"的省形，也是道路。"直"是眼睛直视向前（目上一竖，是古"直"字），引申为

正道，在此作为示义的声符，表示音读。"行（彳）""直"相合，以示遵行正道之意。

"德"的金文字形众多，例如𢛳、𢜳。有的字形仍从彳，直声，有的字形将"彳"改作"辵"，并在"直"下增加"心"，而形成"悳"，也就是从辵，悳声。金文"直"上增加的一点，后来演变为一横。"辵"和"彳"同义，而加"心"形，当是强调心理精神层次的正道规范。

"悳"是"德"的古字，"德"是"悳"的俗字。《说文解字》："德，升也。"[5]"悳，外得于人，内得于己也。"[6]段玉裁《说文解字注》注解"悳"曰："内得于己，谓身心所自得也；外得于人，谓悳泽使人得之也。"[7]身心自得就是"自觉"，德泽使人得之就是"觉他"。因此，"德"有自觉觉他之义，也就是《大学》开篇所讲的"明明德、亲民、止于至善"。

"德"有形而上层面的含义。"德"是由"道"而生，也就是从自性而发。《礼记·乐记》："德者，性之端也。"道是自然而然的规律，是宇宙万有的本体。道为德之体，德为道之用。《道德经》陆德明释文："德，道之用也。"[8]"德"是道的显现，是行道的方式。《大戴礼记·主言》："道者，所以明德也；德者，所以尊道也。"[9]《庄子·天地》："通于天地者，德也。""德"也是得道、通达于道的方式。《尸子·处道》："德者，天地万物得也。"《论语·述而》："据于德"，朱熹注："德者，得也，得其道于心而不失之谓也。"[10]《礼记·曲礼上》："道德仁义"，孔颖达疏："道者通物之名，德者得理之称。"[11]"德"也指天地化育万物的德行。《易·乾·文言》："夫大人者，与天地合其德，与日月合其明。"

"德"有伦理学层面的含义。"德"常用以指道德、品德。《广韵》："德，德行。"[12]例如，《易·乾·文言》："君子进德修业。"孔颖达疏："德，谓德行；业，谓功业。"[13]《尚书》中有"三德""九德"。《尚书·洪范》："三德：一曰正直，二曰刚克，三曰柔克。""九德"出自《尚书·皋陶谟》："宽而栗，柔而立，愿而恭，乱而敬，扰而毅，直而温，简而廉，刚而塞，强而义，彰厥有常。吉哉！"《左传·桓公二年》："将昭德塞违"，孔颖达疏："昭德，谓昭明善德，使德益彰闻也。塞违，谓闭塞违邪，使违命止息也。德者，得也。谓内得于心，外得于物，在心为德，施之为行。德是行之未发者也，而德在于心，不可闻见，故圣王设法以外物表之。"[14]"德"引申为道德之行。《孝经》："非先王之德行不敢行。""德"也指有道德。《国语·周语下》："吾闻之，国德而邻于不修，必受其福。"[15]"德"或指有道德的贤士。《尚书·蔡仲之命》："皇天无亲，惟德是辅。"孔安国注："天之于人，无有亲疏，惟有道者则佑之。"[16]《周礼·夏官·司士》："以德诏爵，以功诏禄。"郑玄注："德谓贤者。"贾公彦疏："据贤者试功之后，其德堪用，乃诏王授之以正爵，有功，乃诏王授之以正禄也。"[17]

　　"德"还有为政层面的含义。"德"是个人修身的重要内容。《说苑·政理》："德者，养善而进阙者也。"[18]"德"是为政的基始和重要内容。《孔子家语·入官》："德者，政之始也。"[19]《左传·襄公七年》："恤民为德。"《左传·襄公二十四年》："德，国家之基也，有基无坏。"《吕氏春秋·精通》："德也者，万民之宰也。"[20]《汉书·董仲舒传》："德者，君之所以养也。"[21]《论语·为政》："为政以德，譬如北辰，居其所而众星共之。""德"也指恩惠。《论语·宪问》："以直报怨，以德报德。"《汉书·武帝纪》："周之成康，刑错不用，德及鸟兽，教通四海。"[22]"德"也指教化。《礼记·月令》："命相布德和令"，郑玄注曰："德，谓善教也。"[23]"德"也有感恩之意。《尸子》："屋焚而人救之，则知德之。"

　　可见，"德"字含义丰富，包含了形而上、伦理、为政等多个层面。本书综合以上层面，从道德品质、道德行为和制度伦理的维度来梳理德福关系。

　　（二）何谓福

　　"福"也有几层含义，首先从文字学方面考察。"福"的甲骨文字形非常丰富。从示从畐，或又从廾，或省廾，或并省示。徐中舒《甲骨文字典》解释，畐为有流之酒器，其形多有讹变，金文讹为畐（士父钟），为《说文》篆文所从之畐所本。……甲骨文"福"字像以畐灌酒于神前之形。古人以酒象征生活之丰富完备，故灌酒于神为报神之福或求福之祭。……"福"为祭名，用牲法。[24]罗振玉认为"福"从两手奉尊于示前。[25]据《汉字源流字典》，"福"是会意兼形声字，甲骨文是双手捧酒樽献于祭台"示"前的形象，会求神祖保佑赐福之意。[26]可见，"福"的本意是指一种祭祀的方法。后来，"福"也指祭祀所用之肉。《周礼·天官·膳夫》："凡祭祀之致福者，受而膳之。"郑玄注："致福，谓诸臣祭祀，进其余肉，归胙于王。"[27]《国语·晋语二》："今夕君梦齐姜，必速祠而归福。"[28]"归"通"馈"，"福"即祭祀之肉。

祭祀祈福，因此"福"有福佑之义。歔钟："降余多福，福余顺孙。"[29]《左传·庄公十年》："小信未孚，神弗福也。"《说文解字》："福，祐也"[30]，即取此义。祈求生活丰富完备，因此"福"有完备之义。段玉裁《说文解字注》："福，备也。《祭统》曰：'贤者之祭也，必受其福。非世所谓福也。福者，备也。备者，百顺之名也。无所不顺者之谓备。'"[31]

"福"所包含的有相对具体的、外在的物质性内容，如富贵寿考等方面。例如，当代"福、禄、寿、喜、财"分别代表了民间百姓对幸福、升官、长寿、喜庆、发财五个方面的人生追求。中国自古以来就祈求吉祥福祉。《尚书·洪范》："五福：一曰寿，二曰富，三曰康宁，四曰攸好德，五曰考终命。"《韩非子·解老》："全寿富贵之谓福。""福"与"祸"相对。《尚书·洪范》"五福"之后即列出了与之相对的"六极"，"六极：一曰凶、短、折，二曰疾，三曰忧，四曰贫，五曰恶，六曰弱"。古人认为，祸福之间也是可以相互转化的。《老子》："祸兮，福之所倚；福兮，祸之所伏。孰知其极？"

"福"必须与"道"相应，才是真正的福。《左传·僖公十三年》云：

"行道有福。"《论语·泰伯》云："笃信好学，守死善道。……邦有道，贫且贱焉，耻也；邦无道，富且贵焉，耻也。"国家有道而个人贫贱，是因为自身无德；国家无道而个人富贵，是因为自身违背道德。这也从侧面说明，只有与德行相应，才能算是"福"。小人不明仁义道德，小惩而大诫，使他们不堕入更大的罪过，就是小人之福。《周易·系辞下》云："子曰：小人不耻不仁，不畏不义，不见利不劝，不威不惩，小惩而大诫，此小人之福也。"王阳明也有清晰的论述：

> 君子以忠信为利，礼义为福。苟忠信礼义之不存，虽禄之万钟，爵以侯王之贵，君子犹谓之祸与害；如其忠信礼义之所在，虽剖心碎首，君子利而行之，自以为福也，况于流离窜逐之微乎？ **32**

南宋心学代表人物陆九渊也认为：

> 实论五福，但当论人一心。此心若正，无不是福；此心若邪，无不是祸。世俗不晓，只将目前富贵为福，目前患难为祸。不知富贵之人，若其心邪，其事恶，是逆天地，逆鬼神，悖圣贤之训，畔师君之教，天地鬼神所不宥，圣贤君师所不与，忝辱父祖，自害其身。静时回思，亦有不可自欺自瞒者，若于此时，更复自欺自瞒，是直欲自绝灭其本心也。纵是目前富贵，正人观之，无异在囹圄粪秽之中也。患难之人，其心若正，其事若善，是不逆天地，不逆鬼神，不悖圣贤之训，不畔君师之教，天地鬼神所当佑，圣贤君师所当与，不辱父祖，不负其身，仰无所愧，俯无所怍，虽在贫贱患难中，心自亨通。正人达者观之，即是福德。 **33**

由此便引申出"福"的更深一层内涵——内在自足。

"福"包含相对抽象的、精神层面的内在的自足。《论语·述而》："饭疏食饮水，曲肱而枕之，乐亦在其中矣。不义而富且贵，于我如浮云。"《论语·雍也》："贤哉回也！一箪食，一瓢饮，在陋巷。人不堪其忧，回也不改其乐。贤哉回也！"孔子和颜回虽然物质贫寒，但是乐在道中，是对世俗之福的超越。《中庸》："故大德必得其位，必得其禄，必得其名，必得其寿。"位、禄、名、寿，看似为外在的物质之福，前面加上"大德""必得"，便不再是简单追求即可得到的世俗之福了，而是天爵、天禄。《孟子·告子上》："有天爵者，有人爵者。仁义忠信，乐善不倦，此天爵也；公卿大夫，此人爵也。古之人修其天爵，而人爵从之。今之人修其天爵，以要人爵；既得人爵，而弃其天爵，则惑之甚者也，终亦必亡而已矣。"这是因为，古今之人所见的能力不同，因此所见不同，天爵乃古人心性所见。本书第五章对此有详论。

"福"所包含的内容不仅有现世的福祉，还包含余福、余庆。《周易》"积善之家，必有余庆"中的"余庆"就是指吉庆延及以后的部分。有些福报甚至会延及子孙。如《管子·形势解》："古者三王五伯，皆人主之利天下者也，故身贵显，而子孙被其泽。"

综上所述，"福"从最初的作为祭祀之名，祈求神福，进而延伸出多样性的福，有外在之福、内在之福，有现世之福、后世之福等。因此，本书特意专设一章研究德福观的深层内涵。

（三）《群书治要》中的德福关系——德福一致

中国传统伦理思想中有关德福之间关系的内容和论述极其丰富，遍布典籍。

首先，德是福的重要内容。《尚书·洪范》"五福"中的第四福是"攸好德"，即修养美德。这不仅说明德是福的重要内容，也说明了修德是有福的前提。古代字书《玉篇》也有"德，福"的解释。

其次，德行是福祉的基础。《国语·晋语六》对此有明确的论述："夫德，福之基也。无德而福隆，犹无基而厚墉也，其坏也，无日矣。"[34]德行是福祉的基础，没有德行而福祉隆盛，如财多位高名声大，也会像没有地基的土墙，其崩坏是指日可待的。因此，德、福分别像一棵大树的根系和枝叶花果，要想枝繁叶茂硕果累累，必须根深蒂固，才能经得起风吹雨打。

《群书治要》作为治国理政之书，汇集了古代帝王兴衰成败的历史及规律。书中虽然没有单独的章节论述德福观，但是对德福关系的论述非常丰富，德福一致的思想贯穿全书。魏徵《群书治要·序》云："载籍之兴，其来尚矣。左史右史，记事记言，皆所以昭德塞违，劝善惩恶。"[35]中国出现典籍记录的时间非常早，古代史官记录君臣的事迹和言论，是为了彰显美好的品德，抑止悖谬的言行，劝勉善行，惩罚罪恶。而这正是《群书治要》德福观作用的显现，不仅体现在个人荣辱层面，也体现在国家盛衰层面。例如，《群书治要·汉书四》云："以礼义治之者积礼义，以刑罚治之者积刑罚，刑罚积而民怨背，礼义积而民和亲。"[36]礼乐教化普遍实施，则社会安定和谐，如成康盛世；严刑峻法则导致社会动乱，国家灭亡，如秦二世而亡。因此，《群书治要·昌言》讲到，"古之圣帝明王所以能亲百姓，训五品，和万邦，蕃黎民，召天地之嘉应，降鬼神之吉灵者，实德是为，而非刑之攸致也"[37]。这段论述在强调德行带来福祉的同时，也说明了道德教化的重要性，这有助于为政者在强调依法治国时，重视与以德治国相结合。

经者，常也。经典中记载的是治国理政的常理常法，也就是不变的规律。《群书治要·汉书八（补）·匡衡传》云："六经者，圣人所以统天地之心，著善恶之归，明吉凶之分，通人道之正，使不悖于其本性者也。故审六艺之指，则人天之理可得而和，草木昆虫可得而育，此永永不易之道也。"[38]经典中记载的是治道规律，圣人统摄天地之心，明善恶，定吉凶，贯通人所当行之正道，使人不违背其本性。明了经典的要旨，则人与天地自然便可和谐相处，万物化育，这是永不改易的规律。

在《群书治要》中，德福一致的关系被认为是宇宙人生大道中不变的规律之一，有关其论述俯拾即是。《周易》："善不积不足以成名，恶不积不足以灭身"；《尚书》："作善，降之百祥；作不善，降之百殃"，"惠迪吉，从逆凶，惟影响"，"天作孽，犹可违；自作孽，弗可逭"；《论语》："己所不欲，勿施于人，在邦无怨，在家无怨"；《孟子》："君之视臣如手足，则臣视君如腹心；君之视臣如犬马，则臣视君如国人；君之视臣如土芥，则臣视君如寇仇"；《春秋左氏传（补）》："无德而禄，殃也，殃将至矣"；《老子》："圣人不积，既以为人己愈有"；《文子》："积爱成福，积憎成祸"；《管子》："疑今者察之古，不知来者视之往"；等等。总之，有德者福，施德政者国祚兴，德不配位必有灾殃。德福一致思想揭示了决定个人及国家兴衰成败的深层根源，即"国无德不兴，人无德不立"。

虽然德福一致是德福之间的基本关系，但在实际社会生活中却有众多看似德福不一致的现象。然而，需要强调的是，这种"不一致"只是看似背离的现象，并非事实上真的不一致。这种看似不一致的原因，一方面是由于人们对全部的事实了解不清。《群书治要·文子》云，"有阴德者必有阳报，有隐行者必有昭名"，不了解一个人的阴德和隐行，就容易对"阳报"和"昭名"产生疑惑。另一方面则是由于人们对主导德福关系背后的因果规律认识不清，从而不能正确解释现实中所谓的德福背离的现象所致。为了深入说明这一道理，本书对德福一致背后的因果规律的特性进行了概括总结。以因果律的特征为基础，就能对这种看似德福背离的现象做出解释。

在《群书治要》中，儒、道等诸子百家在论及德福时，用词多为"善恶""吉凶""福祸""灾祥"等，另有"治乱""安危""兴衰""存亡"等表一个国家的吉凶。此外，"天""道""天命""民心""国祚""感应""配享""业报""时运""神祇"等概念，也多见于论及德福一致的篇章。这些论述背后体现的是因果规律。这说明，早在佛教传入中国之前，中国传统伦理思想中的因果思想就早已成熟。诸子百家都视因果为社会发展的客观规律。儒释虽用词不同，但是，因果的道理本来圆融。德福一致的观念本已深入人心，后因佛教传入中国，"因果"一词被广为使用，因而导致中国传统的德福观渐被忽略。后来，"因果"被认为具有宗教色彩而受到错误批判，使得人们在忽视传统德福观的同时，又抛弃了因果思想，也就不能合理科学地阐释德福一致以及看似德福背离的现象了。

三、《群书治要》德福一致思想的学术意义和实践价值

深入研究《群书治要》中的德福一致思想及其背后的宇宙观基础与作用规律，并把德福一致及因果规律扩展至研究国家治乱安危盛衰成败的层面，证明德福一致的观点并非迷信，以经史合参、历史与逻辑相统一的方式阐释其于古代治道中所起的作用，具有填补研究空白的创新意义和独特的学术价值。

以马克思主义哲学实事求是的精神梳理并总结中国本土经典中的因果思想，阐释因果作用规律及其在中国传统道德教育中的功能和在中国古代社会治理中所起的作用，对当今中国实施行之有效、深入人心的道德教育，形成中国特色的社会治理理论，坚定文化自信，促进当今的社会治理，具有重要实践意义。

具体而言，研究《群书治要》德福一致思想的学术意义体现在以下三个方面：

第一，本书对《群书治要》中的德福观进行深入系统研究，在梳理《群书治要》中关于德福关系观点的基础上，明确提出德福一致是《群书治要》德福观的基本观点，并从道德品质、道德行为和制度伦理三个

维度，以史论结合的方式研究其与个人祸福荣辱、国家兴衰成败之间的密切关联，弥补学界对《群书治要》德福观方面研究的不足，具有填补空白的学术意义。

第二，德福关系之争由来已久，本书通过研究《群书治要》中德福观的深层内涵，并对德福一致背后的因果规律及其特性进一步分析和概括，对看似德福背离的现象做出了合理解释，经史合参，证明德福一致的规律性。

第三，本书在梳理《群书治要》中诸子百家关于因果原理思想的论述基础上，分析诸家在此问题上的一致性，可在一定程度上消除对因果律之质疑及误解。

本书研究的实践价值在于，研究并论证德福一致思想及因果规律对于当代人培养廉洁自律的道德品质，树立坚定明确的道德信仰，保证道德教育深入人心、行之有效，维系人伦关系和谐有序，促进社会安定太平，特别是对于建设物质文明和精神文明相协调的现代化，具有重要的实践意义。

党的二十大报告指出："从现在起，中国共产党的中心任务就是团结带领全国各族人民全面建成社会主义现代化强国、实现第二个百年奋斗目标，以中国式现代化全面推进中华民族伟大复兴。"[39]"中国式现代化，是中国共产党领导的社会主义现代化，既有各国现代化的共同特征，更有基于自己国情的中国特色。"[40]中国式现代化是人口规模巨大的现代化，是全体人民共同富裕的现代化，是物质文明和精神文明相协调的现代化，是人与自然和谐共生的现代化，是走和平发展道路的现代化。

中国最重要的一个国情就是，中国是一个历史悠久的文明古国，中华优秀传统文化经过了五千多年的实践验证。中国式现代化的五大特点中，都能找到中华优秀传统文化的印记和影响。

中国共产党人带领全国人民迎来了从站起来、富起来，到强起来的伟大飞跃，对发展的追求也从着重物质文明转变成物质文明与精神文明相协调的发展。

在具备一定的物质基础后，就应当进行全面教育，使人民在物质生活水平提高的同时也获得精神生活的提高；反之，精神境界的提高也会促进物质生活的健康发展和社会的进步。因此，儒家的"庶之""富之""教之"将人类自然生命的生长和道德生命的生发融为一体，推动社会不断发展，成为平衡和谐、生生不息的社会体系。

2013 年，习近平总书记在山东曲阜考察时强调："一个国家、一个民族的强盛，总是以文化兴盛为支撑的，中华民族伟大复兴需要以中华文化发展繁荣为条件。"[41]"国无德不兴，人无德不立。必须加强全社会的思想道德建设，激发人们形成善良的道德意愿、道德情感，培育正确的道德判断和道德责任，提高道德实践能力尤其是自觉践行能力，引导人们向往和追求讲道德、尊道德、守道德的生活，形成向上的力量、向善的力量。只要中华民族一代接着一代追求美好崇高的道德境界，我们的民族就永远充满希望。"[42]

中华文化是一种重视伦理道德教育的伦理型文化，以政治与道德教育合一为基本特征，政府既要负责制定公平正义的制度，也要承担道德教化的职责。孔子曰："政者，正也。"（《论语·颜渊》）政治本身就具有道德教化的含义。古圣先王通过家庭教育、学校教育和社会教育等形式，使得以"五伦"（父子有亲，君臣有义，夫妇有别，长幼有序，朋友有信）"八德"（孝悌忠信，礼义廉耻）为内容的伦理道德因果教育深入人心，使人既耻于作恶，又不敢作恶，起到了导人向善、禁人为非、睦邻友邦、促进和平的作用，成就了中国历史上一代又一代盛世。这种伦理型文化是具有鲜明"中国特色"的文化传统。

中华民族的文化传统不同于西方的宗教文化。在西方的宗教文化传统中，政治与宗教（包括道德教育）分离是其基本特征。政府负责公平正义的制度设计，而教会承担道德教育的职责，即所谓的"凯撒的归凯撒，上帝的归上帝"。在西方现代化的过程中，由于人们宣称"上帝死了"，宗教被认为是迷信，于是不再信奉宗教以及宗教所提倡的道德观念。其结果是在一定程度上导致了西方国家对道德建设与道德教育的削弱与忽视，以致吸毒、酗酒、卖淫、邻里纠纷现象普遍存在，而政府却无能为力。1988 年，一批诺贝尔奖获得者在联合国教科文组织巴黎总部开会时，面对西方国家日益严重的道德危机，提出了共同呼吁："人类要在 21 世纪生存下去，就必须回到 2500 年前，汲取孔夫子的智慧。"**43**

以习近平同志为核心的党中央对中华文化的独特性具有深刻认识，继承了历史上"建国君民，教学为先"的传统，在文化建设中充分发挥文化"以文化人"的作用，调动各部门、各地区的力量，使中华传统美德和社会主义核心价值观贯穿于国民教育的全过程。2019 年，中共中央、国务院印发了《新时代公民道德建设实施纲要》，这是新中国成立以来道德建设过程中具有里程碑意义的一件大事，意味着国家更加重视包括公民道德建设在内的精神文明建设，加强道德建设成为新时代治国理政的重要内容。

中华传统美德是中华文化精髓，中华民族伟大复兴需要以传承中华传统美德为条件，道德文明是实现中华民族伟大复兴的前提。正是认识到道德文明建设的重要性，中共中央、国务院印发了《新时代公民道德建设实施纲要》，从家庭教育、学校教育、社会教育等方面着手，完善道德建设的制度保障，全面加强家庭美德、职业道德、社会公德、个人美德建设，特别是着重加强领导干部的政德建设。

习近平总书记多次强调要注重家庭家教家风建设，将个人梦、家庭梦同国家梦、民族梦结合起来；召开思政课教师座谈会，强调思政课的重要性，提出"立德树人"的教育理念；召开文艺工作座谈会，强调文艺的"人民性"和文艺工作者要德艺双馨；同时，还反复强调党员领导干部要加强政德修养等，并且通过在全体党员领导干部中开展党的群众路线教育实践活动、"三严三实"专题教育、"两学一做"学习教育、"不忘初心、牢记使命"主题教育、党史学习教育、党纪学习教育等，不仅下定决心系统解决道德领域的失范问题，避免道德危机，并且进一步建设高度的道德文明，重塑礼仪之邦的形象。在党中央的坚强领导下，道德教育取得了长足进步，人们道德水平逐步提升，犯罪率逐年下降。

但是，也应看到，无论是在家庭、学校、单位还是社会，仍存在着各种违背道德的现象。在中国传统社会，伦理道德教化之所以行之有效，德福一致的观念深入人心是重要原因。人明了德福一致的道理，就能在内心筑牢廉洁自律的堤坝，起到遏恶劝善的作用。德福一致的因果教育可以净化人心、安定社会，发挥了直接的道德教化功能。德福一致观是中国传统伦理型文化的重要特征，在中国传统道德教育中起到重要作用，是中国传统圣贤教育的重要组成部分。

当代社会虽重视道德教育，但尚不够深入内心、行之有效，其中重要原因之一就是人们没有树立起德福一致的观念。这有历史和科学两方面原因。首先，错误地认为传统文化是导致近代国家落后的原因。实际上，晚清之乱，恰恰是抛弃传统文化所致，而非由传统文化导致落后。由于抛弃传统，不读经典，也就不懂儒释道等诸子百家的德福观，特别是对德福一致的作用原理，即因果规律认识不清，自然就不相信历史证明的因果律。其次，"德""福"皆出于人之自性明德，而科学只能解释自性明德以外的谜团，因此科学的发达程度尚不能全面揭示德福之间的联系，这也导致人们不能科学理性地认识解释现实中所谓的德福背离的现象。此外，由于科技强大，人们以征服自然为荣，肆意破坏环境。天人合一论是德福一致观的宇宙观基础，破坏天人合一，实为悖德、违背天道，灾祸也就随之产生。然而人们不明此理，不知灾祸为天道之劝诫，反而归咎于自然。由此可知，未能正确认识德福之间关系的原因，归根结底，还是由于缺乏文化自信，抛弃了文化传统，盲目推崇西方文化。

总之，《群书治要》将中华文化的历史渊源、独特创造、价值理念等简要翔实地表达了出来，其智慧光芒穿透历史，思想价值跨越时空。书中所蕴藏的治国理政思想，特别是关于个人祸福与国家盛衰的经验和规律，是历经数千年考验所累积的宝藏结晶，历久弥新，不仅是中华民族自立于世界强国之林的重要文化命脉，也是全人类各民族实现和平发展的智慧源泉。因此，从《群书治要》这部治世经典出发，深入研究其中的德福一致思想并总结其中的因果作用原理，对于坚定文化自信，实施行之有效的道德教育，建设物质文明同精神文明相协调的现代化，实现中华民族伟大复兴都具有重要的学术和实践价值。

注　释

1.（唐）刘肃撰，许德楠、李鼎霞点校：《大唐新语》，中华书局1984年版，第133页。

2.刘余莉：《〈群书治要〉十讲》，团结出版社2014年版，第43—72页。

3.萧祥剑：《〈群书治要〉五十讲》，团结出版社2013年版，第380—427页。

4.《习近平著作选读》第一卷，人民出版社2023年版，第238页。

5.（汉）许慎撰，（宋）徐铉校定：《说文解字》，中华书局2013年版，第37页上。

6.（汉）许慎撰，（宋）徐铉校定：《说文解字》，第216页下。

7.（汉）许慎撰，（清）段玉裁注，许惟贤整理：《说文解字注》，凤凰出版社2015年版，第876页下。

8.（唐）陆德明撰：《经典释文》下册，上海古籍出版社2013年版，第1393页。

9.黄怀信译注：《大戴礼记译注》，上海古籍出版社2019年版，第2页。

10.（宋）朱熹撰：《四书章句集注》，中华书局 1983 年版，第 94 页。

11.（汉）郑玄注，（唐）孔颖达疏，龚抗云整理，王文锦审定：《礼记正义》（十三经注疏），北京大学出版社 2000 年版，第 18 页上。

12.余迺永校注：《新校互注宋本广韵：定稿本》，上海人民出版社 2008 年版，第 529 页。

13.（魏）王弼注，（唐）孔颖达疏，卢光明、李申整理，吕绍刚审定：《周易正义》（十三经注疏），北京大学出版社 2000 年版，第 18 页上。

14.（周）左丘明传，（晋）杜预注，（唐）孔颖达正义，浦卫忠、龚抗云、胡遂、于振波、陈咏明整理，杨向奎审定：《春秋左传正义》（十三经注疏），北京大学出版社 2000 年版，第 159 页上。

15.陈桐生译注：《国语》（中华经典名著全本全注全译丛书），中华书局 2013 年版，第 101 页。

16.（汉）孔安国注，（唐）孔颖达疏，廖名春、陈明整理，吕绍刚审定：《尚书正义》（十三经注疏），北京大学出版社 2000 年版，第 535 页上。

17.（汉）郑玄注，（唐）贾公彦疏，赵伯雄整理，王文锦审定：《周礼注疏》（十三经注疏），北京大学出版社 2000 年版，第 958 页上。

18.王天海、杨秀岚译注：《说苑》上册（中华经典名著全本全注全译丛书），中华书局 2019 年版，第 312 页。

19.王国轩、王秀梅译注：《孔子家语》（中华经典名著全本全注全译丛书），中华书局 2011 年版，第 266 页。

20.陆玖译注：《吕氏春秋》（中华经典名著全本全注全译丛书），中华书局 2011 年版，第 272 页。

21.安平秋、张传玺主编：《汉书》第 2 册（许嘉璐主编：《二十四史全译》），汉语大字典出版社 2004 年版，第 1203 页。

22.安平秋、张传玺主编：《汉书》第 1 册（许嘉璐主编：《二十四史全译》），第 65 页。

23.（汉）郑玄注，（唐）孔颖达疏，龚抗云整理，王文锦审定：《礼记正义》（十三经注疏），第 537 页上。

24.徐中舒主编：《甲骨文字典》，四川辞书出版社 1989 年版，第 16 页。

25.李圃、郑明主编：《古文字释要》，上海教育出版社 2010 年版，第 14 页。

26.谷衍奎编：《汉字源流字典》，语文出版社 2008 年版，第 1668 页。

27.（汉）郑玄注，（唐）贾公彦疏，赵伯雄整理，王文锦审定：《周礼注疏》（十三经注疏），第 101 页下。

28.陈桐生译注：《国语》（中华经典名著全本全注全译丛书），第 310 页。

29.中国社会科学院考古研究所编：《殷周金文集成释文》，香港中文大学中国文化研究所 2001 年版，第 1 册，第 227 页。

30.（汉）许慎撰，（宋）徐铉校定：《说文解字》，第 1 页下。

31.（汉）许慎撰，（清）段玉裁注，许惟贤整理：《说文解字注》，第 4 页上。

32.（明）王阳明：《王阳明集》下册，中国华侨出版社 2017 年版，第 67 页。

33.（宋）陆九渊著，钟哲点校：《陆九渊集》，中华书局 1980 年版，第 284—285 页。

34.陈桐生译注：《国语》（中华经典名著全本全注全译丛书），第 470 页。

35.（唐）魏徵：《群书治要序》，（唐）魏徵等辑，国家图书馆（国家古籍保护中心）编：《群书治要》（永青文库四种），第 1 册，国家图书馆出版社 2019 年版，第 15 页。按：以下引用时简称"（唐）魏徵等辑：《群书治要》（永青文库四种）"。

36.（唐）魏徵等辑：《群书治要》（永青文库四种），第 2 册，第 267 页。

37.（唐）魏徵等辑：《群书治要》（永青文库四种），第 5 册，第 244 页。

38.（唐）魏徵等撰，刘余莉主编：《群书治要译注》，第 5 册，中国书店 2013 年版，第 2185—2186 页。

39.习近平：《高举中国特色社会主义伟大旗帜　为全面建设社会主义现代化国家而团结奋斗——在中国共产党第二十次全国代表大会上的报告》，人民出版社 2022 年版，第 21 页。

40.习近平：《高举中国特色社会主义伟大旗帜　为全面建设社会主义现代化国家而团结奋斗——在中国共产党第二十次全国代表大会上的报告》，人民出版社 2022 年版，第 22 页。

41.中共中央党史和文献研究院编：《习近平关于社会主义精神文明建设论述摘编》，中央文献出版社 2022 年版，第 18 页。

42.中共中央党史和文献研究院编：《习近平关于社会主义精神文明建设论述摘编》，中央文献出版社 2022 年版，第 180 页。

43. Patrick Marnhan."Nobel winners say tap wisdom of Confucius", *The Canberra Times*, 1988.1.24.

第 一 章

德福一致的宇宙观基础

宇宙观是指人对整个宇宙以及人与宇宙关系的根本看法。《群书治要》中的宇宙观是天人合一。天人合一的宇宙观是基于古圣先贤对于道、人性、真我的认识，天人合德是其重要内涵，天人感应是其集中表现。

第一节　宇宙的本体——道与真我

"道"是宇宙万有的本体，有时也指回归本体的途径、道路、方法和规律。《老子》云："人法地，地法天，天法道，道法自然。"[1] 孔子云："志于道，据于德，依于仁，游于艺。"[2] 孟子曰："得道者多助，失道者寡助。"[3] 唯有顺应"道"来修身治国，才能达到理想效果，否则必然衰落乃至败亡。所以荀子说："道者，古今之正权也；离道而内自择，则不知祸福之所托。"[4]

顺应天道治理天下必然兴盛昌达，反之必然衰败灭亡。这就是顺天者昌，逆天者亡。《典语》云："王者所以称天子者，以其号令政治，法天而行故也。"[5] 王之所以称为天子，就是因为他要效法天来行天道。《三略》云："夫人之有道者，若鱼之有水，得水而生，失水而死。故君人者，畏惧而不敢失道。"[6] 可见，"道"是圣王治理的依据，顺道而行才是福德的根本。因此，认识"道"就显得尤为重要。

真正的得道之人就是对宇宙、人生真相及规律有透彻体悟的人，在不同学派有不同称呼，在《周易》中称为大人，在儒家称为圣人，在道家称为真人。《礼记·中庸》云："天命之谓性，率性之谓道，修道之谓教。"[7]"道"就是顺着人人具有的本性而行为。能够把本有的天性彰显出来的得道之人，才是回归本性、找到真我的人。因此，要认识"道"，就必须首先理解古人对于本性、真我的认识。

真我是相对于小我、假我而言，也即"放下小我，成就大我"。那么，什么才是"本性""真我"？这就涉及古人对于"什么是我"这一最基本的哲学问题的认识。

第一种观点认为，身体是"我"。但事实上，身体并不是"我"。因为如果身体是"我"，那么我想青春永驻，但是却一天天衰老；我想记忆力很好，一目十行，过目不忘，但记忆力依旧很差，甚至转头即忘。如果身体是"我"，那为什么我控制不了我自己？这是自相矛盾的。可见，身体并不是"我"，而是"我所"，即我所有的东西。就像我的衣服一样，是我所有的衣服，称为"我的衣服"；身体是我所有的身体，因此称为"我的身体"，但身体并不是"我"。

第二种观点认为，可以思想的是"我"。法国哲学家笛卡尔曾提出"我思故我在"。其实，能够思考、起心动念的也不是真我，中国传统文化中称其为"妄心""缘虑心"。正是这种妄心、缘虑心让人迷惑、造恶。《论语》云："爱之欲其生，恶之欲其死。既欲其生，又欲其死，是惑也。"[8]对同一个人，爱的时候就喜欢他生，希望他什么都好；厌恶的时候就恨不得他死。对同一个人，既愿意他生，又希望他死，这就是迷惑。这种变化无常的念头或思虑，是前念灭、后念生；念念不住，念念不同；此起彼伏，刹那生灭。因此古人用"心猿意马"比喻人的心念就像猿猴、骏马一样奔腾不息，难以控制。这种变化不居的妄心、缘虑心并不是"真我"，因为"真我"是恒常不变的。

"真我"是什么？德国哲学家康德称其为"物自体"，英文翻译是"thing-in-itself"，从德文翻译而来。如果用中国传统文化的术语对应翻译，thing-in-itself 就是自性、本性，就是真我、真心。

康德说，物自体不可知。这是因为，物自体（本性、本我）具有无所不在、无所不知的特点，是宇宙万有的本体。如果用求知的方法去知物自体，肯定是不可知的，因为有知就会有所不知。那么，怎样才能达到无所不知？那就必须求无知，无知起作用，才能无所不知。所以，想要达到无所不知，就必须放下知识、放下思虑、放下起心动念，这就是老子所言为道与为学方法的不同。

为学，即求知识的方法是，学得越多、知识越丰富越好，但知识再多，有知就会有所不知。而要达到无所不知的境界，就必须"无知""无为"，无知、无为起作用才能"无所不知""无不为"。这就是"为学日益，为道日损"。正如《老子》所言："损之又损，以至于无为，无为而无不为。取天下常以无事，及其有事，不足以取天下。"⁹《群书治要·老子》选择《老子》河上公的注解作为夹注，此处注曰："损情欲，又损之，所以渐去之。情欲断绝，德与道合，则无所不施，无所不为。取，治也。治天下常当以无事，不当劳烦民也。及其好有事，则政教烦，民不安，故不足以治天下也。"**10**

由于这种"无为而无不为"的境界难以体会，古人用"圣人用心如镜"作比喻。圣人"无知"的心境，犹如镜子一般光明洁净，本身没有任何图像，但谁来都可呈现其相。镜子起作用所达到的状态就是"无所不知"，可以映照镜子前的任何景象。而其自身仍保持一尘不染，寂而常照，照而恒寂。圣人的心就像镜子一样，其所以能够映照万物，就是因为镜子本身没有任何图像，这叫无知；无知起作用就可以照见万物，就是无所不知。所以，古人常用镜子比喻"真我"那种寂而常照、照而恒寂的特点。

"寂"是不动，本性中没有起心动念，故不动，这是本性本具的定力。"照"是光明，是智慧，是本性本具的智觉功能。本性本自寂静而又无所不知，这是自性本然。"寂而常照，照而恒寂，定智湛然，恒在本心。""圣人用心如镜"，就是比喻圣人的心能够照见万事万物，虽然照见，却不留任何印象。就像镜子一样，来不预计，去不留恋，是否来照，是美是丑，不留印象。这就是圣人的心，寂然不动，而又无所不觉。这个比喻说明，要求"无知"，必须"离言说相，离文字相，离心缘相"。"心缘相"就是起心动念，就是思虑。所以，老子说："道可道，非常道；名可名，非常名。"禅宗也提倡不立文字，因为开口即错，动念即乖。要回归自性，找到真我，就必须放下思虑，修清净心。

也有人用水来比喻圣人的心，"圣人心如止水，波澜不兴"。当波涛汹涌的时候，泥沙被带起来，水对外界的影像就映照不清，甚至歪曲。这就像一个人的心水，当人心大怒、大悲、大喜时，心潮涌动，就会说话过分，判断偏激。只有当人把心平静下来，甚至心上连小小的波纹都没有，才能看清外界，如实反映外界的人事物。

"道"是宇宙万有的本体，无所不在，因而"得道之人"也必然具备"无所不知"的特点。所以，中国古人所求的"智慧"与西方人所求的"知识"不同。智慧是圣人去除思虑而后达到的本自具足、本自清净、本来如是的境界，而知识则是通过人的思维想象逻辑分析等设计而得来的。

圣人治理天下，应当顺应天道无为、无知的特点。正如《老子》所言："道常无为，而无不为。侯王而能守之，万物将自化。"[11]"天之道，利而不害，圣人之道，为而不争。"[12]又云："大成若缺，其用不弊；大盈若冲，其用不穷；大直若屈，大巧若拙，大辩若讷，清静以为天下正。"[13]"不出户，以知天下；不窥牖，以见天道；其出弥远，其知弥少。是以圣人不行而知，不见而名，不为而成。"[14]"我无为，而民自化；我好静，而民自正；我无事，而民自富；我无欲，而民自朴。"[15]

所谓"无为"并非什么都不做。《文子》对"无为"进行了阐释："所谓无为者，非谓其引之不来，推之不往，迫而不应，感而不动，坚滞而不流，卷握而不散也。谓其私志不入公道，嗜欲不枉正术，循理而举事，因资而立功，推自然之势也。"[16]"无为者，非谓其不动也，言其莫从己出也。"[17]

不仅得道之人可以无所不知，中国古人认为，"人皆可以为尧舜"，通过为道，人人都可以找到智慧，成为像尧舜一样的圣人，因此"无所不知"并非常人不可企及的目标。但是，在西方文化中，"全知"只有上帝一个。因此，用西方求知识的方法理解中国古圣先贤的智慧，用"为学"的方法来"为道"，在方法论上就已存在相当的困难。"为道"要达到"无所不知"，必须修清净心。道家的"心斋""坐忘""致虚极""守静笃"，宋明理学的"半日静坐，半日读书"，孔子教人"六艺"，乃至琴棋书画等，都是修清净心的方法，或者说，都是让心静定、进而回归本性的得道方法，这就是孔子教导学生的纲领——"志于道，据于德，依于仁，游于艺"。艺，指百工技艺、各行各业，如琴道、棋道、茶道、弓道、武道、医道、商道等。当这些技艺后面冠以"道"字时，就超出了谋生技能或艺术欣赏的范围，而成为求道、明明德的途径。唯有百工技艺以"志于道"为目的时，才能够提升人的心性并与自性相通。

对于学习从政的士大夫而言，读书办政治的过程同样也是求道、成圣成贤的过程。因此，其所读之书应是通达本性之书，读书的方法与目的也与西方人不同，"读书千遍，其义自见"，通过读书开发清净心，"知止而后有定，定而后能静，静而后能安，安而后能虑，虑而后能得"，如此达到"明明德"的目的；士大夫通过办政治无私忘我地全心全意为大众服务，也是一种开启自性明德的途径，再通过"亲民"帮助民众开启明德，二者都达到至善圆满的境界，即"止于至善"。这样，士大夫从政的过程也就成为一个求道、得道而成圣成贤的过程。因此，中国传统政治被称为圣贤政治，一方面的含义是圣贤人办政治，另一方面的含义是通过政治把人引向成圣成贤之路。这就是"治道"的双重含义，即办政治必须顺应天道，而且从政本身也是求道的过程。

第二节 得道之人的宇宙观——天人合一

《群书治要》记载，中国古代的圣人通过涤除玄览等方法成为得道之人后，所达到的是天人合一的境界。

天人合一的境界在《庄子》中被描述为"天地与我并生，而万物与我为一"[18]。董仲舒则明确提出"天人之际，合而为一"[19]。此外，天人合一的境界还被表述为"与天地参""民胞物与"等。《中庸》云："唯天下至诚，为能尽其性；能尽其性，则能尽人之性；能尽人之性，则能尽物之性；能尽物之性，则可以赞天地之化育；可以赞天地之化育，则可以与天地参矣。"[20]张载《西铭》云："民吾同胞，物吾与也。"[21]王阳明在《大学问》中对天人合一理念有深刻阐述，并引申出了"一体之仁"："大人者，以天地万物为一体者也。其视天下犹一家，中国犹一人焉……大人之能以天地万物为一体也，非意之也，其心之仁本若是，其与天地万物而为一也。"[22]

天人合一的境界就是得道之人的宇宙观。孔子用"仁"来概括得道之人的品德特征。王阳明认为，得道之"大人"具有"一体之仁"的德性。在这种"一体"的观念影响下，父与子、夫与妇、君与臣、兄与弟，乃至朋友、国家之间都是和谐一体的关系，因而相互影响，一荣俱荣、一损俱损。例如，《典语·任贤》云："君称元首，臣云股肱，明大臣与人主一体者也。尧明俊德，守位以人，所以强四支而辅体也。……君之任臣，如身之信手，臣之事君，亦宜如手之系身；安则共乐，痛则同忧；其上下协心，以治世事，不俟命而自勤，不求容而自亲。"[23]在这种"一体"的思维方式下，中国虽然经历了漫长的历史发展过程，但是仍然保持了人与人、人与自然、人与社会乃至国与国之间的和谐相处，使得中华文明成为历史上唯一一个没有中断的文明而得以延续至今。

　　德者，得也。所谓德，是得道之人表现出来的品质特征。按照"道"即一体的宇宙观来为人处世的人就是有德之人。有德之人治理国家天下，能够达到国泰民安、风调雨顺的境界，这就是德福一致。正如《老子》所云："善建者不拔。修之于身，其德乃真；修之于家，其德乃余；修之于乡，其德乃长；修之于国，其德乃丰；修之于天下，其德乃普。"[24]善于以大道修身立国，就能立于不败之地。自身修道，就会珍护元气，葆养正气，涵养精神。德行能够如此，就可以称为真人了。于家修道，可令父亲慈爱，儿女孝顺，兄长友爱，弟弟顺从，丈夫诚信，妻子忠贞。德行能够如此，不仅全家受益，还能荫及子孙。于乡里修道，尊敬长者老人，爱护养育婴幼儿童。德行能够如此，则恩惠就能无所不及。于国修道，就会君主讲信，臣子忠心，政治公平没有偏私。德行能够如此，就可称得上隆盛。君主用大道治理天下，不颁布政令就能实行教化，无须言教，天下就能得到治理，臣民效法君主，如影随形，如响随身，没有丝毫差误。德行能够如此，就能真正显现出它广大无际的影响了。

　　证悟"天地与我并生，而万物与我为一"真相的"大人"，回归到"一体"的本性，就不会与别人产生对立。因此，回归自性，找到真我的人，自然可以做到天下为公。因此，《礼记·礼运》云："大道之行也，天下为公。选贤与能，故人不独亲其亲，不独子其子，使老有所终，幼有所长，鳏寡孤独废疾者皆有所养，是故谋闭而不兴，盗窃乱贼而不作，是谓大同。"[25]

　　《礼记》中关于大同社会和小康社会的描述，就是顺应天道一体的宇宙观，实现天下为公的治理境界，以及"大道既隐"私心逐渐升起后按照礼义治国的"天下为私"境界，说明君主的修身境界与国家治理境界具有密不可分的关系，表达的就是国君、天子顺天者昌、得道者多助的德福一致规律。

天人合一揭示了人心的善恶与个人的福祸、家国的治理密切相关，因而构成了德福一致观的宇宙论基础。正如《周易》中所言："夫大人者，与天地合其德，与日月合其明，与四时合其序，与鬼神合其吉凶。先天而天弗违，后天而奉天时。天且弗违，而况于人乎？况于鬼神乎？"**26** 圣人作为得道之人，能够通达以天地为一体的道理，并顺应天地运行的规律，与天地合德，因而能够按照天人合一之道来治理天下，自然能够做到天下为公，行一体之仁，达到国泰民安、顺天者昌的结果。

天人合一的一个重要内涵就是"与天地合其德"。天德、地德、人德，一也。"天地之大德曰生。"**27** 人为天地间之灵长，顺天而行。治理国家必须效法天无私覆、地无私载的精神，并顺应天地自然的规律，否则必然败亡，这就是顺天者昌，逆天者亡。圣人明其明德，观天地之志，知祸福之机，法象天地，通晓人道善恶会感应天示吉凶，遂教人崇德广业。《周易》云："天地感而万物化生，圣人感人心而天下和平。"**28** "圣人久于其道而天下化成。"**29**

《尚书》被称为"政书之祖，史书之源"，书中记载着尧、舜、禹、汤、文、武、周公等圣帝明哲治天下的大经大法，贯彻着古圣先王因君臣遵从天道、为政以德而导致国泰民安、天下太平的结果。"治"，小篆体写作"𣶈"，左边的"氵"是水；右边的"𦣞"念"怡"，通"怡"字（篆体为"𢡺"），心情愉悦、舒畅的意思。古人所言的"治"，意味很深，既指治理，又于治理中蕴涵着为政的目的、道路与境界。目的，合于天道；道路，遵从天道规律的启示而行；境界，达到如水一般流畅的、政通人和、百姓安乐的理想治理境界。上善若水。水之善，妙在利万物而不争，随方就圆，唯道是从。最高层次的治理也是如此，非常圆融，唯圣人能够达到这个境界。

在这些古圣先哲用治世经验所陈示的常理常法中，居于首位的便是敬畏之心。《尚书》的故事始于尧帝，传述的是尧帝之德与其德化之功，而开篇所云就是这种敬畏的心理。

《尚书·尧典》开篇云："曰若稽古，帝尧。"[30] 依据古注，一种认为这是对尧帝为政之德的总说，"若"是敬顺之意。根据古史所说，敬畏地考察并顺从古道而行之者，乃尧帝。一种认为"曰若"为发语词，"稽古"是指史臣在叙述尧帝事迹之前，先行说明此乃通过考证有关尧帝的古史而来，其德行有如下文所说。这两种解法无论是哪一种，敬畏古史的态度都赫然可见。而"稽古"一词在全书中也屡见不鲜。尧帝因效法上世之德化，而使其功业亦广大而无所不至。

论及其德，《尧典》以"钦，明，文，思，安安"来概括。这六个字，先后、始终秩序井然，赞述的是尧帝的五种德行，可以释义为：敬畏，通明性德，彰示天地之条理，思虑敏远深邃，知本性圆满无缺而身心和谐、恒常不失。

五种德行中的第一德是"钦"。"钦"不只含有敬的意思，还有畏的意涵，敬而畏之。敬是认真、谨慎，畏是畏惧而不敢违背。如尧帝对臣子说"钦若昊天"，对于广大之天要崇敬、畏惧、顺从，如临深渊，如履薄冰，虚心信受，唯恐失之。"天"即宇宙生命的本体，即天地间自然而然的法则规律。孔子赞叹尧帝："唯天为大，唯尧则之。"[31]（《论语·泰伯》）唯有天是如此地高大，而天之高大，唯有尧能准则之。尧的大德广远无际，民众莫能用言语来形容。所能形容者，只是从尧所成就的各种事业典章里，那些崇高焕明的地方看出一二。这是孔子盛赞尧帝的德化，犹如上天哺育万物一般，无声无息，道同自然，以至百姓安然受其恩泽而不知。

《尚书》叙述帝王之德以尧帝为首，而叙述尧帝之德以"钦"字为首。"钦"，包含了对上天的敬畏，对宇宙法则的敬畏，对先圣的敬畏，对民众的敬畏，对历史的敬畏，对天之所赋职责的敬畏，是对大道全身心地信受、遵从与奉献。以敬畏相告诫的言语、行事，在全书所记载的古圣先王诸君臣、父子之间随处可见。因此，古人认为，《尚书》赞尧之德首以"钦"之一字，乃"开卷第一义也。读者深味而有得焉，则一经之全体不外是矣，其可忽哉?"

《尚书》云:"殖有礼，覆昏暴。钦崇天道，永保天命。"[32] 这是王者的事上之道。《毛诗·周颂·敬之》云:"敬之敬之，天维显思，命不易哉。无曰高高在上，陟降厥士，日监在兹。"[33] 上天是智慧光明的，惩恶奖善，依此标准赋予人们吉凶祸福，这点永远不会改变。不要说天高高在上，太过遥远而无所畏惧。上天运行日月，行使职责，明察一切。因此，要永保天命，就要敬畏天道。但是倘若仅仅信奉天行常道，却违背人事常理，便是昏乱之君、覆国之臣也。因为天道与人道是一不是二。

子曰:"君子有三畏:畏天命，畏大人，畏圣人之言。小人不知天命而不畏，狎大人，侮圣人之言。"[34]（《论语·季氏》）"天命"就是上天所陈示的善恶因果规律。如《尚书》中，商朝圣臣伊尹对继承王位的太甲教导说:"惟上帝弗常，作善降之百祥，作不善降之百殃。"[35] 上天对人的福佑无定，对行善的赐予吉祥，对作恶的降下灾祸，并一再告诫他:"德惟治，否德乱。与治同道，罔弗兴;与乱同事，罔弗亡。"[36]"德"，是敬畏、仁爱、至诚的总称。君王有此德，天下就会大治;无此德，天下就会大乱。与历史中实现大治的明君同道，则无不兴盛;而与历史中导致祸乱的暗主同事，则无不衰亡。实现善治需要因时制宜，礼法制度或损或益，因此事未必同而道则相同。而导致亡国丧家的，无过于贪爱财色游猎、作威作福、肆意杀戮等事，因此做的事有相同的，则结果就没有不同。所以治乱之分，就看与谁同道。倘若开始时因遵循治道而得以兴盛，但后来又与乱主同事，那亡国之祸也一样会到来。只有君德始终如一，才是明白道的明君。再如，周成王册封蔡仲为诸侯时说:"皇天无亲，惟德是辅。民心无常，惟惠之怀。为善弗同，同归于治。为恶弗同，同归于乱。尔其戒哉！"[37]上天对人没有亲疏远近，只佑助有德之人。百姓心中没有一定的君主，只归往仁爱的君主。行善的方式不同，都会实现安治；作恶的手段不同，但都会导致祸乱。你要戒惧啊！所以，"畏天命"，就是要敬畏这些因果定律。爱因斯坦说宇宙间存有森严的因果规律，不论相不相信，它都一样对所有人发挥着作用。不相信这个规律的存在不等于可以逃脱它的制裁，因为有作用力必有反作用力，祸福命运都是自己所感召、所转化。古人认为，天命顺之则吉，逆之则凶。知命知得深远，始肯修德以立命。不但立一己之命，更为生民立命，这才能成君子之德。"畏大人"，就是敬畏有德有位之人，如天子是替天行道者，以权力维护朝野安定，所以不能干犯。"畏圣人之言"，圣人道全德备，一言而为天下法，圣人之言记录在经典中，流传后世，教化世人，所以不敢违背。而小人没有道德学问，不知道因果规律的存在，不知道作恶之人纵能一时幸免于国法，却无一人能逃过天罚，老子所谓"天网恢恢，疏而不失"，就是这个道理。他们因无知而无畏，轻视大人，侮慢圣人之言，亵渎经籍，因无敬畏，而终致灾殃。

从这里可以看出，敬畏本是做人的应有之义。它是人们通往真理的枢纽，是与天地自然相感通的心理基础，是中华文明继往开来的精神保障。而中华民族的这种敬畏意识是起源于上古尧帝的德行示范。因此，有学者认为，"钦，明，文，思，安安"是中国文化的基因，对塑造中华民族的性格和奠定中国文化的学问体系具有十分深远的意义。中华民族心性柔和，知足常乐，重情义而轻财物，贵和平而贱武力，皆是尧帝奠定的文化基因之开敷。而如果说这六字是中国文化的源头，则"钦"字就应该是源头的源头。它开启了中华民族"敬天畏民""尊师重道"的优良传统，中华民族律己敬人、谦虚谨慎的民族品性都可以溯源至这个"钦"字。尧舜等古圣先哲先得人心之所同然；孔子学而不厌，诲人不倦，无非教人成其为人、实现其本具的天性而已，没有丝毫额外的添加；孟子亦然，历代圣贤莫不然。这是研究中国文化必须首先清晰把握的正知正见。

正是由于古圣先哲深刻地洞察到，人世间小到个人祸福、命运转变，大到国家盛衰、民心向背，都受着因果规律的制约，因此，他们格外敬畏这一天地间恒常不变的法则，格外注重道德伦理的教化。这种敬畏之心，体现在个人修身上，就自然要求止恶修善；体现在社会治理上，也就自然要求劝善惩恶、扬善抑恶，鼓励人们积德行善，不能囿于宿命观而无所作为。直至今天，还依然能从人们口里听到一些古训，诸如"人在做，天在看""人善人欺天不欺""人算不如天算""宁可人负我，不可我负人"，以及"善有善报，恶有恶报；不是不报，时候未到；时候一到，善恶必报"，等等。这些透过现象看其本质、不论一时而论久远的传统道德观念，曾经在几千年的社会中家喻户晓，使人们能够自觉地约束心行而积极地止恶修善，它对于醇化人心、维护社会秩序、保障国家安定团结起到了巨大的作用。

"帝""王"二字在中国文化里本来都是表德的称呼。"帝"，义理昭明，能明人所本有的性德。"王"，通天、地、人，与天地合德，天下之所归往。孔子以天地的无私来形容王者之德。从《尚书》中所记载的圣王先哲之言事可见，他们无一不是兢兢业业、严恭敬畏，唯恐所做有不合乎道者，有不尽于本分者，而绝无一毫居德求功、自恃自夸的意思。正因如此，他们的功德才可成就。子曰："巍巍乎！舜禹有天下，而不与焉。"[38]学界认为，这是孔子作为圣人，称叹他心目中的往圣之德。"巍巍乎"形容舜帝、禹王性德的高大、纯粹。"与"，参与其中。因其成就了性德，才拥有了天下这样大的功业；而他们之拥有天下，跟其所成就的性德相比，是不能相提并论的，意谓心不着染外在的这一"拥有天下"的相。孟子曰："君子有三乐，而王天下不与存焉。"[39]君子有三种乐，做天下之王，不能和这三种乐并肩而论。孔子以舜禹为例，形容圣人心量的广大，得失荣辱不能动其心。纵然由匹夫成为天子，也根本不会影响他内在的安定。意在勉励后世的学者，一般人由于不知德性的成就之乐，贫贱了就忧愁，富贵了就得意，这是亵渎了自己非常纯粹的性德。应当向里用力，体认本心中固有的真乐，而不要为变幻无常的外境所累。

宋代学者蔡沈历经十年为《尚书》作传，阐释经义，他在序言中讲："后世人主有志于二帝三王之治，不可不求其道；有志于二帝三王之道，不可不求其心。"[40]"得其心，则道与治固可得而言矣。"[41]二帝指尧帝、舜帝。三王，是夏禹、商汤和周代文王、武王父子。据古书描写，古圣先王所达到的治理境界，政治清明，百姓安乐舒畅，连自然环境都非常美好，有祥瑞的凤凰、麒麟，有神奇的药草……非常令人神往。后代的人君若有志于实现这样的治理境界，就不可不求二帝三王用以治理的方法、道路。而要学到二帝三王的治理之道，就不可不学治道背后的他们的存心、他们至高的道德修为。因为礼乐教化，是二帝二工的心所自然生发的；种种典章制度，是二帝三王的心所凝结而成的。例如，他们无比敬畏、仁厚、公正、无私的心地，表现在对于刑罚制度的设计和运用上，自然就会合乎天理人情以及当下的时宜，能够起到理想的教化效果。而家齐、国治、天下平，也无非是二帝三王的心之所推广，将自己的清明仁爱之心向外不断地开发、光大，既利益了家国天下，也实现了自己生命的圆满。所以，二帝三王实现的美好治理景象，其实是他们心境的反映，是其美德所感致的美好结果。假如不能找到他们成就功业的源头活水，即便是有其志，沿用二帝三王创立的政治制度，但是由于心灵没有修养到相应的层次，也依然无法活用现成的"法宝"，反而会使制度变成死的制度，甚至导致乱政。像这样的故事，在历史上和今天的许多领域中，比比皆是。因此，蔡沈指出，领会了二帝三王之心这个根本，他们为政的方法和治理的成效就可以谈了。

说到这里，势必要提及尧传位给舜、舜传位给禹时，圣人相授的同一指示——"允执其中"。"允"，诚信。"执"，把持。"其"，指天，可以理解为不可知的生命本体。这句话字面意思是说，诚实、虔恳地把持"中"的生命境界。"中"即喜怒哀乐之未发的不起心动念的无为境界，是古圣人和天子之位相配的极高的生命修养层次，非常神圣，又非常实在。舜传位给禹时将四字扩充为十六字，在《尚书》中有记载："人心惟危，道心惟微；惟精惟一，允执厥中。"[42] 这被后世学者誉为古圣人传下来的治国平天下的心法所在，也是中国文化和政治传统的精神所在，认为中国的道统文化既是人道与天道的合一、入世与出世的合一，也是政治和教化的合一，极高明而道中庸。《大学》开篇云："大学之道，在明明德，在亲民，在止于至善。""学"是觉悟。古来圣贤的心愿，就是要以先觉觉后觉，使人人都能够学为圣贤，都能够体认到心中固有的至善本性，无量的福德、智慧是从这里随分开显出来的。正因圣贤与凡众的差别只是觉悟与迷失的不同、心灵状态和修养境界的不同，所以志在圣贤，以圣贤为师，就成为中国人自古以来所崇尚的做人为学的追求、治国理政的追求，只有这条道路是真正的光明大道。圣人与天地合其德，具有一体之仁的德性，以此仁心治国，必然得到顺天者昌、国泰民安的结果。

第三节　德福一致的集中表现——天人感应

在《群书治要》中，天人感应的内容贯穿始终。天分为有形之天与无形之天，无形之天即指"道"。有形天之象传达无形天之志，所谓"天垂象，见吉凶"[43]。君臣有德则国家得治、风调雨顺、灾难不起；反之，君臣无德则灾殃屡现、民不聊生。人心善恶，特别是君臣的善恶不仅关系到人的身心安康、家国治乱，更对自然环境产生直接影响。这是天人合一思想的集中表现，即天人感应，突出体现了德福一致的观念。

人有感，天有所应，实因人与天地万物为一体。天人感应之"天"，实含天、地、鬼、神。《春秋左氏传上（补）》云："鬼神非人实亲，惟德是依。……黍稷牲玉，无德则不见飨，有德则见飨，言物一而异用。如是，则非德，民不和，神不享矣。神所冯依，将在德矣。"[44]是以鬼神亦有所亲乎？非也。天道、地道、人道、鬼神之道，一也。以道治天下，则人道与天地鬼神之道皆相应，相应则和谐。《老子》云："以道莅天下者，其鬼不神；非其鬼不神，其神不伤人；非其神不伤人，圣人亦不伤人。"[45]"天之道，利而不害。"[46]故鬼不现其神以害人。非真不现神，乃其神无能伤人；非无能伤人，圣人无为而无不为，是以一切和谐之故也。

总之，德自性显，福自性出。德福一致，是与道相符，相符则祯祥；非天降祯祥于有德，实乃自性之福至。德不配福，则与道相悖，相悖则灾殃；非天降灾殃于凶德，实乃自性导归使灾殃配其凶德也。《群书治要》从正反两个方面列举了天人感应的案例，这体现在人以善感天以福应、败德乱政天降之殃两个方面。

一、人以善感，天以福应

凡祥瑞或灾异，皆象征人之功劳与过失，以昭示或警告人们。《老子》云："天道无亲，常与善人。"[47]天并非偏向善人，而是善人行善，与天道相应，自然而然感得天降福佑。人举善事，长养一方，德合天地，则天应之以德，故祥临德馨之人，福降怀德之家。人举恶事，德悖天地，则天应之以凶德，"人备之以力，神夺之以职"[48]，进而灾生、国乱、人危矣。这就是为政以德则治，不以德则乱，"与治同道罔弗兴，与乱同事罔弗亡"[49]。因此，《昌言·议难》云：治理天下和百姓的根本要道是，君主任选官吏不偏私，唯与贤德之士相亲厚，勤勉忧虑于政事，探望有功之臣；赏赐依据臣子之功劳，刑罚则依臣之罪恶；政治清明，百姓安康，各得其所，则天时地利将因我而得其所正，祥瑞之兆将感应于我而聚集，不善之事物将离我而亡去。此为自然之理，即使求其不如此，也是不可能的。

《尚书》云："皇天无亲，惟德是辅。"[50]《魏志下·高隆堂》云："夫'皇天无亲，唯德是辅。'民咏德政，则延期过历。下有怨叹，则掇录授能。"[51]上天辅佐有德之君。老百姓歌颂德政，上天就让他享国的时间延长超过预定期限；如果人民怨恨悲叹，上天就会选取任用贤能的人来治理天下。《尚书》云："古有夏先后，方懋厥德，罔有天灾。"[52]夏朝自禹至少康的贤王，都能以德禳灾，但是子孙不能遵循先王之教诫，于是皇天降灾，借商汤之手而灭夏桀。《毛诗·文王》云："商之孙子，其丽不亿，上帝既命，侯于周服。侯服于周，天命靡常。"[53]殷商的后代子孙繁衍众多，其数难计。如今上天已降命于文王，这些人都成了周朝的臣子。子孙臣服于周，可见天命无常，并无不变之理。这正如《孙卿子·天论》所言："天行有常，不为尧存，不为桀亡；应之以治则吉，应之以乱则凶。……循道而不忒，则天不能祸。……背道而妄行，则天不能吉。"[54]

一国之君有德，施行善政，则感得风调雨顺。《尚书》记载，尧举舜于朝，统百官，理万机，感得"阴阳清和，烈风雷雨，各以期应，不有迷错愆伏"[55]，这正是舜之德行合乎天地之德。《汉书》记载了公孙弘论述和气致祥的原理。公孙弘云："臣闻之，气同则从，声比则应。今人主和德于上，百姓和合于下，故心和则气和，气和则形和，形和则声和，声和则天地之和应矣。故阴阳和，风雨时，甘露降，五谷登，山不童，泽不涸，此和之至也。故形和则无疾，无疾则不夭，故父不丧子，兄不哭弟。德配天地，明并日月，则麟凤至，龟龙在郊，河出图，洛出书，远方之君，莫不悦义，奉币而来朝，此和之至也。"**56**

一方之长有德亦然。《后汉书四·循吏传》记载，建武初年，光武帝诏征任延为九真太守。九真百姓以射猎为业，不知耕田，因此常从交阯购买粮食，生活贫困。于是任延铸造农具，教百姓开垦田地，当地的生活逐渐富裕。骆越地区没有嫁娶的礼法，不懂父子、夫妇的伦常之道。于是任延让男女按年龄婚配，对于贫困拿不出礼聘的人，就让长吏以下官员各自节省俸禄来资助他们。同一时期嫁娶的有两千多人。这一年风调雨顺，庄稼丰收。那些生了孩子的才开始知道有种族姓氏，大家都说，是任君让我们得到的孩子，很多人给孩子起名为"任"。边外蛮夷、夜郎等地的人民都仰慕他的仁义，愿意为他自保边塞，任延于是撤掉了在那里侦察戍防的兵卒。可见，地方官能够为政以德，自然能够风调雨顺、政通人和。正如《潜夫论·德化》所云，百姓生活在世上，犹如在炉中熔化金属，是方是圆，是薄是厚，都随着熔炉的形状而成。所以，世间善恶、风俗厚薄，都在于君主。果真能让普天之下、举世之人都怀有正直厚道的性情，没有浅薄的恶行，各自奉行公正之心，而无奸诈阴险的想法，那么，伏羲、神农时代的风俗就会重现于世，麒麟、祥龙、鸾鸟、凤凰这些瑞兽祥鸟，就又会聚集在郊野了。

《后汉书一》记载了中牟县令鲁恭施行德化，不专刑罚，感得天应的事迹。建初七年（公元 82 年），与中牟县相邻的郡国螟虫成灾，危害庄稼。中牟县界虽与郡国犬牙交错，但螟害没有进入中牟县。河南尹袁安听到这件事，怀疑这种情况不属实，就让名叫肥亲的主管刑狱的官员前去察访这件事。鲁恭陪同视察的官员巡行在田间，并一起坐在桑树下。这时有野鸡飞过，停在桑树旁，旁边还有小孩儿，这野鸡一点儿也不怕人。肥亲问小孩儿："你为什么不捉那只野鸡呢？"小孩儿说："野鸡妈妈还要抚养小鸡呢。"肥亲惊讶地站起来，向鲁恭辞行说："我这次来是想考察您的政绩。现在蝗虫不犯中牟县境，这是第一件非同寻常之事；教化普及影响到鸟兽，这是第二件非同寻常之事；连小孩子都有仁爱之心，这是第三件非同寻常的事情。我久留此地，只会白白地打扰贤者。"回到府中后，肥亲将看到的情况向袁安禀报。这一年，中牟县长出了嘉禾。嘉禾是一种生长奇异的禾苗，如双穗禾。在古代，双穗禾被视为天降福祉、政通人和的吉祥之兆。袁安上书向皇帝报告了这些情况，汉章帝也对此称奇。

这种天人感应的现象并不神秘，这背后的道理就是中国古人常讲的"境随心转"。一个人的境缘包括自己和自己周围的环境、人际关系等。当一个人的心念转变了，处理问题的角度和方式不同，境缘也会随之转变，这是一个朴素的辩证观点。在一般的官吏看来，辖地内发生纠纷吵架、偷盗奸诈等有伤风化之事，首先认为是百姓的素质低下，责任推给百姓，结果越治越乱。而鲁恭却首先自责治理和教化的不力，结果所有问题迎刃而解。鲁恭在中牟县任职，人民都受到了道德教化。看到野鸡飞落田间，其他地方的人们可能首先想到的是驱赶或捉拿，而中牟县的人却用仁心保护喂养，结果当其他地方螟虫成灾的时候，中牟县却因野鸡吃光螟虫而幸免于灾。这就是境随心转的结果。

二、败德乱政，天降之殃

德行败坏，政事混乱，会招致上天降下灾殃。自然灾害是灾殃的主要表现。然而，所谓的自然灾害，也与人的德行相关。

无德则天应之以凶灾。《春秋左氏传中》云："天反时为灾，地反物为妖，民反德为乱，乱则妖灾生。"[57]天反时则寒暑易节，地反物则群物失性。何为"妖灾"？人无德，是为妖灾。《六韬·文韬》中，武王伐殷，遇到两个人，便问，殷之将亡，有妖乎？一人回答，殷国有雨血、雨灰、雨石，小的像椎，大的像箕，六月雨雪深尺余，是以天灾为妖。另一人回答，这还不是殷国的大妖。殷君骄奢淫逸，凶残暴虐，忠谏者死，无德者福，无礼义，无忠信，无圣人，无贤士，无法度，无升斛，无尺丈，无称衡，这些才是殷国的大妖。[58] 由此可见，人放弃了道德，违背了伦常，是"人弃常，则妖兴，故有妖"[59]。

《孙卿子》也论述说，天地异象无论在哪个世代都会出现。君主贤明、政治清平，这些怪象出现于世，也不会有任何妨碍和损伤。君主昏庸、政治险恶，这些怪象即使都没出现，对国家和人民也未必有益。对天地间的变化产生畏惧是没有必要的，而人事上的反常现象才是最可怕的。政治险恶，失去民心，田地荒芜，收成不好，粮价昂贵，百姓饥饿，这是人事反常之一；政治法令不清明，各种举措不合时机，不致力于治理农业，这是人事反常之二；不进行伦理道德教化，人民不修礼仪，内外无别，男女淫乱，父子间没有信任，上下背离，内忧外患一起到来，这是人事反常之三。这些情况交错发生，国家就无法安宁了。这些道理浅近，灾难却很惨重。

最大的灾殃莫过于亡国灭身。《尚书》云："夏王弗克庸德，慢神虐民，皇天弗保。眷求一德，俾作神主。惟尹躬暨汤咸有一德，克享天心，受天明命。"[60] 夏桀不能恒常其德，上不能敬奉神明，下不能体恤百姓，上天对夏桀的所为感到不安，便寻求有纯一之德的人代替夏桀，作为天神地祇的主人。商汤灭夏桀。

在《六韬·文韬》中，太公将人主的过失与灾异的类别相对应："文王问太公曰：人主动作举事善恶，有福殃之应、鬼神之福无？太公曰：有之。主动作举事恶则天应之以刑，善则地应之以德，逆则人备之以力，顺则神授之以职。故人主好重赋敛、大宫室、多游台，则民多病温，霜露杀五谷，丝麻不成。人主好田猎毕弋，不避时禁，则岁多大风，禾谷不实。人主好破坏名山，壅塞大川，决通名水，则岁多大水伤民，五谷不滋。人主好武事，兵革不息，则日月薄蚀，太白失行。故人主动作举事善，则天应以之德；恶则人备之以力，神夺之以职，如响之应声，如影之随形。"[61]

《群书治要》多次节录当时臣子奏疏将时政腐败与自然灾害相关联的阐述。

《汉书三》记载，刘向在上疏时将自然灾异现象与君臣的德行相联系。"臣闻舜命九官，济济相让，和之至也。众贤和于朝，则万物和于野，故四海之内，靡不和宁。及至周文开基西郊，杂沓众贤，罔不肃和，崇推让之风，以销分争之讼。武王、周公继政，朝臣和于内，万国欢于外，故尽得其欢心，以事其先祖。下至幽、厉之际，朝廷不和，转相非怨，君子独守正，勉强以从王事，则反见憎毒谗诉。故其《诗》曰：'密勿从事，不敢告劳。无罪无辜，谗口嚣嚣。'当是之时，天变见于上，地变动于下，水泉沸腾，山谷易处。"[62]朝代越是衰败，君德越是昏庸，社会就会越动乱，灾殃遍地丛生。简言之，善政则福，乱政则祸。刘向进而说道："和气致祥，乖气致异，祥多者其国安，异众者其国危。天地之常经，古今之通义也。"[63]随后，刘向痛陈朝廷用人之失和结党营私之害，自初元以来的六年里，比《春秋》六年之中记载的灾异现象还要多。

《汉书七·鲍宣传》记载，鲍宣看到朝政被外戚把持，上书劝谏说，外戚把持大权，妨害了贤人入仕之路，扰乱了天下。他们奢侈没有节制，致使百姓穷困潦倒，因此日食发生了将近十次，彗星出现了四次，这些都是危亡的征兆。为什么会重蹈覆辙，而且比以前还要严重了呢？朝廷既无学问渊博、品性刚直的尊长和正直磊落之士，也无通晓古今、忧心国事之人。古代惩罚一人而众人敬服，而今赏赐一人而群臣疑惑。大家相互勾结，狼狈为奸，众多小人被进用；国家空虚，财用不足；老百姓流散逃失，离开城郭，盗贼四起，官吏凶残暴虐，这种情况一年比一年严重。

《后汉书二·朱浮传》记载了朱浮因看到在太平之时发生灾异，从而抽丝剥茧分析汉光武帝为政之失的事迹。按旧有制度，凡州牧举奏二千石长吏不称职，事情要先交给三公，由三公派遣属下掾吏核验，然后才能罢免。汉光武帝自恃严明，不再交由三公，实权落在检举官上。朱浮因此上书说："陛下清明简约，遵循礼法。从宗室诸王到外戚皇亲，都能遵奉法度，没有结党蓄势，这的确是法令有条理，才使下边没有作威作福的情况。按理说应当和谐安宁，但灾异仍不断发生，难道这是偶然的吗？天道是讲诚信的，不可不明察。我看到陛下憎恨往者，权威行不通，下边诸侯国掌握着国家的命运。自陛下即位以来，不采用旧时的制度法典，深信州郡的检举官，废除三公辅政之任。只要有弹劾上奏便退免不用。案子不通过三府复查核对，罪过谴责不能明察。陛下以使者为心腹，而使者以办事人员做耳目。这实际上是使尚书考察处理百官的职权，下放给了百石的小吏来决定，因此官吏办事苛刻，各自为政，讲求私情以求宽容，以不公允的爱憎之情任职为政。官吏大都竞相虚张声势，来求一时之利。所以有罪的人心中不服，无过之人因有名无实的法律而受牵连。这种情况不能够经历盛衰的考验，更不能遗留给后世。"**64**

《后汉书三·周举传》记载，周举担任尚书时，京都地区大旱，五谷遭灾，顺帝亲自进行策问，周举回答说："阴阳隔绝，二气闭塞不通，人物就不会昌盛，风雨就会不合时宜，进而发生水旱灾害。陛下居于尧舜之位，却不能施行尧舜政治；改变文帝、光武帝的法度，而追循亡秦奢侈的贪欲。宫内积聚了很多不能婚嫁的怨女，宫外却还有很多无妻的旷夫。当今皇室子孙不兴，太子尚未确立，这都是因为伤害了天地本有的和气、违逆了阴阳交感的道理、断绝了夫妇的人伦之道所造成的啊！"**65**

《后汉书三·李固传》记载，阳嘉二年（公元133年），有地动山崩火灾之异，公卿推举李固对策。李固首先阐释说："臣闻王者父天母地，宝有山川，王道得则阴阳和理，政化乖则崩震为灾。斯皆关之天心，效于成事者也。"**66**进而针砭时弊指出，古代出仕的人，有德者才可封爵受职；如今出仕的人，只凭着钱财和势力。陛下颁布诏书要求为政宽厚博爱，可当今官吏好以杀伐求取名声，这类人往往得到升迁和奖赏，心存宽和又没有同党相助的人却遭到驱逐。随后李固还分析了后妃之乱对朝政的影响以及对策等。

《后汉书三·杨震传》记载，汉灵帝光和元年（公元 178 年），有虹霓白天降落在嘉德殿前。灵帝询问祸福。杨震之孙杨赐上奏说："现在殿前的云气应当是虹霓，这是妖邪所形成的，是不正常的现象，也就是诗人所说的蝃蝀。当今朝廷内多是皇上宠爱的狎昵之人，对外则信任小人，上下怨恨，路人议论，所以灾异多次发生，上天反复提醒。现又降下虹霓，可说是告诫得很周详了。《易》云：'天垂象，见吉凶，圣人则之。'现在妾媵、嬖人、阉宦共同把持朝政，欺罔皇上与皇后。又在鸿都门招揽群小，造赋作说，用雕虫小技得宠于朝，像古代的欢兜、共工等恶人一样互相吹捧，短时间内都会得到提拔。乐松做了常伯，任芝官居纳言，郤俭、梁鹄以谄媚逢迎的习性、奸佞善辩的心术，被授予显要的爵位，得到破格提拔。而有识之士则被埋没在民间，虽然口中述说着尧舜的言论，践行着超俗的行谊，却被遗弃在乡野沟壑，不被朝廷任用……《周书》云：'天子见怪则修德，诸侯见怪则修政。'希望陛下慎重对待经典上的告诫，谋求消除灾异恢复正常的办法，斥退疏远谄佞巧诈的臣子，征召有才德声望的隐士。"**67**

以上种种败德乱政、天降之殃的史鉴说明："世衰道失，非天之所为也，乃君国者有以取之。恶政生恶气，恶气生灾异。螟虫之类，随气而生；虹霓之属，因政而见。治道失于下，则天文变于上，恶政流于民，则螟虫生于野。"**68**因此，关键还是要修德善政。

总之，关于人以善感天以福应，败德乱政天降之殃的天人感应规律，在古人眼中是不言自明、自然而然的客观规律，既有长期历史实践的经验证明，也有圣人经典的认证。

第四节　趋福避祸的性命原理——修德转境

天人合一宇宙观在现实生活中的一个重要应用就是，通过反求诸己、修德胜天，实现人能转境，达到趋福避祸的效果。这也是建立在天人感应观念之上的性命原理。即人的身心健康、家国天下等社会环境乃至自然环境都是随着人心的善恶而转变的，因此要获得身心安宁、家国安定、天下太平、风调雨顺的结果，必须从断恶修善、积功累德做起。

一、改过修德，胜灾之道

《尚书》云："天非虐，惟人自速辜。"[69] 是言凡被天所灭亡的国家和个人，非上天虐待下人，而是人的恶行招致灾祸，即祸由己出，罪自我招。然而，上天有好生之德，纵使"惟德是辅"，于无德者也绝不会弃之不理。

灾殃是上天以怜悯之心对无德者的告诫和警示，望其悔过向善。董仲舒曰："国家将有失道之败，而天乃先出灾害，以谴告之；不知自省，又出怪异，以警惧之；尚不知变，而伤败乃至。以此见天心之仁爱人君，而欲止其乱也。"[70]《魏志下·高隆堂》云："夫灾变之发，皆所以明教戒也。惟率礼修德，可以胜之。《易传》曰：'上不俭，下不节，孽火烧其室。'又曰：'君高其台，天火为灾。'此人君苟饰宫室，不知百姓空竭，故天应之以旱，火从高殿起也。上天降鉴，故谴告陛下，陛下宜增崇人道，以答天意。"[71]"是以古先哲王，畏上天之明命，矜矜业业，惟恐有违。灾异既发，惧而修政，未有不延期流祚者也。爰及末叶，暗君荒主，不崇先王之令轨，不纳正士之直言，以遂其情志，恬忽变戒，未有不至于颠覆者也。"[72] 因此，凡遇异象灾殃，如日月之食、地动水患，人君当反身修德，勤于政事，或命群臣谏过对策，施行善政，或减赋赦罪，以安天下。

灾异无世不有，明主贤臣、智者仁人能反求诸己、戒慎恐惧，从而修德善政，对应灾异，就能灾消异退，祸转为福。《桓子新论·启悟》云："昔大戊遭桑穀生朝之怪，获中宗之号；武丁有雊雉升鼎之异，身享百年之寿；周成王遇雷风折木之变，而获反风岁熟之报；宋景公有荧惑守心之忧，星为徙三舍。"**73**

"昔大戊遭桑穀生朝之怪，获中宗之号。"殷中宗太戊（也称大戊）统治时期，曾经一度社会道德衰败，国家法纪紊乱，出现了桑穀二树共生在朝堂之上的反常现象。太戊由此反身修德，树便枯死了。太戊使殷朝复兴，史称中宗。

"武丁有雊雉升鼎之异，身享百年之寿。"武丁是殷中宗太戊之后大约两百年继位的君王，武丁举傅说为丞相。武丁在一次祭祀成汤的时候，有一只飞鸟飞到祭祀的鼎上鸣叫，这在古代被认为是变异的征兆。武丁很害怕，便听从大臣祖乙的意见，反躬自省，勤修善政，百姓安居乐业，殷朝再度复兴了。史上称为"武丁中兴"。

"周成王遇雷风折木之变，而获反风岁熟之报。"《尚书·金藤》记载，武王伐纣之后，患了重病，周公祷告愿以身代武王。史官把周公祷告的书简放到了金藤固封的匣子中。祷告的第二天，武王痊愈了。后来，武王过世，周公因谗言离开国都。第二年秋，庄稼成熟，尚未收获，天空雷电大作，又有疾风吹倒禾苗，拔起树木。成王与大臣身着朝服，头戴礼帽，准备占卜，这时打开金藤封固的匣子，看到了周公的祷告文，方才知道周公愿以身代替武王。当成王询问史官的时候，史官说，是周公命令他们保密。成王手捧书简哭道："我们不用恭敬地占卜了。以前周公为周王朝辛勤操劳，我年幼无知。现在上天发怒，惩罚我，表彰周公的德行。我小子应当亲自去迎接。"成王出了郊外，天下雨，风反向吹，倒伏的禾苗又立起来了，这一年获得了大丰收。

"宋景公有荧惑守心之忧，星为徙三舍。"《吕氏春秋·制乐》记载，宋景公在位时，火星出现在心宿的位置，景公害怕，召来太史子韦询问是何原因。子韦说："火星的出现是代表上天要处罚下民，火星的位置正是宋国的领域，此祸要降到国君您身上。虽然如此，但可以通过祈祷把灾祸转移给宰相。"景公说："宰相是帮助我治理国家的人，而把死亡转移给他，这样不吉祥。"子韦说："可以把它转移给百姓。"景公说："百姓死了，寡人将做谁的国君呢？"子韦说："可转移给农业收成。"景公说："农业收成不好，百姓必定饿死，作为国君杀死他的百姓来使自己活命，谁还会拿我当作国君呢？这样看来寡人的命本该终结了，您不要再说了。"子韦连拜了两拜说："微臣冒昧地祝贺您！上天在高处会审察到地上的一切，国君您说了三句体现最高品德的话，上天必定奖赏您三次。今晚火星一定会迁移到三舍之外，您将延寿二十一年。"这一夜，火星果然迁移到三舍之外。

由以上诸多史料记载可见，反省过失，修养德行是真正的消灾。因此，《桓子新论》引《周书》云："天子见怪则修德，诸侯见怪则修政，大夫见怪则修职，士庶见怪则修身。"**74**

《吕氏春秋·制乐》记载，周文王即位第八年，一次卧病在床五日，其间发生地震，震动范围未超出国都四郊。百官都请求道："我们听说地震的发生都是因为君主的缘故。现在大王您已卧病在床，请设法将灾祸转移至别处。"文王问，如何转移呢？大臣回答道，用民力兴土木，增筑国都的城墙，大概可以转移灾祸。文王说："上天显现不正常的状况，是借以处罚有罪的人。我肯定是有罪过，所以上天借此来惩罚我。现在如果动用民众，大兴土木来增筑国都的城墙，这是加重我的罪过。不可以这样办。我愿意改变过去的行为，多做善事来转移它，这样也许可以免除灾祸吧！"于是文王严格控制礼仪、官俸开支和皮革制品的使用，以其节余开支来结交诸侯；谨慎其辞令，备好币帛，用以礼遇卓越人才。没过多久，文王的病就痊愈了，在位五十一年才去世。

又如，《春秋左氏传下》记载，昭公二十六年（前516年），齐国有彗星出现，齐景公命人祭祷消灾。晏婴说："这没有益处，是自欺欺人。天道不可疑，天命也不会有差错，怎能用祭祷消除呢？况且天上的彗星，是用来扫除污秽的。君主的德行没有秽恶，又何必祭祷呢？如果德行有污秽，祭祷又能减轻什么呢？……君主若没有违反道德，四方诸侯都会来归附，又何必忧虑彗星呢？……如果君主德行邪乱，人民就会流亡，祝、史所做的祷告，也是不能弥补的。"齐景公听后很高兴，就终止了祭祷。

倘见灾不生自省之心，反而轻忽怠慢，则凶必加焉。《吴志下·陆凯传》夹注云："臣闻为人主者，攘灾以德，除咎以义。今宫室之不利，但当克己复礼，笃祖宗之至道，愍黎庶之困苦，何忧宫之不安、灾之不销乎？"[75] 然而，孙皓不听忠臣之言，奢侈残暴，罪恶达到顶点，臣民无法再承受，最后在天纪四年（公元280年），孙皓投降，吴国覆灭。

灾异常有，而明主不常有，不能戒惧修德，反而骄淫憎谤，则灾重异变，累至祸成。不亦悲夫！

二、尽心知性，知性知天

《韩诗外传》对建立在天人感应观念之上的性命原理进行了分析："原天命，治心术，理好恶，适情性，而治道毕矣。原天命，则不惑祸福，不惑祸福，则动静修理矣。治心术，则不妄喜怒，不妄喜怒，则赏罚不阿矣。理好恶，则不贪无用，不贪无用，则不以物害性矣。适情性，则欲不过节，欲不过节，则养性知足矣。四者不求于外，不假于人，反诸己而已。"[76]

"原天命"，"原"是参究、推究、体悟。"天命"，即《中庸》所说："天命之谓性"，郑玄对此解释："天命，谓天所命生人者也，是谓性命。"**77** 天命即性命。中国古人说"人性本善"，性命，即人的本性纯净纯善，具有真诚、清净、平等、无为、真常等特点。明代王阳明在《大学问》中对此作了进一步的解释："是其一体之仁也，虽小人之心亦必有之。是乃根于天命之性，而自然灵昭不昧者也。"**78** 回归本性之人所表现出来的就是有"一体之仁"。这种同体的感受，"虽小人之心，亦必有之"。可见，即使小人也有这种天然的本性、同体的悲心。这种天命之性，"在圣不增、在凡不减"，因为它根于天命之性。天命之性的特点就是"自然灵昭不昧者也"，是自自然然的，不是有所作为或故意表现的，虽然寂静无为，并非死气沉沉。众生有感便有应。这种天命之性就是"天命"，参究天命就要了达本性，找到自己的本性，这叫"原天命"。

"治心术"，"治"是修治。"心术"，就是心怎么想、用什么方式思考，可以解释为心态、思想、对人事物的态度。如何修治对人、事、物的态度呢？要顺着天性去修治。因为圣人知道，人和万物是一体的，所以对待万事万物的态度就应该体现出同体之仁，即我和众生是一体的仁爱之心，那么就不会有对立、冲突、竞争。所以中国的传统文化，从小教导礼让、退让、谦让，从来没有教人竞争，就是因为古圣先贤了解通达人的本性，这种教育是顺着人的本性去施教。这就是《中庸》所说的"天命之谓性，率性之谓道，修道之谓教"。教育的目的就是让人从习性返回到本性，这样修治自己的心术，即修治自己的想法、态度，才能够和本性相应。所以中国古人说"仁者无敌"。因为仁者真正体会到人的天命之性，就不会和任何人有敌对、对立的念头。

古人的这种仁爱之心不仅体现在对人的关爱之心、同体的感受，而且还把这种爱心推及到万物，因而保持了人与天地万物的和谐共生。这种仁爱之心运用在化解冲突、促进和平上，也非常有效。中国人讲"化敌为友"，真正能够化敌为友的人，一定是有仁爱之心的人。例如，位于"二十四孝"之首的大舜，其后母、弟弟，三番五次要置他于死地，但是他不仅没有对立之心，反而总是反省自己，最终，他的德行和智慧感化了父母、兄弟，也感化了天下的百姓。此外，"二十四孝"中闵子骞"母在一子单，母去三子寒"的典故，也是这种"仁者无敌""化敌为友"精神的反映。《孔子家语》记载，孔子说："夫损人而自益，身之不祥也。"[79]损害别人的利益来满足自己的利益，反而为自身招致不吉祥，甚至灾难。因此，修治自己的心态和思想，就是要按人一体之仁的天性来做，而不能损人利己，这就是"治心术"。

"理好恶"，"理"是管理、调理，"好恶"是喜欢、厌恶。为什么要调理好恶之心呢？《大学》云："身有所好乐，则不得其正。"当心有所喜欢厌恶，就已失去"心之正"。因为"天命之谓性"的天性、本性具有平等的特点，对人一视同仁，平等对待，结果才是和睦相处。如果看到这个就喜欢、看到那个就厌恶，说明心已经"不得其正"。所以修养自己的身心，就要调理自己的好恶之心，以平等之心待人。

"适情性"，"适"是使适合、使适度，即调节。"适情性"就是调节人的情性。什么是"性"呢？《中庸》说："喜怒哀乐之未发，谓之中。"即人的喜、怒、哀、惧、爱、恶、欲等情绪还没有发出来的时候，称为"中"的状态。这个状态就是人本性的状态。本性是清净无染的，所以是"喜怒哀乐之未发"的状态。什么是"情"呢？《中庸》说："发而皆中节，谓之和。"喜、怒、哀、惧、爱、恶、欲这些情绪发出来了，就从性变成情。但是虽然发了出来，都没有过分，并符合礼的节度，这个状态称为"和"的状态。一般人都有喜怒哀乐等情绪，但是要使这些情绪不能过分，就要懂得调节自己的情性，达到适度的状态，这就叫"适情性"。古人讲"欲而不贪"，就是调节性情达到了一种和谐、适度的状态。

"而治道毕矣"。"治"即修治，主要是指治身、修身。人把以上这四点都做到了，那么修身之道就完备了。

"原天命，则不惑祸福；不惑祸福，则动静修理矣。""修"是遵循，"理"是义理。如果人能够推究天命之理，明白了自己的本性，掌握了宇宙人生的规律，自然就不会对祸福这些事情感到迷惑。然后，人的动静、行为，是该取还是该让，该进还是该退，都知道遵循礼义来取舍。

人都希望趋吉避凶，都喜欢有福分，不喜欢灾祸。那么，祸福是怎么来的呢？古人讲，"命由我作，福自己求"。中国传统文化并不是宿命论，相反，它认为人的命运掌握在自己的手中，是他自己的所作所为决定了他的发展趋势、荣辱祸福。所以要改变自己的命运，就要断恶修善，多行好事，多积阴德，趋吉避凶。如果人明白了"命由我作，福自己求"的道理，对于祸福的规律就不迷惑了，自己的一举一动、一言一行都要按着礼来行事，不敢做越理悖分的事，这就是"动静修理矣"。

"治心术，则不妄喜怒；不妄喜怒，则赏罚不阿矣。"如果人能够修治自己对人、对事的想法和态度，就不会妄生喜怒。不妄生喜怒，则赏罚就不会徇私偏袒，不会因为心生欢喜，就赏赐他人，也不因心生怒气而无故惩罚。这样，赏罚才会合理，不会徇私偏袒。

"理好恶，则不贪无用；不贪无用，则不以物害性矣。"调理好自己的好恶之心，就不会去贪着没用的东西。不贪着没用的东西，就不会因为物欲而伤害了自己本善的本性。天明本《群书治要》此处有一眉笺"本书'不以物害性矣'作'不害物性'"[80]，也就是说，此句还有一种不同的说法，即"不贪无用，则不害物性"。这种说法也有合理之处，因为下文有"养性知足"一句，就是不害人的本性。人不贪没有用的东西，就不会增长自己的欲望，就不会奢侈浪费，就不会对资源、万物过分地开采，也就是"不害物性"的意思。"物"是指自然万物，包括自然资源等。所以这句话作"不害物性"也有可取之处。

"适情性，则欲不过节；欲不过节，则养性知足矣。""适情性"，就是使人的情性都适度、不过分，人的欲望就不会超过一定的节度。欲望不超过一定的节度，或者说都符合礼的要求，就能够涵养自己的心性而知足常乐。《礼记》云："欲不可纵。"人一旦放纵了自己的情欲，情欲就会像决口的洪水一样，不可遏制，连自己都无能为力。例如，《尚书》云："内作色荒，外作禽荒，甘酒嗜音，峻宇雕墙，有一于此，未或弗亡。"[81]在内兴起迷恋女色之风，在外又沉迷于打猎、游玩没有止境，喜欢饮酒不加节制，还爱听靡靡之音，住着又高又大的房屋，房屋的墙壁上还雕刻着花纹，以上这六种情况如果有一种出现，就没有不灭亡的。这也充分说明了人的荣辱祸福、盛衰成败与人的德行密切相关。

"四者不求于外，不假于人，反诸己而已。"以上这四个方面都不是从外面求得的，也不需要依靠别人而获得，只不过是反求诸己而已。反求诸己中的"诸"是"之于"的合音，就是反之于自己而已。这说明，人能够获得幸福美满的人生，修身、齐家、治国、平天下，恢复自己的天命之性，都不用从外面去求，只要反求于自己，就可以达到这个目的。

可见，古人讲"反求诸己"有很深刻的内涵。《孟子》中说："尽其心者，知其性也。知其性，则知天矣。"圣人能尽其心，就能够回归本性。而回归到本性，就会发现我和万物的性都是同一个性。知道了万物之性，"则知天矣"。真正回归到本性的人，其实万事万物和我是一体的关系，都是我心的反映，就是孟子所说的"万物皆备于我"。因此，人的起心动念、道德仁义与自己的境缘之间具有密不可分的关系。既然"万物皆备于我"，都是我心的反映，就不需要从外面去求富贵荣华。人的自性、人的本性之中具足无边的德行、无量的智慧、无量的福报，这些都不是从外在求得的。从外在求得的都是有限的，而内在的智慧、福德都是无限的，取之不尽，用之不竭。

《群书治要》中的天人合一思想构成了德福一致观的宇宙论基础，表现为人以善感天以福应、败德乱政天降之殃的天人感应现象，而天人合德作为天人合一的重要内涵，为人人反求诸己、积功累德而修德胜天、转祸为福提供了理论依据。

注　释

1.（唐）魏徵等辑：《群书治要》（永青文库四种），第 4 册，第 174 页。

2.（魏）何晏注，（宋）邢昺疏，朱汉民整理，张岂之审定：《论语注疏》（十三经注疏），北京大学出版社 2000 年版，第 94 页下。

3.（汉）赵岐注，（宋）孙奭疏，廖名春、刘佑平整理，钱逊审定：《孟子注疏》（十三经注疏），北京大学出版社 2000 年版，第 122 页上。

4.方勇、李波译注：《荀子》（中华经典名著全本全注全译丛书），中华书局 2011 年版，第 371 页。

5.（唐）魏徵等辑：《群书治要》（永青文库四种），第 5 册，第 441 页。

6.（唐）魏徵等辑：《群书治要》（永青文库四种），第 4 册，第 559—560 页。

7.（唐）魏徵等辑：《群书治要》（永青文库四种），第 1 册，第 382 页。

8.（唐）魏徵等辑：《群书治要》（永青文库四种），第 1 册，第 489 页。

9.（唐）魏徵等辑：《群书治要》（永青文库四种），第 4 册，第 186 页。

10.（唐）魏徵等辑：《群书治要》（永青文库四种），第 4 册，第 186 页。

11.（唐）魏徵等辑：《群书治要》（永青文库四种），第 4 册，第 179—180 页。

12.（唐）魏徵等辑：《群书治要》（永青文库四种），第 4 册，第 200 页。

13.（唐）魏徵等辑：《群书治要》（永青文库四种），第 4 册，第 184—185 页。

14.（唐）魏徵等辑：《群书治要》（永青文库四种），第 4 册，第 185—186 页。

15.（唐）魏徵等辑：《群书治要》（永青文库四种），第 4 册，第 189 页。

16.（唐）魏徵等辑：《群书治要》（永青文库四种），第 4 册，第 256—257 页。

17.（唐）魏徵等辑：《群书治要》（永青文库四种），第 4 册，第 276 页。

18.（清）郭庆潘辑，王孝鱼整理：《庄子集释》（新编诸子集成），中华书局 1961 年版，第 79 页。

19.（清）苏舆撰，钟哲点校：《春秋繁露义证》（新编诸子集成），中华书局 1992 年版，第 288 页。

20.（汉）郑玄注，（唐）孔颖达疏，龚抗云整理，王文锦审定：《礼记正义》（十三经注疏），第 1691 页。

21.（宋）张载：《张载集》，中华书局 1978 年版，第 62 页。

22.（明）王阳明：《王阳明集》下册，第 178 页。

23.（唐）魏徵等辑：《群书治要》（永青文库四种），第 5 册，第 444—445 页。

24.（唐）魏徵等辑：《群书治要》（永青文库四种），第 4 册，第 188—189 页。

25.（唐）魏徵等辑：《群书治要》（永青文库四种），第 1 册，第 349—350 页。

26.（唐）魏徵等辑：《群书治要》（永青文库四种），第 1 册，第 38 页。

27.（唐）魏徵等辑：《群书治要》（永青文库四种），第 1 册，第 70 页。

28.（唐）魏徵等辑：《群书治要》（永青文库四种），第 1 册，第 48 页。

29.（唐）魏徵等辑：《群书治要》（永青文库四种），第 1 册，第 49 页。

30.（唐）魏徵等辑：《群书治要》（永青文库四种），第 1 册，第 77 页。

31.（唐）魏徵等辑：《群书治要》（永青文库四种），第 1 册，第 485 页。

32.（唐）魏徵等辑：《群书治要》（永青文库四种），第 1 册，第 97 页。

33.（唐）魏徵等辑：《群书治要》（永青文库四种），第 1 册，第 202 页。

34.（唐）魏徵等辑：《群书治要》（永青文库四种），第 1 册，第 504 页。

35.（唐）魏徵等辑：《群书治要》（永青文库四种），第 1 册，第 100 页。

36.（唐）魏徵等辑：《群书治要》（永青文库四种），第 1 册，第 102—103 页。

37.（唐）魏徵等辑：《群书治要》（永青文库四种），第 1 册，第 125 页。

38.（唐）魏徵等辑：《群书治要》（永青文库四种），第 1 册，第 485 页。

39.（汉）赵岐注，（宋）孙奭疏，廖名春、刘佑平整理，钱逊审定：《孟子注疏》（十三经注疏），第 425 页。

40.（宋）蔡沈撰，王丰先点校：《书集传》，中华书局 2018 年版，序第 13 页。

41.（宋）蔡沈撰，王丰先点校：《书集传》，序第 13 页。

42.（唐）魏徵等辑：《群书治要》（永青文库四种），第 1 册，第 85 页。

43.（魏）王弼注，（唐）孔颖达疏，卢光明、李申整理，吕绍刚审定：《周易正义》（十三经注疏），第 341 页上。

44.（唐）魏徵等撰，刘余莉主编：《群书治要译注》，第 2 册，第 403—404 页。

45.（唐）魏徵等辑：《群书治要》（永青文库四种），第 4 册，第 190 页。

46.（唐）魏徵等辑：《群书治要》（永青文库四种），第 4 册，第 200 页。

47.（唐）魏徵等辑：《群书治要》（永青文库四种），第 4 册，第 199 页。

48.（唐）魏徵等辑：《群书治要》（永青文库四种），第 4 册，第 15 页。

49.（唐）魏徵等辑：《群书治要》（永青文库四种），第 1 册，第 103 页。

50.（唐）魏徵等辑:《群书治要》（永青文库四种），第 1 册，第 125—132 页。

51.（唐）魏徵等辑:《群书治要》（永青文库四种），第 3 册，第 368—369 页。

52.（唐）魏徵等辑:《群书治要》（永青文库四种），第 1 册，第 98 页。

53.（唐）魏徵等辑:《群书治要》（永青文库四种），第 1 册，第 186—187 页。

54.（唐）魏徵等辑:《群书治要》（永青文库四种），第 4 册，第 457—458 页。

55.（唐）魏徵等辑:《群书治要》（永青文库四种），第 1 册，第 78 页。

56.（唐）魏徵等辑:《群书治要》（永青文库四种），第 2 册，第 364 页。

57.（唐）魏徵等辑:《群书治要》（永青文库四种），第 1 册，第 226 页。

58.（唐）魏徵等辑:《群书治要》（永青文库四种），第 4 册，第 19—20 页。

59.（唐）魏徵等撰，刘余莉主编:《群书治要译注》第 2 册，第 397 页。

60.（唐）魏徵等辑:《群书治要》（永青文库四种），第 1 册，第 104—105 页。

61.（唐）魏徵等辑:《群书治要》（永青文库四种），第 4 册，第 14—15 页。

62.（唐）魏徵等辑:《群书治要》（永青文库四种），第 2 册，第 194—195 页。

63.（唐）魏徵等辑:《群书治要》（永青文库四种），第 2 册，第 195 页。

64.（唐）魏徵等辑:《群书治要》（永青文库四种），第 3 册，第 85—87 页。

65.（唐）魏徵等辑:《群书治要》（永青文库四种），第 3 册，第 173—174 页。

66.（唐）魏徵等辑:《群书治要》（永青文库四种），第 3 册，第 175 页。

67.（唐）魏徵等辑:《群书治要》（永青文库四种），第 3 册，第 134—136 页。

68.（唐）魏徵等辑:《群书治要》（永青文库四种），第 4 册，第 574—575 页。

69.（唐）魏徵等辑:《群书治要》（永青文库四种），第 1 册，第 122 页。

70.（唐）魏徵等辑:《群书治要》（永青文库四种），第 2 册，第 345—346 页。

71.（唐）魏徵等辑:《群书治要》（永青文库四种），第 3 册，第 361—362 页。

72.（唐）魏徵等辑:《群书治要》（永青文库四种），第 3 册，第 364 页。

73.（唐）魏徵等辑:《群书治要》（永青文库四种），第 5 册，第 179—180 页。

74.（唐）魏徵等辑:《群书治要》（永青文库四种），第 5 册，第 180 页。

75.（唐）魏徵等辑:《群书治要》（永青文库四种），第 3 册，第 457 页。

76.（唐）魏徵等辑:《群书治要》（永青文库四种），第 1 册，第 439—440 页。

77.（汉）郑玄注，（唐）孔颖达疏，龚抗云整理，王文锦审定:《礼记正义》（十三经注疏），第 1661 页上。

78.（明）王阳明:《王阳明集》下册，第 178 页。

79.（唐）魏徵等辑:《群书治要》（永青文库四种），第 1 册，第 571 页。

80.（唐）魏徵等辑:《群书治要》（永青文库四种），第 1 册，第 440 页。

81.（唐）魏徵等辑:《群书治要》（永青文库四种），第 1 册，第 94 页。

第 二 章

黍稷非馨　明德惟馨

——从道德品质的维度看德福一致

由天人感应可知，天道所昭示之理是德福一致。道为德之本，德为道之用。《贾子·大政》云："道也者，福之本也；祥也者，福之荣也。无道者，必祸之本；不祥者，必失福之荣矣。"[1] 若要获得福祉，就必须修养德行。

在国家治理当中，领导者圣明，则国家安定天下太平；领导者昏聩，则国家危殆民众离散。《大学》云："尧舜率天下以仁，而民从之；桀纣率天下以暴，而民从之。"[2] 尧舜仁爱，则普天之人皆归于仁爱，久之而天下平；桀纣暴戾，则民畏之而皆化为暴，日久则天下乱。因此，《六韬》云："君不肖，则国危而民乱；君贤圣，则国家安而天下治。祸福在君，不在天时。"[3] 古往今来的历史证明，君主与臣子的德行不仅关乎他们的个人荣辱，还关乎国家的治乱兴衰。《汉书四·娄敬传》云："有德则易以王，无德则易以亡。"[4]

魏徵等人在辑录《群书治要》时，着重辑录了"为君难""为臣不易"的内容，而君臣正己修德又是其中的重点内容。

第一节　修德——君臣

人君为政，首重修身。《大学》云："古之欲明明德于天下者，先治其国；欲治其国者，先齐其家。欲齐其家者，先修其身。……自天子以至于庶人，壹是皆以修身为本。"[5]

君主修身之所以重要，一方面是因为需要选贤任能。人君修身有成，才能以身观身，任贤使能。《尚书》记载，咎繇感叹，修身亲亲之道，在知人所信任，在能安民。禹曰："知人则哲，能官人；安民则惠，黎民怀之。"[6]君主能知人是大智，如此就能恰当地举任官员；能安抚民众就是大仁，如此百姓就会归往他。君臣协同，就能建立功业。《周易》云："二人同心，其利断金。"[7]

君主修身之所以重要的另一方面是，君主身正才能从正面影响臣民。《尚书》云："尔身克正，罔敢弗正，民心罔中，惟尔之中。"[8]君主自身端正，臣民就不敢不正。民心不能持中时，就是把君主当作中道的标准。因此君主必须端正自身，向天下百姓显明中正之道。君主有德，则天下皆正，福祉也就来到了。《尚书》云："一人元良，万邦以贞。"[9]"一人有庆，兆民赖之。"[10]这是因为，同声相应，同气相求，君主以德正身，就能感召有德行的臣子，进而影响民众，其下皆正。《三略·下略》云："务广地者荒，务广德者强也。荒国者无善政，广德者其下正。"[11]君德广于上，则兆庶正于下也。

《汉书六·东方朔传》阐明了"圣王"的德行：深思远虑，援引道义来端正其身，广施恩惠，扩展到天下之人；以仁为本，以义为始，聚集有德之人，给贤能之才以厚禄，诛罚奸恶乱党，汇集远方之民，统一纲纪，淳厚风俗，这是帝王得以昌盛的缘由。在上不改变天性，对下不丧失人伦，天地就会和洽，远方之民就会归附，所以称为圣王。相反，倘若君主无德，是国家郁结之处，有郁结就会灾祸生。《吕氏春秋·达郁》云："国亦有郁，主德不通，民欲不达，此国之郁也。国之郁处久，则百恶并起而万灾丛生矣。"[12]

臣子的德行也是重要的方面。《尚书》咎繇论述了官员的九种德行，"宽而栗，柔而立，愿而恭，乱而敬，扰而毅，直而温，简而廉，刚而塞，强而义。彰厥有常，吉哉。"[13]具备九德的人执政用事，就能使贤能之人在官。百官之间互相学习，百官都能如此，政事就没有过错了，凡事也都能成功。《说苑·臣术》总结了为人臣有六正六邪，以此揭示臣子德行与其荣辱祸福之间的密切关联："人臣之行有六正则荣，犯六邪则辱。……贤臣处六正之道，不行六邪之术，故上安而下治，生则见乐，死则见思，此人臣之术也。"[14]

君主和臣子都属于为政者，对为政者的德行要求很多。下面从仁、义、忠、信、谦、俭、公、慎这八个方面，从《群书治要》中选取收录的历史验证和古人论述，说明德福一致。

一、仁之所在，天下归之（仁）

修身为本，治国为末。《列子》载，楚庄王问詹何治国之道。詹何不对以政，唯曰："臣未尝闻身治而国乱者也。又未尝闻身乱而国治者也。故本在身，不敢对以末。"[15]詹何之言就是告诉楚庄王治国之本在谨以修身。古之明王，无不谨修其身以君天下。《尸子·明堂》云："天高明，然后能烛临万物；地广大，然后能载任群体；其本不美，则其枝叶茎心不得美矣：此古今之大径也。是故圣王谨修其身以君天下，则天道至焉，地道稽焉，万物度焉。"[16]

以何修身？《中庸》云："修身以道，修道以仁。"[17]仁乃立人之道。之所以称"仁者，人也"，是因为仁心是人人本具之心。孟子云："人皆有不忍人之心。先王有不忍人之心，斯有不忍人之政矣。以不忍人之心，行不忍人之政，治天下可运之于掌上。"[18]不忍人之心就是不忍加恶于他人之心，是恻隐之心。恻隐之心，仁之端也；无恻隐之心，非人也。《说文解字》许慎曰："仁，亲也，从人、从二。"徐铉曰："仁者兼爱，故从二。"[19]《汉书六》云："仁者，爱也。……致利除害，兼爱无私，谓之仁。"[20]

仁也是为政者必须具备的品质。《论语·阳货》记载，子张问仁。孔子说："恭，宽，信，敏，惠。恭则不侮，宽则得众，信则人任焉。敏则有功，惠则足以使人。"[21] 恭敬人，就不会被人侮慢；宽厚待人，就会得到众人悦服；言而有信，就能得人信任；做事敏捷，就能成功；施惠于人，就能使用人。老子也视仁爱为三宝之一。《老子》云："我有三宝，持而保之，一曰慈，二曰俭，三曰不敢为天下先。"[22] 爱百姓如爱自己刚出生的孩子，向百姓征赋税如同向自己征，坚持谦让，而不做倡导者，这是老子所依仗的三个宝物。"慈，故能勇；俭，故能广；不敢为天下先，故能成器长。今舍慈且勇，舍俭且广，舍后且先，死矣。夫慈，以战则胜，以守则固。"[23] 用慈仁之心，就能勇于做忠孝之事；自身节俭，百姓用度就会宽裕；不敢先天下人而行，故能修成大道，得到他人的支持。如果舍去仁慈只讲勇敢，舍去俭约只讲奢泰，舍去退让只为人先，那么就必定要灭亡了。仁慈这件法宝，用之于战争就能胜利，用之于守卫就能稳固疆土。

仁爱之心要从哪里开始培养？从亲亲开始。《孔子·家语·哀公问政》云："仁者，人也，亲亲为大。"[24] 仁，就是具有爱人的品性。仁爱以爱自己的亲人最为重要。爱人要由亲及疏，由近及远，这是圣人顺人性而教之。《诗·小雅·伐木序》云："亲亲以睦，友贤不弃，不遗故旧，则民德归厚矣。"[25] 在上位者能够做到亲爱家人，亲爱旧友，在下位者也能从中学到仁爱的精神。《论语·泰伯》云："君子笃于亲，则民兴于仁，故旧不遗，则民不偷。"[26] 能厚待亲属，不遗忘自己的老朋友，这样的德行十分美好，能够感化老百姓，让他们兴起仁厚之德，而不会冷漠无情。《诗·大雅·行苇序》云："周家忠厚，仁及草木，故能内睦于九族，外尊事黄耇，养老乞言，以成其福禄焉。"[27] 周室王族忠厚治国，仁爱延及草木，所以对内能使九族和睦，对外能尊敬老人。敬心供养老人以祈求传授智慧经验，如此敬老尊贤的态度积累了绵长济世的福报。

仁爱不仅体现在亲亲上，古人认为，自己的身体是父母遗留下来的，因此对自己的身体也要爱惜。《礼记·祭义》记载，曾子曰："身也者，父母之遗体也。行父母之遗体，敢不敬乎？居处不庄，非孝也；事君不忠，非孝也；莅官不敬，非孝也；朋友不信，非孝也；战陈无勇，非孝也。五者不遂，灾及于亲，敢不敬乎？"28 这五个方面都归结于孝的内容，没有做好，也就是德行有亏，灾祸就会殃及亲人。因此，不可不自我警肃。

除自爱之外，古人还强调要敬妻敬子。《孔子家语·大婚》记载，孔子讲，夏商周三代的圣王必定敬重妻儿。妻子是侍奉父母长辈、祭祀祖宗的主体，孩子是自己宗族的后代，怎敢不恭敬慎重对待呢？因此，圣明的君王对妻儿没有不敬重的。敬重之中，恭敬慎重地对待自己是最重要的，自身是家族的延续。不敬重自身，就是伤害亲人；伤害亲人，就是伤害家族的根本；伤害家族的根本，家族的支脉也就要随之灭绝了。国君这样对待自身、妻子、儿女这三者，百姓也会效法。国君从自身想到百姓，从自己的孩子想到百姓的孩子，从自己的妻子想到百姓的妻子。君主做好这三件事，教化就可以通行于普天之下。

为什么仁道始自亲亲？因为治国必先齐其家。《礼记·大传》云："圣人南面而听天下，所且先者有五，民不得与焉。一曰治亲，二曰报功，三曰举贤，四曰使能，五曰存爱。"29 这五种事虽然都是为了民众，但是还没有直接谈及民众。"治亲"就是治人道之事。即落实亲亲、尊尊、长长、男女等不同的伦理关系，做到父子有亲，长幼、尊卑有序，男女有别，就可齐家，并进而治国，故急在先，列在首位。家是最小国，国是千万家，千万个家和谐，社会自然和谐。"报功"是要回报有功劳的人，这件事缓于亲亲，故次于治亲。"举贤"是举荐贤能之人。即使已经回报了有功劳之人，如果还有隐居的贤能、有德之士，虽然尚未建立功业，也要举荐而任用他们，因此次于"报功"。"使能"指任用有道艺、才能之人。既无功劳，又非贤德，但是他有技能，也应该任用他们并给予俸禄，使他们各当其职，发挥应有的作用。"使能"轻于贤德，故次之。"存爱"是分辨那些能够仁爱存心的人。治亲、报功、举贤、使能，对于为政而言已经足够了，但还须辨别在陋巷下民之中虽非贤能而有仁爱之心的人，并赏赐他们。这是让人们效法他们，也长养仁爱之心，目的是倡导一种崇仁好善的道德风气，促进社会和谐。《礼记·大传》进而讲到："五者一得于天下，民无不足，无不赡；五者一物纰缪，民不得其死。圣人南面而治天下，必自人道始矣。"[30] 圣人治理天下，必从治人道开始。这里所说的人道，就是上面所讲的五件事。五者都能做到，民众就力足以自给，财足以自养。有一件尚未做到，民众就无法尽其天年而死。

《尚书》云："民无常怀，怀于有仁。"[31] 民众的向往之心并无常心，而是以仁政为常。《六韬》云："仁之所在，天下归之。"[32]

尧帝被誉为"千古帝范，万代民师"。《史记·五帝本纪》中对尧帝有着如下的美誉：他的仁德犹如苍天滋润万物，他的智慧犹如神明一样微妙。人们对他的倾心归附，如葵花向阳；对他的企盼，如同百谷仰望甘霖。他富有而不骄奢，地位尊贵却不傲慢。尧帝有着顺天应人的美德，能亲睦九族，辨明彰显百官之职，能协和万邦。据《帝王世纪》记载，在尧帝的治理之下，社会安定和谐，人民安居乐业。曾经有五位老人在路边击壤而歌，唱道："我们日出劳作，日落休息，挖井喝水，耕田吃饭，没有感受到帝王的治理对我有影响啊！"看到的人感叹说："尧帝的圣德真是宏大啊！"[33] 圣人依循"道"的规律治理百姓，使人感受不到他的存在，但是却获得了真切的益处。

尧帝对舜进行了全方位的考察后，将帝位禅让给了舜。《孔子家语·好生》记载，孔子云，一代明君舜帝治理天下时，珍爱生命、憎恶杀戮，任用贤士取代德不配位者。舜的德性如天地般冲虚清静，其教化如四季交替一样使万物自然生长。因此，天下之人都普遍受到德风感化，周边部族也仰慕他的德行。凤凰翔集，麒麟纷至，飞禽走兽也都被他的仁德感化。出现这种现象的原因无他，就是舜以好生之德治理天下。

天下以大舜为父母，是因为大舜的一片仁爱之心，无人能及。《尸子·仁意》云："舜无为也，而天下以为父母，爱天下莫甚焉。天下之善者，唯仁也。"34"仁者之于善也，无择也，无恶也，唯善之所在。"35

尧帝举舜于畎亩之中，尧为此善，而众善因舜的到来而纷至。尧、舜之"帅"天下以仁，而使普天之下皆归于仁爱。尧舜非"令"天下以仁，皆因其自身行仁而已，其弘仁乃属无心自化，非有心求之。36 这就是仁者在位而仁人来。《傅子》云："仁人在位，常为天下所归者，无他也，善为天下兴利而已矣。"37

《尚书》记载，舜受尧帝禅让摄帝位二十八年后，尧帝去世。百姓如丧考妣，三年内，连四夷都停止演奏各种音乐。后来，人们用"尧天舜日"来比喻太平盛世。

君主推行德政，仁爱属下及百姓，属下和百姓就会爱戴他，也能心甘情愿为其拼死效力。只有仁君才能感召忠臣，这就是"君仁臣忠"。孟子告齐宣王曰："君之视臣如手足，则臣之视君如腹心；君之视臣如犬马，则臣之视君如国人；君之视臣如土芥，则臣之视君如寇仇。"（《孟子·离娄》）38

《吕氏春秋·慎穷》记载了赵简子用两匹白骡子的肝给阳城胥渠治疗疾病的故事，正说明了"君之视臣如手足，则臣之视君如腹心"的道理。阳城胥渠是广门县的小官，必须使用白骡子的肝治疗疾病，否则就会很快死去。赵简子认为，杀白骡能救活人命，是很仁义的事。于是命厨师杀了白骡，取出肝脏送给阳城胥渠。不久，赵国发兵攻打翟族，这位广门县的官吏亲率左部兵七百人、右部兵七百人，个个争做先锋而奋勇杀敌。这就是仁爱下属所起到的示范效应。发自内心对下属的仁爱，使君主获得了千万人的拥护。

贤明的君主皆是仁爱的典范。《汉书一（补）》班固评论汉文帝说，孝文皇帝在位二十三年，宫殿、御苑、车骑、服御没有增加，有不便民之事便立即废除，以有利于民……文帝注重以道德教化百姓，所以天下富裕，大兴礼义之风，断狱判死罪的人仅数百人，几乎不使用刑罚了。孝文皇帝真是位有仁德的君主！《六韬》云："天有时，地有财，能与人共之者，仁也。"[39]《汉书四·贾谊传》云："以幸天下，以育群生，至仁也。"[40]赞叹的就是像汉文帝这样的仁君。

为什么说没有仁德之心的人就不能称为君王呢？这就要看君主是何以成为君主的。君之所以成为君，是因为有民。王天下者，并非胁迫其民众归附，而是民众仰慕其德行而自发前往归附。《汉书二》云："上圣卓然，先行敬让博爱之德者，众心悦而从之。从之成群，是为君矣；归而往之，是为王矣。"[41]在历史上，大舜就是以仁德之心得民的典范。《史记上》云："舜耕历山，历山之人皆让畔；渔雷泽，雷泽上人皆让居；陶河滨，河滨器皆不苦窳。一年而所居成聚，二年成邑，三年成都。"[42]舜所居之处，民众逐渐聚集，皆因舜之德行感召；舜所在之处，四民谦让，生活富乐，皆因舜之德行感化。《大学》云："有德此有人，有人此有土，有土此有财，有财此有用。德者本也，财者末也。"此之谓也。

不仁就不可为君。《汉书二》云："不仁爱则不能群，不能群则不胜物，不胜物则养不足，群而不足，争心将作。"[43]不仁者在高位，是将其恶播撒给众人。《孟子·离娄》云："是以惟仁者宜在高位，不仁而在高位，是播其恶于众也。"[44]仁者能遵循先王之道，不仁者悖逆先王之道，背道而行就是播恶于众。韩非、李斯、赵高为不仁之臣，秦始皇、秦二世，皆不仁之君，他们的暴虐施加于百姓身上，他们自身无一善终，秦朝二世而亡。这是不仁便不可为君，自取灭亡之道。《袁子正书》云："仁义虽弱而持久，刑杀虽强而速亡，自然之治也。"⁴⁵ 说的就是这种情况。

古人把地方官称为"父母官"，所谓"民之父母"，就应该爱民如子。《盐铁论》云："故为民父母，似养疾子，长恩厚而已。"⁴⁶ 哪有父母对儿女屠戮的道理？因此，能爱人就不会有虐刑出现。如果为官者没有仁爱之心，一味执法苛刻，残害百姓，把百姓，包括犯罪的人放在对立面，把能够捕多少人、惩罚多少人作为自己的功绩，毫无怜悯之心，这与天道好生之德不符，一定不会善终。

《汉书八（补）》记载，严延年精明强悍，办事灵活敏捷。作为一郡长官，凡是下属忠诚奉公的，他都会像对待自家人一样。而对坏人坏事，也会过度惩罚。严延年擅长写狱词及官府文书，凡是要诛杀的，都亲自写奏折。上级会觉得他写的狱词有理，便会很快核准。冬天行刑时，严延年会把犯人集中在郡府一起处死，血流数里。因此，郡里的人称他为"屠伯"。此景后被严母见到。严母在震惊之余，对严延年说："苍天在上，明察秋毫，岂有乱杀人而不遭报应的？想不到我老了，还要看着壮年的儿子身受刑戮。"严母已经预感到严延年一定不会有好结果。一年后，严延年果然出了事。⁴⁷ 严母之所以能够预判严延年的恶报，就是因为她明白天道好生而恶杀的道理，而严延年缺乏仁爱之心，恰与天道相背离，必然导致逆天者亡的结果。

《文子·上礼》云："为政以苛为察，以切为明，以刻下为忠，以计多为功，如此者，譬犹广革者也。大即大矣，裂之道也。"⁴⁸《文子·上义》云："治之本，仁义也；其末，法度也。先本后末，谓之君子；先末后本，谓之小人。"⁴⁹ 这里所说的就是严延年这样的酷吏。所以，古人看一个人的所作所为是否与天道相应，据此就能够评判出他的兴衰成败，正是因为他们明白德福一致的道理。

孟子曰："三代之得天下也，以仁；其失天下也，以不仁。国家之所以废兴存亡者，亦然。天子不仁，不保四海之内；诸侯不仁，不保社稷；卿大夫不仁，不保宗庙；士庶人不仁，不保四体。今恶死亡而乐不仁，犹恶醉而强酒。"（《孟子·离娄》）[50] 由此可见，不行仁道而厌恶死亡，这就像不想喝醉还强行灌酒一样，是不可能实现的。《毛诗·长发》云："敷政优优，百禄是道。"[51] 政教所及唯有仁厚宽和，才有这百福骈臻。

总之，仁是立人之道，也是为政之本。仁不仅是国家兴废存亡的关键，也是个人得失荣辱的关键。道德仁义好比支撑国家的根基和栋梁，根基不牢，栋梁不固，必然导致倾覆。

二、义胜利治，利克义乱（义）

"义者，宜也。……明是非，立可否，谓之义。"[52]"与人同忧同乐同好同恶者，义也；义之所在，天下归之。"[53] 在各种道德品质中，义是贯穿始终的具有行为指导意义的德性，即古人所说的"进退取舍"。而进退取舍的内容，就是义与利。义利之辨是自古以来的命题，古之圣贤君子不仅有对义利关系的论述，也有义利与祸福关系的探讨。周初太公吕望所著《六韬》云："义胜欲则昌，欲胜义则亡；敬胜怠则吉，怠胜敬则灭；故义胜怠者王，怠胜敬者亡。"[54]

孔子认为，义以为上，义是一切行动的准则。子曰："君子义以为上。"（《论语·阳货》）"君子喻于义，小人喻于利。"（《论语·里仁》）孔子不完全排斥利，他对利作了狭义的解释，和"义"对立的"利"不是指社会的利益，而是指个人的私利。子曰："不义而富且贵，于我如浮云。"（《论语·述而》）"见利思义。"（《论语·宪问》）"见得思义。"（《论语·季氏》）"富与贵，是人之所欲也，不以其道得之，不处也。"（《论语·里仁》）

孔子反对小利，主张长远的利益，主张大利。子曰："无欲速，无见小利。欲速则不达，见小利则大事不成。"（《论语·子路》）子张曰：

"何谓惠而不费?"子曰:"因民之所利而利之,斯不亦惠而不费乎?"(《论语·尧曰》)

孟子认为,要重义轻利,求大义而利就已经在其中。《孟子·梁惠王》记载,孟子对梁惠王说:"王何必曰利,亦曰仁义而已矣。王曰'何以利吾国',大夫曰'何以利吾家',士庶人曰'何以利吾身'。上下交征利,而国危矣。未有仁而遗其亲者也,未有义而后其君者也。王亦曰仁义而已矣,何必曰利。"⁵⁵《孟子·告子下》也有记载,孟子对宋牼说:"为人臣者怀利以事其君,为人子者怀利以事其父,为人弟者怀利以事其兄。是君臣、父子、兄弟终去仁义,怀利以相接,然而不亡者,未之有也。……为人臣者怀仁义以事其君,为人子者怀仁义以事其父,为人弟者怀仁义以事其兄,是君臣、父子、兄弟去利,怀仁义以相接也,然而不王者,未之有也。何必曰利?"⁵⁶

孟子虽然重义轻利,但却主张要适当地满足老百姓的物质利益。在生活上能有所保障的人,才能有一定的道德观念和道德意志。《孟子·梁惠王上》记载,孟子云:"无恒产而有恒心者,惟士为能。若民,则无恒产,因无恒心。苟无恒心,放辟邪侈,无不为已。及陷于罪,然后从而刑之,是罔民也。焉有仁人在位罔民而可为也?"⁵⁷

孟子认为,合于仁义道德之利,是为义。合于仁义道德的物质利益,就不是孟子所说的利。无违仁义而得之,孟子就不把得天下看作得到了"利"。"天下"可为大利。《孟子·滕文公下》记载,孟子云:"非其道,则一箪食不可受于人;如其道,则舜受尧之天下,不以为泰。"⁵⁸

荀子认为,要以义制利。利是人生而具有的生存欲望,因此,利不可去。义与利是人之所两有。应该使欲利服从道德原则,而不能反之。领导者应该适当满足人们的物质利益,并加强对百姓的道德教化。《孙卿子·大略》云:"义与利者,人之所两有也。虽尧、舜,不能去民之欲利,然而能使其欲利不克其好义也。虽桀、纣,亦不能去民之好义，然而能使其好义不胜其欲利也。故义胜利者为治世，利克义者为乱世。上重义则义克利，上重利则利克义。故天子不言多少，诸侯不言利害，大夫不言得丧，士不能通货财。从士以上，皆羞利而不与民争业，乐分施而耻积藏，然后民不困，则贫窭者有所窜其中矣。仁义礼善之于人也，譬之若货财粟米之于家也，多有之者富，少有之者贫，至无有者穷。"**59**

荀子认为，行事要进行权衡比较，一是对社会有利还是有害，二是会给自己带来荣誉还是羞辱。权衡并不是只要能对自己有利就可以做，而是有着道德的原则，即"义""礼"，有时又称为"道"。《荀子·正名》云："道者，古今之正权也。离道而内自择，则不知祸福之所托。"**60**《荀子·解蔽》云："何谓衡？曰道。故心不可以不知道；心不知道，则不可道而可非道。"**61** 最高标准是"道"。在现代汉语中，又称为"道义"。

荀子认为，为国者明辨义利，是国家兴盛与衰败的一个关键。能行义者王天下，好权利者伤国家。《孙卿子·富国》云："故用国者，义立而王，信立而霸，权谋立而亡。三者，明主之所谨择也，仁人之所务白也。汤以亳、武王以镐，皆百里之地也。天下为一，诸侯为臣，通达之属，莫不从服。无他故焉，以济义矣。是所谓义立而王也。"**62** 又云："大国之主，好见小利，又好以权谋倾覆之人断事，社稷必危，是伤国者也。大国之主好诈，群臣亦从而成俗，群臣若是，则众庶亦不隆礼义而好贪利矣。君臣上下之俗，莫不若是，则地虽广，权必轻，人虽众，兵必弱，刑虽繁，令不下通，是之谓伤国。"**63**

汉朝以后，义利的探讨更为广泛。刘安认为，广地兵车并不能使国家免于灭亡，仁义道德才是保存国家的根本所在。《淮南子·氾论》云："今谓强者胜，则度地计众；富者利，则量粟称金。如此，则千乘之君，无不霸王；万乘之国，无破亡者矣。国之亡也，大不足恃；道之行也，小不可轻。由此观之，存在得道，而不在于大；亡在失道，而不在于小也。乱国之君，务广其地，而不务仁义，务高其位，而不务道德，是释其所以存，而就其所以亡也。"[64]"汤武之所以处小弱而能著者，以其有道也。桀纣之所以处强大而终见夺者，以其无道也。"[65]

贾谊认为汤武为天下开利除害，继之以义，因此被后世称为圣帝至治。这与孟子"诛一夫纣"、荀子"诛桀纣若诛独夫"的思想相合。《贾子·大政》云："殷汤放桀，武王杀纣，此天下之所同闻也。为人臣而放其君，为人下而杀其上，天下之至逆也。而所以长有天下者，以其为天下开利除害，以义继之也。故声名称于天下，而传于后世。以其后世之隐其恶，而扬其德美，立其功烈，而传于久远。故天下皆称圣帝至治，其道之也当矣。"[66]

王符认为，圣人为君，贤人为臣，皆以义为度量而行取舍。因而圣人能做到野无遗贤，功无废灭；贤人则与邪枉之人不两立。《潜夫论·潜叹》云："故圣人之施舍也，不必任众，亦不必专己，必察彼己之谓而度之以义。故举无遗失，而功无废灭也。"[67]"夫贤者之为人臣，不损君以奉佞，不阿众以取容，不堕公以听私，不挠法以吐刚，其明能照奸，而义不比党。是以范武归晋而国奸逃，华元反朝而鱼氏亡。故正义之士，与邪枉之人不两立。"[68]

三国魏杜恕直承孔子，将义利作为君子小人的区别标志。《体论·行体》云："由乎利则失为君子，由乎义则失为小人。吉凶荣辱之所由生，义利为之本母也。是以君子慎趣舍焉。"[69]同时，杜恕还认为义利是引发吉凶荣辱的根本。

魏晋之际，袁准《袁子正书·治乱》云："亲道不亲人，故天下皆亲也。爱义不爱近，故万里为近也。天下同道，万里一心，是故以人治人，以国治国，以天下治天下，圣王之道也。"[70]

在道家思想的著作中，也有见审仁义以定取舍的论述。《文子·微明》认为，仁义是事物的自然之性，是天下最尊贵的品德。即使计谋成功，想解除祸患，祸患便消除；想保住国家，国家得以保全；但如果有违背仁义之处，其功业一定不会圆满实现。虽然不能提出好的策略，计谋也对国家没有什么帮助，但只要心是忠于君主的，而且合乎仁义之道，他自身就一定会得以保全。所以，与其每次都言语得当，不如看他是否合乎仁义。

《群书治要》中记载了大量类似行义而获福的范例。例如，《春秋左氏传（中）》记载，鲁宣公十五年（前594年），晋国解扬在被俘后，面对诱降说："臣听说，君主能发号施令是义，臣子能奉行君命是信。守道义不能有两种信用，守信用就不能接受两个命令。君王贿赂下臣，就是不懂得'守信用就不能接受两种命令'的道理。我接受晋侯的命令出使，宁死也不能废弃使命，又怎能接受贿赂呢？下臣所以答应君王，是为了借机完成晋侯的命令。死而能完成使命，是臣下的福分。我们国君有守信的下臣，下臣死得其所，还有什么可求的呢？"楚庄王听后，赦免了解扬，放他回国。解扬有信有义，不仅完成了君命，也保全了自己。

三、移孝作忠，声驰千载（忠）

《忠经·天地神明章》曰："为国之本，何莫由忠。"[71]忠于治国理政而言，可谓是根本之德，有固君臣、安社稷之功。

《说文解字》云："忠，敬也。从心，中声。"[72]段玉裁《说文解字注》曰："尽心曰忠。"[73]忠由"中"延伸而出，由"中""心"组成，有中正不偏之意。《尚书·盘庚中》记载，商朝中兴之主盘庚在迁殷之时告诫贵族们要"各设中于乃心"[74]。他严令贵族们要行汤之政、以公为心，不能因一己之私而反对迁都。最终，盘庚顺利迁都，再现盛世。正是由于"忠"有中正不偏、设中于心的内涵，它又为"德之正也"，即公正无偏。简单地说，就是一心为公，没有私心。这也就是先秦儒家所强调的"公忠"，其核心精神在于利群。例如,《晏子·谏下》云:"臣专其君,谓之不忠。……为臣道,君亲于父兄,有礼于群臣,有惠于百姓,有义于诸侯,谓之忠也。"[75] 臣子独受君主偏宠,是不忠;为臣子者,引导君王对父兄亲近,对群臣有礼,对百姓施予恩惠,对诸侯有信义,这叫作忠。

中国古语有云,移孝作忠,忠孝一体。忠、孝作为不同的德行,能够互相推移,称之为一体,其原因有二:一是家与国的不可分割性,二是孝和忠均有指向天下之仁的宽广性和延展性。

在中国传统经典中,家国往往是并立而言、不可分割的,如《论语·颜渊》云:"己所不欲,勿施于人,在邦无怨,在家无怨。"[76] 又如《孟子·离娄上》所言:"天下之本在国,国之本在家,家之本在身。"[77] 家国并立的原因便在于家国的同构性。在中国传统社会中,家、国都表示一定的治理或管辖地域,在此地域中有相似的政治架构和社会功能,只是大小与级别不同。因此,家是国的基本构成单位,治家亦是治国的根本起点。随着历史的发展以及大一统国家的出现,"国"的范围逐渐增大,形成了现代"国家"的含义;而"家"逐渐失去了其在商周时期所具有的政治职能,范围也逐渐缩小,形成了现代"家庭"的含义。但是,国与家的历史渊源从未割裂,两者之间仍然有着不可分割的紧密联系。也正是因此,孝这一家庭伦理与忠这一政治伦理,也就有了贯通的基础。

除家国同构之外,移孝作忠、忠孝一体的另一重要原因在于,这两者最终均指向天下之仁。

孝在中国文化中有不同层次。小孝便是孝敬父母,主要有三个方面:第一是保重自己的身体,不要让父母担心;第二是赡养父母,让父母吃饱穿暖,身心愉悦;第三是谏亲,当父母犯错时要委婉劝说,让他们意识到错误并进行改正。除此之外,孝还有更高的境界,那便是把爱父母的心推而广之,孝顺天下所有的父母,然后再进一步,用这一颗仁爱之心去爱所有人。可见，孝德并非局限于血缘亲情，而是要打破血亲的界限，将血缘之爱延展为治国平天下的宽广胸怀和仁厚之德，使人自觉地生发出向善、向美的追求。

忠的本义是中正之德，强调公正无私。因此，忠虽然被置于君臣一伦，但这一德行所包含的宽度与广度是指向更大的对象，即天地万民。君与臣在社会中具有不同的社会身份，承担不同的社会角色、伦理责任和道德本分，彼此各有分工，相持而长，但最终目标都是利益万民。因此，忠德看似指向君主，但其最终所指向的是君背后的万民，最终要利益的也是天下之人。正如《孙卿子》所言："从命而利君谓之顺，从命而不利君谓之谄，逆命而利君谓之忠。"**78** 而利君的，则为"解国之大患，除国之大害，成于尊君安国"**79**，即能否立社稷之功，能否安国安民。

可见，家国同构性使得"家"被内置于"国"与"天下"，齐家亦成为治国平天下的起点。立根于家庭伦理之孝，层层扩展生发出孝养天下的情怀，与君臣伦理之忠交会于对万民之惠的追求。

《孙卿子》中三次强调"从道不从君"，道出了忠德的根底所在，即从道。忠之为道，正如《晏子·问上》所云："选贤进能，不私乎内；称身就位，计能受禄；睹贤不居其上，受禄不过其量，不权君以为行，不称位以为忠，不掩贤以隐长，不刻下以谀上；顺即进，否即退，不与君行邪。"**80** 臣子行忠之道，则国昌民安，名留千古；臣子反忠道而行之，必将危及社稷，殃及自身。

《史记·世家》载："当尧之时，洪水滔天，舜登用，乃命禹平水土。劳身焦思，居外十三年，过家门不敢入。薄衣食，致孝于鬼神；卑宫室，致费于沟淢。以开九州，通九道，陂九泽，度九山，行相地宜，所有以贡。东渐于海，西被于流沙，朔南暨。声教讫于四海。于是帝锡禹玄圭，以告成功于天下，于是大平治。"**81** 大禹治水便是行忠道的典范。他三过家门而不入，不断总结治水经验，前后历时十三年，终于"地平天成", 治水成功。大禹治水有功, 不仅忠于尧帝之命, 更是忠于万民。他化解民忧、守护民安, 因此深得民心, 最终以平民之身登天子之位, 被称颂为"绩奠九州垂万世, 统承二帝首三王"。这印证了《中庸》之言: "故大德必得其位, 必得其禄, 必得其名, 必得其寿。"**82**

《后汉书》记载的东汉末年汉阳太守傅燮, 亦是大忠济民之人。他身为父母官, 一直忠于职守、仁厚爱民。当时战乱频发, 许多人流离失所, 无家可归。傅燮修筑了四十多个营地用以安置他们, 并为他们创造工作岗位, 鼓励他们自力更生。在对外政策上, 傅燮大力帮助羌胡人民, 与他们建立友好关系, 缓和矛盾。他甚至还团结羌、胡、汉各族人民, 一起修复淤塞的渠道, 实行屯田, 不仅安定了当地人民的生活, 还恢复、发展了宁夏川区的农田水利事业, 当地人民对他极为敬重。后来, 黄巾军数十万人兵临城下, 而汉阳城却兵力不足、粮草短缺, 几乎陷入绝境。在叛军的精锐中, 数千胡人骑兵竟一齐下马叩首, 哭着恳求傅燮弃城保命, 不要玉石俱焚。不仅如此, 他们还发誓, 若是傅燮愿意弃城, 他们便退出叛军, 护送他安全返乡。而对胡人骑兵近似于临阵投敌的行为, 十余万围城大军竟然鸦雀无声, 无人制止。叛军黄巾军的首领甚至还提出, 只要傅燮能够弃城投降, 他们愿意让出首领之位。傅燮坚决不做投降叛国之事, 赤胆忠心战死沙场。傅燮的气节亦在其后人身上传承了下去。其子傅干为多才智之士, 身为扶风太守亦在史上有名。其后人傅巽、傅嘏亦是朝廷重臣, 以忠正为人所称赞。傅氏一族忠君爱国、刚正不阿的良好家风代代传承, 傅氏家族也因此枝叶繁衍, 人才辈出, 功名显赫。

再反观国贼之臣、社鼠之流, 皆是反忠道而行, 最终不仅危及国家, 而且难得善终。管仲曾对齐桓公谏言, 国家之患在于社鼠。社鼠之臣"内则蔽善恶于君上, 外则卖权重于百姓, 不诛之则为乱, 诛之则为人主所案, 据腹有之"**83**。他们乱君主之心, 念私门之利, 忘国家之政，败坏社会风俗，邪秽之气上感于天而现灾异之象，使得百姓困乏。此皆"臣下不忠之效也"[84]。自古以来，社鼠之臣都为千夫所指、万民唾弃。《群书治要》中四次记录或论述了易牙、竖刁、公子开方的奸佞之行（《史记上》《管子·小称》《说苑·尊贤》《政要论·决壅》），这三人都善于揣摩君心，并能够投其所好，深得齐桓公喜爱。易牙精于烹调，长于辨味。只因齐桓公说了一句"从未尝过人肉"，易牙便杀掉亲子烹成菜肴献给君主，齐桓公深受感动。竖刁亦是齐桓公近臣，为了取悦桓公，不惜自宫为阉人，常伴桓公身边。而开方身为卫国公子，自愿追随齐桓公，十数年没有归家，父母去世也不回国，向齐桓公表明爱君胜过爱亲，以示忠诚。乍一看，这三人忠心耿耿、心细如发，为齐桓公做出了巨大牺牲。但实际上，他们不过是贪愎喜利、忠于权力，因此穷尽其术地投君主所好，却从未考虑到国家安危、百姓之忧，完全背离了忠道。此三人所为，正如《韩子·十过》所言："行小忠，则大忠之贼也。"[85] 最终，齐国因为这三个佞臣动乱不止，齐桓公最后也身死不葬，为天下人所耻笑。易牙、竖刁、公子开方也因其邪枉之行不得善终，并且被载于史册，遗臭万年。

由此可见，忠之为道，其心当指向天下万民。忠君只是小忠，忠于明君尚可，忠于昏君则为大忠之贼。因此，大忠之道，宽惠爱民也。

四、履信思顺，自天佑之（信）

《说文解字》云："信，诚也。从人从言。会意。"[86] 段玉裁《说文解字注》云："人言则无不信者，故从人言。"[87] 信的本义是言语真实，引申为诚实、信用、确实、相信、尊奉等意。"信"的一种古文写法为�，由言和心组成，言由心生，即言必由衷。言从心出，圣人的言语是自性的流露。中国的古圣先贤留在经典中的文字，都是诚信之言，真实智慧。

言而有信，人、天都会相助，这是被人的真实信德所感召。《易·系辞》云："子曰：天之所助者，顺也。人之所助者，信也。履信思乎顺，是以自天佑之，吉无不利。"**88** 天之所助，唯在于顺。上天所辅助的是能够顺从天地之道的人。人之所助，唯在于信。人们所扶助的是讲究诚信的人。既有信思顺，又能尊尚贤人，是以从天以下，皆佑助之，而得其吉，无所不利也。按照诚信的要求去做事，而时刻不忘记顺从天地之道的人，能够从上天得到保佑，所以会吉祥而且没有不利的情况。履信思顺，自天佑之，具体表现在以下几个方面。

信可使个人修身有成，畅行社会。子曰："人而无信，不知其可也。大车无輗，小车无軏，其何以行之哉?"(《论语·为政》)**89** 大车指牛车，輗是车辕前端横木衔接轭的地方。小车指驷马车，軏是辕端与横木衔接的曲钩。輗軏是大小车行动的关键，没有輗軏，虽有牛马，车也无法前行。一个人言而无信，就像车子没有輗軏一样，在社会上寸步难行。人无信不立。如果连信都做不到，其余便几乎无可取之处了。《吴志上·吕范传》记载的吕范与周谷二人截然不同的行事品德，导致日后被重用与不用的差别，说明了诚信则被信任、不信则不被信任的道理。起初，孙策让吕范主管财务。孙策之弟孙权当时还年轻，私下向吕范要钱。吕范不敢擅自答应，必定要先向孙策报告，因而受到孙权的怨恨。孙权代理阳羡县长时，曾私用财物，孙策进行核查时，县功曹周谷就替孙权补写账目，使孙权不致被责问。孙权当时很喜欢周谷，但等后来孙权统理政事时，因吕范忠诚而备受信任，因周谷欺诈更改账目而不予任用。

信还是维护良好人伦关系的基石。《傅子·信义》云：效法天地，履行诚信，思虑顺应天理，来统一天下，这是帝王的诚信；依据法度，守持正道，行为忠诚无二，这是诸侯的诚信；言语出于口而牢记于心，坚定不移地遵守，以此立身处世，这是君子的诚信。讲究诚信，修持道义，做人的准则就确定了。如果君主用不诚信来御使臣子，臣子用不诚信来侍奉君主，父亲用不诚信来教育儿子，儿子用不诚信来侍奉父亲，丈夫用不诚信来对待妻子，妻子用不诚信来对待丈夫，那么，君臣就会在朝廷互相猜疑，父子在家中互相猜疑，丈夫与妻子在房室之中互相猜疑。长幼无别而各怀奸心，上下纷乱而竞相欺骗，人伦大道就会丧失。

信对于国家取信于民、建功立业也不可或缺。《论语·泰伯》记载，子贡问政。子曰："足食，足兵，民信之矣。"子贡曰："必不得已而去，于斯三者何先？"曰："去兵。"曰："必不得已而去，于斯二者何先？"曰："去食。自古皆有死，民无信不立。"**90** 死是古今之常道，人人都会经历，但是治理邦国，不可失去信。《春秋左氏传中》云："信不可知，义无所立。"**91** 如果为政者的信用不能得到彰显，为民众所知晓，道义就无法建立。道义不能建立，国家就无法走上正轨。因此，必须能够使百姓信任政府，国家政治才能成功。

为政者讲信义，才能赢得民众的支持。《孔子家语·王言》云：圣王取信于民，就像四季交替的自然规律，那么圣王得到天下百姓的拥戴，就像饥饿了需要吃饭、口渴了需要喝水一样自然而然；老百姓信任国君，就像相信寒来暑往的规律一样。《傅子·信义》云：天地诚信，四季运行不悖；日月诚信，白昼交替有常；君王诚信，各个诸侯国就安定；诸侯诚信，则境内和谐；君子诚信，可以立身于世。古代圣明的君主和贤德的臣佐，想要教化世风、淳美习俗，片刻离开诚信，而能安邦定国，是从未有过的。

为政者讲信义，是使国家强大的原因之一。《孙卿子》云："齐桓、晋文、楚庄、吴阖庐、越勾践，是皆僻陋之国也，威动天下，强殆中国，无他故焉，信也。是所谓信立而霸也。"**92** 因此，圣贤自古以来的教诫就是要出言慎重，言而有信。《史记上·世家》记载，周成王和弟弟叔虞嬉耍玩笑，成王把桐树叶削成珪状送给叔虞说：把这个封给你。史佚因此请求成王选择吉日封立叔虞。周成王却说他这只是在开玩笑而已。史佚说："天子无戏言，言则史书之，礼成之，乐歌之。"**93** 于是，周成王就把叔虞封在唐地。

如何才能取信于民呢?《中论》云:"欲人之信己,则微言而笃行之;笃行之,则用日久;用日久,则事着明;事着明,则有目者莫不见也,有耳者莫不闻也,其可诬乎?"[94] 为政者要取信于民就要做到"微言而笃行之",并且久久为功,持之以恒,不仅要有承诺言辞,更要有实际行动来信守承诺。

东汉郭伋候亭的故事,就是微言而笃行的典范。《后汉书二》记载,郭伋在做地方官时,素结恩德,深受百姓爱戴。一次外出路过美稷,看到几百孩童骑着竹马在道路上迎拜。原来孩子们听说他要到来,特地从很远的地方赶来欢迎。郭伋向孩子们道谢并约定回来时再与他们见面,还把归期告诉了孩子们。但他回来时,却比预定时间早了一天。郭伋怕失信于孩子们,就在野外的亭栈住下,等了一天才进入美稷。[95] 郭伋对孩童们都信守承诺,一诺千金,也深得百姓的信任与爱戴。

为政者希望民众诚信,自己就要先做到真诚,这样民众就不会欺蒙领导;用礼教来申明道义,民众就坚守道义。为政者能够率先做到诚信,就能带动整个社会风气朝着良善的方向发展。《傅子》云:"夫信由上而结者也。"[96] 所以,君主以诚信的言行态度来教导臣子,臣子就会以诚信忠于君主;父母用诚信的身教来教诲子女,子女就会用诚信孝顺父母;丈夫用诚信来对待妻子,妻子就会用诚信顺承丈夫。上位者如果能依循伦常大道来教化下位者,下位者自然会服从常道而顺应上位者,如此上行下效,还有不被教化的人,一百个里面也找不到一个。可见,"上好信,则民莫敢不用情"(《论语·子路》)[97]。上行下效的效果,就如影之随形、响之应声一样迅速有效。这正如《文子》中所说:"信,君子之言也。忠,君子之意也。忠信形于内,感动应乎外,圣贤之化也。"[98]

君主只有先具备信德,而后才可以任用人才。君对臣有信有义,臣才会尽忠尽节。《袁子正书·用贤》云："忠信不疑，则臣尽节。"**99**"夫唯信，而后可以使人。"**100**齐威王任用章子为将，讨伐魏国，别人多次说章子要造反，齐威王都没有听信。从此之后，齐国将领都不担心自己被怀疑，齐国军队始终保持强大。汉高祖原本是崤山以东的普通百姓，既没有咫尺土地，也没有十室之家的累积，但他能够任用天下贤才，能够掌握道义而不求小节，所以称王天下，无人能敌。项羽是楚国世袭的将领，受到百姓的仰慕，横行天下，然而最终却自刎于乌江。究其原因，他有贤才范增而不能任用，心意猜忌多疑，不能信任治国重臣。上位者宽厚可以得到众人拥护，任用贤能可以成就功业，信任他人则人心归附。

　　人如果一次失信，一生的行持都可能被废弃，所以君子看重守信。郦食其曾这样分析：汉王和项王曾约定，先攻入咸阳者在关中称王。汉王先攻入咸阳，但项王却违背盟约，没有让汉王在关中称王，又逼迫义帝迁都，并派人在途中将其暗杀。汉王发动蜀汉的军队攻打三秦，出函谷关即询问义帝的处所，收纳天下军队，拥立以前六国诸侯的后代。攻下城邑就给有功的将领封侯，缴获财物就分赏给士兵们，和天下之人共享利益，英雄豪杰、贤才智士都乐意为他效劳。诸侯的军队从四面八方赶到，蜀汉的粮食用大船运来。项王有背弃盟约的名声，又有杀死义帝的罪行。对他人的功劳从不记着，对别人的过失却从不忘怀；打了胜仗得不到奖赏，攻下城池也得不到封爵，不是项氏家族的人就得不到重用。给人刻好的印信，印章的棱角都磨没了，仍舍不得给人；攻城得到财物，积聚的很多也不肯赏赐给大家。天下的人叛离他，有才能的人埋怨他，没有人为他所用。因此天下的人才都来归附汉王，他只需安坐就可以谋划大事了。由此可见，刘邦和项羽为人信义不同，攻守之势就发生了改变。

　　上位者对待下位者，如果不诚信，那么随时都可能有灾祸发生。周幽王因烽火戏诸侯而灭国，齐襄公因失信于瓜熟之时而被杀，就是明显的实例。言而无信是为政者的大忌。《管子·形势解》云："言之不可复者，其言不信也。行之不可再者，其行暴贼也。故言而不信，则民不附；行而暴贼，则天下怨。民不附，天下怨，此灭亡之所从生也。故明主禁之。故曰：'凡言行之不可复者，有国者之大禁也。'"**101** 如果为政者不致力于践行诚信，唯利是图，臣民也就会以欺骗之心来对待君主。君臣互相欺骗，必然导致上下分崩离析。如此一来，敌国轻视，盟国怀疑，权术阴谋日渐猖獗，就不可避免地出现危机以至灭亡。

因此，如果君主不以诚信治国，信口开河，就不能在臣民中树立起威望，就无法赢得民众的信任。民众不信任政府，政府颁布的政策得不到拥护、配合，就很难实行并取得良好的治理效果。正如《管子·法法》中所讲："号令已出又易之，礼义已行又止之，度量已制又迁之，刑法已措又移之。如是，则赏庆虽重，民不劝也；杀戮虽繁，民不畏也。"**102**

为政者能否践行"信"，不仅影响到自身的荣辱成败，还关系到国家的威望。《春秋左氏传中》记载，鲁襄公二十七年（前546年），宋国向戌想要消除诸侯之间的战争，使诸侯国在宋国集会，准备在西门外结盟，楚国人却在衣服里穿上了铠甲（这是想趁盟会攻击晋国军队）。楚国太宰伯州犁认为这是不讲诚信，坚决请求脱掉铠甲。子木说："晋国与楚国之间不守信用已经很久了，只要事情对我们有利就行了。如果能使意愿达成，哪里用得着讲信用？"伯州犁退下，对人说："令尹子木将要死了，活不到三年。只求达成意愿而抛弃诚信，那意愿能够达成吗？丧失信用，怎么能活到三年？"（后来第二年，子木果然死了。）赵武担忧楚人暗穿铠甲，就把这件事告诉了叔向。叔向认为，普通人做出不守信用的事，尚且不可，如果会合诸侯的卿士做出不守信用的事，那么必然不会成功，因此不用担忧。

后来各国再次会盟。《春秋左氏传下》记载，鲁昭公元年（前541年），

楚国的公子围到郑国虢邑举行会盟，重温襄公二十七年（前 546 年）诸
侯在宋国的会盟。晋国的祁午认为对楚国要有所防备，假如再一次让楚
国在晋国之前歃血，就是晋国的耻辱。赵文子说："宋国的会盟，子木
有害人之心，我有爱人之心，这就是楚国凌驾于晋国之上的原因。现在
我还是这样的心。楚国再次不守信用，这对我们没有妨害。我将以信用
为本，遵循这个根本去行事。这就像农夫一样，只要辛勤除草培土，虽
然难免有一时饥馑，但必将会有丰收之年。况且我听说，一个人能坚守
信义，就不会居人之下。我只怕自己不能做到守信用啊。《诗经》说：'不
僭不贼，鲜不为则。'确实是这样啊！能够成为众人榜样的，就不会居
于人下。我难于不能做到守信。楚国是不足以为患的。"

从上面两则《左传》记载的故事看，信不足，才需要反复结盟，反
复结盟又是不信的表现，会增长祸乱。早在桓公十二年（前 700 年），
就有君子评议"信"在结盟中所起的关键作用："如果信用跟不上，结
盟便没有什么益处。《诗》云：'君子屡盟，乱是用长。'就是因为无信。"**103**
这说明，言而无信，因此才屡次结盟，屡次结盟，情义就会疏远，情义
疏远就会结下怨恨，因此说增长祸乱。

可见，如果一国的领导者不遵行仁、义、礼、智、诚、信这些治国
的常理常法，而是专门靠玩弄权术阴谋来治国，必然害人者终害己，导
致一个国家衰亡的原因就在于"多行不义必自毙"。因此，中国古人特
别强调这个"信"字。

五、劳谦君子，万民服也（谦）

君子修身养德，守之以谦。在古圣先贤的教诲中，对谦德是尤为强
调的。《说苑·法诫》记载，周公诫其子曰："贵为天子、富有四海，德
不谦者失天下、亡其身。桀、纣是也。……有一道，大足以守天下，中
足以守国家，小足以守其身，谦之谓也。"**104**

谦德有如此的效果，是因谦德乃天道。《尚书》云："满招损，谦受益，时乃天道。"[105] 谦卦《彖》曰："谦，亨。天道下济而光明，地道卑而上行。天道亏盈而益谦，地道变盈而流谦，鬼神害盈而福谦，人道恶盈而好谦。谦，尊而光，卑而不可踰，君子之终也。"[106] 天道至极则反，日中则昃，月盈则食，是亏减其盈。盈者亏减，则谦者受益。丘陵川谷之属，高者渐下，下者益高，是改变盈者，流布谦者。骄盈者被害，谦退者受福，是害盈而福谦。盈溢骄慢，皆以恶之；谦退恭巽，悉皆好之，是恶盈而好谦。天地鬼神，无不佑谦；人道法天，必行谦德。

谦德关乎个人荣辱。谦谦君子，无往不吉。功勋卓著，不自矜伐，则万民服。谦卦初六《爻辞》云："谦谦君子，用涉大川，吉。"[107] 谦而又谦的君子，用谦卑来养成恒久的美德，以此来处理异常的艰难，即使涉大险、过大河，也将是吉利的，任何事物都不会损害他。谦卦九三《爻辞》云："劳谦君子，有终吉。"[108] 有功劳且能保持谦德至终，凡事都会吉利，万民都会敬服于他。《易·系辞》子曰："劳而不伐，有功而不德，厚之至也。语以其功下人者也。德言盛，礼言恭，谦也者，致恭以存其位者也。"[109] 人臣有功而不自认为有功，不自认为贤德，这样的人必定是有大过人的气度识量，是厚道至极之人。德行讲求盛大，礼节讲求恭谨，君子以此修身，并非为保禄位而强为此。然而能做到盛德、礼恭，且不与人争劳、争功，怎么能不永保其位呢？所以劳谦君子，最终都能获得吉祥。

孔子教导弟子，谦恭是保持满而不覆的方法。《孔子家语·三恕》记载，孔子参观鲁桓公的庙，用宥坐之器（欹器）教导弟子。宥坐之器，虚则欹，中则正，满则覆。明君以此为戒，置于坐侧。夫子感叹说："哪有满而不覆的呢？"子路进而请教持满之道。子曰："聪明睿智守之以愚，功被天下守之以让，勇力振世守之以怯，富有四海守之以谦，此所谓损之又损之之道也。"[110]

周公曾以谦德戒其子，曰："德行广大而守以恭者荣，土地博裕而守以俭者安，禄位尊盛而守以卑者贵，人众兵强而守以畏者胜，聪明睿智而守以愚者益，博闻多记而守以浅者广。此六守者，皆谦德也。"[111] 以上荣、安、贵、胜、益、广六福，皆谦德之效，充分显示了谦德致福的道理。

《老子》中也有诸多谦卑守下以长保富贵的教诲。"金玉满堂，莫之能守；富贵而骄，还自遗咎。功成，名遂，身退，天之道也。"[112]"自见者不明，自是者不彰，自伐者无功，自矜者不长，故有道者不处。"[113]"侯王无以贵高，将恐蹶。故贵必以贱为本，高必以下为基。是以侯王自称孤，寡，不穀，此其以贱为本。"[114]"江海所以能为百谷王，以其善下之。是以圣人欲上人，必以言下之。是以圣人处上而民不重，处前而民不害。"[115]

人不能谦卑，就难以与他人共事。《尹文子·大道》论述了独行的危害："今世之人，行欲独贤，事欲独能，辨欲出群，勇欲绝众。独行之贤，不足以成化；独能之事，不足以周务；出群之辨，不可为户说；绝众之勇，不可与征阵。凡此四者，乱之所由生。"[116] 这也说明了守之以谦的重要性。

谦德还关乎国家之安危存亡、兴衰成败。《抱朴子》云："劳谦虚己，则附之者众；骄慢倨傲，则去之者多矣。附之者众，则安之征也；去之者多，则危之诊也。存亡之机，于是乎在。轻而为之，不亦蔽哉！自尊重之道，乃在乎以贵下贱，卑以自牧也。"[117]

谦德对为政者而言之所以重要，是因为可以获得贤士支持和听到有益的谏言。《尚书》云："能自得师者王，谓人莫己若者亡。好问则裕，自用则小。"[118] 能寻访圣贤之人，并拜他们为老师，这样的人就能称王。自大而满足，认为别人都不如自己，使人们没办法帮助他，这是自取灭亡之道。好问让自己有所收获，所以富足；不问又固执己见，会让自己变得心智狭小。

《尚书》和《春秋左氏传》中的例子，从正反两方面说明了这一点。《尚书》记载，舜帝对大禹说："汝惟弗矜，天下莫与汝争能；汝惟弗伐，天下莫与汝争功。"[119] 自贤曰矜，自功曰伐。禹虽然不自以为贤德，天下却没有人与之争能；虽然不夸耀功劳，天下却没有人与之争功。禹把善行推让给人，自己并没有失去贤能；不自认为有功，但并没有失掉功劳。这正是禹的过人之处。《春秋左氏传上（补）》记载，文公九年（前618年）冬，楚国令尹子文的侄子子越椒来鲁国聘问，手中拿着礼物却很傲慢。叔仲惠伯说："子越椒这个人必然会使若敖氏灭亡。在其先君前傲视，神灵不会降福给他。"果然，后来宣公四年（前605年），楚国灭了若敖氏。[120]

富贵而傲慢，往往会招致厌恶，因为人道恶盈而好谦。富者贵者为了消弭他人的厌恶情绪，也需要谦卑处下。《尸子·明堂》云，谦下礼待士人能得到贤才，谦下礼待对手能化敌为友，谦虚礼待众人能得到声誉。所以参验往古先王，不曾求得贤能人士却能立功于天下，是从来没有的。求取贤人却不循谦下之道，还想得到贤人，是未曾见的事。如此就明了先王求贤之道，在于专力践行而已。

《史记上》载，周公是文王之子、武王之弟、成王叔父，以此一人之下万人之上的地位辅佐天子，仍然"一沐三捉发，一饭三吐哺"[121]。周公谦恭待人，礼贤下士，披肝沥胆，辅佐成王，成为忠臣典范，被后世景仰，同时也为成康盛世奠定了坚实的基础，这正是谦德致福的验证。

《韩诗外传》记载，魏文侯问李克，如何才能使贵者不被贱者厌恶，富者不被贫者厌恶，智者不被愚者厌恶。李克说："贵而下贱，则众弗恶也。富能分贫，则穷乏士弗恶也。智而教愚，则童蒙者不恶也。"[122] 之所以人们会有贫贱厌恶富贵的反应，是因为"人之情，服于德，不服于力"，因此古代的圣王，"以其言下人，以其身后人，即天下推而不厌，戴而不重，此德有余而气顺也"**123**。

《后汉书一》记载，汉孝和帝在位期间，国家人口逐年增加，开拓的疆域也日渐广阔。每当遇到自然灾害时，就会马上请教询问公卿，请他们大胆直言陈说朝政的得失。各地前后出现吉祥的征兆有八十一处之多，而和帝还自称德行浅薄，都压下来不许宣扬。在孝和帝执政时期，东汉国力达到全盛时期的顶峰，史称"永元之隆"。

《后汉书二·陈元传》记载，陈元在给汉光武帝的上疏中，分析了王莽失败的原因。王莽专持朝政，窃取天下，只迷信自己，不信任群臣；夺取公辅大臣的职权，降低宰相的威信，把侦探举报看作高明，把揭发隐私、攻击别人视为正直。以致奴仆告发君长，子弟告发父兄，法网严苛，大臣无所措手足。即使这样也不能禁止董忠与人共谋，王莽终于被世人杀死。所以做君主的祸患在于自骄自大，而不在于有骄傲的臣子；其失误在于自任，而不在任人。

《群书治要·蜀志》夹注引用习凿齿《汉晋春秋》对曹操骄矜的论述：从前齐桓公一自大其功，就有九个诸侯盟国背叛他；曹操一时自骄夸耀，便导致三分天下。他们都苦心经营了数十年，却毁弃于片顷，难道不可惜吗？因此，有功而谦虚的君子终日勤勉不懈，屈己尊人，功高而谦让，位尊而守卑，亲近众人，所以人们并不嫌其高贵；德润百姓，所以功业广大，天下人更加欣喜其福德。这样，君子才能享其富贵，保其功业，尊崇显赫于当时，福禄传承百世，哪有半点骄傲自大？君子因此知道曹操不能最终一统天下的原因了。

六、俭者节欲，节欲者安（俭）

《政要论·节欲》云："历观有家有国，其得之也，莫不阶于俭约；其失之也，莫不由于奢侈。俭者节欲，奢者放情。放情者危，节欲者安。"**124**《晋书上》云："三代之兴，无不抑损情欲；三季之衰，无不肆其侈靡。"125 成由勤俭败由奢是朝代兴衰成败不变的规律，而能否戒除骄奢淫逸的风气是国家兴亡的关键。因此，戒除骄奢淫逸，崇尚节俭，是历代先贤与众多典籍共同的教诲。

（一）人性欲平，嗜欲害之

古圣先贤认为，人皆有纯净纯善的本性，但因追求财色名利等物欲没有节制，因而蒙蔽了本性而导致堕落，并进而导致社会的混乱状态。欲望源自外物，外物对人的内心产生了影响。

《礼记·乐记》云："人生而静，天之性也。感于物而动，性之欲也。物至知知，然后好恶形焉。好恶无节于内，知诱于外，不能反躬，天理灭矣。夫物之感人无穷，而人之好恶无节，则是物至而人化物也。人化物也者，灭天理而穷人欲者也。于是有悖逆诈伪之心，有淫泆作乱之事。是故强者胁弱，众者暴寡，知者诈愚，勇者苦怯，疾病不养，老幼孤独不得其所，此大乱之道也。"126

《政要论·节欲》亦云："夫人生而有情，情发而为欲，物见于外，情动于中，物之感人也无穷，而情之所欲也无极，是物至而人化也。人化也者，灭天理矣。夫欲至无极，以寻难穷之物，虽有贤圣之姿，鲜不衰败。"127 这些论述说明，人性是有感于外物而生起好恶之心，无穷的外物在外诱惑，内心的好恶便无节制地生起，人就被物化了。穷极人欲则天理灭，逆诈之心、淫佚之事由此生起，这就是大乱之道。

因此，《傅子·曲制》云："天下之福，莫大于无欲；天下之祸，莫大于不知足。无欲则无求，无求者，所以成其俭也。不知足，则物莫能盈其欲矣。莫能盈其欲，则虽有天下，所求无已，所欲无极矣。"128

道家经典如《老子》《文子》也对嗜欲的缘起有形象生动的论述。《文子·道原》云："水之性欲清，沙石秽之；人之性欲平，嗜欲害之。唯圣人能遗物反己，不以智役物，不以欲滑和，是以高而不危，安而不倾也。"129 古人认为，人性生来就是虚明洞彻的，人心也原本是平和的。

正是因为贪着物欲，所以心性受到染污，失去了本有的光明，进而利令智昏、情令智迷。只有圣人能超脱物欲，不被物欲所控制，中正平和之心不会被扰乱，从而返璞归真。

《老子》则更加具体说明了物质世界是如何通过人的感官和心灵来刺激人的："五色令人目盲，五音令人耳聋，五味令人口爽，驰骋田猎，令人心发狂，难得之货，令人行妨。"[130]过分贪恋和追求五彩缤纷的色相，注重视觉享乐，会使人精气神外散，甚至让眼睛受伤，视觉迟钝；贪淫好色，也会导致伤精失明。好听五音，就会使人心中失去平和中正之气。音和乐的区别在于，德音之谓乐，乐能起到教化人心的作用。移风易俗，莫善于乐。人如果听的不是德音雅乐，而是经常受不良声音的刺激，不仅伤害身体，而且伤害心灵，让人心浮躁，难以安定。过度贪恋美味会伤味觉。人喜欢口味重的食物，贪欲也会跟着加重；贪欲增加会让人口出妄言，所说的内容就偏离"道"了。沉湎于骑马打猎的快意，追逐野兽，会使人心神不宁，心性变得狂野暴躁。难得之货就是难以获取的贵重货物，如金银珠宝、珍禽异兽、玉石古玩等，会让人起贪心去追求，从而造成行为上的偏差，不仅妨害自身，也败坏了社会风气。衰世之风的一个特点就是"贵远方之货，珍难得之财"[131]。人们想方设法地获取，当财力不足时，偷盗奸邪之事就会发生，久而久之，天下质朴敦厚的风气就会日渐淡薄，以清为浊，黑白颠倒，人们逐渐丧失了本性，无人再重视生活中根本的东西，社会风气就败坏了。

正是由于外物会对人性产生负面影响，倘若无人规劝或者监察制度不完善，久而久之，就会导致灭亡。《尚书》云："内作色荒，外作禽荒，甘酒嗜音，峻宇雕墙，有一于此，未或弗亡。"[132]这六件事有一件在身就会导致灭亡，更何况很多人这六件事都做了。因此，《礼记·曲礼》云："欲不可从。"[133]《政要论·节欲》云："修身治国也，要莫大于节欲。"[134]

（二）三风十愆，丧家亡国

商朝国相伊尹曾以"三风十愆"告诫太甲："敢有恒舞于宫，酣歌于室，时谓巫风。敢有殉于货色，恒于游畋，时谓淫风。敢有侮圣言，逆忠直，远耆德，比顽童，时谓乱风。卿士有一于身，家必丧；邦君有一于身，国必亡。"135 经常在宫中舞蹈、在家中醉酒唱歌的，叫作巫风；贪求财物、女色，经常游乐、田猎的，叫作淫风；有轻侮圣人的言论、拒绝忠直的规劝、疏远年老德高者、亲近顽愚的少年，叫作乱风。三种不好的风气包含十种错误的行为，必然会引起为政者自身的败亡和国家覆灭。

古人劝谏为政者要节制欲望的方面很多，有宫室、服饰、饮食、器物、舟车、出行、丧葬等。《群书治要》在这些方面告诫为政者要戒奢崇俭的论述非常丰富。

1. 瑶台阿房，丧身覆国

建造房屋是为了方便生活，而非观赏和享乐。《墨子·辞过篇》记载：上古先人不懂建造房屋，选择靠近山丘挖洞穴居。由于潮湿而影响健康，圣明的君王便建造房屋。原则是地基的高度能够避免潮湿，四周墙壁能够抵御风寒，屋顶能够防备雨雪霜露，屋内墙壁的高度使男女有别，仅此而已。凡是耗财、耗力，无更多益处的工程，是不会做的。因此，圣贤的国君建造房屋是为了方便生活，不是用来观赏和享乐的；制作衣服鞋子是为了益于身体，而非显示奇特怪异。所以，圣贤的国君俭以修身，然后教导百姓，天下的百姓得以治理，财用也就充足了。如今的君主建造宫殿却不是这样。他们向百姓大量征收钱物，凶残地掠夺百姓用来穿衣吃饭的财物，来建造婀娜壮观的亭台楼阁和缤纷的画柱。国君建造这样的宫室，左右的近臣也会效仿。由此，国家的财物不够用来应付饥荒、救济孤寡，国家就会贫穷，百姓难以治理。国君真的希望天下太平，憎恶混乱，那么建造房屋就不能不节俭了。

贲卦六五《爻辞》云："贲于丘园，束帛戋戋，吝，终吉。"[136] 用奢华的财物作为外饰，将损害大道。如果以朴素的山丘园林作为修饰，将获得莫大好处。用度要一切从俭，大方而又能节约，表面看上去是吝啬，最终会得到吉祥。

《国语·楚语》记载，楚灵王修建章华台，和伍举一起登台观赏。楚灵王自以为高台很美。伍举劝谏说："做国君的以赏赐贤德之人、表彰其功德的服饰为美，以能安抚民众为乐，以能倾听纳受有德之言为聪，以能使远方民众归附为明，没听说过以建筑的高大、丹漆刻镂为美。……所谓美，是指无论对上下内外大小远近都无害，才叫美。如果看着很美却不能体现君王之德，耗费财物，聚敛民财来厚待自己，而使民众贫困，这算什么美呢？"[137]《后汉书二》云："自古非苦宫室小狭，但患民不安宁，宜且罢止，以应天心。"[138]

只要君主修建的宫室是用于个人享受，那么无论宫室多么高大，也无法保护君主最后免遭覆灭之灾。《吴志下》及其夹注引用的《江表传》记载，孙皓想迁都，又要兴建宫殿，陆凯屡屡劝谏："夫王者之兴，受之于天，修之由德，岂在宫乎？"[139]"陛下不务修德而筑宫，若德之不殖，行之不贵，虽殷辛之瑶台，秦始之阿房，何止而不丧身覆国，宗庙作墟乎？"[140] 因此，古代明君强调要不务宫室而务于道德。

2. 衣着华丽，君奢民邪

衣着是为了保暖而非炫耀。《墨子·辞过》记载：上古的先人不懂得制作衣服，披兽皮，扎草绳，既不轻便，也做不到冬暖夏凉。圣贤的君主教妇女制作衣服，原则是：冬天将柔弱的丝麻夹于衣中，让人感到轻便暖和；夏天则用葛麻布，让人感到轻便凉爽。仅此而已。所以圣人制作的衣服，只要合身保暖就够了，并不是为了显示尊贵而让人观赏。那时，结实的车子、优良的马匹，并不被认为是高贵。雕刻刺绣并不让人欢喜，人们满足于自给自足，不会攀比。所以民众节俭且容易教化，君王花费节省且容易富足。府库充足，足以应对非常之变；武器、铠甲不困顿，兵士、百姓不疲劳，足以征讨不肯臣服的诸侯。所以称霸天下的大业就可以实现了。当今的君主制作衣服就不是这样了。衣着轻便、冬暖夏凉已经具备了，却仍然向百姓大量征收税赋，凶暴地掠夺百姓穿衣吃饭的钱财，用来制作锦绣光彩的华丽衣裳，并用金子熔铸成带钩，用珍珠宝玉制作佩戴的饰品；女工刺绣，男工雕刻，用来制作身上的穿戴。这不是为了更加保暖或凉爽，耗尽财力人力，完全得不到实际好处。由此看来，他们制作衣服，不是为了身体舒适，而是为了显耀华丽。因此，他们的百姓邪僻且很难教化，国君奢侈且很难劝谏。让奢侈的国君去统治邪僻的百姓，想要国家不混乱是不可能的。国君要是真希望天下太平，憎恶天下混乱，制作衣服就不能不节俭。

服饰的作用不是为了炫耀，而是表彰功绩和德行。《尚书》云："明试以功，车服以庸。"**141**《汉书七·王吉传》记载，当时汉宣帝效法汉武帝的风格，宫室车辆服饰比昭帝时还盛美。谏议大夫王吉上疏说："古者，衣服车马，贵贱有章，以褒有德，而别尊卑。"**142** 王吉的上疏指明了服饰的作用是表彰有德，区别贵贱，而非为了炫耀。

3. 小大乱丧，亦罔非酒

饮食并非为了满足口腹之欲。倘若满足欲望，心向权势利益，眼耳鼻舌心都被外界迷惑，就有灾祸加于身。《墨子·辞过》记载：上古的先人不懂得制作食物时，圣人就教男人耕种庄稼、栽培果树等技艺，使百姓能补充体力，解决温饱。他们节省开支，生活俭朴，所以百姓富裕，国家太平。而今却不是这样，国君大量搜刮民财，用来制作美食，蒸烤畜肉。大国君主用膳的器皿有上百件，小国君主有数十件。摆在面前一丈见方的地方，眼睛不能全看到，手不能全拿到，口不能全尝到，剩余的食物冬天凝冻，夏天腐烂。君主享用如此，左右近臣也都效仿。因此，富贵的人铺张浪费，孤寡的人受冻挨饿，想保持天下不乱，是不可能的。国君真希望天下太平，真憎恶天下混乱，对于饮食就不能不节俭。

在饮食方面，中国古人特别注意戒除酒的影响。史载，仪狄作美酒进献给禹，禹饮下美酒，说："后世必有以酒亡其国者。"于是驱逐了仪狄，禁绝了美酒。《群书治要·抱朴子》专门节录了《酒诫篇》，论述酒的危害。酒是致病的毒药，毫无益处，却危害如山。君子因此而败德，小人因此而招罪，沉迷其中并受到诱惑的人，很少有不惹祸上身的。士人知道饮酒的危害，但是既不能戒除，也不肯节制，放任内心和口腹之欲，忽略了招致灾祸的根源。这就像干渴时恣意喝冷饮，虽然感觉舒服，健康却被损害了。小到个人祸患，大到国家灭亡，无不是由酒造成的。从前仪狄进献美酒，大禹疏远了他，夏朝因而兴起；酒糟成山，美酒满池，商纣、夏桀因此亡国；丰侯获罪，是因头顶酒樽、口衔酒杯；刘表政事荒废，是因珍藏伯雅、仲雅、季雅三个酒爵。赵文子失去众人的拥戴，子反被诛杀，灌夫被灭族，季布被疏远，曹植被免官，徐邈被禁言，全都是因为酒啊。

4. 玩人丧德，玩物丧志

玩人丧德，玩物丧志，这是自古以来的教诫。《尚书》记载，西戎进贡一种名叫敖的大犬，太保召公撰写了《旅敖》来劝诫武王。召公说，圣明的君王谨慎修德来怀柔远人。四夷宾服，进献物产，这些只是供给吃穿之用，不是为了满足耳目享受。进贡方物是慎德所致，圣明的君王以此明示天下。给异姓诸侯分赐方物，使他们不要荒废了职事；又将宝玉分赐给同姓的诸侯，以示骨肉之亲。受赐诸侯不敢轻看这些物品，把它们视为君王的圣德。这就是物因人而贵。人有德则所施之物也变得贵重，人无德则所施之物也低贱。君王有圣德必定以恭敬自持，不会轻慢侮弄他人。轻慢了君子百姓，他们就不会尽心尽力。"玩人丧德，玩物丧志。弗作无益害有益，功乃成；弗贵异物贱用物，民乃足。"**143**

珍奇异宝、鸟兽犬马等，都被古人归入"玩物丧志"之属，这些对于道德毫无益处。王者既不应该用这些玩物来自我享受，也不应向外人展示。《老子》云："人多伎巧，奇物滋起；法物滋彰，盗贼多有。"**144** 人君注重技艺机巧，宫殿雕梁画栋、礼服纹饰繁复，那么崇尚奇丽奢华的风气就会兴起，这是因为百姓会效仿君主奢华的风气。珍奇物品越多越精美，盗贼也就越多。这是因为，珍贵的器物越多越精致，农事就会荒废，饥寒并至，盗贼就会多起来。

王者应当尊崇礼义，普施恩德，要用礼乐教化来感化远方异族，而非以奇幻之物来炫耀。贵人之所贱，不能彰明中国之盛德，圣王当以贤臣为宝，而非奇珍异宝。《盐铁论·崇礼》云：从前周公以谦卑礼让的态度接待身份卑微的士人，用礼义仁德来对待天下之人。辞谢越裳国君进献的礼物，这体现了周公恭敬之礼；行礼后，与越裳国使臣一同进入文王之庙，这是显示大孝的礼。来宾亲眼看到手持盾斧、威仪武舞的盛况，亲耳听到升堂而歌的《雅》《颂》之乐，心中充满了至高的盛德，欣然回到自己的邦国。这就是四方民族仰慕仁义而归附中国的原因，而并不是通过重重翻译来观赏猛兽熊罴的结果。……隋侯珠与和氏璧都是世间的名宝，但却不能使国家转危为安，不能使将亡的国家继续安存。所以，展示国家的盛德和威望唯有依靠贤臣良相，而不在于战马或奇珍异兽。因此，圣明的帝王视贤人为宝，而不视珍珠美玉为宝贝。

5.饰车以纹，民饥民寒

舟车是为出行之用。《墨子·辞过》云：上古的先人不懂得制造车船，重物无法搬运，路途遥远很难到达。因此，圣贤的君王开始制造车船，以方便百姓使用。车船强调完整坚固、轻巧便利，可以载负重物到达远方。花钱少又获利多，因此百姓喜悦并用它赚取利益。于是，法律、禁令不需要催促就可以施行，人民安逸而国君财用充足，百姓归附于国君。现在的君主制造车船就不一样了。完备坚固、轻巧便利都具备了，却仍向百姓横征暴敛，用彩色刺绣、精雕细刻装饰车船。于是，女子放弃纺织而去学习刺绣，百姓就会受冻；男子放弃耕种而去学习雕刻，百姓就会挨饿。君主制造车船如此华美，近臣也都效仿；百姓饥寒交迫，就去做奸邪事。奸邪之事增多则刑罚加重，刑罚加重导致国家混乱。国君真的希望天下太平，憎恶天下混乱，制造车船就不能不节俭。

舟车作为一种工具，理应以实用为目的，而非炫耀华美的纹饰。若是炫耀，也当是以彰显道德为目的。《韩诗外传》记载，古时候必定有命民。人民当中，有人能够尊敬长辈、怜爱孤苦、面对利益得失的时候谦让为先、做事尽力的，君主就为他颁赐嘉奖的诏命。得到诏命以后，受嘉奖的人可以乘坐由两匹马驾着的装饰华丽的车。没有得到诏命的人，不许乘坐，任意乘坐者都会被处罚。所以虽然有人有多余的钱财，但是如果行为不合礼义，没有功业和德行，也无法使用多余的财物。因此，人们都倡行仁义而轻视财货。轻视财货，就不会有争夺；没有争夺，就不会有人以强凌弱、以众欺寡。这就是唐尧、虞舜时实施正刑而百姓不犯法的原因。百姓无人犯法，混乱也就不会发生了。一个人即使再富有，如果无德无功，也无法使用多余的钱财。而现代社会则相反，只要有钱就可以享受奢侈生活，这引导的是金钱至上的价值观，结果自然会出现唯利是图、见利忘义甚至"笑贫不笑娼"的社会风气。这就是失去了以德为尊的准则。中国古代推崇的是有德者有位。《孟子·公孙丑下》云："天下有达尊三：爵一，齿一，德一。"¹⁴⁵"三达尊"所倡导的是尊贤、敬老、重德的社会风气，培养人们向善好德之心。无德而居其位，就会带来混乱。

6.流连之游，荒亡之行

游猎是自古以来贪图享乐的君主的喜好之一。贪图游乐，就会亡失国家。《尚书》记载，启的儿子太康身居帝位而不务正事，贪图安逸享乐。君主丧失德行，众民就有了二心。太康沉溺于享乐游玩，没有法度，在洛水边田猎，一百天没有返回。有穷国国君羿，趁着人民不能忍受太康的所作所为，把太康拒阻在黄河北岸。太康初去之时，五个弟弟侍候母亲随从田猎，在洛河以北等候他。五个弟弟都埋怨太康久而不归，失去国家，并遂依循大禹的训诫而作歌，即《五子之歌》。

古代天子出行，是巡视四方宣布德义，而非为了游玩享乐。《春秋左氏传上（补）》云："天子非展义不巡守，诸侯非民事不举，卿非君命不越竟。"[146] 天子不是为了宣扬德义就不出去视察，诸侯不是为了民众的事情就不出行，卿没有国君的命令就不越过国境。

君主巡视四方可以体察民情，访贤纳士。《礼记·祭义》云："虞夏殷周，天下之盛王也。未有遗年者。是故天子巡狩，诸侯待见于境，天子先见百年者。"[147] 虞、夏、商、周时期，伟大的帝王都没有忽略过对老年人的尊敬。因此当天子巡行视察时，诸侯率领众人在自己的边境上迎候并等待接见，天子到达后，却首先主动去看望该国年满百岁以上的老人。礼就是倡导敬老、尊老的意识。凡是盛世的君王，不会遗弃老年人，不会抛弃曾经对国家有贡献的老年人，这样才不会引导见利忘义、忘恩负义的社会风气，也不会出现恃强凌弱的不良现象，这是盛世的特点。

7. 增山厚葬，以侈生害

历史上的君主往往有厚葬之风，且奢侈之君的陵墓愈发高大，葬品愈加丰厚。厚葬不仅会引起骄奢之风，还会耗费民力，殉葬还会殃及无辜的生命，这些都会成为引发社会动乱国家灭亡的因素。《春秋左氏传中》记载，成公二年（前589年），宋文公逝世，开启了厚葬之风。在墓穴里放置蛤烧成的炭，增加陪葬的车马，首次用活人殉葬，备御之器重叠放置。君子认为，华元、乐举等执政大臣在这件事上失去了为臣之道。臣子是为国君治乱解惑的，当誓死而争。如今这两位大臣，在国君活着的时候放纵其恶〔指文公十八年（前609年），宋文公杀同母之弟须]，死后又增加其奢侈，这是把国君推入罪恶之中，算什么臣子？

厚葬还会给先人带来掘墓的危害。薄葬是至孝的行为，是为了避免亲人被盗墓的惊扰。古人提倡薄葬，是有为先人免受侵扰的深远考虑。上古之君俭葬，后世有德之主也多提倡薄葬。《汉书三·刘向传》认为，薄葬是圣帝明王、贤君智士深思远虑的长久之计。贤臣孝子也受命顺从其心意而对他们采取薄葬，这是恭敬安葬君主和父亲、竭忠尽孝之举。厚葬就会有被盗窃之祸，这是令人悲哀的事。因此，德行愈厚的人，埋葬也愈俭素；智慧愈深的人，坟墓也愈小；无德又缺少智慧的人，埋葬愈丰厚，坟墓愈高大，宫庙愈华丽，被人挖掘必然愈快速。厚葬与薄葬的效果、埋葬的吉凶，能够清楚地看到。

丧葬的由来和注意事项，在《吕氏春秋》中就有说明：所谓葬，就是隐藏，是慈亲孝子所慎重对待的事。所谓慎重，是以活着的人的心为死者考虑，那就没有比死者不被惊动、坟墓不被挖掘更重要了。如此，那就莫过于使掘墓者无利可获更安全了，这就叫"重闭"。埋葬死者使其隐藏，然而藏浅了会遭狐狸扒掘，深了会遭泉水暗流的浸渍。因此，大凡埋葬，通常会在高丘之上，以避免狐狸危害和地下水浸渍，这就可以了。但如果忘了恶盗匪寇带来的祸患，岂不是糊涂吗？慈亲孝子把这些因素都考虑到了，才是懂得了埋葬的本义。现在世道大乱，君主的安葬愈来愈奢侈，这不是丧葬的本义。他们不是替死者的安宁考虑，而是活着的人借此来相互夸耀。奢侈者以此为荣，节俭者以此为耻；不把有利于死者当作一回事，只把他人对活着的人的毁谤和赞誉作为要事，这不是慈亲孝子的存心。父亲虽然死了，但孝子对父母的敬重并不因此而懈怠；孩子虽然死了，但慈亲对孩子的疼爱并不因此而减弱。安葬所疼爱、敬重的人，却用活着的人最想要的东西来陪葬，想靠这些东西让死者安息，那其结果会怎样呢？言外之意是这样反而令死者不能安息。

（三）无尽之欲，民穷地竭

衣、食、住、行、用以及丧葬方面，都容易引发为政者的骄奢之风；骄奢一旦开启，就必定损害民众利益和国家政治，最终导致社会动乱。这是因为，骄奢的任何一个方面，都需要依靠两个力量来实现，一是地利，一是民力，也就是原材料和劳动者，二者缺一不可。但是，地利和民力是有限的，而欲望却是无穷的。以有限的地利和民力奉养君主无穷之欲，必然会上凌下、下仇上，引发冲突。社会物资的匮乏、民众的反抗会接踵而至，社会动乱就产生了，那么即使再大的国家，也会危亡。《管子·权修》云："地之生财有时，民之用力有倦，而人君之欲无穷。以有时与有倦，养无穷之君，而度量不生于其间，则上下相疾矣。故取于民有度，用之有正，国虽小，必安；取于民无度，用之无正，国虽大，必危。身者，治之本也。"**148**《傅子·曲制》亦云："海内之物不益，万民之力有尽。纵无已之求，以灭不益之物，逞无极之欲，而役有尽之力，此殷士所以倒戈于牧野，秦民所以不期而周叛。曲论之好，奢而不足者，岂非天下之大祸耶？"**149**

骄奢对原材料和劳动者的危害，换言之，就是对农事和民政的危害。

首先，骄奢淫逸会大量消耗地之财力，危害农桑。修建宫室会砍伐树木，还会侵占耕地；衣着华丽会使女工放弃廉价的布匹，从而转向从事刺绣以获得更高的利润；精美的食品比之基本的食物需求，要浪费更多的原材料；珍视难得之财，就会使人们对满足基本生活需求的物品不再珍视；舟车雕刻，也会诱导民众从基本的农桑业转向从事价值更高的雕刻。总之，衣食住行用各个方面过高的物质追求，都会伤害基本的物质保障。《吴志下》云："古人称：'一夫不耕，或受其饥；一女不织，或受其寒。'是以先王治国，唯农是务。"**150**《淮南子·齐俗》云："雕文刻镂，伤农事者也；锦绣纂组，害女功者也。农事废业，饥之本也；女功不继，寒之源也。饥寒并至，而能无犯令干诛者，古今未之闻也。"[151]

其次，骄奢淫逸会危害民政。在上之人欲望无节制，左右臣子肆意纵情，就会引发骄奢之风，百姓就会遭殃。要使社会安定，就要使民众富裕起来。《袁子正书·治乱》指出使国家富裕的八个方面，其中有六个方面与崇俭、重本有关。"富国有八政，一曰俭以足用，二曰时以生利，三曰贵农贱商，四曰常民之业，五曰出入有度，六曰以货均财，七曰抑谈说之士，八曰塞朋党之门。夫俭则能广，时则农修，贵农则谷重，贱商则货轻，有常则民壹，有度则不散，货布则并兼塞，抑谈说之士则百姓不淫，塞朋党之门则天下归本。知此八者，国虽小必王；不知此八者，国虽大必亡。"[152]《老子》云："绝巧，弃利，盗贼无有。"[153]杜绝巧诈，阻塞贪路，就不会有盗窃这种奸邪之事了。

（四）俭以修身，国泰民安

君子为政之道，以修身为本。修身治国，没有比节制欲望更重要的了。《春秋左氏传上（补）》云："俭，德之共也；侈，恶之大也。"[154]《尚书》云："黍稷非馨，明德惟馨。"[155]政治之至者，芬芳馨气，能够感动神明。而所谓的芬芳，并非黍稷之气，也就是并非来自外在，而是明德之馨。

要想节制住无穷的欲望，关键是要懂得知足。《老子》云："知足者富。"[156]"罪莫大于可欲，祸莫大于不知足，咎莫大于欲得，故知足之足，常足矣。"[157]《韩诗外传》云："福生于无为，而患生于多欲。故知足，然后富从之；德宜君人，然后贵从之。故贵爵而贱德者，虽为天子，不贵矣。贪物而不知止者，虽有天下，不富矣。夫土地之生物不益，山泽之出财有尽。怀不富之心，而求不益之物，挟百倍之欲，而求有尽之财，是桀纣之所以失其位也。"[158]

奢华之物是小人的炫耀，而圣人不做无用之事，重视的是道德的提升。《新语·本行》云：怀揣璧玉，腰系环佩，手上拿着名贵的宝物，收藏奇异之物，玉斗斟酒，酒樽雕有精美的纹饰，这些是用来向小人炫耀的。修筑百仞的高台、雕饰彩绘的坚固城墙，是耗尽民众劳力的事情。所以圣人不注重宫室的华美，而重视提升道德；穿着粗劣的衣服，而勤行仁义；不做损人之事，以此来美饰仪容；不做亏失道德之事，以此来装扮自身。《老子》云："是以圣人去甚，去奢，去泰。"[159]"甚"指贪淫声色，"奢"指服饰饮食，"泰"指宫室台榭。去除此三者，处中和，行无为，则天下自然就得到教化了。

只有节制欲望，提升道德，将治理回归于"道"，才能实现国家的稳定。《淮南子·诠言》云："为治之本，务在于安民；安民之本，在于足用；足用之本，在于勿夺时；勿夺时之本，在于省事；省事之本，在于节欲；节欲之本，在于反性。"[160]舍弃大道而单凭自己的聪明行事，一定会很危险；舍弃常法而任用特异才能，必然会陷于困境。只有因为贪欲多而灭亡的，没有因为无欲而面临危险的；只有以私欲治理国家而使天下大乱的，而没有遵循道的规律却失去天下的。

古之明王莫不俭以修身。尧、舜、禹，薄饮食，舍茅茨，衣服至敝，宝器珍玩看都不看，节俭达到了极致。

《六韬·文韬》云，从前的尧帝以王道治理天下时，不佩戴金银珠玉的饰品，不穿着精美华丽的衣服，不观赏稀奇特异的物品，不珍视供玩赏的奇珍异宝，不听放荡安逸的音乐，不粉饰宫墙屋室，不修剪茅草覆盖的屋顶，衣服鞋子不破到无法修补不会更换，不食用过多的美味，不会因官府役使而延误民众农时。他能够修治身心，节制欲望，用清静无为的方式治理国家，自身的供养微薄，征用的劳役田赋很少。所以天下的民众富足安乐，没有饥寒之色。百姓尊他如同景仰日月，看待他如同亲生父母。

《政要论·节欲》云，尧舜的住处只修筑着三层土阶，夏天穿葛衣，冬天披鹿皮；大禹不住好房子，不吃珍贵的食物。这几位帝王，并不是情感上喜好这些，而是他们节俭到了极点。因此，他们向百姓征收的赋税很少，使用的民力也很少，养育的万物却非常广博，为民兴造的福利非常厚重。因此，百姓衣食充裕，生活富足，国家富饶，民众顺遂，仁义之风盛行，四海之内安定和谐。

历史上的盛世都有皇帝带头厉行节俭。《汉书六》记载，有人向汉文帝进献了一匹千里马，文帝下令将千里马归还，把献马人的路费也一并给了他。不仅如此，文帝还下诏说："我不接受进贡，可以下令给天下的四方之人不要再请求进献了。"在汉文帝的率先垂范下，当时的社会闲游的娱乐禁绝了，奇珍异宝的馈赠也杜绝了，靡靡之音、倡优等也很少了。因此汉文帝的谥号为"孝文"，庙号太宗。汉文帝不仅俭以修身，率先垂范孝亲之道，而且注重农业，对百姓施行道德教化，通过多年的努力，国家实现了富足安定。汉文帝与汉景帝统治时期社会出现的治世景象被称为"文景之治"。

《后汉书一》记载，汉和帝下诏说："远方进贡的珍美的菜肴，本来是应该进献祭祀宗庙的，如果因此而伤害了百姓，这哪里符合爱民的本意呢？敕令太官不要再接受这一贡物了。"从此之后，便取消了这一进贡。

推行戒奢崇俭的风气，不仅要君主率先垂范，也需要臣子躬身践行，为民众做好表率。晏子就是力行节俭的表率。《晏子春秋》记载，景公赠送一辆大车和四匹马给晏子乘坐，晏子都不接受。景公不悦。晏子说："您让我监督群臣百官，因此我节制衣服饮食，为齐国做出表率。尽管如此，我仍然担心民们会奢侈浪费而不顾自己的行为是否得当。您作为君王乘坐四马大车，做臣子的也乘四马大车，那么面对百姓中不讲道义、衣食奢侈而不考虑自己行为是否得当的人，我就无法禁止了。"于是，晏子还是没有接受。

《孝经》云："在上不骄，高而不危，制节谨度，满而不溢，高而不危，所以长守贵也。满而不溢，所以长守富也。富贵不离其身，然后能保其社稷，而和其民人。"161 不骄不奢而能守富贵，富贵于身则能保社稷、和民人。人民安乐无疾苦，就会爱戴君主，如同敬爱父母。这就是民安则君安。子曰："以约失之者，鲜矣。"162 讲的就是这个道理。

《老子》云："不贵难得之货，使民不为盗；不见可欲，使心不乱。是以圣人之治，常使民无知无欲。"163 在上位者清净，民众就没有贪心；远离可欲，奸邪之事就不会发生。因此，圣人治国，关键还是自身的修养，进而使民众返璞归真。

七、无偏无党，王道荡荡（公）

天地有无私之德。《吕氏春秋·去私》云："天无私覆也，地无私载也，日月无私烛也，四时无私为也，行其德而万物得遂长焉。"164 天地日月所表现出来的都是无私之德。譬如太阳和月亮，是平等地普照大地，不因肮脏丑恶而没有阳光照耀。上天化育万物，大地承载万物，一切都是平等无私的。

天地无私，那么人能做到无私，就能感通天地。因此，要通天下之志者，就要有至公之心。《傅子·通志》云："夫能通天下之志者，莫大乎至公；能行至公者，莫要乎无忌心。唯至公，故近者安焉，远者归焉。"165 无论是非曲直，都取其公正，就能得到天下人的信任。只有没有猜忌之心，官员才能在上朝时竭尽才智、畅所欲言，而退朝后也不心存疑虑。治国之道安定泰然，谗言就不会侵犯了。从前圣王治理天下，必定以公为先，公正无私则天下承平。

天子兼有天下，自当效法天地，仁心广大，爱护万民。《尸子·治天下》云："天无私于物，地无私于物。袭此行者，谓之天子。"166《汉书七·鲍宣传》云："天下，乃皇天之天下也。陛下上为皇天子，下为黎庶父母，为天牧养元元，视之当如一。……夫官爵，非陛下之官爵，乃天下之官爵也。陛下取非其官，官非其人，而望天悦民服，不亦难乎。

治天下者，当用天下之心为心，不得自专快意而已也。"[167]

古圣先王做出了心怀天下的榜样。《尸子·绰子》云，帝尧奉养孤苦之人，大禹哀怜有罪之人，商汤和周武恩泽惠及禽兽，这是古圣先王能使危者安乐、远人归附的原因。圣人居天下之尊位，发心行事而能做到无私，顺天地之情而无一己之好恶。帝舜说："南风之薰兮，可以解吾民之愠兮。"帝舜不歌唱禽兽而歌唱百姓。商汤说："朕身有罪，无及万方，万方有罪，朕身受之。"不恤念自己而恤念百姓。文王说："苟有仁人，何必周亲。"不恤念己亲而恤念天下。[168]

"公"是为政的重要内容。《袁子正书》尤为强调"公"，认为治理天下就在"公"这个字。"公"能治天下之邪曲不正，能摒除邪恶的萌发。要用仁德聚拢天下的民心，用公道阻塞天下的嫌隙。心存公道，阻塞嫌隙，百姓就会专一于君主。公道之心显明，贤才才会到来。公心一发，就能万事亨通。私心一用，就会万事阻闭。[169]唯有公心才能保有国家。拥有国家的君主，倘若用私心治理国家，就会导致国家分裂，用私心设立法度，就会奸邪四起。

"公"有两方面的体现。第一是要做到公平公正。《尚书》云："殷民在辟，予曰辟，尔惟勿辟；予曰宥，尔惟勿宥；惟厥中。"[170]住在成周的殷民有人犯罪当在刑罚之列，不应因领导者说惩治还是赦免而惩治或赦免，而是应当做出中正公平的裁断。评论高低贵贱、辨别是非善恶，一定要出自公心。依照公心去裁断，然后才能知贵贱是非。第二是要做到以公灭私。《尚书》云："以公灭私，民其允怀。"[171]为政者以公义灭私情，就能取得民众的信赖和归顺。

为什么公心会赢得众人的拥护？《尸子·广》将私心比作井中观天，而公心比作山上观天，因其势不同而高下立判。"因井中视星，所视不过数星，自丘上以视，则见其始出，又见其入，非明益也，势使然也。夫私心，井中也；公心，丘上也。故智载于私则所知少，载于公则所知

多矣。" **172**

"私"有什么样的危害呢?《袁子正书·贵公》用两个比喻进行了论述。古时有一个人,在市集繁忙之时偷窃他人金子,别人问他为什么偷金子,他说,我只看见金子,没有看见人。这说明,人有贪爱必定会导致大的迷惑。宋国有个人的儿子,长得很丑,他却认为自己儿子有超凡的美貌。所以,依于私心的人,所知就有限;被美色迷乱的人,眼睛就不能分辨事物的精致和粗糙;沉迷于靡靡之音的人,耳朵就不能辨别声音的清浊;偏于所爱的人,心里就不能辨别是非。

古时得天下之人,得之是因为公正无私,失之是因为偏私不正。《尚书·洪范》云:"无偏无党,王道荡荡。" **173** 大凡君王即位,皆出于公正。《吕氏春秋·贵公》云,阴阳和合,不会只滋养一种物类;甘露时雨,不会只滋润一类物种;万民之主,不会只偏私一人。齐桓公秉公而行,不计私恶,任用管仲而成为五霸之首。然而他又因为偏私不正,阿好宠臣,任用竖刁,导致自己身死虫爬于外才被人知晓。人在年少之时多憨直,长大后则多计谋。倘若有计谋却偏私不正,则不如憨直而能行公正。因为偏私不正会使其败亡,公正无私则能成事。

自古以来,执政者都想达到与前人同样的盛世,但所成者并不多。很多时候不是因为没有忠诚贤明的辅臣,也不是因为不懂治国的要领,而是由于君主不能克制私情,不能任用忠臣良将,不能遵循正确的治国之道。《管子·明法解》云:法度,是君主用来规制天下、禁止奸邪的;私心,是滋生祸乱、助长奸邪而危害公正的根源。所以,法度畅行则国家太平,私意盛行则国家混乱。贤明的君主对自己喜爱却无功无劳之人,不予奖赏;对自己憎恶却无罪无过之人,也不加以惩罚。依据法规制度来检验功过得失,不合法度之事则不关注。所以说,先王治理国家,不游心肆意于法度之外。

《傅子·通志》云,有公正之心必有公正之道,有公正之道必有公正之制。丹朱、商均虽然是尧、舜的儿子，但因其不肖，尧、舜贬黜了他们。管叔、蔡叔都是周公的弟弟，但因其为恶，周公诛逐了他们。如果不善，即使是儿子、弟弟也不予宽赦，对天下来讲就是无有偏私了。鲧败乱政事，舜就诛责他；禹圣明，舜就重用他。舜诛禹父而传位给禹，天下人就不会有所猜忌了。石厚是石碏的儿子，石碏诛杀了他；冀缺是晋文公的仇人，晋文公举用了他，这就叫作公道。什么是"公制"呢？"先王之教，进贤者为上赏，蔽贤者为上戮。顺礼者进，逆法者诛。设诽谤之木，容狂狷之人，任公而去私，内恕而无忌，是之谓公制也。"最后，傅子云："公道行则天下之志通，公制立则私曲之情塞矣。"**174**

　　要做到"公"就需要去"私"。《傅子·问政》云，私欲不去除，公道就会丧失。公道丧失，礼仪教化就难以树立。礼教难以树立，刑罚和奖赏就会不顾情理。赏罚不顾情理，而百姓还能顺从，这是从未有过的。去除私欲是为了树立公道。只有公道，才能使天下归正。《申鉴·政体》也认为，为政之术，要先摒除"四患"，即伪、私、放、奢。"伪乱俗，私坏法，放越轨，奢败制。"**175** 伪是弄虚作假，私是假公济私，放是恣肆放纵，奢是奢侈浪费。这四个方面都与"私"有关。弄虚作假就会败坏社会风气，假公济私就会破坏国家法度，恣肆放纵就会助长越轨的行为，奢侈浪费就会破坏制度规定。社会风俗混乱，伦理道德就会废弃，即使天地也不能保持其常性；法度被破坏，社会秩序就会崩溃，即使是君主也不能维持常度；违背做人的伦常，礼法就会灭亡，即使是圣人也不能够保全正道；制度被破坏则各种私欲泛滥，即使拥有天下也不能满足。

　　上位者有公心，给下位者做出表率，下位者就不敢念其私心。《昌言·德教》云："我有公心焉，则士民不敢念其私矣；我有平心焉，则士民不敢行其险矣；我有俭心焉，则士民不敢放其奢矣。此躬行之所征者也。"**176** 处上位者存心公正、无有偏私，则下之士庶不敢徇私而侵法乱主；

上位者处事平正坦然，则下之士庶不敢以身犯险、行恶触法；上位者躬行勤俭有所节制，则下之士庶不敢放纵贪奢。这都是君主以身作则提倡正道感召而来的效应。

贤明的君主一心向公，公道施行，偏邪私利就会无处藏身。《袁子正书·贵公》云："向公即百姓之所道者一，向私即百姓之所道者万，一向公则明不劳而奸自息，一向私则繁刑罚而奸不禁。故公之为道，言甚约而用之甚博。"**177**君主向公，百姓所行之道就一致；君主向私，百姓所行之道就千差万别。君主向公，那么不需操劳，欺诈也会平息；君主向私，那么即使刑罚繁多，奸邪也无法禁绝。所以，公心为大道，大道至简，但作用却很广博。

八、诚能慎之，福之根也（慎）

敬慎是为政者必需的素养。《文子·微明》云："行有召寇，言有致祸。"**178**因此，为政者在言行举止各方面都需要谨慎。《群书治要》在慎言方面强调得尤为突出。

（一）言语枢机，荣辱之主

慎言语分为两个方面。一方面，为政者自己要言语谨慎。这有三方面的原因。

原因一，言语是个人荣辱的枢机。《易·系辞》云："言行，君子之枢机。枢机之发，荣辱之主也。言行，君子之所以动天地，可不慎乎。"**179**"子曰：乱之所生也，则言语为之阶。君不密则失臣，臣不密则失身，机事不密则害成，是以君子慎密而不出也。"**180**

慎言语是自古以来的教诲。《孔子家语·观周》记载，孔子进入周太祖后稷庙，庙堂右边阶梯前有一尊铜铸的人像，嘴巴被封了三层，他的背上刻着铭文："古之慎言人也，戒之哉。无多言，多言多败；无多事，多事多患；安乐必诫，无行所悔。勿谓何伤，其祸将长；勿谓何害，其祸将大；勿谓不闻，神将伺人。焰焰不灭，炎炎若何；涓涓不壅，终为江河；绵绵不绝，或成网罗；豪末不扎，将寻斧柯。诚能慎之，福之根也。口是何伤，祸之门也。……天道无亲，常与善人。戒之哉！戒之哉！"[181] 这篇铭文说得朴实而中肯，洞达世情并且每一句都实实在在地切中要害。

原因二，如果领导者喜好悦己之言，就会对下属产生不良的导向。《傅子·戒言》云："上好德则下修行，上好言则下饰辩。修行则仁义兴焉，饰辩则大伪起焉。此必然之征也。德者，难成而难见者也。言者，易撰而易悦者也。先王知言之易而悦之者众，故不尚焉。不尊贤尚德，举善以教，而以一言之悦取人，则天下之弃德饰辩以要其上者，不鲜矣。何者？德难为而言易饰也。"[182] 因此，《管子·形势解》云："圣人择可言而后言，择可行而后行。偷得利而后有害，偷得乐而后有忧者，圣人不为也。故圣人择言必顾其累，择行必顾其忧。"[183]

原因三，为政者出言不慎，有悖于道，就会危害民众和社会。《尚书》云："君罔以辩言乱旧政，臣罔以宠利居成功，邦其永孚于休。"[184] 利口能够倾覆一个国家，因此尤需谨慎。君臣各安其道，则国家长保太平。《管子·形势解》云："人主出言不逆于民心，不悖于理义，其所言足以安天下者也。人唯恐其不复言也。出言而离父子之亲，疏君臣之道，害天下之众，此言之不可复者也，故明君不言也。"[185] 因此，为君者特别要言语谨慎，凡是有悖于道，危害天下之言，切不可说出口。

慎言语的另一方面，是对他人言语要谨慎，不可轻易反对或者相信。《尚书》云："有言逆于汝心，必求诸道；有言逊于汝志，必求诸非道。"[186] 违背心意的话要从道义上去推度，不可自以为不善；随顺心意的话，一定要从未必合道上来考求，不可自以为善。

言语容易饰伪，因此能言善辩之人未必是有德之人。子曰："有德者必有言，有言者不必有德。"（《论语·宪问》）[187]"巧言令色，鲜矣仁。"

（《论语·学而》）[188] 以花言巧语、伪善的面孔取悦别人，看到矛盾时当好好先生，面对利益则削尖脑袋，走到哪里全靠一张嘴，这样的人没有什么仁德之心。巧言令色之人甚至能够颠覆国家。子曰："恶紫之夺朱也。恶郑声之乱雅乐也。恶利口之覆邦家也。"（《论语·阳货》）[189] 利口之人，往往多言少实。悦媚当时的国君，就能导致国家倾覆。因此，古人强调，不可以言取人。子曰："君子不以言举人，不以人废言。"（《论语·卫灵公》）[190]

《孙卿子·大略》云："口能言之，身能行之，国宝也。口不能言，身能行之，国器也。口能言之，身不能行，国用也。口言善，身行恶，国妖也。治国者，敬其宝，爱其器，任其用，除其妖。"[191] 为何要"除其妖"？因为将国妖置于领导岗位，无异于将他的恶行传播给众人，国妖的职位越高，危害也越大。国妖不仅指国家的臣子，凡是言善行恶、阳奉阴违之人皆是，他们都会对社会风气造成不良的影响，使人对道德伦理丧失信心，所以危害极大。"除其妖"最根本的是要去除他们产生的不良影响，而根治的捷径还是要从任用贤德、净化人心做起。

不能依靠众人的评价来评判，是因为众人的评价未必准确。子曰："众恶之，必察焉；众好之，必察焉。"（《论语·卫灵公》）[192] 所有的人都厌恶一个人，不要轻易地相信，要认真地去考察，是这个人真的品质恶劣、能力低下，还是因为这个人不阿众取荣，得罪了某些人？或是众人都贪污受贿，这个人自守清廉，不愿同流合污？如果所有的人都喜欢一个人，也不要轻易相信，要认真地考察，是真的德行高尚、能力超群，还是因为这个人结党营私，搞小团体，赞誉的人接受了贿赂，才为他说好话？

如果只能通过别人的评论来判断一个人，应该以什么样的标准呢？在《论语·子路》中，子贡向孔子请教，如果众人都称赞一个人，或者都厌恶一个人，能判断这个人怎么样吗？夫子都说"未可也"，"不如乡人之善者好之，其不善者恶之"。¹⁹³ 这样才能够判断出这个人的善恶。

由于不能完全依靠言语来评判一个人，因此在考察时，就要注重行动上的考察。《周书》云："以言取人，人饰其言；以行取人，人竭其行。饰言无庸，竭行有成。"¹⁹⁴《傅子》云："听言不如观事，观事不如观行，听言必审其本，观事必校其实，观行必考其迹，参三者而详之，近少失矣。"¹⁹⁵ 注重行动，较之言语，更能取得成效。

（二）慎终如始，则无败事

除慎言语外，还有慎终始。慎终如始，是指从开始到结束都要谨慎。做到慎终如始，才能事业有成。《尚书》云："慎终于始。"¹⁹⁶ 一开始就要考虑到结果，为了有好的结果，从一开始就要慎重。《尚书》又云："慎厥终，惟其始。"¹⁹⁷ 靡不有初，鲜克有终。越临近结束，就越要像开始一样谨慎。《老子》云："慎终如始，则无败事。"¹⁹⁸

《晏子·谏上》记载，晏子通过齐桓公的例子劝谏齐景公要慎终如始。能够长保国家者，是能自始至终行善政的人。诸侯并立于世，能始终行善政者，可为首领；众多士人并立于朝，能始终行善事者，可以为师。过去先王桓公，初期任用贤才、崇尚道德，将亡之国靠他得以恢复，危难之国依仗他得以安定，因此百姓喜欢他的政策，世人推崇他的道德。他出兵征讨残暴之人，人民劳苦并不痛恨他；使天下诸侯去朝拜周天子，诸侯也不怨恨他。那时，盛名君主的德行都不能超过他。到他最终衰败时，懒于修德而纵情享乐，沉湎于女色侍从，谋划决策依靠奸臣竖刁。因此，百姓苦于他的政令，世人也都责备他的行为，最后死在寝宫，无人为之发丧，尸体上的蛆虫爬出门外，仍没有人收殓，即使夏桀和商纣的死亡，也没有糟糕到这种程度啊！《诗》云："靡不有初，鲜克有终。"不能从始至终行善政的人，是不成功的国君。

（三）芝兰之香，久而化之

人容易受周围环境的影响，因此为官者还必须慎左右。《孔子家语》云："与善人居，如入芝兰之室，久而不闻其香，即与之化矣。与不善人居，如入鲍鱼之肆，久而不闻其臭，亦与之化矣。是以君子必慎其所与者焉。"**199** 左右皆善人，则自能为善；左右皆恶人，久而久之，也会走向堕落的深渊。

君主的正邪会受左右之人影响，就像布匹在染缸中会被染色一样。墨子通过观察染坊里染丝，放入不同的染料，染出的丝颜色不同，从而总结出"国亦有染"的道理。国君会受身边大臣的熏染影响。君王受到的熏染是正面的，他们的仁政惠及天下，被拥立为天子，功盖四方，扬名天下；君王所受到的影响是负面的，就会国破身亡，受到天下人的羞辱。受到正面熏染的君主可以称霸于诸侯，名声流传于后世；受到负面影响的君主会败亡国家，自身受到刑罚杀戮。

因此，《尚书》中警示得好："仆臣正，厥后克正；仆臣谀，厥后自圣。后德惟臣，弗德惟臣。"**200** 仆从近臣都是正直之人，君主就能正直；仆从近臣是阿谀奉承之人，君主便会自以为圣明。因为君主天天听到的都是赞叹的话，不知道自己的过失，也就无从改进，当过恶积累到一定程度，败亡也就不远了。君主有德在于臣下，君主失德也与臣下误导有关。所以古人特别强调不能让谄媚逢迎之人留在身边，作为近臣。左右之人、仆从近臣，在现代社会，就是指秘书、司机、后勤人员等，为官者即使是对这些人也要谨慎选择。身为领导者，必须要有知人之明，要善于识人，管好身边的人，做到任贤远佞。

为政者不能慎选左右，会间接导致民众难以治理。《汉书七·王吉传》云："臣闻圣王宣德流化，必自近始。朝廷不备，难以言治，左右不正，难以化远。民者弱而不可胜，愚而不可欺也。圣主独行于深宫，得则天下称颂之，失则天下咸言之。行发于近，必见于远。谨选左右，

审择所使，左右所以正身也，所使所以宣德也。"²⁰¹

慎交友是慎左右的一个方面，也是谨慎为官的重要内容。《曾子·制言》云："蓬生麻中，不扶乃直；白沙在泥，与之皆黑。"²⁰²《曾子·疾病》云："与君子游，如长日加益，而不自知也。与小人游，如履薄冰，每履而下，几何而不陷乎哉。"²⁰³ 之所以要慎交友，是因为很多落马之人就败在交友不慎。

（四）慎其所习，邪心不生

为政者还应当慎所习，对自己所喜好之物也要谨慎选择。《魏志上》何晏云："善为国者，必先治其身。治其身者，慎其所习。所习正，则其身正；其身正，则不令而行；所习不正，则虽令不从。是故为人君者，所与游必择正人，所观览必察正象，放郑声而弗听，远佞人而弗近，然后邪心不生，而正道可弘也。"²⁰⁴ 但是末代的昏君就不明其中的利害，排斥疏远君子，招引亲近小人，忠良被疏远，谄媚者被宠信，结果祸乱就从这些亲近小人中产生了，他们就好比是社鼠，考察他们是愚昧还是明智，要通过长期的积累。所以古代圣贤总是反复告诫，将此看作最大的忧患。

第二节　正己——后妃

女子在古代很少直接参与治理，但是其行仪却能直接影响治理的结果。正是由于女子在治理中的重要性，魏徵等人特意辑录关于女子的内容作为《群书治要》四大方面内容之一，作为为政的劝诫。《群书治要》序云："至于母仪嫔则，懿后良妃，参徽猷于十乱，著深诫于辞辇；或倾城哲妇，亡国艳妻，候晨鸡以先鸣，待举烽而后笑者，时有所存，以备劝诫。"²⁰⁵女子的德行非常重要。古今中外的智者都认识到了这一点。19世纪英国道德学家斯迈尔斯在《女性的素养决定一个民族的素养》一文中写道："女人的影响在世界各地都是一样。不管在哪个国家中，她们的状况影响着这个民族的道德、行为方式和品格。哪里的女人品德恶劣，那个社会的质量也就恶劣。哪里的女人道德高尚、有教养，那个社会就繁荣、进步。"**206**

中国古人重视家庭男女之间的职责分工与合作。家人卦《象》曰："女正位乎内，男正位乎外，男女正，天地之大义也。"**207**家人之道，女主内而男主外，而后才能建立家道，男女正位如同天地二仪，因此，男女正，天地之大义也。家人之义是以内为本，因此先说"女正位乎内"，后说"男正位乎外"。

治国必先齐其家，其家不可教而能教人者，无之。能够治家，也就掌握了治国的道理。《汉书八（补）·匡衡传》云："故《诗》始国风，《礼》本冠婚。始乎国风，原情性而明人伦也；本乎冠婚，正基兆而防未然也。福之兴莫不本乎室家，之道衰莫不始乎梱内。"**208**以《国风·关雎》为开端是在于推究人的情性，从而彰明人伦之道；以《士冠礼》《士婚礼》为根本是在于端正初始与基础，防患于未然。福德的兴起无不以家为根基，而正道的衰微也无不是从家内开始。

后妃在帝王之家，是影响国家治乱兴衰的因素之一。唐尧将两个女儿嫁给妫水边的虞舜，娥皇和女英贤明有德，虞舜的事业得以兴盛。太任、太姒分别嫁给季历和文王，周王朝因此而昌盛。夏桀宠幸妹喜，商纣取悦妲己，最后都成了亡国之君。可见，王朝的兴废存亡与后妃之德关系密切。圣明之君在确立正妻时都格外慎重，必定要选择善良贤淑的女子为妻来统领后宫，敬奉宗庙。然而末世的君主生活奢侈，放纵情欲，在选择后妃时只看重姿色，而不以美德为根本，造成了社会风气的衰败，毁坏了维系社会的基本准则。故《易》云："正家而天下定矣。"**209**

一、懿后良妃，齐家理政

贤后与君主是一体的关系，贤后辅佐君王共同成就功业。《毛诗·卷耳》是描写后妃之志的作品。《诗小序》云："《卷耳》，后妃之志也。又当辅佐君子，求贤审官。知臣下之勤劳，内有进贤之志，而无险诐私谒之心，朝夕思念，至于忧勤。"[210] 后妃之志在于辅助君王，求取贤良，慎选官员。了解臣下的勤苦与功绩，心里只有向君王选荐贤人的志愿，没有丝毫偏颇谋私的邪念。为此朝夕思虑，以至于整日忧劳不断。《诗》云："采采卷耳，不盈倾筐。嗟我怀人，置彼周行。"[211] 我两手不停把卷耳采，总觉那箩筐没装满。这一句为起兴，器皿容易装满却总装不满，意在希望辅佐君王的忧虑深远。只因心中把君王念，但愿那天下的君子，都成为君王座上贤。这一句是说后妃希望君王任人唯贤，让其成为周朝廷的官员。

贤德的妇人可以说是治国理政的治臣。《尚书·泰誓中》有武王誓师之辞云："予有乱臣十人，同心同德。"[212] 乱，即治。治臣十人指周公旦、召公奭、太公望、毕公、荣公、太颠、闳夭、散宜生、南宫适及文母。《尚书正义》注云，我有治臣十人，这十人都是上智，都认为周是殷非，因此人数虽然少，但同心同德，共同辅佐武王，讨伐灭商纣。在辅佐武王灭商的十位治臣之中，有一位是妇人。[213]

明德马皇后是东汉伏波将军马援的小女儿，是中国历史上有名的贤后之一。马皇后永平三年（公元 60 年）被立为皇后，她贤德仁厚、知书达理、提倡节俭、母仪后宫。她辅佐明章两位皇帝，抑制外戚专权，凡外戚，有功者奖，有罪者罚，决不徇私情，成为明章政治安定的基石，对东汉王朝"明章之治"起着不可忽视的历史作用。《后汉书·皇后纪》记载，马皇后正式成为皇后之后，越发谦恭庄敬。她能读诵《易经》，喜读《春秋》《楚辞》，尤喜《周礼》。她经常穿粗厚丝帛做的衣服，裙子也不饰花边。每当服侍皇帝时，常常会谈到朝廷政务之事，对皇帝执掌朝政有很多益处，但是她从来不以自家的私事来干预朝政。章帝时，太后自撰《显宗起居注》，其中删减了她的哥哥马防参与侍奉医药的事，因为不想让后世人知道先帝多次亲近后宫的家属，所以不记载。她规范外戚，不封亲族。凡具有谦恭恬淡、忠义行为的外亲，就用温和的话语来勉励，并赏赐财位。如果有人犯小错，就严肃认真地批评教化。对于车服华美、不守法度的外亲，便取消他们宗室的谱籍，遣回故乡。于是朝廷内外都受到教化，衣被车服规制划一，外戚们惶恐的程度，比明帝永平之世还要加倍。她平日常跟章帝谈论国家政事，并教授诸位幼年王子，研讨经书意旨，叙述平生往事，终日和乐融融。

除皇后外，贤德的妃子也是辅佐君主的力量。《韩诗外传》记载了樊姬劝谏楚庄王进贤为忠的故事。书中最后认为，"叔敖治楚三年而楚国霸，樊姬之力也"[214]。

普通女子心怀国家，胸有大志，也可助君主成就国泰民安的大业。《新序》记载了齐国普通的"无盐女"劝谏齐宣王警惕国家危殆的故事。齐国有位丑女，人称"无盐女"，以四种危险劝谏齐宣王。齐宣王哑口无言，叹声说："寡人痛悔啊！无盐君的这番话，今日是我第一次听到，我现在的危险处境，差点就使我国破家亡了。"于是立刻下令拆掉渐台，解散歌舞队，黜免了阿谀奉承之人，除去装饰，挑选精兵良马，充实国家府库，招纳直言正谏之士，身处僻陋或地位卑贱的贤者也在提拔重用之列，选择黄道吉日册立太子，并拜无盐女为王后。于是书中写道"齐国大安，丑女之功也"[215]。

正是由于后妃的重要，后妃之制自古有之。《魏志上·后妃传》云："古先哲王，莫不明后妃之制，顺天地之德。"[216]《后汉书一·皇后纪序》云，《周礼》记载，君王立皇后，设三夫人、九嫔、二十七世妇、八十一女御，负责内宫职务。皇后是后宫正位，与天子同体。夫人讲论妇礼，九嫔掌管教授妇德、妇言、妇容、妇功四德，世妇主管丧祭和宾客之事，女御掌管皇上食宿。她们的官位职务，各有主管。女史官手执红管笔，专记后宫功过。后妃们安居时有保阿的教诲，行动时则有环珮叮当的响声。后妃们和顺恭敬，没有不正当的因私请托之行。因此，当周康王不能按时上朝时，就有人诵《关雎》来劝谏；周宣王和嫔妃晚起，王后姜氏就请求君王惩罚自己，使宣王惭愧改过。平王东迁，周礼衰败。齐桓公宠妾有六人，晋献公宠信骊姬，引发骊姬之乱。战国时期风教纲纪则更加衰微，人们任情纵欲，伦常失秩，最终导致破国亡家，数不胜数。这都是轻视礼义教化、放松防备、重女色而轻道德所造成的。

二、妇人作乱，覆国倾邦

古代历史上妇人引起国家混乱的有三种表现：一是妇人扰乱君主，二是外戚干政，三是后宫之乱影响朝纲。

首先，妇人作乱是很多朝代亡国的原因之一，夏商周三代亡国就是如此。《典论》云："三代之亡，由乎妇人。故《诗》刺艳女，《书》诫哲妇。"[217]

商纣宠溺妲己，最后身死国灭。《尚书·牧誓》是武王伐纣的誓师之辞，王曰："古人有言：'牝鸡无晨。牝鸡之晨，惟家之索。'今商王受，惟妇言是用，乃惟四方之多罪逋逃，是崇是长，是信是使，是以为大夫卿士，俾暴虐于尔百姓，以奸宄于商邑。"[218]此处以母鸡报晓比喻妇人篡权乱政。孔安国《尚书传》云："索，尽也。喻妇人知外事，雌代雄鸣则家尽，妇夺夫政则国亡。"[219]孔颖达在《尚书正义》中解释，妇人不当知政，是别外内之分，假使妇人贤德如文王之母，则可以兴助国家，就不用牝鸡作比喻了。商王自绝于天，结怨于民。只听用妇人的话，宠信任用奸佞，残害忠良。虽有千万人，但离心离德。武王在孟津观兵，八百诸侯不期而会，共同响应武王伐纣，最后牧野之战，一举灭商。

周幽王为博褒姒一笑，烽火戏诸侯，终被犬戎所杀，西周灭亡。《毛诗·正月》是周大夫指责幽王暴虐昏庸的诗。《诗》云："赫赫宗周，褒姒灭之。"[220]《毛诗·瞻仰》是凡伯隐刺周幽王宠爱褒姒使政事大乱的诗。《诗》云："哲夫成城，哲妇倾城。"[221]国家的乱政，并非天降之灾，君主宠溺女子，贻误国政，导致天下大乱。《诗》云："不吊不祥，威仪不类，人之云亡，邦国殄瘁。"[222]人而无德不见祯祥，礼仪败坏无以成邦。百姓离心，君子远祸，君王无道，国乃危亡。《群书治要》夹注节录了郑玄笺："吊，至也。王之为政，德不能至于天矣，不能致征祥于神矣，威仪又不善于朝廷矣。贤人皆言奔亡，则天下邦国将尽困病也。"[223]

其次，外戚干政导致亡国的例子不胜枚举，典型案例是王莽篡汉。《汉书三》记载，汉成帝时，外戚王氏已权倾朝野，作为刘氏宗族的刘向颇感担忧，上疏陈述其中利害。刘向云，皇太后亲近父母家而疏远夫家，这并非皇太后之福。刘向之意是名不正则位不正，德不配位必有灾殃，枝叶过大必伤主根。"夫明者，起福于无形，销患于未然。"[224]刘向认为，皇上应当发布命令，宣扬仁德，提拔宗室，疏远外戚，保有王氏的爵位和俸禄，而刘氏也会长久安宁，不会失掉国家社稷。否则，田氏代齐就会重演，六卿分晋也会在汉朝出现，成为后世子孙的忧患。上疏后，成帝召见刘向，叹息悲伤，但终究未能改变这种局面。刘向去世十三年后，王莽代汉自立。

第三，后宫混乱影响朝纲也是国家衰败的主要原因之一。后宫混乱影响朝纲，往往是由于后妃之序颠倒，导致嫡庶混乱、长幼不分。《政要论·尊嫡》云：圣人制定礼法，使嫡子处在尊贵位置，是为了统一群臣的期望，堵塞政变争权之路，杜绝邪恶，防患于未然，这是为稳固国家的根本性考虑。纵观前朝各代，凡是王后正妻被轻视而侧妃受宠，太子卑微而庶子尊宠，没有不引起争斗和纷乱以至于国家危亡的。所以周朝有子带之乱，齐国有魏无知之祸，晋国有庄伯之患，卫国有州吁之篡。因此经典上说："并后匹嫡，两政耦国，乱之本也。"**225**

　　历史上一些后妃不仅扰乱朝纲，也会为自身及家族带来灾祸。《晋书上·后妃传》记载了晋惠帝废后贾南风残害忠良、扰乱朝纲，奸恶之事昭著于世，最后被废赐死的故事。《后汉书三·李固传》记载，李固给汉顺帝策问时论述说，妃后之家很少有能够保全的，并非天命就该如此，是因为她们爵高位显，但不知收敛克制，所以才导致倾覆灭亡。

注　释

1.（唐）魏徵等辑：《群书治要》（永青文库四种），第 4 册，第 591 页。

2.（唐）魏徵等辑：《群书治要》（永青文库四种），第 1 册，第 389 页。

3.（唐）魏徵等辑：《群书治要》（永青文库四种），第 4 册，第 5 页。

4.（唐）魏徵等辑：《群书治要》（永青文库四种），第 2 册，第 241 页。

5.（汉）郑玄注，（唐）孔颖达疏，龚抗云整理，王文锦审定：《礼记正义》（十三经注疏），第 1859 页下。

6.（唐）魏徵等辑：《群书治要》（永青文库四种），第 1 册，第 88 页。

7.（唐）魏徵等辑：《群书治要》（永青文库四种），第 1 册，第 65 页。

8.（唐）魏徵等辑：《群书治要》（永青文库四种），第 1 册，第 136 页。

9.（唐）魏徵等辑：《群书治要》（永青文库四种），第 1 册，第 103 页。

10.（唐）魏徵等辑：《群书治要》（永青文库四种），第 1 册，第 139 页。

11.（唐）魏徵等辑：《群书治要》（永青文库四种），第 4 册，第 557—558 页。

12.（唐）魏徵等辑：《群书治要》（永青文库四种），第 4 册，第 521 页。

13.（唐）魏徵等辑：《群书治要》（永青文库四种），第 1 册，第 88—89 页。

14.（唐）魏徵等辑：《群书治要》（永青文库四种），第 5 册，第 121—124 页。

15.（唐）魏徵等辑：《群书治要》（永青文库四种），第 4 册，第 210—211 页。

16.（唐）魏徵等辑：《群书治要》（永青文库四种），第 4 册，第 319—320 页。

17.（汉）郑玄注，（唐）孔颖达疏，龚抗云整理，王文锦审定：《礼记正义》（十三经注疏），第 1683 页上。

18.（唐）魏徵等辑：《群书治要》（永青文库四种），第 4 册，第 356 页。

19.（汉）许慎撰，（宋）徐铉校定：《说文解字》，第 159 页上。

20.（唐）魏徵等辑：《群书治要》（永青文库四种），第 2 册，第 364—365 页。

21.（唐）魏徵等辑：《群书治要》（永青文库四种），第 1 册，第 506 页。

22.（唐）魏徵等辑：《群书治要》（永青文库四种），第 4 册，第 195 页。

23.（唐）魏徵等辑：《群书治要》（永青文库四种），第 4 册，第 195 页。

24.（唐）魏徵等辑：《群书治要》（永青文库四种），第 1 册，第 551 页。

25.（唐）魏徵等辑：《群书治要》（永青文库四种），第 1 册，第 165 页。

26.（唐）魏徵等辑：《群书治要》（永青文库四种），第 1 册，第 484 页。

27.（唐）魏徵等辑：《群书治要》（永青文库四种），第 1 册，第 189 页。

28.（唐）魏徵等辑：《群书治要》（永青文库四种），第 1 册，第 374 页。

29.（唐）魏徵等辑：《群书治要》（永青文库四种），第 1 册，第 358 页。

30.（唐）魏徵等辑：《群书治要》（永青文库四种），第 1 册，第 358—359 页。

31.（唐）魏徵等辑：《群书治要》（永青文库四种），第 1 册，第 102 页。

32.（唐）魏徵等辑：《群书治要》（永青文库四种），第 4 册，第 4 页。

33.（唐）魏徵等辑：《群书治要》（永青文库四种），第 2 册，第 7—8 页。

34.（唐）魏徵等辑：《群书治要》（永青文库四种），第 4 册，第 337 页。

35.（唐）魏徵等辑：《群书治要》（永青文库四种），第 4 册，第 337 页。

36.参见（明）蕅益著，江谦补注，梅愚点校：《四书蕅益解》，第 218 页。

37.（唐）魏徵等辑：《群书治要》（永青文库四种），第 5 册，第 509 页。

38.（唐）魏徵等辑：《群书治要》（永青文库四种），第 4 册，第 362 页。

39.（唐）魏徵等辑：《群书治要》（永青文库四种），第 4 册，第 4 页。

40.（唐）魏徵等辑：《群书治要》（永青文库四种），第 2 册，第 249 页。

41.（唐）魏徵等辑：《群书治要》（永青文库四种），第 2 册，第 133 页。

42.（唐）魏徵等辑：《群书治要》（永青文库四种），第 2 册，第 8 页。

43.（唐）魏徵等辑：《群书治要》（永青文库四种），第 2 册，第 133 页。

44.（唐）魏徵等辑：《群书治要》（永青文库四种），第 4 册，第 361 页。

45.（唐）魏徵等辑：《群书治要》（永青文库四种），第 5 册，第 522 页。

46.（唐）魏徵等辑：《群书治要》（永青文库四种），第 5 册，第 71 页。

47.（唐）魏徵等撰，刘余莉主编：《群书治要译注》，第 5 册，第 2245 页。

48.（唐）魏徵等辑：《群书治要》（永青文库四种），第 4 册，第 285—286 页。

49.（唐）魏徵等辑：《群书治要》（永青文库四种），第 4 册，第 271—272 页。

50.（唐）魏徵等辑：《群书治要》（永青文库四种），第 4 册，第 361—362 页。

51.（唐）魏徵等辑：《群书治要》（永青文库四种），第 1 册，第 204 页。

52.（唐）魏徵等辑：《群书治要》（永青文库四种），第 2 册，第 365 页。

53.（唐）魏徵等辑：《群书治要》（永青文库四种），第 4 册，第 4 页。

54.（唐）魏徵等辑：《群书治要》（永青文库四种），第 4 册，第 17 页。

55.（唐）魏徵等辑：《群书治要》（永青文库四种），第 4 册，第 353—354 页。

56.（汉）赵岐注，（宋）孙奭疏，廖名春、刘佑平整理，钱逊审定：《孟子注疏》（十三经注疏），第 383 页。

57.（汉）赵岐注，（宋）孙奭疏，廖名春、刘佑平整理，钱逊审定：《孟子注疏》（十三经注疏），第 28 页上—第 29 页上。

58.（汉）赵岐注，（宋）孙奭疏，廖名春、刘佑平整理，钱逊审定：《孟子注疏》（十三经注疏），第 197 页下。

59.（唐）魏徵等辑：《群书治要》（永青文库四种），第 4 册，第 465—466 页。

60.方勇、李波译注：《荀子》（中华经典名著全本全注全译丛书），第 371 页。

61.方勇、李波译注：《荀子》（中华经典名著全本全注全译丛书），第 342 页。

62.（唐）魏徵等辑：《群书治要》（永青文库四种），第 4 册，第 435—436 页。

63.（唐）魏徵等辑：《群书治要》（永青文库四种），第 4 册，第 444—445 页。

64.（唐）魏徵等辑：《群书治要》（永青文库四种），第 5 册，第 35—36 页。

65.（唐）魏徵等辑：《群书治要》（永青文库四种），第 5 册，第 36 页。

66.（唐）魏徵等辑：《群书治要》（永青文库四种），第 4 册，第 596—697 页。

67.（唐）魏徵等辑：《群书治要》（永青文库四种），第 5 册，第 199 页。

68.（唐）魏徵等辑：《群书治要》（永青文库四种），第 5 册，第 198 页。

69.（唐）魏徵等辑：《群书治要》（永青文库四种），第 5 册，第 418—419 页。

70.（唐）魏徵等辑：《群书治要》（永青文库四种），第 5 册，第 550 页。

71.刘娟编著：《〈忠经〉〈孝经〉译读》，中南大学出版社 2017 年版，第 6 页。

72.（汉）许慎撰，（宋）徐铉校定：《说文解字》，第 216 页下。

73.（汉）许慎撰，（清）段玉裁注，许惟贤整理：《说文解字注》，第 877 页上。

74.（汉）孔安国注，（唐）孔颖达疏，廖名春、陈明整理，吕绍刚审定：《尚书正义》（十三经注疏），第 285 页上。

75.（唐）魏徵等辑：《群书治要》（永青文库四种），第 4 册，第 127—128 页。

76.（唐）魏徵等辑：《群书治要》（永青文库四种），第 1 册，第 487—488 页。

77.（汉）赵岐注，（宋）孙奭疏，廖名春、刘佑平整理，钱逊审定：《孟子注疏》（十三经注疏），第 228 页下。

78.（唐）魏徵等辑：《群书治要》（永青文库四种），第 4 册，第 452 页。

79.方勇、李波译注：《荀子》（中华经典名著全本全注全译丛书），第 211 页。

80.（唐）魏徵等辑：《群书治要》（永青文库四种），第 4 册，第 131—132 页。

81.（唐）魏徵等辑：《群书治要》（永青文库四种），第 2 册，第 9—10 页。

82.（汉）郑玄注，（唐）孔颖达疏，龚抗云整理，王文锦审定：《礼记正义》（十三经注疏），北京大学出版社 2000 年版，第 1676 页下。

83.（唐）魏徵等辑：《群书治要》（永青文库四种），第 5 册，第 135 页。

84.（唐）魏徵等辑：《群书治要》（永青文库四种），第 2 册，第 449 页。

85.（唐）魏徵等辑：《群书治要》（永青文库四种），第 4 册，第 535 页。

86.（汉）许慎撰，（宋）徐铉校定：《说文解字》，第 64 页下。

87.（汉）许慎撰，（清）段玉裁注，许惟贤整理：《说文解字注》，第 165 页上。

88.（唐）魏徵等辑：《群书治要》（永青文库四种），第 1 册，第 70 页。

89.（唐）魏徵等辑：《群书治要》（永青文库四种），第 1 册，第 479 页。

90.（唐）魏徵等辑：《群书治要》（永青文库四种），第 1 册，第 488 页。

91.（唐）魏徵等辑：《群书治要》（永青文库四种），第 1 册，第 232 页。

92.（唐）魏徵等辑：《群书治要》（永青文库四种），第 4 册，第 436 页。

93.（唐）魏徵等辑：《群书治要》（永青文库四种），第 2 册，第 54 页。

94.（唐）魏徵等辑：《群书治要》（永青文库四种），第 5 册，第 299 页。

95.（唐）魏徵等辑：《群书治要》（永青文库四种），第 3 册，第 80 页。

96.（唐）魏徵等辑：《群书治要》（永青文库四种），第 5 册，第 476 页。

97.（唐）魏徵等辑：《群书治要》（永青文库四种），第 1 册，第 492—493 页。

98.（唐）魏徵等辑：《群书治要》（永青文库四种），第 4 册，第 244—245 页。

99.（唐）魏徵等辑：《群书治要》（永青文库四种），第 5 册，第 541 页。

100.（唐）魏徵等辑：《群书治要》（永青文库四种），第 5 册，第 541 页。

101.（唐）魏徵等辑：《群书治要》（永青文库四种），第 4 册，第 94—95 页。

102.（唐）魏徵等辑：《群书治要》（永青文库四种），第 4 册，第 67 页。

103.（唐）魏徵等撰，刘余莉主编：《群书治要译注》，第 2 册，第 471 页。

104.（唐）魏徵等辑：《群书治要》（永青文库四种），第 5 册，第 149 页。

105.（唐）魏徵等辑：《群书治要》（永青文库四种），第 1 册，第 86 页。

106.（唐）魏徵等辑：《群书治要》（永青文库四种），第 1 册，第 43 页。

107.（唐）魏徵等辑：《群书治要》（永青文库四种），第 1 册，第 43—44 页。

108.（唐）魏徵等辑：《群书治要》（永青文库四种），第 1 册，第 44 页。

109.（唐）魏徵等辑：《群书治要》（永青文库四种），第 1 册，第 66 页。

110.（唐）魏徵等辑：《群书治要》（永青文库四种），第 1 册，第 537 页。

111.（唐）魏徵等辑：《群书治要》（永青文库四种），第 5 册，第 148—149 页。

112.（唐）魏徵等辑：《群书治要》（永青文库四种），第 4 册，第 170—171 页。

113.（唐）魏徵等辑：《群书治要》（永青文库四种），第 4 册，第 173—174 页。

114.（唐）魏徵等辑：《群书治要》（永青文库四种），第 4 册，第 182 页。

115.（唐）魏徵等辑：《群书治要》（永青文库四种），第 4 册，第 194 页。

116.（唐）魏徵等辑：《群书治要》（永青文库四种），第 4 册，第 382 页。

117.（唐）魏徵等辑：《群书治要》（永青文库四种），第 5 册，第 575 页。

118.（唐）魏徵等辑：《群书治要》（永青文库四种），第 1 册，第 97 页。

119.（唐）魏徵等辑：《群书治要》（永青文库四种），第 1 册，第 84—85 页。

120.（唐）魏徵等撰，刘余莉主编：《群书治要译注》，第 2 册，第 541 页。

121.（唐）魏徵等辑：《群书治要》（永青文库四种），第 2 册，第 50 页。

122.（唐）魏徵等辑：《群书治要》（永青文库四种），第 1 册，第 451—452 页。

123.（唐）魏徵等辑：《群书治要》（永青文库四种），第 4 册，第 243 页。

124.（唐）魏徵等辑：《群书治要》（永青文库四种），第 5 册，第 380 页。

125.（唐）魏徵等辑：《群书治要》（永青文库四种），第 3 册，第 497 页。

126.（汉）郑玄注，（唐）孔颖达疏，龚抗云整理，王文锦审定：《礼记正义》（十三经注疏），第 1262 页上—1263 页上。

127.（唐）魏徵等辑：《群书治要》（永青文库四种），第 5 册，第 379—380 页。

128.（唐）魏徵等辑：《群书治要》（永青文库四种），第 5 册，第 504—505 页。

129.（唐）魏徵等辑：《群书治要》（永青文库四种），第 4 册，第 238 页。

130.（唐）魏徵等辑：《群书治要》（永青文库四种），第 4 册，第 171 页。

131.（唐）魏徵等辑：《群书治要》（永青文库四种），第 5 册，第 27 页。

132.（唐）魏徵等辑：《群书治要》（永青文库四种），第 1 册，第 94 页。

133.（唐）魏徵等辑：《群书治要》（永青文库四种），第 1 册，第 333 页。

134.（唐）魏徵等辑：《群书治要》（永青文库四种），第 5 册，第 397—380 页。

135.（唐）魏徵等辑：《群书治要》（永青文库四种），第 1 册，第 99—100 页。

136.（唐）魏徵等辑：《群书治要》（永青文库四种），第 1 册，第 46 页。

137.（唐）魏徵等辑：《群书治要》（永青文库四种），第 1 册，第 430—432 页。

138.（唐）魏徵等辑：《群书治要》（永青文库四种），第 3 册，第 96 页。

139.（唐）魏徵等辑：《群书治要》（永青文库四种），第 3 册，第 449 页。

140.（唐）魏徵等辑：《群书治要》（永青文库四种），第 3 册，第 457 页。

141.（唐）魏徵等辑：《群书治要》（永青文库四种），第 1 册，第 79 页。

142.（唐）魏徵等辑：《群书治要》（永青文库四种），第 2 册，第 425 页。

143.（唐）魏徵等辑：《群书治要》（永青文库四种），第 1 册，第 118 页。

144.（唐）魏徵等辑：《群书治要》（永青文库四种），第 4 册，第 189 页。

145.（汉）赵岐注，（宋）孙奭疏，廖名春、刘佑平整理，钱逊审定：《孟子注疏》（十三经注疏），第 125 页下。

146.（唐）魏徵等撰，刘余莉主编：《群书治要译注》，第 2 册，第 483 页。

147.（唐）魏徵等辑：《群书治要》（永青文库四种），第 1 册，第 376 页。

148.（唐）魏徵等辑：《群书治要》（永青文库四种），第 4 册，第 59—60 页。

149.（唐）魏徵等辑：《群书治要》（永青文库四种），第 5 册，第 505 页。

150.（唐）魏徵等辑：《群书治要》（永青文库四种），第 3 册，第 477 页。

151.（唐）魏徵等辑：《群书治要》（永青文库四种），第 5 册，第 28 页。

152.（唐）魏徵等辑：《群书治要》（永青文库四种），第 5 册，第 548—549 页。

153.（唐）魏徵等辑：《群书治要》（永青文库四种），第 4 册，第 172 页。

154.（唐）魏徵等撰，刘余莉主编：《群书治要译注》，第 2 册，第 481 页。

155.（唐）魏徵等辑：《群书治要》（永青文库四种），第 1 册，第 132 页。

156.（唐）魏徵等辑：《群书治要》（永青文库四种），第 4 册，第 179 页。

157.（唐）魏徵等辑：《群书治要》（永青文库四种），第 4 册，第 185 页。

158.（唐）魏徵等辑：《群书治要》（永青文库四种），第 1 册，第 444 页。

159.（唐）魏徵等辑：《群书治要》（永青文库四种），第 4 册，第 177 页。

160.（唐）魏徵等辑：《群书治要》（永青文库四种），第 5 册，第 40—41 页。

161.（唐）魏徵等辑：《群书治要》（永青文库四种），第 1 册，第 461 页。

162.（唐）魏徵等辑：《群书治要》（永青文库四种），第 1 册，第 481 页。

163.（唐）魏徵等辑：《群书治要》（永青文库四种），第 4 册，第 169—170 页。

164.（唐）魏徵等辑：《群书治要》（永青文库四种），第 4 册，第 476 页。

165.（唐）魏徵等辑：《群书治要》（永青文库四种），第 5 册，第 498 页。

166.（唐）魏徵等辑：《群书治要》（永青文库四种），第 4 册，第 334 页。

167.（唐）魏徵等辑：《群书治要》（永青文库四种），第 2 册，第 438—439 页。

168.（唐）魏徵等辑：《群书治要》（永青文库四种），第 4 册，第 339—340 页。

169.（唐）魏徵等辑：《群书治要》（永青文库四种），第 5 册，第 533 页。

170.（唐）魏徵等辑：《群书治要》（永青文库四种），第 1 册，第 133 页。

171.（唐）魏徵等辑：《群书治要》（永青文库四种），第 1 册，第 130 页。

172.（唐）魏徵等辑：《群书治要》（永青文库四种），第 4 册，第 338 页。

173.（汉）孔安国注，（唐）孔颖达疏，廖名春、陈明整理，吕绍刚审定：《尚书正义》（十三经注疏），第 368 页上。

174.（唐）魏徵等辑：《群书治要》（永青文库四种），第 5 册，第 501 页。

175.（唐）魏徵等辑：《群书治要》（永青文库四种），第 5 册，第 274 页。

176.（唐）魏徵等辑：《群书治要》（永青文库四种），第 5 册，第 247 页。

177.（唐）魏徵等辑：《群书治要》（永青文库四种），第 5 册，第 546—547 页。

178.（唐）魏徵等辑：《群书治要》（永青文库四种），第 4 册，第 252 页。

179.（唐）魏徵等辑：《群书治要》（永青文库四种），第 1 册，第 65 页。

180.（唐）魏徵等辑：《群书治要》（永青文库四种），第 1 册，第 66 页。

181.（唐）魏徵等辑：《群书治要》（永青文库四种），第 1 册，第 540—541 页。

182.（唐）魏徵等辑：《群书治要》（永青文库四种），第 5 册，第 492—493 页。

183.（唐）魏徵等辑：《群书治要》（永青文库四种），第 4 册，第 87 页。

184.（唐）魏徵等辑：《群书治要》（永青文库四种），第 1 册，第 103—104 页。

185.（唐）魏徵等辑：《群书治要》（永青文库四种），第 4 册，第 93—94 页。

186.（唐）魏徵等辑：《群书治要》（永青文库四种），第 1 册，第 103 页。

187.（唐）魏徵等辑：《群书治要》（永青文库四种），第 1 册，第 497 页。

188.（唐）魏徵等辑：《群书治要》（永青文库四种），第 1 册，第 476 页。

189.（唐）魏徵等辑：《群书治要》（永青文库四种），第 1 册，第 507 页。

190.（唐）魏徵等辑：《群书治要》（永青文库四种），第 1 册，第 500 页。

191.（唐）魏徵等辑：《群书治要》（永青文库四种），第 4 册，第 465 页。

192.（唐）魏徵等辑：《群书治要》（永青文库四种），第 1 册，第 500 页。

193.（唐）魏徵等辑：《群书治要》（永青文库四种），第 1 册，第 496 页。

194.（唐）魏徵等辑：《群书治要》（永青文库四种），第 1 册，第 419 页。

195.（唐）魏徵等辑：《群书治要》（永青文库四种），第 5 册，第 502 页。

196.（唐）魏徵等辑：《群书治要》（永青文库四种），第 1 册，第 103 页。

197.（唐）魏徵等辑：《群书治要》（永青文库四种），第 1 册，第 97 页。

198.（唐）魏徵等辑：《群书治要》（永青文库四种），第 4 册，第 193 页。

199.（唐）魏徵等辑：《群书治要》（永青文库四种），第 1 册，第 551 页。

200.（唐）魏徵等辑：《群书治要》（永青文库四种），第 1 册，第 138 页。

201.（唐）魏徵等辑：《群书治要》（永青文库四种），第 2 册，第 423—424 页。

202.（唐）魏徵等辑：《群书治要》（永青文库四种），第 4 册，第 291 页。

203.（唐）魏徵等辑：《群书治要》（永青文库四种），第 4 册，第 294 页。

204.（唐）魏徵等辑：《群书治要》（永青文库四种），第 3 册，第 261—262 页。

205.［唐］魏徵等辑《群书治要》（永青文库四种），第 1 册，第 18 页。

206.［英］塞缪尔·斯迈尔斯著，宋景堂、刘曙光、刘志明译：《品格的力量》，北京图书馆出版社 1999 年版，第 57 页。

207.（唐）魏徵等辑：《群书治要》（永青文库四种），第 1 册，第 51 页。

208.（唐）魏徵等撰，刘余莉主编：《群书治要译注》，第 5 册，第 2181 页。

209.（唐）魏徵等辑：《群书治要》（永青文库四种），第 1 册，第 52 页。

210.（唐）魏徵等辑：《群书治要》（永青文库四种），第 1 册，第 148—149 页。

211.（唐）魏徵等辑：《群书治要》（永青文库四种），第 1 册，第 149 页。

212.（唐）魏徵等辑：《群书治要》（永青文库四种），第 1 册，第 113 页。

213.（汉）孔安国注，（唐）孔颖达疏，廖名春、陈明整理，吕绍刚审定：《尚书正义》（十三经注疏），第 328 页下—329 页上。

214.（唐）魏徵等辑：《群书治要》（永青文库四种），第 1 册，第 436 页。

215.（唐）魏徵等辑：《群书治要》（永青文库四种），第 5 册，第 93 页。

216.（唐）魏徵等辑：《群书治要》（永青文库四种），第 3 册，第 265 页。

217.（唐）魏徵等辑：《群书治要》（永青文库四种），第 5 册，第 330 页。

218.（唐）魏徵等辑：《群书治要》（永青文库四种），第 1 册，第 115 页。

219.（汉）孔安国注，（唐）孔颖达疏，廖名春、陈明整理，吕绍刚审定：《尚书正义》（十三经注疏），第 337 页下。

220.（唐）魏徵等辑：《群书治要》（永青文库四种），第 1 册，第 173 页。

221.（唐）魏徵等辑：《群书治要》（永青文库四种），第 1 册，第 199 页。

222.（唐）魏徵等辑：《群书治要》（永青文库四种），第 1 册，第 200 页。

223.（唐）魏徵等辑：《群书治要》（永青文库四种），第 1 册，第 200 页。

224.（唐）魏徵等辑：《群书治要》（永青文库四种），第 2 册，第 211 页。

225.（唐）魏徵等辑：《群书治要》（永青文库四种），第 5 册，第 388—389 页。

第 三 章

爱民而安　好士而荣

——从道德行为的维度看德福一致

上一章从君臣的道德品质论述了德福一致的关系，本章则从在位者的道德行为的角度进一步阐发德福一致。爱民、尊贤、纳谏是与国家的治乱兴衰关系极为密切的德行，突出体现了德福一致。君主能够爱民、尊贤、纳谏则国家兴盛，反之，则会君主身败、国家危亡。

第一节　爱民

人民是国家的根本。《周易》中就已经出现了以民为本的思想。剥卦《象》曰："山附于地，剥。上以厚下安宅。"[1]高山巍巍耸起地面，却由于下基不厚重牢固而颓下，附着于地，这是圮剥之象。圮剥必然是从根基开始，下剥则上危。为政者通过圮剥之象反思施政，就应当在治理时恩加于百姓，"厚下"以求得"安宅"。《周易禅解》云："山附于地，所谓得乎丘民而为天子也。百姓足，君孰与不足？故厚下乃可安宅，此救剥之妙策也。"[2]《尚书》的"民惟邦本，本固邦宁"[3]是中国民本思想的集中体现。《贾子》亦云："于政，民无不为本也。国以为本，君以为本，吏以为本。"[4]以民为本的执政理念贯穿于整个中国历史。

君主是民众的领导，民众是君主的依靠。《尚书》云："可爱非君，可畏非民，众非元后何戴，后非众罔与守邦。"[5]后，指君主。可爱戴的是君主，可畏惧的是民众。民众以君主作为自己的命运，所以君主值得爱戴。君子失掉了道德，人民会背叛，没有民众，君主与谁守邦国？所以说民众可畏。子曰："民以君为心，君以民为体；心庄则体舒，心肃则容敬。心好之，身必安之；君好之，民必欲之。心以体全，亦以体伤；君以民存，亦以民亡。"6 君民是一体的关系。

一、爱出爱反，福往福来

爱恶为祸福之源。从个人层面讲，《孔子家语·贤君》云："爱人者则人爱之，恶人者则人恶之。"7 爱人，德也；人爱之，福也。恶人，悖德；人恶之，祸也。从国家以及君主对待民众的层面讲，《春秋左氏传下》云："国之兴也，视民如伤，是其福也；其亡也，以民为土芥，是其祸也。"8《管子·形势解》云："人主能安其民，则民事其主，如事其父母。故主有忧则忧之，有难则死之。人主视民如土，则民不为用。主有忧则不忧，有难则不死。故曰：'莫乐之则莫哀之，莫生之则莫死之。'"9 这些都表明爱民能够获得民众爱戴、患难与共，从而国家兴盛，显示了德福一致的关系。

天地之大德曰生，因此，顺应天地之德而爱人利人者，必得福，反之，恶人贼人者，必遭祸。《墨子·法仪》云："然而天何欲何恶也？天必欲人之相爱相利，而不欲人之相恶相贼也。以其兼而爱之，兼而利之也。奚以知天之兼而爱之，兼而利之也？今天下无小大国，皆天之邑也。人无幼长贵贱，皆天之臣也。故曰爱人利人者，天必福之；恶人贼人者，天必祸之。是以天欲人相爱相利，而不欲人相恶相贼也。"10 以前的圣君夏禹、商汤、文王和武王，爱天下的百姓，率众尊崇上天，敬重鬼神，利益众生，所以上天佑护他们，使他们成为天子，天下的诸侯都归顺他们。暴君夏桀、商纣、周幽和周厉，厌恶天下的百姓，率众咒骂上天，侮慢鬼神，残害百姓，所以上天降祸给他们，使他们丧失国家，身遭杀戮，受到天下人和后世子孙的怨恨。所以说，"为不善以得祸者，桀、纣、幽、厉是也。爱人利人以得福者，禹、汤、文、武是也"[11]。

（一）爱民恤民

君有德，爱其民，则民趋附之。《孔子家语·王言》云："上之亲下也，如手足之于腹心；下之亲上也，如幼子之于慈母矣。上下相亲如此，故令则从、施则行。民怀其德，近者悦服，远者来附，政之致也。"[12]能够使近者悦，远者来，百姓感念其恩德，就是治理的最高境界。

周文王就是爱民恤民的典范。《新序》有文王仁及枯骨的故事：文王命人建造灵台，在修建池沼的时候挖出了尸骨。官员禀告文王，文王要求将尸骨改葬。官员认为那是无主的尸骨。文王说："有天下者，天下之主也；有一国者，一国之主也。寡人固其主，又安求主？"于是命令官员备办棺木寿衣，将尸骨改葬。天下的人听到这件事后都说："文王贤矣，泽及朽骨，又况于人乎？"《新序》在故事后评论道，有人得到珍宝，但是给国家带来了灾难；文王得到枯骨，却以此表明他仁爱的诚心，因此天下的人纷纷归附；这就是文王的仁爱之心延及朽骨的表现。正是这种仁爱之心，使得天下归心。因此，《史记》有云："汤以七十里之地王天下，文王以百里之壤而臣诸侯。"[13]

《群书治要》中有诸多关于为政爱民的教诲。爱民就要做到爱民如子。《尚书》云："若保赤子，惟民其康乂。"[14]这是告诫领导者要像保护刚出生的婴孩那样爱护养育人民，不违背他们的愿望，一心想着人民的安康与治理。《文子·微明》云，慈父爱子，并不是期求孩子报恩，而是源于内心的慈爱，这是人固有的天性；圣人养育百姓，并不是为了满足自己所用，而是出于仁爱的本性。

能做到爱民如子，则天下一家，无往而不利。《文子·上义》云："上视下如子，下事上如父；上视下如弟，下视上如兄。上视下如子，必王

四海；下视上如父，必正天下。上视下如弟，即不难为之死；下视上如
兄，即不难为之亡。"15 能王四海、正天下，则能生民；能生民，则能得
民为其死；能得民为其死，则何无不得?

　　爱民如子有几个方面。首先是要与民同甘共苦、同好同恶。《六
韬·文韬》中，太公认为爱民的方式是："利而勿害，成而勿败，生而
勿杀，与而勿夺，乐而勿苦，喜而勿怒。"16 使民众不失去谋生的职业是
利益民众，不耽误农时是成全民众，减省刑罚是生养民众，减少赋税征
收是施与民众，不大肆修建宫室（不过度役使）会使民众安乐，官员清
廉自守而不苛扰民众，就会使民众心生欢喜。反之，使民众失去谋生的
职业是损害民众，错过农时是毁坏民众，乱施刑罚是杀害民众，加重赋
税是侵夺民众，大肆修建宫殿和供游览的楼台而疲劳民力，会使民众困
苦，官员昏聩腐化苛扰民众，会使民众心存怨愤。最后《六韬·文韬》
云："善为国者，御民如父母之爱子，如兄之慈弟也。见之饥寒则为之
哀，见之劳苦则为之悲。"17《六韬·武韬》亦云："与民同利，同病相救，
同情相成，同恶相助，同好相趣，无甲兵而胜，无冲机而攻，无渠堑而
守。利人者天下启之，害人者天下闭之，天下非一人之天下也。"18

　　其次，《尸子·治天下》认为，父母养育儿女，不在有德行勇力，
不在耳目敏捷，也不在智慧过人，疼爱担忧自己的儿女，是希望他们将
来能超过自己，不管是别人利益孩子，还是自己利益孩子，都是一样。
君主仁爱百姓，也是希望百姓都能超过自己，至于是谁能够利益百姓，
并无区别。治理天下也是一样，帝尧就是这样治理天下的。

　　再次，《申鉴·杂言》则认为，爱民如子、爱民如爱己，称不上仁
爱的极致。为解除大旱，商汤在桑林连续四日祈祷；邾文公舍己利民，
迁都于绎；齐景公为解民苦，头顶烈日，祭祀于高阜之上以求雨。这才
称得上是爱民。

　　君主爱民才能得到民众的爱戴，根源在君主身上。《孙卿子·君道》

认为："君者，民之源也。源清则流清，源浊则流浊。故有社稷而不能爱民、不能利民，而求民之亲爱己，不可得也。民不亲不爱而求其为己用、为己死，不可得也。民不为己用、不为己死，而求兵之劲、城之固，不可得也。兵不劲、城不固，而求敌之不至，不可得也。敌至而求无危削、不灭亡，不可得也。故人主欲强固安乐，则莫若反之民；欲附下壹民，则莫若反之政；欲修政美国，则莫若求其人。故君人者，爱民而安，好士而荣，两者无一焉而亡也。"[19] 由此可见，君主爱民是使君主获得显荣、国家安定的先决条件之一。

既然根源在君主身上，就需要君主有修身的功夫。《管子·形势解》云：君主如果温和善良、宽大厚道，民众就会爱戴他；君主如果整齐有序、严肃庄重，民众就会敬畏他。所以，爱戴就会亲近，敬畏就会为他所用。民众亲近又能为君主所用，正是君主所急需的。所以说："且怀且威，则君道备矣。"君主能使民众安乐，民众侍奉君主就会像侍奉自己的父母一样。因此，君主有忧虑，民众就为他分忧；君主有危难，民众就为他效死。倘若君主看待人民如泥土，民众就不愿为其所用。君主有忧虑，民众就不肯为他分忧；君主有危难，民众也不肯为他效死。所以说："莫乐之则莫哀之，莫生之则莫死之。"[20]

《管子·小称》认为，君主能否在有错时反求诸己，在有善行时归功于民，是能否治理百姓的原因。圣明的君王有过错能归过于自身，这样自己就会戒惧；有善行就归功于民众，民众就会欢喜。让民众高兴且自己戒惧，是明君能治理百姓的原因。而桀、纣则反之，有了善行就归功于自己，有了过错就归罪于民众，这就导致自我骄倨，民众怨怒，这就是他们身死国亡的原因。因此作为君主，不能不慎重对待。

君能安民，则君自安；君不能安民，民众也自然不能使君主安定。《孙卿子·富国》云："国得百姓之力者富，得百姓之死者强，得百姓之誉者荣。三得者具，而天下归之；三得者亡，而天下去之。汤、武兴天下同利，除天下同害，政令制度，所以接百姓者，有非理如豪末，必不加焉。故百姓亲之如父母，为之死亡而不偷也。乱世不然，使愚诏智，不肖临贤，生民则致贫隘，使民则甚劳苦，又望百姓为之死，不可得也。孔子曰：'审吾所以适人，人之所以来我也。'"**21** 如何对待别人，就能知道别人会怎样来对待自己。

只有庶人安政才能君子安位。《孙卿子·王制》论述云："君者，舟也。庶人者，水也。水则载舟，水则覆舟。"**22** 人君若要安民，为政者应当做的是："选贤良，举笃敬，兴孝悌，收孤寡，如是，则庶人安政，然后君子安位矣。……故君人者欲安，则莫若平政爱民矣；欲荣，则莫若隆礼敬士矣；欲立功名，则莫若尚贤使能矣。是君人者之大节也。三节者当，则其余莫不当矣。三节者不当，则其余虽曲当，由将无益也。"**23** 由此可见，民众是为政者的基石，民安则君安，民富则国强。

仁君爱民可安社稷，也给自己带来了福祉。《贾子》记载，邹穆公崇尚节俭，饮食不求多样，不着五彩的华服，对自己苛刻，对百姓却很宽厚，爱民如子。因此，臣下顺从君主就像手臂听从心的指挥那样默契。邹国虽小，但鲁、卫这样的大国不敢轻视，齐、楚这样的强国不能威胁。穆公去世时，邹国的百姓像失去慈父一般悲痛，四边邻国的士民都在路边向邹穆公所在的方向哭泣，民众自发不再弹奏，一年后才渐渐恢复琴瑟之音。《贾子》在最后有一句总结，像邹穆公这样的人就是"爱出者爱反，福往者福来"**24**。邹穆公爱护人民，人民也爱护他；他给人们带来福祉，也增添了自己的福分。

（二）利民富民

治国要做到富民。《尚书·洪范》记录了古代国家施政的八个方面，其中第一是"食"，第二是"货"。这两方面是养育人民的根本，自神农氏时就已经兴起。货物流通，粮食充足，才能使国家殷实、人民富足，政教风化也就形成了。殷商和周朝的兴盛，其要务在于安定人民，使百姓富足再教导他们。《汉书二》云:"故《易》称'天地之大德曰生,圣人之大宝曰位,何以守位曰仁,何以聚人曰财'。财者,帝王所以聚人守位,养成群生,治国安人之本也。是以圣王域民,筑城郭以居之,制井庐以均之,开市肆以通之,设庠序以教之。士农工商四民有业,圣王量能授事,四民陈力受职,故朝无废官,邑无傲民,地无旷土。"25《汉书八(补)·谷永传》云:"王者以民为基,民以财为本,财竭则下畔,下畔则上亡。"26 由此可见,富民是治国重要的一环。

百姓富足,君主就会富足。孔子云:"政之急者,莫大乎使民富且寿也。""省力役,薄赋敛,则民富矣。敦礼教,远罪疾,则民寿矣。"27 孔子认为,为政就是要民众富且寿。

当哀公害怕民富会导致国家贫困时,孔子便引用《诗经》"恺悌君子,民之父母"说明,"未有其子富而父母贫者也"28(《孔子家语·贤君》)。《论语·泰伯》记载:"哀公问于有若曰:'年饥,用不足,如之何。'对曰:'盍彻乎。'曰:'二,吾犹不足,如之何其彻也。'对曰:'百姓足,君孰与不足;百姓不足,君孰与足。'"29 彻是周朝什一而税的税法,然而哀公认为什二而税都不够自己享用,何况彻法。有若便说:"百姓富足就是君主富足,倘若百姓贫苦,君主怎能称得上富足呢?"孔子和有若的论述,不仅说明民众富足是君主富足的基础和前提,也说明民众与君主是一体的关系。

为何百姓寿考也与君主有关?鬻子认为,圣人居君位,天下便没有战争,百姓不会私相拼杀,因此百姓免于一死,得一次生机。君王致力于道义,官吏致力于德行,百姓致力于劳役之事,所以妇女织布做衣,男人耕田种粮,百姓没有受冻挨饿的,因此百姓免去二死,得两次生机。君王致力于仁政,官吏致力于爱民,百姓顺从,刑罚废弃不用,百姓没有因犯罪重而被刑杀的,是百姓免去三死,得到三次生机。不在农忙时役使百姓,用度有节,百姓没有灾疫,这是百姓免于四死,得到四次生机。推举贤良，禁用邪曲之人，贤人被重用，不肖之人不被起用，百姓得以保全性命。所以人民能够富足且有寿禄，都是圣王的功绩。

富民，就是要使财富流入民众手中。《周易·益卦》说明了富民的根本方法是"自上下下"。益卦《彖》曰："益，损上益下，民悦无疆。自上下下，其道大光。利有攸往，中正有庆。"**30** 损抑于上、增益于下，民众就会无限喜悦；尊贵者礼贤下士、增益民众，其道必能大放光芒。以中正之道让天下人受益，天下都能获得吉庆。九五刚中居正，能自我损上以增益其下，所以有吉庆之象。以九五中正之位和吉庆的德行，前往任何地方，无论怎样皆是有利的。

首先，"自上下下"要做的是轻徭薄赋。《盐铁论·后刑》云：周公辅助周成王时，百姓生活富裕，安居乐业，国家没有穷人，这并非周公替代百姓去耕种纺织，而是教导百姓治理田地，减轻百姓的税赋，百姓就富裕了。这样对上可侍奉君主与父母，在下则没有饥寒的忧患，教化就可以推行了。《尹文子·圣人》云：百姓所期望于人君的，与贫贱之人对于富贵之人的期望一样。是长幼皆有所养，税赋公平，适时照顾他们的饥寒，体恤他们的疾苦，奖惩有度，劳役不误农时，仅此而已。这些对于人君而言不会有损。但是，百姓的微小的期望得不到满足，是因为人君不与百姓同辛劳、共安乐的缘故！所以，人君不可不与百姓同劳共乐。富贵之人可以不满足贫贱之人的期望，然而人君却不能不满足百姓的期望。不满足百姓的期望，人君就得不到百姓的拥戴；百姓不愿拥戴的人君，君位就会被取代。没有比这更大的危险，没有比这再大的灾祸！

其次，"自上下下"要做到不与民争利。董仲舒云：古代凡被给予俸禄的人，就不靠体力劳动谋生，也不从事工商业，这也是接受了大的好处就不得再谋求小利。已经接受了大的好处，又要谋取小利，上天都不能使其满足，何况是人呢！这就是人民怨声载道、愁苦衣食不足的原因。倘若有俸禄者与民争利，就会是富者更富贫者更贫，人们对生活感到无望，就会不乐生，民不乐生，尚不避死，就不会惧怕犯罪，这就是刑罚繁多但奸邪仍不能制止的原因。

《史记》记载，鲁国宰相公仪休，要求食禄者不得与下民争利，受大者不得取小，规定享受朝廷俸禄的官员不能与百姓争利益，既然已受朝廷大恩，眼中就不能盯着小利。他觉得自家种的蔬菜味道鲜美，便把自家菜园里的蔬菜都拔掉；看到家中织出的布匹质地上乘，也把家里的织女送了出去，并烧掉织布机，说："这让那些农夫、织女们去哪里卖出他们的货物呢？"公仪休这样做，就是出于一片爱民利民之心。为政者如不能遏制贪心，就会导致与民争利，必将招致民怨，甚至导致灭亡。《易》云"负且乘，致寇至"，说的就是这个道理。

最后，"自上下下"还要做到让利于民。《新序》记载，邹穆公命令喂养野鸭大雁要用秕谷而不能用粟米。等粮仓里的秕谷用完了，就派人到民间用两石粟米换一石秕谷。官吏觉得这样太浪费，就请示说直接用粟米去喂养更划算。邹穆公回答："你说得不对。百姓是光着脊背辛勤地耕作，才种植出这些粟米，难道是为了喂养这些鸟兽吗？粟米是上等人的食物，怎么能用来养鸟？你只知道算小账，却不知道算大账。周朝有一个谚语，叫'囊漏贮中'，是说盛粮食的口袋漏了，但粮食还是漏在更大的容器里。君主是百姓的父母，把粮仓里的粟米转移到百姓家中，难道就不是国家的粟米了吗？让鸟吃这些秕谷，为的是不伤害我们国家的粟米。粟米在我们仓库里还是在人民那里，对我来说有什么区别？"邹国的百姓听说之后，都知道了"私积"与"公家"是一体的。这就是"富邦"。正是因为邹穆公有爱民如子的心，才能出此政策，在藏富于民的同时，教育了官员。

富民包含个人财富的增长以及对社会共同富裕的追求。孔子深知，对于大部分普通人而言，"贫而无怨难，富而无骄易"，因此主张使民众都能过上富裕的生活。只有解决了温饱问题，民众才能内心安定，追求更高的道德精神生活。"子曰：'富而可求也，虽执鞭之士，吾亦为之。如不可求，从吾所好。'"（《论语·述而》）通过正当方式实现个人财富的增长是值得提倡的事。但若仅仅追求个人富裕，忽略社会发展的整体性、公平性和协调性，就会引发社会问题。孔子主张"不患寡而患不均，不患贫而患不安"的财富分配理论，提出"独贵独富，君子耻之"，要有博大的胸怀，追求人民共同福祉，实现共同富裕，这样才能实现社会的协调发展和长期稳定。

民贫而君富，就会导致君主国家危殆。而且财富越集中在上层，国家就越危险。《孙卿子·王制》云："王者富民，霸者富士，仅存之国富大夫，亡国富筐箧，实府库。筐箧已富，府库已实，而百姓贫，夫是之谓上溢而下漏，入不可以守，出不可以战，则倾覆灭亡，可立而待也。故我聚之以亡，敌得之以强，聚敛者，召寇肥敌，亡国危身之道也。故明君不蹈也。"[31]《尉缭子·战威》亦云："王国富民，霸国富士，仅存之国富大夫，亡国富仓府。是谓上溢而下漏，故患无所救。"[32] 这是因为，"鸟穷则噣，兽穷则攫，人穷则诈，马穷则逸。自古及今，未有穷其下而能无危者也。"（《孔子家语·颜回》）[33]

《史记上·世家》记载，秦二世比秦始皇更加暴虐无道，重新修建阿房宫，刑罚更加繁多，杀戮更加严酷，征税敛财没有节度，天下事务繁多，百姓陷入穷困。于是奸伪群起，上下互相欺骗，蒙受罪罚的人很多，天下都陷入了苦难。公卿以至于百姓，人人自危，不能安分守己，就容易动乱。因此陈涉不需要像商汤、周武王那样贤明，不需凭借公侯的尊贵，在大泽乡振臂一呼而天下响应，其原因就在于人民正处于危难之中。所以古代圣君能洞察事物从始至终的演变规律，知道生存与灭亡的关键，因此治理人民的方法，要务是使人心安定。这样，天下即使有叛逆的臣子，也必然无人响应帮助。所以说"安民可与行义，而危民易与为非"，说的就是这种情况。秦二世贵为天子，拥有天下，自身却不能免于杀戮，就在于正邪颠倒，这是二世的错误。这段论述详细阐述了秦二世因不能安民而败亡社稷的原因。

农业是国家的本业，富民的一个重要举措是注重农桑。《管子·治国》云："先王者善为民除害兴利，故天下之民归之。所谓兴利者，利农事也。所谓除害者，禁害农事也。"[34]国家富裕，百姓就会安于乡土重视家庭。百姓贫困，就会轻视家庭，容易离开故土。百姓容易离去，政令就难以执行，禁止之事不能必止，作战不能必胜，防守不能必固，这样的君主就被称为"寄生之君"。这都是由于不实行利农政策、缺少粮食造成的危害。因此管子云："粟者，王者之本事也，人主之大务，治国之道也。"[35]

粮食是民众的命脉。《论语·尧曰》云："所重：民、食、丧、祭。"[36]《群书治要》夹注引用孔安国注："重民，国之本也。重食，民之命也。重丧，所以尽哀也。重祭，所以致敬也。"[37]如果国家粮食的储量和质量安全受到威胁，则必为国之大患。

国家有所积蓄才能备不时之需，这是自古以来的教诲。《礼记·王制》云："国无九年之蓄曰不足，无六年之蓄曰急，无三年之蓄曰国非其国也。三年耕，必有一年之食；九年耕，必有三年之食；以三十年之通，虽有凶旱水溢，民无菜色，然后天子食日举以乐。"[38]

人常言"民以食为天"。无蓄，何以养民？《汉书二》详细分析了为什么要积蓄粮食。孔子曰："导千乘之国，敬事而信，节用而爱人，使民以时。"因此，人民都努力地建功立业，愉快地从事自己的本业，先公家而后自身。耕种三年，就能积蓄一年的余粮。衣食丰足了，人们才懂得荣辱；清廉逊让的风气形成，相争诉讼就会平息。能有三年的粮食储备，各项事业都有所发展，就称为登，两次登（有余六年粮）就称为平，三次登（有余九年粮）就是泰平，然后君王的德泽就会遍及天下，礼乐的教化也就达成了。

重农、重教是国家太平的两大基础。《潜夫论·务本》云："凡为治之大体，莫善于抑末而务本，莫不善于离本而饰末。夫为国者，以富民为本，以正学为基。民富乃可教，学正乃得义；民贫则背善，学淫则诈伪。人学则不乱，得义则忠孝。故明君之法，务此二者，以为太平基也。"**39**

《潜夫论·务本》进而分析了重农与教化的关系：要使百姓富裕，就要以农耕与蚕桑为本，以商业为末；各种工匠要以实用为本，以精巧装饰为末；经商者要以流通商货为本，以出售稀有货物为末。这三类人若能守住根本而舍弃末节，百姓就会富裕；背离根本而固守末节，百姓就会贫穷。贫穷使人困厄进而背弃善行，富裕使人安乐进而可以教化。教育训导当以道义为本，以巧言善辩为末；言辞当以诚实通达为本，以奇异华丽为末；有涵养有德行的人当以孝顺父母、敬爱兄长为本，以交际游玩为末；孝顺父母、敬爱兄长，当以孝养亲老为本，以浮华炫耀为末；为人臣者当以忠诚正直为本，以谄媚取悦为末。这五方面，能守住根本而舍弃末节，仁义就会兴起；背离根本而固守末节，道德就会败坏。因此，谨慎对待根本而减省末节尚还可以，若舍弃根本而致力于枝末就会坏事。

《潜夫论·务本》最后分析了重农抑商才能富民的原因：利用自然规律，根据土地的优劣进行耕种，六畜按时繁殖，万物从田野中收获，这是国家富强的根本。商业和手工业等收取百姓利益的末业，是国家贫困的根源。忠信谨慎是道德仁义的基础，虚妄奸诈是败坏道德的根源。所以勤于农事才能使国家富足。如今百姓放弃农耕蚕桑而去从事工商业，从众人之处广取利润，聚集于自己一家，虽然对于私人家庭可以致富，然而国家的财政却越来越贫乏。各类工匠是要完备人们所需的各种器具，器物以方便使用为好，以牢固耐用为上。如今的工匠喜欢制造华而不实的器物，虚浮巧妙地装饰，以此来欺骗百姓，赚取财利。这虽然对狡黠的工匠有利，但国家的经济却越来越困难。商人是用来流通货物的，货物以实用为紧要，以牢固为本质。如今他们争相出售没有实际用途的货物、奢侈的丝绸，以迷惑百姓，骗取财产。这虽然对于以淫侈无益的货物牟利的商人来说有所收获，然而国家的财富就会更加流失。这三种情况，表面上虽有勤劳富家的个人名声，但内里却有损害百姓、导致国家贫困的事实。因此执政者应严明监督工匠与商人，使他们不去做浮华巧伪之事；限制工商业，不使他们独占利益。宽待务农之人，尊崇有才学之士，使他们荣显，这样百姓就会富足，国家就能太平了。

仓廪实而知礼节，衣食足而知荣辱。富民，才能使民众易于教化。《管子·治国》云："凡治国之道，必先富民，民富则易治也。民贫必难治。奚以知其然也？民富则安乡重家，安乡重家则敬上畏罪，敬上畏罪则易治也。民贫则危乡轻家，危乡轻家则敢凌上犯禁，凌上犯禁则难治也。故曰：'治国常富而乱国必贫。'是以善为国者，必先富民，然后治之。"[40]

民贫则难教。这是因为，"民不畏死，不可惧以罪；民不乐生，不可劝以善。虽使鬲布五教，咎繇作士，政不行焉。"（《申鉴·政体》）[41]所以，在上位之人首先要使百姓富裕起来，使其内心安稳。帝王要耕种自己的土地，皇后要采摘桑叶去蚕房喂蚕，这样国家就没有无业的游民，田野也没有荒废的土地。官吏不会浪费财富，也不会滥用民力，周全考虑百姓的生计。这是所谓的养生。

（三）重民听民

古人重民，是因为民存则社稷存，人亡则社稷亡。《申鉴·杂言》云："人主承天命以养民者也，民存则社稷存，人亡则社稷亡。故重民者，所以重社稷而承天命也。"[42]

重民的一个重要表现就是注重听取民众的劝谏和建议。《尚书》云：

"人无于水鉴,当于民鉴。"**43** 通过水可以观察自己,通过民众行事可以知晓自己教化如何,进而知道吉凶祸福。古圣贤王都明白这个道理,因而非常重视民众的意见,并且设立了各种使民情上达的制度。《汉书五》云:"古者圣王之制,史在前书过失,工诵箴谏,庶人谤于道,商旅议于市,然后君得闻其过失也。闻其过失而改之,见义而从之,所以永有天下也。"**44** 民众可以在道路上评论时事,商旅之人在市场上可以议论朝政,使国君能听到过失,见义则从,加以修正。这些规谏制度都是为了使民情上达,民心安定。只有君主能听到民众的意见,民众才能心安。《潜夫论》云:"治国之道,劝之使谏,宣之使言,然后君明察而治情通矣。"**45**

《左传·襄公三十一年》记载了子产不毁乡校的故事。**46** 郑国人经常聚众闲游于乡校,评论时政得失。子产说,人们早晚劳作归来,在这里聚会交流,借机议论执政者施政的好坏。"其所善者,吾则行之,其所恶者,吾则改之,是吾师也,若之何毁之? 我闻忠善以损怨,不闻作威以防怨。"**47** 人们所赞赏的,认为好的施政纲领,我们就推行。人们所厌恶的施政措施我们就改善,他们是我们的老师。既然如此,为什么要毁了它呢? 我听说过尽力为善能够减少怨恨,却没有听说过倚仗威势能够防止怨恨的。靠威势制止怨言,就像防堵洪水一样,一旦堤防决口,伤害的人就会很多,我将不能挽救。不如把河开一个小口来疏导水流,让我听到怨言,并把它作为治病的良药。所以执政者要让民众有合适的渠道,充分表达自己的意愿,使民情上达,从人民表达的意愿之中,为政者能够看到政治的得失,国君也能够听到他自己的过失。孔子听到这些议论后说,从这里看,人们说子产不仁,我不相信。

古人之所以重视听取民众的意见,是因为从某种程度上而言,从民众的反应可以看出政事办理得如何。《左传·襄公三十年》记载,子产执政一年,众人诵道:"把我的衣帽藏起来,对我的耕地征收田税。谁去杀子产，我愿意帮忙。"到了第三年，众人又诵道："我有子弟，子产来教诲；我有田地，子产使之增产。子产如果死了，谁能继承他？"**48** 子产所实行的政事合理恰当，富民、教民、听民富有成效，郑国治理得井井有条。

相反，倘若阻塞民众之口，就会引来如溃坝般的危险。《史记上》中记载有厉王止谤的故事。周厉王的行为残暴凶虐，奢侈傲慢，国人公开谈论厉王的过失。召公劝谏说："人民已经忍受不了了！"厉王发怒，寻得卫国巫师，监视毁谤自己的人，发现了就报告，然后杀掉。于是公开谈论的人少了，诸侯也不来朝见了。厉王更加严苛，国人都不敢开口说话，路上只能互相以目示意。厉王扬扬得意，告诉召公说，我能止息谤言了，他们都不敢说话了。召公说："是鄣之也。防民之口，甚于防水；水壅而溃，伤人必多。民亦如之。是故为水者，决之使导；为民者，宣之使言。"**49**意思是，百姓的心声、国家政事的善恶都从民众口中彰显。堵塞百姓之口，并非长久之道。可惜，厉王不听劝阻。过了三年，国人叛乱，袭击厉王，厉王逃到彘地。后来，周宣王登位，整顿政事，效法文武成康的遗风，诸侯才重新以周王室为尊。

二、民心所向，天命归之

《周书·芮良夫解》云："天子惟民父母，致厥道，无远不服；无道，左右臣妾乃违。民归于德，'德则民戴，否德民仇。'兹允效于前，斯不远。商纣弗改夏桀之虐，肆我有周有家。"**50**百姓总是归附有德之人。有德则百姓拥戴，无德则百姓仇恨。子曰："为政以德，譬如北辰，居其所而众星共之。"(《论语·为政》) **51** 有德者无为，就好像北辰并未移动，但是周围众星都围绕北辰而分布归附，有德者是自然而然之事。

(一) 常德保位，民归一德
中国古代有着独特的天命观。天命不是永恒不变的，得天命就会得天下，失天命就会失天下。得天命，乃指德行能与上天相配，即以德配天。《大学》云："道善则得之，不善则失之矣。"说明天命之所归在于人之善恶，行善则得天命，不善则失天命。这里的"善"，归根结底是"德"。

德与天命直接相关。《尚书》云："天难忱，命靡常，常厥德，保厥位。厥德匪常，九有以亡。"[52]"非天私我有商，惟天祐于一德；非商求于下民，惟民归于一德。德惟一，动罔弗吉；德二三，动罔弗凶。惟吉凶不僭在人，惟天降灾祥在德。"[53]

《大学》开篇云："大学之道，在明明德，在亲民，在止于至善。""大学"是大人之学（大人指圣人），是教人觉悟的学问，是士君子的修己治人之道。"明德亲民，止于至善"是古人修身治国的总目标。圣王根据明德治国，自己彰明性德，也教导百姓明明德，开发出良知良能，即为"善"，如此则能常保天命。因此，天命的核心是明德。

古人将"天"与"民"相连，将"天命"与"民心"相连。《尚书》云："天视自我民视，天听自我民听。"[54]"天聪明，自我民聪明；天明畏，自我民明威。达于上下，敬哉有土。"[55]

民心向背关系到国家的兴衰成败和生死存亡。天命无常，全在人心向背。"人心所向，天命可知。"（《清史稿·宣统皇帝纪》）[56]"道得众则得国，失众则失国。是故君子先慎乎德。"（《大学》）

民众都倾向归附有德之君治理的国家。《尚书》云："皇天无亲，惟德是辅。民心无常，惟惠之怀。"[57]天之于人，无有亲疏，惟有德者则辅佐之；民心于上无有常主，惟爱己者则归往之。《吕氏春秋·去私》云："民无常处，见利之聚，无利之去。欲为天子，民之所走，不可不察。"[58]

可见，得民心者得天下。《说苑·尊贤》云："国不务大而务得民心，佐不务多而务得贤俊。得民心者民往之，有贤佐者士归之。文王请除炮烙之刑而殷民从，汤去张网之三面而夏民从，以其所为顺于民心也。"**59**
《论语·尧曰》云："兴灭国，继绝世，举逸民，天下之民归心焉。"**60** 兴
起已灭的诸侯之国，为已绝祀的贤卿大夫立后，举用隐居的才行超逸之
民，如此，天下的民心自然来归。

那么，如何赢得民心？《大学》云："民之所好好之，民之所恶恶之，
此之谓民之父母。"**61** 国君治天下，必须以民众之所好恶而为好恶，不可
以个人主观好恶为转移。《大学》又云："好人之所恶，恶人之所好，是
谓拂人之性，灾必逮夫身。"**62** 这里的"人"指君子而言。君子所恶的是
凶恶之事，所好的是仁义善道。好善恶恶乃人之本性，是人之共性，现
在却爱好凶恶，不好仁义，这就是违背人之本性，灾祸也会随之而来。
因此，根据民众的好恶而好恶，不仅是满足于衣食住行，也不应追求穷
奢极欲的物质享受，而是有更高的精神和思想境界。换言之，"民之好
恶"是指合于性德则好之，有悖性德则恶之。而"性德"就是源自"道"
的德行，民之好恶要有"道"或者"性德"作为规范或标准。赢得民心
就是要在此规范或标准之下做到顺应民之好恶。

《大学》云："唯仁人为能爱人，能恶人。"为何只有仁人才能爱人、
恶人？《大学直指》云："唯仁人无爱无恶，亦唯仁人能爱能恶。仁是性
体，无爱无恶是性量，能爱能恶是性具。"**63** 仁人之心，至公无私，如明
镜照物，不会因美丑之象而生邪曲偏私，故能得好恶之正。性体、性
量、性具，即本体之体、相、用。仁乃人之本性，正因为作为"仁"的
本体无爱无恶，才能在启用时能爱能恶。这个"本体"就是自性，就是
明德。因此"仁人"就是得道的圣人，圣人不会违背性德而去随顺悖德
悖礼之事。违背了人性，便是不仁，不仁便不可为人，也就必然会失去
人心，进而失去天命，其结果是丧家败国，灾害必及于身。

《尚书》中有关民心的论述，也可以作同样的理解。《尚书·蔡仲之
命》云："皇天无亲，惟德是辅。民心无常，惟惠之怀。为善弗同，同

归于治；为恶弗同，同归于乱。"**64**"皇天"是"天道"的代名词，天道本身无有亲疏，也就是"无爱无恶"，"惟德是辅"就是"能爱能恶"，就是"如好好色"，就是"民之所好好之"，就是"能爱人，能恶人"。"民心无常，惟惠之怀"与"天命不惟常！道善则得之，不善则失之"含义相同，"民心"即"天命"，"惟惠之怀"即"善则得之"，"为善弗同，同归于治；为恶弗同，同归于乱"，即"好人之所恶，恶人之所好，是谓拂人之性，灾必逮夫身"。

由此可见，民心即"道"，"民之所好好之，民之所恶恶之"即"行道"。违背道，就会失去民心。道为德之体，德为道之用。行道，即以明德治国。"天命""明德""民心"，都是"道"的不同表达方式。以民为本是以人之自性为根本、以道为根本。以天命明德为旨归的民心政治，就是依道治国。

合于道义、民众支持，这两者是建立功业的前提。《晏子·问上》记载，景公问晏子谋必得、事必成的方法。晏子对景公说："谋划与道义相合的就能实现，办事顺民心的就能成功。违反道义来谋划，违背民意来行事，从未听过能长久。以前，夏商周三代兴盛之时，谋划必定考虑是否符合道义，做事必会依照人民的意愿。到他们衰败的时候，谋划违背道义，办事伤害百姓。所以符合道义、依照民意，是谋必得、事必成的正确方法。"正因如此，古代明君都会依循道义谋划，会依照民心行事。依照民心，也要顺应其善意，防止其邪念。《文子·下德》云："顺其善意，防其邪心，与民同出一道，即民性可善，风俗可美矣。"**65**

治民重在治民心，而非治民事，要导人之性情入于正道。《潜夫论·德化》云：君主治理国家，最重大的莫过于道义，最盛隆的莫过于德行，最美好的莫过于教导，最神妙的莫过于化育。道义是用来护持国家的，德行是用来涵养万民的，教导是用来使百姓觉悟的，化育是用来使四方归顺的。人有本性，有情感，有风化，有习俗。本性情感，是心性、根本；风化习俗，是行为、枝末。圣明的君主治理国家，先注重根本，后治理枝末，顺应百姓的心理而规范他们的行为。心理、情感如果端正，奸恶的行为就无从生起，邪恶的念头也就不会萌生。因此，圣明的君主不致力于管民事，而致力于治民心。所以孔子说："听讼，吾由人也。必也使无讼乎。"用道德来引导百姓，用礼义来规范百姓，人民彼此亲爱，就不会有互相伤害的想法；行事想到道义，就不会有奸诈邪恶的念头。这种状况，不是法律所能支配，也不是严刑所能强迫，而是教化所成就的。

（二）离心离德，民乃离散

不得民心而仅有称号的君主，定会丧失天下。《文子·下德》云，所谓得天下，并非指君主践祚、享有尊号，而是指能调动民心，获得天下力量的支持。只有君王的称号却得不到人心，这是丧失天下的君王。所以夏桀和商纣不算君王，商汤、周武也不算弑逆。天下有道时，为君主防卫的是边地的部族；天下无道时，为君主防卫的是身边的近臣。所以说，不要寄希望于别人不会侵犯我，要依赖自己具有不可侵犯的条件。实施易遭人侵夺的治国之道，却又反对篡逆的行为，无益于保有天下。《贾子·大政》云："纣自谓天王也，而桀自谓天子也。已灭之后，民以骂也。以此观之，则位不足以为尊，而号不足以为荣矣。"**66**

无德的君主就会遭到民众的唾弃。《毛诗·硕鼠》斥责国君横征暴敛云："硕鼠硕鼠，无食我黍。三岁贯汝，莫我肯顾。逝将去汝，适彼乐土。"**67**。君主贪婪无度、横征暴敛，收取苛捐重税、蚕食百姓，不修养德行来整顿政令，不眷顾民众，使得百姓畏惧。百姓痛恨君王，认为君主就像危害百姓的大老鼠，因此要离他而去，投奔可以安居乐业的有德之国。

无德的君主不仅会遭到百姓的唾弃，甚至还会遭到百姓的抛弃。《春秋左氏传中》记载，卫国人赶走了他们的国君，晋侯认为这太过分了。

师旷回答说："或许是他们的国君过分了。良君养民如子，盖之如天，容之如地，民奉其君，爱之如父母，仰之如日月，敬之如神明，畏之如雷霆，其可出乎！国君，是祭祀神灵的主祭人，是民众的希望。如果国君使百姓生计困难，缺乏对神灵的祭祀，则百姓绝望，国家无人治理，要国君有什么用呢？不赶走他做什么？"

历史上亡国之君、衰世之主，无不是贪图自身享乐而不顾百姓死活。《六韬·犬韬》记载，武王伐纣时，因天下认为纣强大而周弱小，因而心生畏惧。太公对武王说："所谓大者，尽得天下之民；所谓众者，尽得天下之众；所谓强者，尽用天下之力；所谓安者，能得天下之所欲；所谓天子者，使天下相爱如父子，此之谓天子。今日之事，为天下除残去贼也。周虽细，曾残贼一人之不当乎？"[68] 所谓残贼，太公说，搜刮天下的珠玉美女、金钱彩帛、狗马粮食归己所有，私藏无休止，叫作残。网罗凶狠暴虐的官吏，残杀天下的百姓，没有尊卑贵贱之分，不遵循法令制度，叫作贼。残贼之人倒行逆施达到一定程度，就会导致自身和国家败亡。因为《周书》云："夫后除民害，不惟民害；害民乃非后，惟其仇。民至亿兆，后一而已，寡弗敌众，后其殆哉。"[69] 如果君主祸害百姓，就不再是百姓的君王，而是百姓的仇敌。百姓人数众多，君主岂能不危险。

《春秋左氏传下》记载，鲁昭公三年（前 539 年），齐景公派晏子到晋国去。叔向问晏子齐国近况。晏子说："已是末代了，齐国恐将为陈氏所有了！国君不抚恤民众，使他们都归心于陈氏。国君的积蓄腐朽而生出蛀虫，而三老之人却受冻挨饿。国家的各个市场上，鞋子便宜而假肢昂贵。百姓有痛苦疾病时，陈氏对他们体恤抚慰。陈氏爱护民众如同父母关爱子女，民众归附陈氏就像流水一样，不让陈氏得民心，又怎能避免呢？"叔向也感慨地说："是的。即使是我们晋国的公室，现在也到了末世。民众疲劳困敝，而公室却日益奢华。道路上饿死的人接二连三，而受君王宠爱之人的家中，财富却尤其充足。民众听到国君的命令如同躲避仇敌一般。政令出于大夫之家，民众无所依靠。公室的衰微，何曾如此？谗鼎上的铭文说："即使每天早起，勤奋以取得显赫的声名，后代子孙还是会懈怠。"何况天天不知悔改，他能长久吗？晋国的公族没有希望了。我听说，公室将要衰微，它的宗族就像大树上的枝叶一样，会先行凋落，公室也将随之衰落。"

《新语·至德》记载，鲁庄公在一年之中，用春、夏、秋三个季节大兴土木劳役，规定了山林湖泽的利税，与老百姓争夺耕种捕捞、打柴采摘的资源。其建筑雕梁画栋，华丽精美令人目眩。征收百姓百分之二十的重税，还不能满足其欲望。修缮毫无用处的玩好，以取悦嫔妃。国家的资财于骄奢淫逸中穷竭，民力消耗在不急之务上。国家困于财用，百姓衣食窘迫。于是被齐、卫、陈、宋诸国讨伐，贤臣出逃，奸臣乱权，儿子子般被杀，鲁国陷入危亡。鲁庄公昏庸奢侈，欺凌百姓以满足自身的享受，最终也付出了代价。

因此，《吴志下·陆凯传》总结得好："有道之君，以乐乐民；无道之君，以乐乐身。乐民者，其乐弥长；乐身者，不久而亡。夫民者，国之根也。诚宜重其食，爱其命，民安则君安，民乐则君乐。"[70]与民同乐才能获得长久的安定。三代兴国之君，与天下之民同忧乐。而无道之君，凌天下之民，而独乐其身，最后亡国。与民同乐者，其乐长；独乐其身者，不久而亡。

晏子讲述了造成百姓离散乃至丧失国家的君主的常行："国家贫困却好大喜功，才智匮乏却独断专行；重视谗佞谄谀之人而轻视贤德之人，喜欢傲慢轻浮却不重视百姓；国家没有固定的法律，民众没有可遵循的纲纪；以能言善辩者为智慧，将刻薄对待百姓者看作忠臣；沉湎于饮酒作乐而忘记国家大事，喜好用兵而忘记民众疾苦；严急于惩罚诛杀而轻慢于奖励赏赐，以他人的哀伤为乐，趁人危难而索利；恩德不足以让人怀念，政令不足以帮助百姓；赏赐不足以鼓励人，刑罚不足以防止人作奸犯科：这些是导致国家灭亡的行为。如今民众听到君主的命令，就如同遇见盗匪仇敌一样，这就是历代造成百姓流离失散、丧失其国家之人的一贯行为。"

汉哀帝时期的谏议大夫鲍宣曾上疏陈述民众有七亡七死。鲍宣云："七种导致百姓离散的原因是：阴阳不调和，使气候变异导致水旱成灾，是其一；官府加重戍边徭役和税赋，是其二；贪官污吏假公济私，榨取人民不止，是其三；豪强大姓蚕食人民无有餍足，是其四；苛刻的官吏滥派徭役，耽误农时，是其五；部落争斗，导致男女参战，是其六；盗贼掠夺百姓财物，是其七。这七种情况还不算厉害，更有七种致死的情况：被酷吏打死，是其一；审理狱案极为苛刻，是其二；冤枉诬陷无罪之人，是其三；盗贼横行于世，是其四；因怨仇而互相残杀，是其五；连年受灾歉收、百姓饥饿，是其六；季节性疾病、瘟疫，是其七。百姓有这七种损失，而没有丝毫获得，还想指望国家安定，的确很难；百姓有七种致死，而没有一条生路，还想指望刑罚搁置不用，也的确很难。"这七亡七死无不是由于为政者失德造成的。

三、德教普施，国泰民安

《礼记·学记》云："建国君民，教学为先。"建立一个国家，领导一国的人民，教育是最重要的事情。《管子》云："一年之计，莫如树谷；十年之计，莫如树木；终身之计，莫如树人。"[71] 这是在强调立德树人的重要性。人君欲真正亲民，根本在明明德。自明其自性明德，进而教民化民，自觉觉他，是真爱民。

《论语·子路》记载："子适卫，冉子仆。子曰：'庶矣哉！'冉有曰：'既庶矣，又何加焉？'曰：'富之。'曰：'既富矣，又何加焉？'曰：'教之。'"[72] 孔子将社会发展分为"庶之""富之""教之"三个面向。当一个国家具备一定的发展基础，使人民物质生活得到满足后，应当进行全面的教育，使人民在精神生活上也得到相应提高。同时，精神境界的提高，反过来也会促进物质生活的健康发展，促使个体及全社会的共同进步与持续发展。三者将人类自然生命的生长和道德生命的生发融为一体，推动社会不断发展，成为平衡和谐、生生不息的社会体系。

（一）上行下效，风行草偃

君主的德行对民众的言行会产生重大影响。《尚书》云："尔惟风，下民惟草。"[73]《论语·颜渊》云："君子之德，风也；小人之德，草也。草上之风，必偃。"[74]民众会遵从上位之人的言行而改变，就好像草顺着风吹的方向倒下一样，因此，君主的德行言语不可不谨慎，因为他们是民众的表率。

在下位者侍奉在上位者，不是看他们怎么说，而是看他们怎么做。孔子云："下之事上也。不从其所令，而从其所行。上好是物，下必有甚矣。故上之所好恶，不可不慎也。是民之表也。"[75]《大学》云："尧舜率天下以仁，而民从之；桀纣率天下以暴，而民从之。其所令反其所好，而民不从。"[76]例如，君主好财货而禁止民众贪图财利，是做不到的。《论语·泰伯》记载，鲁国多盗贼，季康子为此而忧虑，问孔子怎么办。孔子说："如果你没有贪欲，即使奖赏他们，他们也不会盗窃。"这就是说上行下效，在下位者不是服从在上位者的命令，而是顺从在上位者的喜好。如果在上位者行盗窃之事，想要在民间禁止盗窃之风，这是办不到的。相反，倘若贤德之人在位，民众也会向善好德。

鲁宣公十六年（前593年），晋景公任命士会统率中军并兼任太傅，于是晋国的盗贼都逃到秦国去了。大夫羊舌职说："我听说，'禹举用有德行的人，不善的人就会远离'说的就是这种情况。有德行的人处于上位，国内就没有心存侥幸的人。俗话说：'如果民众多存侥幸心理，将是国家的不幸。'说的就是没有德行的人在上位执政呀！"人君为政，莫过于得到贤人。得到贤人，则天下教化于其俗；有大德行，则天下顺从其政。

为什么说民众心存侥幸将是国家的不幸呢？子曰："导之以政，齐之以刑，民免而无耻；导之以德，齐之以礼，有耻且格。"（《论语·为政》）**77** 人们因为惧怕刑法的处罚免于作恶，但是没有羞耻心，甚至还以作恶后能想方设法地免于刑法的处罚而沾沾自喜，自以为聪明。这就是社会风俗的败坏，人人如此，就会引起国家的混乱。反之，倘若能用道德来引导，用礼义来规范，民众就会生起廉耻之心，进而回归人之正道。因此，孔子曰："以道导之，则吾畜也。不以道导之，则吾仇也。"**78**

人君善，则国安而民治。《大学》云："上老老而民兴孝，上长长而民兴悌，上恤孤而民不背。""一家仁，一国兴仁；一家让，一国兴让。"人君邪，则国危而民困。《文子》云："人君好勇，而国家多难；人君好色，而国多昏乱。"**79** 无论是正面还是反面，都说明了在上位者身教的影响。这就是《诗经》所说的"尔之教矣，民胥效矣"**80**。

君主对民众的影响，也会借由官吏施加。君主影响官吏，官吏影响民众。《贾子·大政》云："君能为善，则吏必能为善矣；吏能为善，则民必能为善矣。故民之不善，吏之罪也；吏之不善，君之过也。呜呼！戒之戒之！"**81**《潜夫论·德化》云："遭良吏则皆怀忠信而履仁厚，遇恶吏则皆怀奸邪而行浅薄；忠厚积则致太平，奸薄积则致危亡。"**82** 通过影响官吏和民众，君主的德行会影响社会风俗，进而对国家的治乱安危有着重大的影响。

上有所好，下必甚焉，这是自古就有的风气。下面历史中的笑话也是在告诫为政者勿恣意妄为。《后汉书一》云："吴王好剑客，百姓多瘢疮。楚王好细腰，宫中多饿死。"**83**"城中好高髻，四方高一尺；城中好广眉，四方且半额；城中好大袖，四方用匹帛。"**84**《尹文子·大道》云："齐桓好衣紫，合境不鬻异彩；楚庄爱细腰，一国皆有饥色。"**85**《淮南子·说山》云："上求材，臣残木；上求鱼，臣干谷；上求楫，而下致船；上言若丝，下言若纶；上有一善，下有二誉；上有三衰，下有九杀。"[86]《尸子·处道》更深刻指出："上何好而民不从？昔者，勾践好勇而民轻死，灵王好细腰而民多饿。夫死与饿，民之所恶也。君诚好之，百姓自然。而况仁义乎？"[87]死与饿这种民众厌恶的事情，只要能满足在上位者的喜好，民众都愿意去做，更何况是仁义这种本身就是出自人的自性中的事情呢？换言之，这些是人之为人自然喜欢做的事情，只要君主能倡导仁义而为之，则百姓更会欢喜跟从。

从古至今，时而政治清明、民风淳厚，时而政治昏暗、民风浇薄，但是，民众还是那些民众，改变的是为政者，这就说明，为政者是影响民众的主导因素。《申鉴·时事》分析了三皇时期的民众与秦朝民众表现不同的原因。有人问，三皇时期的百姓非常敦厚，政治非常清明，是天生如此吗？答曰：三皇之民诚实厚道，秦朝之民品行低劣，是由于所处的时代不同；山民淳朴，市井小民轻浮，是由于所处的环境不同。夏桀、商纣时，百姓还是原来的百姓，但天下大乱；商汤、周武时，百姓依旧是原来的百姓，却天下大治。这源于治国之道不同。三皇时，百姓敦厚，私欲较少，治世纯正，政治清明。这是因为，君王随顺天性，不奢求无益之物，不积蓄珍奇之货，节制华丽的服饰，遏止追名逐利之路，那么民俗就会清淳。省去无谓的禁忌，取消泛滥过度的祭祀，断绝奇闻怪异的事情，怪诞乖谬的行为就会平息。只要竭尽至诚，凡事向内求，中正处理重大事情，神明也会应和符验。抛弃异端邪说，杜绝不正当的才智，消融百家之争，尊崇圣贤典籍，那么道德和正义就会确立起来。摒弃浮华之风，注重实际功业，禁绝工商末业，致力农桑之事，如此，国家的事业就整饬清明。

正是由于君主的言行会对百姓产生深远影响，为政者就必须端正自身，成为民众的表率。对此，孔子有诸多教诲："政者正也。子帅而正，孰敢不正。"(《论语·泰伯》)⁸⁸"其身正，不令而行；其身不正，虽令不从。"(《论语·子路》)⁸⁹"苟正其身，于从政乎何有？不能正其身，如正人何？"(《论语·子路》)⁹⁰

圣王首先端正自身。《文子·精诚》以"冬日之阳""夏日之阴"比喻，说明民众归附君主是沐其化育，而非言语。万物趋附于冬天的太阳和夏天的阴凉，是自然的，没有谁使其如此。最精诚的感应不用召引驱使，人们自己就会归附。君主若依靠眼目看到、依靠言语实施法令，要想达到治理的局面就太困难了。皋陶喑哑却担任司法官，天下没有残酷的刑罚；师旷眼睛失明却担任太宰，使晋国没有出现暴政。不用言语的法令，不用视力的明见，这是圣人所以成为师表的原因。百姓受君主的感化，不是听从其言辞，而是追随其行为。

圣王其次注重教化。《孔子家语·王言》云："上敬老则下益孝，上尊齿则下益悌，上乐施则下益宽，上亲贤则下择友，上好德则下无隐，上恶贪则下耻争，上廉让则下知节，此之谓七教也。七教者，治民之本也。政教定，则本正矣。凡上者，民之表也。表正，则何物不正。"⁹¹《礼记·缁衣》记载："子曰：夫民，教之以德，齐之以礼，则民有格心；教之以政，齐之以刑，则民有遁心。故君民者，子以爱之，则民亲之；信以结之，则民不背；恭以莅之，则民有逊心。"⁹²《贾子·大政》云："故夫士民者，率之以道，然后士民道也；率之以义，然后士民义也；率之以忠，然后士民忠也；率之以信，然后士民信也。故为人君者出其令也，其如声；士民学之，其如响；曲折而从君，其如影。"⁹³民众易教，则风俗淳厚，社会安定，君主自身也就能安定。

教育民众成功的关键，在于君主自身要率先垂范。《晏子·问上》记载，晏子对齐景公说，英明的君主阐明教义和政令，自己率先履行；教育民众不用苛政，不用刑罚来预防犯罪。要求臣民做到的，君王首先做到；禁止百姓做的事情，自己绝不去做。因此，下属就会听从其教导。要估量事情的轻重来使用民力，恰当地处理诉讼来禁止邪恶，不使百姓因过度劳役而筋疲力尽，不用惩罚来伤害百姓。在上者以爱护百姓为准则，在下者以相亲相爱为道义。这样，天下之人就不会互相背离。这就是英明君主教育人民的方法。

《墨子·非命》论述了君主治理民众的成败，关键在于君主是否端正自身，并实行正确的教化，而非所谓的"命中注定"。古时圣王推崇孝子，以劝导人们侍奉双亲；尊重贤良，以劝导人们为善；颁布法令来教育人民；明确奖惩以劝善遏恶。这样，乱世可以恢复和谐，危局可以恢复稳定。若认为并非如此，那么可以回顾历史，从前夏桀造成的混乱，商汤却将其治理得很好；商纣所造成的混乱，周武也治理得很好。时代和百姓都没有改变，但是，君主的治理方法端正了，百姓就容易教育。天下在汤武统治下安定，在桀纣统治下混乱。国家的安危治乱，关键在于君主的施政，怎么能说是命中注定呢？此前夏商周三代的暴君，对其耳目声色的过分追求不以为错，对其邪僻的心志不加谨慎，外出则骑马打猎、围网射箭，在宫内则沉迷于饮酒作乐，不肯说自己施政用刑不善，却说命中注定要灭亡。以前，三代时期弄虚作假的人也是如此，强调"人各有命"的言辞，用来蛊惑愚昧之人。禹汤文武治理天下时说，"必须使饥饿者获得食物，使寒冷者得到衣服，使劳累者得到休息，使动乱者得到惩治"。于是，他们赢得了天下人的美誉和称赞，这难道可以是命中注定吗？这是他们凭借自己的努力实现的！

（二）有觉德行，四国顺之

古圣先贤效法天道，设立教育以教化天下，万民受到教化而自然顺服。《周易·观卦》讲的是君主教化之事。《周易集注》云："观者，有象以示人，而为人所观仰也。风行地上，遍触万类，周观之象也。二阳尊上，为下四阴所观仰，观之义也。"[94]据金景芳《周易全解》，"观"字有两层含义、两个读音。一是以上示下，让人瞻仰，卦辞取此义，

"观"读去声；二是自下观上或自上观下，六爻取此义，"观"读平声。风行地上，比喻德教遍施，意为观察瞻仰。在上者以道义观天下，在下者以敬仰瞻君上。在上者的一举一动，都是民众注意的焦点，不能轻举妄动，必须以道义示于天下，才能得到民众的敬仰。在上位者更要懂得体察民情疾苦，懂得自我省察，不断提高自身道德修养，才能有所作为。[95]

观卦《象》曰："风行地上，观。先王以省方，观民设教。"[96] 先王效法观卦风行地上之象，省视万方，示民以教，使百姓有所瞻仰而顺从教化。《彖》曰："顺而巽，中正以观天下，观天之神道，而四时不忒。圣人以神道设教，而天下服。"[97]《周易集注》云："人君欲为观于天下者，必所居者九五大观之位，所具者顺巽之德，而后以我所居之中观天下之不中，所居之正观天下之不正，斯可以为观矣。"[98] 具备温顺谦逊的美德，居中得正位，而为天下所观瞻，这是观之道。瞻仰微妙无方的天道规律，四季运转丝毫不差。圣人效法天道而设教于天下，万民瞻仰观化，信服而自然归附。

在位者有德行，四方之民会接踵而至。子曰："上好礼，则民莫敢不敬；上好义，则民莫敢不服；上好信，则民莫敢不用情。夫如是，则四方之民襁负其子而至矣。"（《论语·子路》）[99]《淮南子·泰族》云，君王以精诚之心施于天下人，则四海之内，无不仰慕君主的仁德，依从君主的旨意；周边外族之邦，也会通过译使前来朝拜。这就是《诗经》所云"惠此中国，以绥四方"[100]。

历史上，太公亶父在邠地时，狄人常常攻打，亶父便骑马离去，百姓扶老携幼地跟随，来到岐周建立国都，这不是简单的命令能够招致的。秦穆公为避免盗去他骏马的人吃马肉生病，听说吃马肉不喝酒会伤及身体，便拿美酒给他们喝，因此在与晋国的战斗中，吃马肉的这些人便拼死报效穆公，这不是凭契约所能要求的。宓子贱治理单父时，夜间打鱼者捕到小鱼便自觉地放掉，这不是刑罚所能阻止的。孔子做鲁国司寇时，农夫渔夫都谦让长者，老年人不用去背负重物，这不是法律的要求所能够达到的。这就是"有觉德行，四国顺之"[101]。

《尚书》记载，三苗不遵循大道，舜帝命禹前去征讨。禹会聚各方诸侯，告诫众人说，三苗昏庸迷惑，没有恭敬之心，轻慢他人，自以为贤，违反正道，败坏德义。君子在野，小人在位。人民背弃反叛，这是上天降下的罪责。因此，率领众人奉帝之命讨伐罪行。然而过了一个月，三苗依然不肯服罪。伯益建言说："惟德动天，无远弗届。满招损，谦受益，时乃天道。至诚感神，矧兹有苗。"[102]禹随即整众撤回。舜帝大设文德之教，舞者在宾主两阶之间持盾牌、羽具歌舞。七十天后，三苗归服。这就是"远人不服，则修文德以来之"的典范。

《史记上》记载，有虞、芮两国因田地边界产生了纷争，两国国君便相约找文王（西伯昌）评理。他们到了周的国境，耕田的人相互礼让田畔，行路的人相互让路，城中男女别途，年轻人主动帮助照顾老人，看不到头发斑白的老人自己负重行走，到了朝廷，被任命为士大夫的人纷纷礼让，推荐同僚中更贤德者担当更高的职位。两国国君目睹了和睦礼让，心生惭愧，说："我们为追求利益而起纷争，实在是小人行为，小人怎么可以践踏君子治理的朝廷呢？"便不再找文王评理，相互把所争的田产让为闲田。诸侯听到后感叹说："西伯盖受命之君也。"[103]这就是《孝经》中所讲的"先之以敬让，而民不争"[104]，同时也是以德化人使无争讼的历史验证。

精诚化人是潜移默化，就像春日的阳和之气使万物生长、秋日的凄清之气使万物肃杀一样。君主阐明道理让民众接受，如果民众不听从，是由于诚心还没有普被。精诚于内则表现于外表。古圣贤王都是以精诚之心感化人。

第二节 尊贤

中国的历史是一部圣贤文化传承的历史，中国传统政治也被称为圣贤政治。圣贤政治的一个突出特征就是"选贤举能""任人唯贤"。自上古起，中国人就开始了选贤举能的实践，且从未中断对贤能治国的探索。这些选贤任能的理论和实践使中国历代涌现出大批优秀人才，成就了一个又一个太平盛世，推动了中华文明的传承和发展。

下面从任贤对国家、君主以及民众的影响，君主修身与得贤的关系，进贤有赏、蔽贤有戮，任贤的方法四个方面选取《群书治要》中的史实和论述，说明君主和臣子的德行与国家兴衰之间的德福一致关系。

一、任贤安昌，失之危亡

治国理政中的重要之事是用人。人存政举，人亡政息。《孙卿子·大略》云："尊圣者王，贵贤者霸，敬贤者存，嫚贤者亡，古今一也。"[105]一个国家的臣子，上承君主，下接百姓，是国家运转的枢纽。枢纽运转不畅，会使上政不能下达，下情不能上启，内政无人主持，外交不能落实。即使典籍中详细记载了古圣贤王的治国方略，如果没有贤德之人来推行，国家依然得不到治理。因此，《三略·上略》云："治国安家，得人者也。亡国破家，失人者也。是以明君贤臣，屈己而申人。"[106]

官吏贤德与否不仅关系到国家的治乱兴衰、安危存亡，还关系到君主的正邪劳逸和民风的善恶厚薄。

（一）关乎国家兴衰存亡

君主必须有贤能臣子的辅佐，才能治理好国家。《蒋子·政略》云："君王之治，必须贤佐，然后为泰。"[107]官员贤德与否关系到国家的兴衰存亡。

既然是君臣共治，那么，君主选用什么样的臣子，就会把国家治理成什么样子。《孙卿子·富国》云："道王者之法，与王者之人为之，则亦王矣。道霸者之法，与霸者之人为之，则亦霸矣。道亡国之法，与亡国之人为之，则亦亡矣。……故与积礼义之君子为之则王，与端诚信全之士为之则霸，与权谋倾覆之人为之则亡。"[108]纵观历史，尧举舜，舜举五臣、八元、八恺，汤举伊尹、仲虺，文王举太公，武王举周公：此天子所以王天下也。齐桓用管仲，晋文用舅犯，楚庄用孙叔，秦穆用百里，勾践用范蠡，此诸侯所以霸天下也。夏桀用干辛、推哆，殷纣用崇侯、恶来，厉王用厉公长父、荣夷终，幽王用傅公夷、蔡公谷，此四王所以亡天下也。可见，所得之人，贤与不肖，关乎兴衰。视以上之王者、霸者、亡者，可知修身功夫，决定知人能力，而所用之人，决定国家兴衰存亡。

贤臣能使国家稳固昌盛。《毛诗·南山有台》是喜得贤才的诗篇。《诗小序》云："南山有台，乐得贤也。得贤者，则能为邦家立太平之基矣。"[109]《诗》云："南山有台，北山有莱，乐只君子，邦家之基。"[110]国君得到贤才，就能够光大德行，使国家政权坚固，就像高山具有牢固的根基一样。山以草木高大，君以贤臣尊显。人君以礼敬有德之君子，尊置于位，就能成为邦家太平之基。

唐尧和虞舜两位圣君尊崇选拔任用贤能之士，因而国泰民安，远方来朝，国现祥瑞。文王能任人唯贤，忠勇之士济济一堂，将天下治理得安定和祥。《毛诗·文王》云："济济多士，文王以宁。"[111]成王任用周公和召公，国家大治，感动得越裳国通过重重翻译前来朝贡，社会实现长治久安。周宣王任用有贤德、有才能的人，使周朝由衰转盛，重新振作，实现了周朝的中兴。《毛诗·烝民》是尹吉甫赞美宣王之诗。《诗》云："天生烝民，好是懿德。天监有周，昭假于下。保兹天子，生仲山甫。仲山甫之德，柔嘉维则，令仪令色，小心翼翼。"[112]这些都是任贤的功劳！

因此,《潜夫论·思贤》以医病为比喻,指出任贤是治疗国家动乱、使国脉永存的良药。先王任官选人,必定要得到合适的人才,使他们的功绩惠及百姓,使他们的德行与官位相称。也就是"必得其材,功加于民,德称其位",这是夏、商、周三代建立国家、封立诸侯,所以能传承百世、历经千年的原因。

没有贤士的辅佐,君王就不可能建功立业。即使是五帝三王,也不能使国家兴盛。《说苑·尊贤》云:"国无贤佐俊士而能以成功立名,安危继绝者,未尝有也。"[113] 不仅不可能建功立业,还会使国家得不到治理,最后君主身败名裂,国家宗庙断绝。吴王夫差用大宰嚭而灭,秦朝皇帝任李斯、赵高而国家灭亡,这是任用奸佞而导致的祸患!

春秋时期出现了众多任贤安昌、失贤危亡的案例。齐桓公得到管仲的辅佐,成为春秋第一霸主;管仲逝世后,齐桓公不能远离奸佞,最后齐国遭受叛乱之辱,自己也身死不葬。虞国不用百里奚以致亡国,秦穆公却因重用百里奚而称霸诸侯。楚国不重用伍子胥而被攻破,吴王阖庐重用伍子胥而称霸天下,到了阖庐的儿子吴王夫差,非但不重用还处死了伍子胥,最后身死国灭。燕昭王重用乐毅,以弱胜强,攻占齐国七十余座城池。然而燕惠王却罢免了乐毅,让骑劫代替他的职位,燕军马上被打败,又失掉了七十座城池。这些都是父亲重用的人才,而儿子却不用,事情的成败清楚可见。到了秦汉之际,秦朝不任用叔孙通,项羽不任用陈平、韩信,结果都灭亡了;汉王因为重用了他们,国家实现兴盛。面对这些史实,《新序》最后说:"夫失贤者,其祸如彼;用贤者,其福如此。"[114] 这就是用贤与失贤给国家带来的福祉与灾祸。

《尸子·发蒙》总结了失贤而国家得不到治理的三种情况:"国之所以不治者三。不知用贤,此其一也。虽知用贤,求不能得,此其二也。虽得贤,不能尽,此其三也。"[115] 不管是这三种情况中的哪一种,最后结果都相当于没有贤士。

没有贤士是衰世的一大特点，昏庸君主残害忠良是其主要表现。汉桓帝亲信宦官，陈蕃多次上疏谏诤，言辞激烈，桓帝就下令罢免了他。灵帝即位，陈蕃向窦太后上疏请求除掉宦官，以免发生社稷倾覆的祸乱，窦太后没有采纳。陈蕃和窦武合谋诛杀宦官，结果事情败露，窦武、陈蕃皆被杀害。桓灵二帝之世，汉之衰达到极点。像陈蕃这样忠君报国、谏诤尊贤，却又惨被杀害的忠臣不计其数。班固评论：桓、灵时期，像陈蕃这些人，都能树立好的风气，批评昏乱的风俗，奔走效力于艰险的环境，与宦官同朝较量。最终却遭受灭亡之祸，并非他们不洁身自好，远离世俗的污浊。可叹世间士人以避开俗世为清高，而对人伦之事却无人顾念。陈蕃等人认为逃避世俗是不义之举，所以多次被贬退而不离开；以弘扬仁爱之心为己任，虽然任重道远但内心却更加坚韧。遇到机会便协助窦武，自认为是万世一遇的机会，威严懔懔如同成就伊尹、太公的伟业！功虽未成，然而他们的信义足以维系民心，汉代乱而不亡，百有余年，就是有赖于这样的臣子的鼎力支撑。虽然有忠臣苦苦支撑汉朝江山，但君主不正，残害忠良，失去贤臣的辅佐，终究不能扭转乾坤。

王莽也是不能任用贤才的典型。《中论·亡国》认为，王莽为人内心奸诈，外表却装出仰慕古圣先王的样子，徒有招揽贤人之名。赐人官爵，如同将人囚禁，限制束缚，使人内心无比忧愁。在朝为官之人，进不能陈述谋略，退不能保全自己，这相当于用官印佩玉来囚禁人，王莽很快就灭亡了。正是王莽这样有用贤的表现但没有用贤之实，因此《中论·亡国》最后感叹，得贤是要得到贤士的真心辅佐。如果只是得到贤士的躯体而得不到他们的心，那就与用笼子关鸟兽无异，贤者就和仇人没有两样了，纵然每天给他万钟俸禄也没用。不讲求获得贤者之心，而致力于控制贤者之身，以致国家颠覆、宗庙废弃，岂不令人痛心！无论是肉体上的残害还是精神上的折磨，都是失贤的做法，其结果无疑都导致败身亡国。

总之，得贤安昌、失之危亡是不变的历史规律。《说苑·尊贤》云："无常安之国，无恒治之民，得贤者则安昌，失之者则危亡，自古及今，未有不然者也。"[116]《典语·清治》云："夫世之治乱，国之安危，非由他也。俊乂在官，则治道清；奸佞干政，则祸乱作。"[117]

有人认为，没有贤臣，只要有好的制度，国家也可以得到治理，但实际却并非如此。古圣先王也需要依靠贤德臣子的辅佐，共同努力成就盛世，而非仅仅依靠制度。《魏志上·杜畿传》云："语曰：'世有乱人，而无乱法。'若使法可专任，则唐虞可不须稷契之佐，殷周无贵伊吕之辅矣。"[118]《孙卿子·君道》的论述则更为清晰："有乱君，无乱国；有治人，无治法。羿之法非亡也，而羿不世中；禹之法犹存，而夏不世王。故法不能独立，得其人则存，失其人则亡。法者，治之端也；君子者，法之源也。故有君子，则法虽省，足以遍矣；无君子，则法虽具，足以乱矣。故明主急得其人，而暗主急得其势。急得其人，则身逸而国治，功大而名美；急得其势，则身劳而国乱，功废而名辱。故君人者，劳于索之，而休于使之。"[119]即使制度存在，没有贤才，也无法贯彻落实，就像后羿的后代不能都百发百中，夏后氏不能世代称王天下一样。治国之法是治理国家的开端，圣贤君子才是治国之法的本源。所以贤明的君主急于得到能治国的君子。

制度是由人来制定并执行的，如果没有贤能的臣子，就不能制定出完善的制度，即使制定出来，也无法执行到位，从而实现善治。因此，《傅子·重爵禄》云："明君必顺善制而后致治，非善制之能独治也，必须良佐有以行之也。"[120]《孙卿子·君道》则直指治理的本源何在："械数者，治之流也，非治之源也；君子者，治之源也。官人守数，君子养源。"[121]一般的官吏恪守法规，但是贤明的君主要保养本源。最终的本源是道德。道德指引制度的设立，制度法规体现道德精神。二者不能分离，而其中实施的主体，则是人，即圣贤君子。

如果有贤臣治理，即便是实行的制度有些许问题，或者民风浇薄，贤臣都能治理得好。《体论·君体》云："三代之亡，非其法亡也，御法者非其人也。苟得其人，王良、造父能以腐索御奔驷，伊尹、太公能以败法御捍民。苟非其人，不由其道，索虽坚，马必败；法虽明，民必叛。奈何乎万乘之主释人而任法哉。"[122]奸佞之臣不会依照好的制度来执行，所以依然阻挡不住国家的衰亡。

身败国破的君主朝中，并非没有先王典籍（记载着好的制度），也并非没有能读典籍之人，但是依旧难逃覆灭之路，这就是君主不用贤所致。夏桀逃亡到南巢，殷纣毙命于朝歌，周厉王流放于彘地，周幽王亡身于嬉戏。那时，禹、汤、文王的典籍尚存，贤臣仍在朝中。夏商周三代亡国，并非失去了先王之法，即治理之道，而是治理之人非其人。

（二）关乎君主正邪劳逸

官员贤德与否关系到君主的正邪劳逸。《尸子·治天下》云："夫用贤，身乐而名附，事少而功多，国治而能逸。"[123]例如，成王处襁褓之中而能朝诸侯，是因为有周公辅政。赵武灵王年五十而饿死于沙丘，是由于任用了奸臣李兑。

《刘廙政论·任臣》详细论述了君主任贤可以安逸而有功，事必躬亲会使君臣易位导致国家政事衰败。圣明的君主听奏详察，圣明昭著，虽然身处高位，所见却细致入微；虽然远离具体事务，却了如指掌。事业虽然艰难，自身却很轻松。倘若君主多疑而又凡事亲力亲为，臣子就只会想着迎合，缺少忠心忠言。大家都因循守旧，只取悦于君主，这就等于国家只有君主一个人的智慧。事业之繁，智慧之少，怎能不受蒙蔽呢？君主治理好国家的志向就会落空。君主劳碌而臣下却安逸，这就上下交换了位置。所以，圣明的君主注重利用他人的智慧。君主懂得用人之道，人才就无不为君主所用了。从前舜帝以谦逊之礼，恭己而正南面。天下的人不多去赞美皋陶、稷、契的谋划，却崇尚舜帝一人治理国家的功劳。所以说"为之者不必名其功，获其业者不必勤其身也"[124]，这说的就是舜帝吧！

从《刘廙政论》这段论述可见，君主的正邪劳逸与臣子直接相关，而其中的关键，还在于君主要有德行，因而足以明辨忠奸邪正，能够正确选人用人。

春秋五霸之首的齐桓公九合诸侯、一匡天下，离不开贤臣管仲的辅佐。这种成就与齐桓公容人的雅量和任贤的决心，以及鲍叔牙识人的智慧和荐贤的气度密不可分。

《管子·小匡》记载了鲍叔牙向齐桓公举荐管仲的故事。鲍叔牙说："臣不如管仲的地方有五个方面：宽厚慈惠，仁爱百姓，臣不如他；治理国家能够不失纲纪，臣不如他；忠信可以结交于诸侯，臣不如他；制定礼义可使四方效法，臣不如他；披甲戴盔，手执鼓槌，立于军门，使百姓都能勇气倍增，臣不如他。管仲好比是人民的父母。您想要治理好子女，就不可以抛弃他们的父母。"在鲍叔牙的力谏之下，齐桓公派人到鲁国请管仲回国。后来，齐桓公尊管仲为"仲父"，大小国事皆由管仲处理。管仲相齐四十余年，使齐国国富兵强。在管仲的辅佐之下，齐桓公九合诸侯，一匡天下，成为春秋五霸之首。管仲也被誉为"春秋第一相"。《史记下》云，鲍叔牙举荐管仲之后，甘心位居管仲之下。鲍叔牙的子孙世代享受齐国的俸禄，有封地的就有十几世，多为著名的大夫。因此，天下人更多地不是称赞管仲的贤能，而是赞美鲍叔牙善于识别人才。

管仲也为齐桓公举荐了很多贤才，同样称得上知人善任。《管子·小匡》就记载了管仲进贤的故事。管仲担任齐国宰相三个月后，向齐桓公举荐隰朋为大行、甯戚为大司田、王子城父为大司马、宾胥无为大司理、东郭牙为大谏之官，并说，这五个人各有所长，自己一个也比不上。如果齐桓公想治国强兵，用这五个人就够了；但如果想成就霸王之业，则有我管仲在此。

齐桓公在贤臣的辅佐之下成就了霸业。这是桓公的功劳，还是臣子的功劳呢？《新序》中的一个故事形象地说明了在桓公成就霸业时，君主和臣子各自所起的作用。晋国的国君晋平公问臣子叔向，从前齐桓公九次会盟诸侯，匡正天下，不知这是国君的功劳，还是臣子的功劳？叔向用裁制衣服的比喻说，管仲擅长剪裁，隰朋擅长修齐，宾胥无擅长镶边，而齐桓公只是穿衣服，因此是他臣子的功劳。这时，晋国的乐师师旷，也是一位贤大夫，在一旁陪坐，他用烹饪的比喻来回答晋平公。师旷说，管仲善于掌刀，隰朋善于烹饪，宾胥无善于调味，羹汤做熟端来进奉给齐桓公，但是如果桓公不吃，谁又能强迫他吃呢？所以说，这里面也有桓公的功劳。在师旷看来，桓公的功劳是任贤。实际上，君臣是一体的关系，君主的功劳是任贤，臣子的功劳是竭忠尽智，君臣共同成就霸业。

齐桓公之所以能称霸天下，是因为他能够信任并任用贤才。然而，管仲去世后，桓公没能黜退身边的奸佞之臣，最后落得身死不葬的下场。《管子·小称》记载，管仲重病时，齐桓公前去探望。管仲劝谏桓公疏远易牙、竖刁、堂巫和公子开方。这四个人都是奸佞谄媚之臣，但都深受齐桓公宠爱。管仲去世后，齐桓公起初罢免了四人，但终究没能抵挡住欲望的诱惑，恢复了他们的官职。过了一年，四人作乱，囚禁了桓公。桓公自叹羞愧，拿白色布巾包头而死。死后十一天，尸虫爬出户外，人们才知道桓公死了。桓公如此的结局，都是因为他不能始终如一地任用贤人。

桓公能尊管仲为"仲父"，却视竖刁、易牙等为不可或缺之臣。可能有人认为是齐桓公未听管仲的劝阻，任用小人而抱恨终身。但是，身为领导自身也要有知人之明。表面看桓公未听仲父之劝，任用小人而抱恨终身，根本原因还是桓公修身有失，无有识贤之慧。桓公一人，荣在任贤，辱在任奸，其荣也昙花一现，其辱也贻笑万年。这是官员贤德与否给君主荣辱带来深刻影响的生动事例。因此，领导者须自己修身有功，才能以身观身，知人善任。

（三）关乎民风善恶厚薄

官员贤德与否决定了民风的善恶厚薄。《史记上·田敬仲完世家》记载，齐威王任用贤德之人，不仅使国家安定，邻国不敢侵伐，社会风气也变得淳朴。《后汉书一·鲁恭传》记载，鲁恭治理中牟县时，注重运用道德教化来治理百姓，尤其不会专任刑罚；遇到难解案件还会反求诸己，是自己没有将百姓教化做好，致使人们犯错。在鲁恭的治理下，中牟县的人民受到了道德教化，民风越来越好。看到野鸡飞落田间，其他地方的人们可能首先想到的是驱赶或捉拿，而中牟县的人却用仁心保护喂养，结果当其他地方螟虫成灾的时候，中牟县却因野鸡吃光螟虫而幸免于灾。一国之君或是一邑之长有德行，施行善政，上下和睦，社会大治，就能感得风调雨顺、政通人和。

官吏的功绩见之于治民。《贾子·大政》云："君明而吏贤矣，吏贤而民治矣。故见其民而知其君矣。故君功见于选士，吏功见于治民。王者有易政而无易国，有易吏而无易民。故因是国也而为安，因是民也而为治。是以汤以桀之乱民为治，武王以纣之北卒为强。"[125] 汤武没有换掉前朝的民众，但是社会都实现了大治，关键就在于选用什么样的人来治理。

以上可见贤德之人对国家、君主、民众的重要性，所以古人强调任贤的重要性。《尉缭子·战威》云："举贤用能，不时日而事利；明法审令，不卜筮而事吉；贵政养劳，不祷祠而得福。故曰：'时不如地利，地利不如人事。'圣人所贵，人事而已矣。"[126] 君主的辅佐之人不在多，关键在于有贤俊之士。

二、身正得贤，不正失贤

君臣之间是相互感召的。《易·乾·文言》曰："同声相应，同气相求。水流湿，火就燥，云从龙，风从虎，圣人作而万物睹。"**127** 水总是先流向低湿处，火总是先烧干燥物，龙吟然后景云就会腾升，虎啸之处就会有谷风相随，圣人有所作为，万民都仰望而受其德化。这就是现代所谓的吸引力法则。有什么样的君主，就会感召什么样的臣子。因此，《新语》云："仁者在位，而仁人来；义者在朝，而义士至。是以墨子之门多勇士，仲尼之门多道德，文王之朝多贤良，秦王之庭多不详。"**128**

君主贤德，就能感召贤德的臣子，共同成就功业；君主不贤德，也就会感召不肖之徒，各种政事也就会衰败下去。《尚书》云："元首明哉，股肱良哉，庶事康哉。……元首丛脞哉，股肱惰哉，万事堕哉。"**129** 元首之君圣明，股肱大臣贤良，众事就会安宁。元首之君关注琐碎无大略，大臣们就会懈怠懒惰，万事必定随之荒废，功业无法完成。因此，成就伟业的关键是领导者要修身。

（一）正身壹听，举贤之本

得贤的根本在领导者修身。《吕氏春秋·去私》云："水泉深则鱼鳖归之，树木盛则飞鸟归之，庶草茂则禽兽归之，人主贤则豪杰归之。故圣王不务归之者，而务其所归。"**130** 这是说，致力于使人归附是末节，致力于如何能使人归附是根本。圣人就是在如何使人归附上下功夫。换言之，不是要在求贤的方法上下功夫，而是领导者要端正自身，才是得贤的根本所在。

正身壹听是举贤之本。《傅子·举贤》云："举贤之本，莫大正身而壹其听。身不正，听不壹，则贤者不至，虽至不为之用矣。"**131** 正身壹听，是君主修身有成的表现。《中庸》云："取人以身，修身以道。"为政者以道修身，修身有成，以身观身，进而选贤与能、任人唯贤。修身有成才能知人，能知人才能善任，所谓知己方能知彼。

如果领导者自身不明智，就容易被相似之物迷惑。《吕氏春秋·慎行论》云："使人大迷惑者，必物之相似者也。玉人之所患，患石之似玉者；贤主之所患，患人博闻辩言而似通者。亡国之主似智，亡国之臣似忠。似之物，此愚者之所大惑，而圣人之所加虑也。"[132] 表面上见闻广博、能言善辩，好像是很通达治国之道的人，却是对国家社稷危害很大的人。这些相似的事物，最容易迷惑愚昧者。亡国之君看似聪明，亡国之臣看似忠诚，就是因为亡国之君不能分辨忠奸，以似忠的亡国之臣为忠。而这种不明智，与领导者不能修身直接相关。

吸引人才靠的是领导者的德行。《说苑·尊贤》云："声同则处异而相应，德合则未见而相亲。"[133] 只要声气相同，即使处在不同的地方，也能相互应和；德行相合，就算彼此素未谋面，也能互相亲近。如果领导者胸怀天下，心系苍生，又能尊重贤者，任用能臣，那么天下的贤士自会欢欣鼓舞，争相前来。

有贤能之人立足朝廷，天下豪杰之士就会相继前来归附。《傅子·举贤》云，从前，君王知道在上位者得到贤士很难，所以虚心听取下级的意见；也知道处于下位者相互接触比较容易，所以依靠臣下来招致人才。舜选拔举用皋陶难，但得到皋陶后，招致天下之士却容易；商汤选拔举用伊尹难，但得到伊尹后，招致天下之士却容易。刘向曾评论说，过去孔子和弟子颜渊、子贡三人彼此相互称赞，不结党成派；大禹、后稷和皋陶相互举荐，没有结党营私。这是因为他们忠心为国，没有邪曲的念头。所以贤人居于上位，就会引荐和自己同样贤德的人聚集在朝廷；身在下位，就会想着与自己同样贤能的人一起得到进用。所以成汤举用伊尹，不仁之人远离，而众多贤能之人就到来了，这是同类相互感召的结果。

有德之人在位，不贤德的人就会远去。《论语·泰伯》云："舜有天下，选于众，举皋陶，不仁者远矣。汤有天下，选于众，举伊尹，不仁者远矣。"**134**舜和汤有天下之后，从众人中选举贤德之人皋陶和伊尹。仁者在朝，仁者相吸，仁人就来到了；不仁者与之不相应，因此就远离了。

如果领导者没有德行，仅以爵禄求贤，不仅会败坏官场的风气，也无法求得真正的贤才。《晋书下·郗诜传》记载，郗诜被举贤良之后，在应诏对策中对此进行了深入分析。郗诜说，古人彼此交好是为了求贤才，今人彼此交好是为了求官，这是古今风气不同的原因。古时任用官员，君主提出选拔的要求，臣子保举推荐，所举得当就奖赏，所举失当就处罚。这样臣子们能不去访求贤人吗？国家以求贤为准则，想要求得通达全在于修养自身道德，困窘不通则在于自己有失道义，所以贤士能够平静地等待时机。官位假如可以通过钻营而得到，那么抢在前面就能加官进爵，落在后面就没有机会，这样人们就会想尽办法到处跑官要官。

（二）礼贤下士，贤德者至

天下并非没有贤士，关键在于领导者求与不求。《傅子》云："欲王则王佐至，欲霸则霸臣出，欲富国强兵，则富国强兵之人往。求无不得，唱无不和。是以天下之不乏贤也，顾求与不求耳。何忧天下之无人乎？"**135**

礼贤下士是得到贤士最重要的方法。《鹖冠子》论述了招揽人才的德行才干与君主招贤纳士的恭敬程度相关。屈身向北以臣子之礼待人，会招致才德百倍于己之人；谦下恭敬以交友之礼待人，会招致才德十倍于己之人；人趋亦趋以随从之礼待人，就会招致才德与己相当之人；靠着矮桌、拿着拐杖来指使人，会招致可供驱使之人；随意呼唤呵斥，就会招致劳役贱隶之人。所以，能成为天下之帝者，多与能成为自己老师之人相处；能成为封国之君者，多与能成为自己朋友之人相处；亡国之君，多与能受自己奴役之人相处。

历史上无论是王天下还是霸天下的君主，都是礼贤下士的典范。

《史记上》记载，西伯昌登位之后，遵循后稷、公刘的事业，仿效古公的为政之道，敬重老人，慈爱晚辈，礼贤下士。他白天为了接待士人，过了正午都没时间吃饭，因此士人大多都归附他。诸侯有了纷争，也都来找他裁决。《六韬》中记载了太公回答文王问小地寡民如何取得成功。"天下有地，贤者得之；天下有粟，贤者食之；天下有民，贤者收之。天下者，非一人之天下也，莫常有之，唯贤者取之。夫以贤而为人下，何人不与？以贵从人曲直，何人不得？屈一人之下，则申万人之上者，唯圣人而后能为之。"[136] 太公之意是，天下是贤德之人的天下。如果君主自身贤德，愿意自卑而尊人，谁不愿意跟随这样的君主呢？屈居于一人之下，就会被万人尊贵而居于其上，这唯有圣人能做到。太公还曾告诫文王"待天下之贤士，勿臣而友之，则君以得天下矣"[137]。后来，文王躬身屈就而拜见的贤德之士有六人，礼请求访而相见的贤德之士有七十人，呼唤前来而以朋友相称之士有上千人。文王能够礼贤下士，这种尊贤的精神感召了贤德之人争相前来，文王之时，天下有三分之二都归于周。

文王的儿子周公也继承了文王礼贤下士的品德。据《说苑·尊贤》记载，周公代理天子执政的七年里，平民人士之中，他带着礼物以尊师之礼求见的有十人，以朋友之礼求见的有十二人，对穷巷陋屋中的贫寒之士优先接见的有四十九人，被他举荐的优秀人才有上百人，受他教导的士人有上千人，授予官职的朝拜者有万人。那时，假使周公对人骄傲且鄙吝，那么天下的贤士来的就很少了，就算有来的，也是为了贪图财利而空食俸禄、无所事事的人。

春秋五霸之首的齐桓公能够尊贤下士，招揽贤才。《说苑·尊贤》记载，齐桓公为了招徕贤士，对懂得九九算法的人礼遇有加。一个月后，四方的士人便携手相伴而来了。一开始桓公也希望获得贤才，而士人却认为自己不比桓公贤明，所以不来。从这里可以看出，齐桓公求贤的态度还不够谦虚诚恳，他在坐等贤才，只有求贤之名，缺少求贤之实。好在桓公是一位纳谏的君主，他赞同并采纳以九九算法求见之人的谏言，向天下展示了他尊重贤才的诚意，四方贤士便相约而来。这就是敬一贤而众贤悦。

《新序》记载，齐桓公去拜访一位名叫稷的小臣，稷是一位隐于草莽之中的贤士，一连五次才最终见到。齐桓公说："士人当中那些轻视官爵和俸禄的人，当然就会轻视国君。如果国君轻视成就霸业、王业的大事，也自然会轻视贤士。纵然这位先生轻视官爵和俸禄，而我又怎么敢轻视王霸大业呢？"诸侯们听到这件事后，都相继来朝见桓公。齐桓公有尊贤之实，有礼贤下士之行，在贤士的辅佐之下成就了霸业。但齐桓公并非德行高尚之人，也正是由于自己德行不足，付出了身死不葬的代价。

三国时期先主刘备三顾茅庐请诸葛亮出山，礼贤下士的典范一直被后世称赞。《蜀志》记载，刘备平常少言寡语，善于礼贤下士，喜怒不形于色。兼任益州牧后，以诸葛亮为辅佐大臣，法正为主要谋士，关羽、张飞、马超为武将，许靖、糜竺、简雍为宾客朋友。至于董和、黄权、李严等人，本是刘璋之臣，吴壹、费观等还是刘璋的姻亲，刘巴曾是先主过去忌恨之人。先主都使他们处于要职，使人尽其才，因此，有志之士无不争相劝勉以效先主。章武三年（公元 223 年），先主病重，托孤于丞相诸葛亮，在永安宫去世。《诸葛亮集》记载了先主遗诏告诫后主之言，其中有唯贤唯德之语："勿以恶小而为之，勿以善小而不为，唯贤唯德，能服于人。汝父薄德，勿效之，吾终亡之后，汝兄弟父事丞相也。"*138* 于是有评论说："先主之弘毅宽厚，知人待士，盖有高祖之风，英雄之器焉。及其举国托孤于诸葛亮，而心神无二，诚君臣之至公，古今之盛轨也。"**139**

高洁之士往往淡泊明志、宁静致远，因此没有礼贤下士的态度和行为，贤士是难以出来为官的。《三略·下略》云："有清白之志者，不可以爵禄得；有守节之志者，不可以威刑胁。故明君求臣，必视其所以为人者而致焉。致清白之士，修其礼；致守节之士，修其道。而后士可致，而名可保。"**140** 商山四皓就是有纯洁节操志向的人，汉高祖刘邦多次征召而不得，后来太子卑辞束帛致礼，安车迎而致之。晏婴、季子就是有坚守节操志向的人，不能以严厉的刑法逼迫而得到。所以圣明的君王征求臣子，对志操高洁的贤德之士要用礼，对坚守志节的贤德之士要用德。如此可以招徕贤德之士，圣明之君的名号也可以得到保全。

君主礼敬贤者，换得的是士为知己者死。《吕氏春秋·不侵》以豫让为例进行了说明。豫让曾侍奉过范氏、中行氏，他们都被消灭了，豫让没有替他们报仇；到了智氏，却一定要替他报仇。这是因为，豫让认为，范氏、中行氏只像对待普通门客一样对待他，那么他就以普通人的身份侍奉范氏、中行氏。而智氏则不同，出门给他乘车，在家给养充足，多人朝会时也会特别地礼遇，这是按国士来礼遇，因此要以国士的身份来侍奉智氏。豫让是国中良才，尚且会因别人是否厚待自己而决定自己对别人的态度，又何况一般人呢？地位尊贵、财富丰足不足以招来贤士，只有君主能真正了解和赏识他们，才能令贤士归心。

（三）昏庸不明，伤贤助佞

君主昏庸无德，会伤害贤德之人。《三略》论述了伤害贤能之人导致的长远恶果。《三略·下略》云："贤圣内，则邪臣外；邪臣内，则贤圣毙。内外失宜，祸乱传世。"**141** 舜举皋陶，汤举伊尹，有仁者在位，不仁者就会远离了。奸臣恶来被任用，比干就被冤死了；费无忌被任用，伍奢就惨遭杀害。该亲附的臣子与该疏远的臣子如果用舍不得其道，祸患就会累及后世。

君主昏庸，会导致有德之人离去，而聚集来的则是无德的小人。

第一种情况，求得的是似贤却不是真正贤士的人，是因为在德行上有亏欠。《六韬·文韬》中文王与太公的对话说明了这一点。文王问太公，为什么有人注重举贤，但是国家却越发混乱，以至于危亡。太公说，这是由于这些君主"举贤而不用，是有举贤之名也，无得贤之实也"[142]。文王问他们错在哪里。太公说，错在好用世俗所赞誉之人。太公说："好听世俗之所誉者，或以非贤为贤，或以非智为智，或以非忠为忠，或以非信为信，君以世俗之所誉者为贤智，以世俗之所毁者为不肖，则多党者进，少党者退，是以群邪比周而蔽贤，忠臣死于无罪，邪臣以虚誉取爵位，是以世乱愈甚，故其国不免于危亡。"[143]

正道不行、国家昏乱通常是奸佞之人扰乱国家政治的结果。但为什么奸佞之徒总会被任用呢？傅子说："佞人善养人私欲也，故多私欲者悦之。"[144]作为一国的君主，享有天下，完全做到没有私欲是极难之事，这就是为什么奸佞之徒总会被任用。傅子又云："唯圣人无私欲，贤者能去私欲也。有见人之私欲，必以正道矫之者，正人之徒也。违正而从之者，佞人之徒也。自察其心，斯知佞正之分矣。"[145]而能够省察这种去私之心，首先要领导者没有私欲，或者私欲淡薄，这就需要相当的修身功夫才可以，不是圣贤之君是很难做到的。这也是求贤不得反而得到佞臣的原因。

第二种情况，求得的是不能堪当大任、只会小技之人。《后汉书三·蔡邕传》记载，汉灵帝信任宦官，国家多次发生灾变。皇帝归罪于己，诏告群臣各自陈述施政的要务。蔡邕上呈密奏说："臣听说古代选取士人，诸侯定期向朝廷举荐人才。汉武帝时，除各郡推举孝廉外，另有选拔贤良文学之士。于是名臣辈出，文臣武将同时兴起。汉王朝获得人才，主要是通过这几个方面。书画辞赋不过是一种小才，至于匡正国家、管理政治，就不是他们力所能及的了。陛下即位之初，先涉猎经学，处理政务的闲暇之时，阅览辞赋篇章作为消遣，以此代替局戏、围棋等娱乐，并不是要以辞赋篇章作为施行教化、获得人才的根本办法。但是读书人因陛下的爱好而竞相贪图利益，兴辞作赋的人越来越多。他们中学问高的还能引用经典中的经训和讽喻的言辞，学问低的则使用对偶俗语等，类似于以歌舞为业的艺人，有人甚至抄袭现成的文章，冒名顶替。臣每次受诏在盛化门按名次等级录用人才时，都会发现一些不够格的人也被选拔任用。已经赐予的恩典难再收回，让他们保住俸禄已是道义上的宽大，不可以再让他们治理百姓或在州郡中任职。昔日，宣帝召集诸多儒生于石渠阁，章帝集中有学之士于白虎观，解释经旨，阐明义理，这两件事十分盛大。文王和武王的治国之道是应当遵循的。如果只是小能小善，即使有可取的地方，孔子认为'致远则泥'，让他们致力于远大的事业就会有所阻滞。所以君子应当志存远大。"

从蔡邕的上疏可见，君主的喜好会影响下民的好恶，倘若君主喜好的只是雕虫小技，士子也会争相趋附，即使此等人尚称不上大的奸佞，但德行能力对于治国而言还远远不够。

《傅子》对奸佞之人进行了分类：最大的佞臣，行为足以顺应世俗，诡辩足以迷惑大众，言论必定称仁道义，隐藏自己邪恶之心，而不能被人看尽，窥探君主的欲望而隐微巧妙地迎合。一旦得志，就敢用不道义的方法陷害善人，用一定的策略为自己辩护，用表面的利益伪饰自己的害善之举，若非圣人则不能识别。次等的佞臣，内心不想实行仁义，但是言谈也必称仁义，行为没有大可非议的，行动也不违背世俗习惯，迎合君主的私欲而不敢去矫正，有危害自己的人则会加以陷害。最下等的佞臣，其作为不顾忌天下人的非议，只求迎合君主的心意，虚伪巧辞只是为了寻求自利而已，陷害忠善之人却行无惭愧。虞舜时期的四凶，可以称为大的佞臣；汉成帝时的安昌侯张禹，可以称为次等的佞臣；赵高、石显可以称为最下等的佞臣。大佞形色隐蔽，而危害程度深；下等佞臣形色显露，而危害程度浅。如果佞臣的形色显露，却还不能识别，可谓昏庸至极。

三、任贤使能，须有其方

任贤使能要用正确的方式，将德才兼备的人选拔出来，放在合适的位置上，用正确的方式用人，国家政治就能得到很好的治理。倘若用贤不当，不仅不能人尽其才，还会伤害贤士，如此最终扰乱的是国家政治。

（一）进贤上赏，蔽贤显戮

赏贤是任贤过程中的重要一环，赏贤得当，就能招徕并劝勉更多的贤士；反之，遮蔽贤才就会给国家带来危害，因此对于蔽贤之人要予以惩处。

《墨子·尚贤》记载，墨子云，德行敦厚、能言善辩、学识广博的贤良之士是国家的珍宝、国家的栋梁，一定要使其富裕、高贵，受到尊敬和赞誉，然后，国家的贤良之士才有可能增多。圣明之君施政总是任德尚贤，即使是农民、工匠和商人，有才能的也会被选拔举荐，给以高位厚禄、委任以事。这并不是为赏赐而赏赐，而是为了把国家治理好。所以，应当根据品德安排职位，依据官职授予权力，论业绩进行奖赏，按功劳分发俸禄。这样官吏就不会始终富贵，而百姓也不会终生贫贱，有才能就会得到选拔举荐，无才能就会被免职。崇尚公义，消除私怨，就能获得贤士。

正是由于贤才对于治国理政的重要作用，因此自古以来就秉持"进贤受上赏，蔽贤蒙显戮"的选贤原则。《三略·下略》云："伤贤者，殃及三世；蔽贤者，身受其害；进贤者，德流子孙；妒贤者，名不全。"**146** 鲍叔牙举荐管仲，甘愿屈身其下，于是子孙世世代代在齐国享受俸禄，获得封地的就有十几代，且多数是有名望的大夫，所以说德流子孙。庞涓嫉妒孙膑,最终身死于白木之下,所以说名不全。有德君子总是积极地举荐贤德的人,美名也由此而得到彰显。

下面分别是进贤得福、避贤遭祸的史证。

《春秋左氏传下》记载,昭公二十八年(前514年),贾辛将要去他的县上任,临行前拜见魏献子,魏献子对他说:"贾辛,你过来!现在因你有功于王室,我才举荐你。动身吧!要恭敬慎重,不要破坏你的功绩!"孔子听到魏献子举拔人才的事,认为符合道义。魏献子举谏魏戊,这是举荐近处之人不遗漏亲族;举拔远处之人,亦能唯贤是举。这是符合道义。孔子又听到魏献子告诫贾辛的话,认为这是忠诚的表现,首先奖赏贾辛对周王室的功劳,这就是忠诚。孔子说:"魏献子举拔人才符合道义,他的告诫又体现了忠诚,他的后代将在晋国长享禄位了!"魏氏在晋国一直常享禄位。这都说明了积善之家必有余庆的道理。

《春秋左氏传中》记载,襄公二十九年(前544年),吴公子季札见到叔孙穆子,对他说,你会不得寿终。因为叔孙穆子与鲁国国君同宗,世代为卿,好善却不能择人,对举荐贤才一事不谨慎,如此是难堪大任的,灾祸就会随之而来。后来昭公四年(前538年),竖牛作乱,穆子死,真应了季札之言。这就是能不称位,职不尽责,无德而享其禄,灾祸必逮之耳。

襄公十三年(前560年),楚令尹公子围杀了大司马蒍掩,夺取了他的家产。申无宇说:"王子围必定不能避免祸难。贤良之人是国家的支柱。王子身为楚国宰相,应该培养扶植贤良之人,现在反而虐杀他们,这是危害国家。何况司马是令尹的副职,更是国君的手足。断绝国家的支柱,除去自己的辅佐,斩除国君的手足而危害国家,没有比这更大的不祥了!他怎能免于祸难?"后来,鲁昭公十三年(前529年),楚灵王(即公子围)被弑。

由此可见,进贤蔽贤,结果泾渭分明!真正的忠贤之臣,要举而任之，任而用之，如此，奸邪之臣就会无所施，国家也就得以安昌。

为把真正有德行有能力的人举荐出来，而不是任人唯亲、徇私舞弊，中国自古就有连带责任的思想。《尚书》云："推贤让能，庶官乃和。举能其官，惟尔之能；称匪其人，惟尔弗任。"[147] 推举贤才，礼让能者，贤者和能者互相礼让，德才出众的人居于官位，百官就会和谐。推荐的人能胜任官职，能够修治官事，这是推荐者贤能，是推荐者的功劳和能力；举荐的人不能胜任其职，这是举荐者不称职、不能胜任的表现，因为举荐了不该举荐的人。

《尸子·发蒙》也有类似的论述："听朝之道，使人有分。有大善者必问孰进之，有大过者必云孰任之，而行赏罚焉，且以观贤不肖也。"[148] "为人臣者进贤，是自为置上也；自为置上而无赏，是故不为也。进不肖者，是自为置下也；自为置下而无罪，是故为之也。使进贤者必有赏，进不肖者必有罪，无敢进也者为无能之人。若此，则必多进贤矣。"[149]

正因古人深刻认识到了贤才的难得和可贵，所以才有了连带责任制。这种奖惩和追责机制，将被举荐官员的德才与举荐人的爵禄挂钩，把能否荐贤纳入官员的政绩考核，把不作为、不举荐的官员和不能荐贤的官员按不能胜任论处，予以罢免。这样既调动了官员荐贤的积极性，也使官员不敢随便荐举无德无才之人，促进了"进贤退不肖"良好政治风气的形成。

《汉书·武帝纪》记载，汉武帝曾请二千石官员、礼官、博士讨论不举贤的郡县官吏应如何治罪的问题。专司官吏上书说："古者，诸侯贡士，壹适谓之好德，再适谓之贤贤，三适谓之有功，乃加九锡；不贡士，壹则黜爵，再则黜地，三而黜爵地毕矣。夫附下罔上者死，附上罔下者刑，与闻国政而无益于民者斥，在上位而不能进贤者退，此所以劝善黜恶也。今诏书昭先帝圣绪，令二千石举孝廉，所以化元元，移风易俗也。不举孝，不奉诏，当以不敬论。不察廉，不胜任也，当免。"**150** 上奏被汉武帝采纳。

举荐贤才之所以重要，是因为仅有贤臣而无人推荐，贤臣便不能得到重用；有人推荐贤臣而君主不用，就与没有贤臣毫无差别。因此，《尸子·发蒙》云："为人臣者以进贤为功，为人君者以用贤为功。"**151**《袁子正书·王子主失》云，如今之人，即使有子产之贤，却没有子皮的推举；即使有解狐之德，而没有祁奚的直荐，又怎能进身而被任用呢？然而，仅有祁奚的正直，而没有范宣子听信直言；仅有子皮的贤德，而没有他主持国事的权力，那么，即使是一块荆山的璞玉，也只会被看作一块瓦砾。所以，有管仲的贤能，又有鲍叔牙作为朋友，也必须要遇到齐桓公才能显达。有陈平的智慧，又有魏无知作为朋友，也必须要遇到汉高祖才能为政。如果没有遇到齐桓公、汉高祖，即使有管仲、陈平之贤，又怎能得到重用呢？贤臣得不到举荐和重用，国家政事自然也就得不到治理。

（二）任贤有方，才尽其用

在现代汉语中，"贤能"一词通常连用，而在古代，贤是贤，能是能。《周礼》云"进贤""使能"**152**。郑玄注曰："贤，有德行者。能，多才艺者。"**153** 可见，贤、能之分，即德、才之别。司马光在《资治通鉴》中论述了德与才的关系："才者，德之资也；德者，才之帅也"，并根据德才将人分为四类，"才德全尽谓之圣人，才德兼亡谓之愚人，德胜才谓之君子，才胜德谓之小人"。**154** 这四类人中，最当引起注意的是才能胜过德行的"小人"。因为博学多才固然重要，但若没有德行为承载，就有可能知识越多、能力越强，危害反而越大，就像现在社会中出现的高科技犯罪。另外，还有精致的利己主义者，作为道德体系的腐蚀剂，他们的危害更加深远。因此，司马光提出，"凡取人之术，苟不得圣人、君子而与之，与其得小人，不若得愚人。何则？君子挟才以为善，小人挟才以为恶。挟才以为善者，善无不至矣；挟才以为恶者，恶亦无不至矣。……自古昔以来，国之乱臣，家之败子，才有余而德不足，以至于颠覆者多矣"[155]。因此，古人在选人用人时主张德才兼备，而且一向以德行为先。

建立一个国家，要任用君子而不是小人，任用小人会导致国家混乱。师卦上六《爻辞》云："大君有命，开国承家，小人勿用。《象》曰：'大君有命'，以正功也，'小人勿用'，必乱邦也。"[156]程颐《周易程氏传》云："上，师之终也，功之成也。大君，以爵命赏有功也。开国，封之为诸侯也。承家，以为卿大夫也。承，受也。小人者，虽有功不可用也，故戒使勿用。师旅之兴，成功非一道，不必皆君子也，故戒以小人有功不可用也，赏之以金帛禄位可也，不可使有国家而为政也。小人平时易致骄盈，况挟其功乎？"[157]来知德《周易集注》云："正功者，正功之大小也。乱邦者，小人挟功倚势，暴虐其民，必乱其邦。"[158]

圣帝明王立政修教，不在于任用了多少官员，而在于任得其人，这就是《尚书》所说的"明王立政，弗惟其官，惟其人"[159]，"任官惟贤材，左右惟其人"[160]。既然国家的治乱取决于百官，就不能任人唯亲，而要任人唯贤；爵位不授予品德恶劣之人，只赐予有德之人。这就是《尚书》所说的"官弗及私昵，惟其能；爵弗及恶德，惟其贤"[161]。

《礼记·王制》论述了任事授爵的方法："凡官民材，必先论之。论辨然后使之，任事然后爵之，位定然后禄之。"[162]论辩就是要考察其德行道艺，是否德才兼备，经过考察，确定有才干，才予以任用。《政要论·治本》云："位必使当其德，禄必使当其功，官必使当其能，此三者，治乱之本也。位当其德，则贤者居上，不肖者居下；禄当其功，则有劳者劝，无劳者慕。"[163]有德者居上位，有功者得俸禄，可以起到劝善遏恶的效果。

《贾子·官人》将君主选人封官分为六种：师、友、大臣、左右、侍御、厮役。智慧如同源泉，行为能成为表率，有问必答，有求必应，到卿大夫的封地，就足以使之名重诸侯，到一个国家，就足以使之名重天下，这样的人称为师；智慧足以和君主切磋，行事可以辅佐君主，能荐贤退不肖，在内能匡正君主，在外能宣扬美德，这样的人称为友；智慧足以谋划国事，行为足以为百姓的表率，仁义足以让上下和睦，国家有法度时就退位守护，君王有难则能以死保卫，恪尽职守，即使是君上也不能偏私相托，这样的人称为大臣；修养身心，端正行为，能够无愧于乡野，话语言谈无愧于朝廷，执戟卫君，纠王之失，不以以死事君为难事，这样的人称为左右；不贪财好色，侍奉君王没有贰心，君王有过失时，虽然不能直言规劝、以死进谏，但能因君主不听规劝而忧伤憔悴、面带愁容，不肯勉从君主的人，称为侍御；屈颜卑膝，和悦柔顺，唯命是从，侍奉君王的人，称为厮役。"与师为国者帝，与友为国者王，与大臣为国者霸，与左右为国者强，与侍御为国者，若存若亡，与厮役为国者，亡可立而待。"[164] 按照《贾子》列出的标准，称得上贤士的，至少也是"左右"。

《傅子》云："贤者，圣人所与共治天下者也。"[165] 但是，并非所有任用的人都称得上贤士，那么，当贤德之人与不肖之人同朝时，就要将贤德之人放在重要的位置上，特别是置于不肖之人之上。《傅子·授职》云："治国家者，先择佐，然后定民。……大德为宰相，此国之栋梁也；审其栋梁，则经国之本立矣；经国之本立，则庶官无旷，而天工时叙矣。"[166] 大德之人是国家的栋梁，选好栋梁，就奠定了国家治理的根本。随后各级人才都安排到位，国家就能治理好了。就像盖房子，大的木材做栋梁、小的木材做屋椽，各类木材都能派上用场。"子曰：举直错诸枉，能使枉者直。"[167] 在正直之人的领导下，邪枉之人就能化为正直了。对于不肖之徒，若是有技在身，也可以发挥其专长。一方面要让有德的领导者来率领，另一方面就是要运用赏罚的手段。《吕氏春秋·恃君览》

云:"凡使贤不肖异。使不肖以赏罚,使贤以义。故贤主之使其下也。必以义,必审赏罚,然后贤不肖尽为用也。"**168**

《袁子正书·论兵》论述了四种用人之法:"用人有四,一曰以功业期之,二曰与天下同利,三曰乐人之胜己,四曰因才而处任。以功业期之,则人尽其能;与天下同利,则民乐其业;乐人胜己,则下无隐情;因才择任,则众物备举。人各有能有不能也,是以智者不以一能求众善,不以一过掩众美,不遗小类,不弃小力,故能有为也。"**169** 期许建功立业、与天下同享利益、欢喜别人胜过自己、根据才能安排职任,这四种用人方法无不体现了君主仁爱、谦虚、智慧、公正的品德。贤士辅佐君主,为完成建功立业的梦想,就会竭尽所能;君主与天下同享利益,百姓就会乐于追随君主完成大业;欢喜别人胜过自己,下属就不会有隐情,同时也能激发下属的热情;根据才能分配职任,各类事物都会兴办起来。人各有所能有所不能,因此有智慧的领导者不会苛求众善皆备,也不会以小过掩大美。不遗漏小的美善,不放弃小的能力,这是君主能够有所作为的表现。

任人得当,天下就没有不可用之人。《文子·道自然》云,圣人做事,都是根据众人的资质而用其所长。有某项功绩的人就担任某一级的官职,有某种才能的人就从事某种事情。力量超过所担负的东西,就能够举重若轻;才能超过所做的事情,做事就不感觉困难。圣人善于使用人之长处,所以人没有无用之人,物没有可弃之材。

臣子之间相互谦让,也是任贤的一种重要方式。《春秋左氏传中》记载,鲁襄公十三年(前 560 年),晋悼公在绵上打猎并检阅军队。晋国的将帅中有两位去世,因此晋悼公再次任命军队统帅。在这次任命中,上演了一人让贤,其下皆让的故事。通过一系列的让贤与任命,晋国再次合理安排了将帅的位次。赵武升至上军将(上卿中位列第三),韩厥之子韩起担任上军佐,魏绛也晋升到下军佐(上卿中位列第六)的位置。在晋国，领导者能够相互谦让礼敬，百姓自然会感受到这种和睦的气氛，晋国因此而太平，数世都蒙受利益。有君子评论认为，"让，礼之主也。范宣子让，其下皆让；栾黡为汰，弗敢违也。晋国以平，数世赖之，刑善也夫！一人刑善，百姓休和，可不务乎！世之治也，君子尚能而让其下，小人农力以事其上，是以上下有礼，而谗慝黜远，由不争也，谓之懿德。及其乱也，君子称其功以加小人，小人伐其技以冯君子，是以上下无礼，乱虐并生，由争善也。谓之昏德。国家之弊，恒必由之"。这就是晋国昌盛兴旺的原因。**170**

在这个故事中，臣子之间相互举荐，不仅使有才能的人居于合适的位置，自己也获得了提拔，更重要的是，在这样的过程中，臣子之间的和谐关系促进了政事的有序进行，在上之人和睦，在下位者自然能够感受到，因此整个国家都能兴旺发达。这也是为何古人提倡"让"，而不提倡"争"。

与"让"相对的是"争"，"争"往往无法选出最上等的人才。《晏子春秋》记载，晏子将人才分为三等：最上等的贤德之人最难出仕为官，而且出仕之后，也最容易退出；次一等的人容易出来做官，但也容易退出；而最下等的人，最容易出来做官，但却很难被罢退。这是因为，贤德之人心之所在，只是江山社稷、黎民百姓，他们毫无私利，不计功名，出仕是为了道义，为使社会安定、人民幸福。如果君主不贤明，这些贤德之人就难于被举荐，纵使出来做官，也会难以发挥作用，容易退出官场。这类人要有贤明君主诚心礼请。相反，最下等的人就不一样了。这类人裹挟私心，只要能争得一官半职，就会把住不放，不会轻易退出。因此，竞争上岗的最好结果，不过是使中等的人才在位，存在人才遗漏的问题。此外，竞争还容易引发对立。竞争必然裹挟私欲，自然就容易产生对立，如果不能及时化解，就易引发斗争。通过这种方式选出的领导者，也容易用对立的方式处理问题。因此，古人提倡"让"，并教导要选任推让最多、能够荐贤之人。没有私心，不怕贤人取代或超越自己的人，才能荐贤。因此，能否荐贤也成为评价官员政绩的标准之一。

（三）不得其方，难尽其才

《申鉴·政体》总结了任贤的十种难处："一曰不知，二曰不求，三曰不任，四曰不终，五曰以小怨弃大德，六曰以小过黜大功，七曰以小短掩大美，八曰以干讦伤忠正，九曰以邪说乱正度，十曰以谗嫉废贤能，是谓十难。"**171**《申鉴》最后说，如果任贤这十种难处不去除，贤臣就得不到重用，贤臣得不到重用，就会国非其国。从历史验证上看，确实如此。而这十种任贤的难处，都与君主的德行和明智与否有直接关系。

如果任用贤士不得其方，不仅会使贤士不尽其能，甚至会失去贤士。下面举几种表现具体说明。

第一种情况是不信任贤士。《说苑·尊贤》记载，桓公问管仲哪些事情对称霸天下有害。管仲回答说："不知贤，害霸也。知而不用，害霸也。用而不任，害霸也。任而不信，害霸也。信而复使小人参之，害霸也。"**172** 君主不信任贤士，就不会听取贤士的意见，甚至还会使奸邪小人有可乘之机。邪臣在内，忠臣就会被放逐；忠臣有难，国家就会危亡了。

君主的不明及疑心会失去贤士，从而给国家带来祸患。《刘廙政论·疑贤》对此有详细的论述。君主希望得到贤德之人，但是任用之后，又往往会因怀疑而派人去探访调查，这就会失去他们。忠诚于君主的人并不能事事都有利于他人，也就难以在别人面前保持声誉。君主得到这些反馈，忠臣的福运也就没多久了。得到君主的赏赐不过是片刻欢乐，失去君主的信任则是终身祸患。所以忠臣会走向灭亡。聪明人思量于此，便不做忠臣了，因为不忠反而有利。君主以一己之力来对付众多奸邪之人，再聪明也难免为阴谋所困，又何况是庸碌的君主呢？庸俗的人知道忠诚对自己不利，而从别人口中却能得到个人的好名声，从而受到君主的重用。所以他们重视私交，轻视国家利益，培植对自己有利的，抑制对国家有利的。因此，忠信之人被罢黜，迎合私欲的人充斥朝廷。

《袁子正书》论述说，汉高祖原本只是崤山以东的普通百姓，没有咫尺的土地，但他能够任用天下贤才的智慧和力量，求大义而不苟求小节，所以能称王天下。项羽是楚国世袭的将领，受到百姓的仰慕，横行于天下，然而最终自刎于乌江，这是因为他有一个贤才范增而不能任用，心意猜忌多疑，不能信任治国重臣。因此，宽厚就能得到众人的拥护，任贤可以成就功业，虚怀若谷就能够广纳贤才，信任他人则人心归附，不忌讳就能使下情上达而人心安定。这归根结底还是需要领导者有德。

不信任贤士，就会使小人有机可乘，干扰贤士发挥作用。《新序》云："人君莫不求贤以自辅，然而国以乱亡者，所谓贤者不贤也。或使贤者为之，与不肖者议之；使智者图之，与愚者谋之。不肖嫉贤，愚者嫉智，是贤者之所以隔蔽也，所以千岁不合者也。或不肯用贤，或用贤而不能久也，或久而不能终也，或不肖子废贤父之忠臣，其祸败难一二录也。然其要在于己不明而听众口也，故谮诉不行，斯为明矣。"[173]《孙卿子·君道》云："使贤者为之，则与不肖者规之；使智者虑之，则与愚者论之；使修士行之，则与奸邪之人疑之。虽欲成功，得乎哉？"[174]不肖者、愚者、奸邪之人，都是嫉贤妒能的小人，这些人巧舌如簧，反白仰黑。之所以君主会让这些人评价贤士，是因为君子自己不明，只能听众口之言。只有谗毁攻讦之辞在君主面前不起作用，这样的君主才称得上明智。

第二种表现是君主用人不合理。例如，求全责备是一种不合理的用人方式。世上没有完人，即使是和氏璧、随侯珠，都有小的瑕疵。

《列子》云："以贤临人者，未有得人者也。以贤下人者，未有不得人者也。"**175** 对人求全责备，没有能得人心的；能礼贤下士，没有不得人心的。因为对人要求过于完美，就没有什么能满足其要求的，而能随顺万物的人，万物定会归附于他。

用人不当求其尽善尽美，以小恶掩大美是失贤的做法。《文子·上义》云："屈寸而伸尺，小枉而大直，圣人为之。今人君之论臣也，不计其大功，总其细行，而求其不善，即失贤之道也。故人有厚德，无问其小节；人有大誉，无疵其小故。夫人情莫不有所短，诚其大略是也，虽有小过，不足以为累；诚其大略非也，闾里之行，未足多也。"**176** 如果弯曲一寸能伸直一尺，小的弯曲能得到大的挺直，圣人就会去实行。换言之，圣人不会以小恶掩大美。如果君王评论臣下，不计重要贡献，却抓住细小的错误，这是丧失贤才的做法。所以，人有深厚的德行就不要过问小节；有很高的声望，就不要挑剔小的毛病。人都有短处，关键在于本质是好的，即使有小过错也不因此成为妨碍；如果本质不好，即便在乡里有称誉，也不值得赞美。从古至今，没有人的德行是完美无缺的，所以君子不要求任何一个人尽善尽美。

不以小的过错妨碍大的美德，才能成就大的功业，这是圣人的用人之法。《体论·君体》云："善为政者，务在于择人而已。及其求人也，总其大略，不具其小善，则不失贤矣。故曰：'记人之功，忘人之过，宜为君者也。'人有厚德，无问其小节；人有大誉，无訾其小故。自古及今，未有能全其行者也。和氏之璧，不能无瑕；隋侯之珠，不能无颣。然天下宝之者，不以小故妨大美也。不以小故妨大美，故能成大功。夫成大功在己而已，何具之于人也。"**177**

过分提高用人标准是另一种不合理的用人方式。过分提高用人标准，会扰乱政治风气，使人趋向于用小聪明来应付上级。《文子·下德》又云："在国家衰落时期，过分提高用人标准，对达不到的就予以治罪；

过分加重任职的负担，对不能胜任的就予以惩罚；以危险之事去责难，对不能经受的就予以诛杀。百姓因为这三种苛求而困扰，就要弄小聪明来欺骗上司，犯奸邪之罪，铤而走险，虽严刑峻法也不能禁止其奸诈。"[178] 出现这种用人标准混乱的现象，往往与官员的懒政、乱政有关。

第三种表现是君主自身不专心、不审慎，对臣子的计谋审查不经心，也会出现得贤不能尽的情况，从而导致失败。《时务论·审查计谋》论述了国君自身听察臣子建议时是否精心审慎会影响事情的成败。[179] 汉高祖刘邦明于辨察，采纳陈恢的计谋就攻占了南阳，不用娄敬的计策则困于平城。广武君李左车善于出谋划策，韩信采纳了他的计谋则使燕齐不战而降，陈余不用他的计谋则遭泜水之败。由此可见，汉高祖未必是一次糊涂一次聪明，而是在于听取意见时用心不用心。广武君的计谋不是一个拙劣一个工巧，而在于是否被采纳。不能说事成是因为有献计之人，事败是因为没有精于谋划之臣。吴王夫差拒不采纳伍子胥的计谋，却听取太宰伯嚭的邪说，终至国家灭亡，自己被杀，不能说是因为没有精于谋划的大臣。楚怀王拒绝接受屈原的计策，而采纳靳尚的策略，终陷秦国，客死他乡，不能说是没有出谋献策之士。虞国国君虞公不用宫之奇之谋致使国家被晋国所灭，仇由国国君不听赤章曼枝之言导致国家亡于智伯，蹇叔之哭不能挽救崤渑之战的败局，赵括之母不能拯救长平之战的失败。这些都是由于君主的视听不专心和不审慎造成的。由此看来，天下所有的国家都有忠臣谋士。失去民心、战争失败、危及于身、国家灭亡，原因在于君主自身的视听不专心不审慎。如果真心寻求忠良之臣、博学之士，哪个国家没有呢？

第四种情况是不能黜退不肖之徒。得贤任贤本就不易，倘若再不能黜退不肖之徒，国家政事就难以得到好的治理了。《桓子新论·见微》有齐桓公问郭氏为何能做到善善恶恶但依然成为废墟的论述。郭氏虽喜欢善人却不能任用，憎恶恶人却不能去除。那些好人知道他看重自己却不被任用，就会抱怨他；恶人看到他鄙视自己而得不到他的喜欢，就会怨恨他。和好人结怨，和恶人结仇，想不灭亡又怎么可能呢？从前，王莽喜欢天下贤德才智之人，将他们征召在一起，却不肯任用，使这些人心生非议而抱怨他；更始帝刘玄憎恶所封诸王都是想拥立自己却行不合道义之事的人，但又不能废除他们，使他们个个心怀怨恨而仇视他。所以王莽被攻打而身亡，宫室被烧毁；更始帝因得罪诸王而出逃，使城郭毁为废墟。以上二王都有喜欢贤人而憎恶恶人的言辞，却言而不行，因此不能免于祸难大灾，终使长安都城被破坏成废墟，这是极端错误的行为。

第三节 纳谏

君主能否虚心纳谏是国家能否兴旺的重要原因。《吴志下》云："兴国之君，乐闻其过；荒乱之主，乐闻其誉。闻其过者，过日消而福臻，闻其誉者，誉日损而祸至。是以古之人君，揖让以进贤，虚己以求过，譬天位于乘奔，以虎尾为警戒。"*180* 古人把天子之位用乘坐飞奔的烈马比喻，用若蹈虎尾警诫自己，以此来提醒君主进贤纳谏是为政重要的一环。

一、纳谏福臻，兼听则明

《尚书》云："惟木从绳则正，后从谏则圣。"*181* 君主听从规劝就能圣明，君王能够圣明，臣下不等命令就能承顺其意而进谏。正是由于纳谏的重要，君主时时刻刻都能受到规谏。《中论·应道》云：左史记事，右史记言；乐官诵读诗经，众官规劝教诲；器具上刻有铭文，座位上书写训诫；每个月都要考察其所为，每一年都要汇总其所行。这都是用以正身自省。

各级为政者、各种职能的人员，都有规劝之责。《春秋左氏传中》云：上天养育百姓并为他们设立国君，让他来管理养育他们，不使他们失去生计。有了国君，又为其设立卿佐，让卿佐辅佐他，不使国君超越常度，有善举则宣扬，有错误则匡正，有灾难则救助，无道则变革。自国君以下，各有父兄子弟来观察补救其政令得失。太史记录国君的言行举动，乐师作诗以讽刺，乐工诵读规诫劝谏之辞，大夫规正教诲，士人闻君过失则传告其言给大夫。庶人不参与政治，但听到君主的过失，也可以议论诽谤。商人在集市上陈设当时人们所崇尚的物品，各行各业的工匠进献他们的技艺来譬喻政事。

君臣父子兄弟士子之间能够做到谏诤和纳谏，家庭和国家就不会出现危亡的征兆和悖逆的恶行。《孝经》云："昔者，天子有争臣七人，虽无道，不失其天下。诸侯有争臣五人，虽无道，不失其国。大夫有争臣三人，虽无道，不失其家。士有争友，则身不离于令名。父有争子，则身不陷于不义。"**182** 天子周围的争臣七人是大师、大保、大傅、左辅、右弼、前疑、后丞，共同维持君主使之不危殆。《孔子家语·六本》有孔子关于谏诤和纳谏的教诲："君无争臣，父无争子，兄无争弟，士无争友，其无过者未之有也。故曰：'君失之，臣得之；父失之，子得之；兄失之，弟得之；士失之，友得之。'是以国无危亡之兆，家无悖乱之恶，父子兄弟无失，而交友无绝。"**183** 因此《政要论·谏诤》云："是以国之将兴，贵在谏臣；家之将盛，贵在谏子。"**184**

如果君主不能接受直谏之言，对自己的过失不能知晓，也就谈不上改正，那么政事自然就会日渐混乱。《吕氏春秋·贵直论》云，臣子犯颜直谏，君主的过失就能显露出来，过失显露出来能够改正，那么国家的政事就能办理得更好。然而，君主的通病在于，想了解自己的不足，却又不喜欢听到正直之言，那么直言进谏从何而来呢？这好比是将水源阻塞而又想要得到水，水又从何而来呢？这等于轻视自己所想要的，而重视自己所厌恶的，想要的又从何处来？

古圣先王都是虚心纳谏的典范。《管子·桓公问》云，黄帝建立了明台的议政制度，尧帝设有衢室的咨询制度，舜帝设有奖励人们进谏的旌旗，夏禹在朝廷上设立进谏之鼓，商汤设有通途大道旁的亭舍，用来审察百姓的诽怨。这就是古代圣君贤王所以拥有天下而不失去、得到权力而不丧失的方法。

《孟子·公孙丑下》记载，孟子曰："子路人告之以其过则喜，禹闻善言则拜，大舜又甚焉。善与人同，舍己从人，乐取于人以为善，自耕稼陶渔以至为帝，无非取于人者，取诸人以为善，是与人为善也。故君子莫大乎与人为善。"**185**

舜帝、禹王这些圣贤之人，善于采纳别人好的意见。大舜从历山耕田到河滨烧窑、雷泽捕鱼，都是十分虚心地吸取别人好的建议。《尚书》云："予违，汝弼，汝无面从，退有后言。"**186** 舜帝登上帝位后，特意对臣子们说，我有过失，就要辅助纠正我。不可当面顺从，退下去在背后议论。

《鹖子》云，大禹通过"五声"以明视听，治理天下。朝堂门上悬着钟、鼓、铎和磬，地上摆着鼗，以待天下之人，并刻铭文于笋簴之上，说："教我以道的请击鼓；教我以义的请击钟；教我如何处事的请摇铎；告知我当忧惧的请击磬；告诉我诉讼之事的请敲鼗。"这就是"五声"。所以大禹曾一顿饭七次起身接待士人，忙到正午都无暇吃饭。大禹说："我不怕天下的士人停在路上，而是担心他们滞留在我的门庭。"因此天下士人纷纷前来投奔，禹的朝廷也闲静无事。正是因为大禹能够虚心采纳贤士的意见，贤士能够感受到尊重，因此前来投奔，而大禹又能将他们安置在合适的位置上，使人尽其才，国家的政事也能处理好，没有闲杂无所事事之人，没有诉讼，所以朝廷甚至门可罗雀。这就是大禹善于吸纳人才、接受好的谏言而实现的。

　　后世的君主也视纳谏为为政的重要一环。《中论·应道》云，卫武公虽年过九十，仍然昼夜不倦地希望听到百官黎民的谏言，还命令其群臣说："不要说我年事已高便舍弃我，必须时时规劝我，使我有所警诫。"**187**

　　《吕氏春秋·直谏》记载了楚文王虚心纳谏的故事。楚文王得到了当时有名的茹黄狗和宛路箭，在云梦泽打猎三个月不回，与丹地的美女整日歌舞升平，不理朝政。后来太保申以宁愿获罪于大王，也不愿意获罪于先王的直谏态度，象征性地鞭笞了楚文王，并请求楚文王把他处死。楚文王认为这是自己的过失，太保没有过失。之后楚文王痛改前非，改变了自己的行为，召回太保申，杀了茹黄狗，折了宛路箭，放回丹地的美女，一心一意地治理楚国。最后楚文王兼并了三十九个国家，使楚国的国土非常广大。楚文王之所以能够有这样的功业，是太保申犯颜直谏的结果。

　　太保申在觐见楚文王前，就已经做好了赴死的准备，但是即使如此，他也不愿意看着楚文王犯过失而不去劝谏。假设当时楚文王有过失，却没有像太保申这样的人敢于直谏，那楚文王就会一直沉迷，国家也不可能治理好。《昌言·拾遗》列举了五种不可向君主劝谏的情况："一曰废后黜正，二曰不节情欲，三曰专爱一人，四曰宠幸佞谄，五曰骄贵外戚。"**188**因为废黜皇后太子，会使家国倾覆；不节制情欲，会危害君主性命；专宠一人，会导致后嗣凋零；宠幸佞谄之人，会使忠正之士不为所用；厚爱外戚，则会淆乱国家政治。出现这五种情况，说明君主已经病入膏肓，国家形势危如累卵，即使群臣破首裂身、以死相搏，也难以挽救于万一了。**189**但是太保申看到楚文王不节制情欲，宠爱一个人，仍然冒着生命危险去劝谏君王，可以说是极其忠义。正是因为他的劝谏才改变了楚文王乃至整个楚国的命运。

　　东汉梅福在给汉成帝的上疏中分析了箕子和叔孙通离开殷商和秦

地，以及汉高祖刘邦取得天下的原因，就在于拒谏和纳谏。梅福云，箕子在殷朝假装癫狂，而向周王陈述出《洪范》；叔孙通逃离秦地，归顺汉朝，制定了仪礼品级。这并非箕子疏远背叛了亲族，叔孙通不忠于秦，而是因为他们无法直言进谏。当年汉高祖采纳善言唯恐不及，从谏如流，听取谏言时不责求其才能，选用有功劳之人时不计较往日的情况。陈平原是逃亡之人而成为主谋之臣，韩信选拔于行伍而立为上将，所以天下之士归顺汉朝，争着奉献奇异本领。智者尽力谋划，愚者尽力思考，勇士作战尽其操节，怯懦之人勉励自己不贪生怕死。集合天下人的智慧，合并天下人的威力，因此推翻秦朝像持鸿毛一样轻而易举，攻取楚国像捡回丢弃之物一样容易，这就是高祖能无敌于天下的原因。

由此可见，不仅是古圣贤王，大凡在历史上成就大业的君主，都会虚心纳谏，改正过失，改善政治。

在君主纳谏的过程中，有一个很重要的方面是"兼听则明，偏听则暗"，这是为政之道非常重要的态度。《潜夫论·明暗》云："国之所以治者，君明也；其所以乱者，君暗也。君之所以明者，兼听也；其所以暗者，偏信也。是故人君通必兼听，则圣日广矣；庸说偏信，则愚日甚矣。"[190] 国家能否治理好，根源在于国君是否英明。能够广泛地听取各方面的意见，客观地了解各种情况，这样就不至于误判。君主的圣心通达，能广听兼纳，这样君主的德行也日益提升；偏听偏信奸佞之言、一面之词，这样君主的昏庸愚昧就愈加严重，国家的政事也就不会治理得好了。

虽然听闻考察各种意见是国家安危存亡的关键，但若君主广大视听却不能明辨，也会导致政事的混乱。《时务论·审查计谋》云："夫听察者，乃存亡之门户，安危之机要也。若人主听察不博，偏受所信，则谋有所漏，不尽良策。若博其观听，纳受无方，考察不精，则数有所乱矣。"[191] 各种意见纷至沓来，会干扰君主的视听，因为君主要独自一人去推断思考各种意见。假如君主听察得当，采纳的建议合理，计策周全，就能有所成就，政治兴隆，国家富强。假若君主不能深入审慎地听取和采纳建议，事情就会失败，政治陷于混乱，所以深入审慎地听察考证是如此重要。

为什么众口之辞会导致政事混乱？《傅子·举贤》云："故举一人而听之者，王道也；举二人而听之者，霸道也；举三人而听之者，仅存之道也。听一人何以王也？任明而致信也。听二人何以霸也？任术而设疑也。听三人何以仅存也？从二而求一也。"[192]君主听取一人之意可以统一全体臣子的意见。当然，此处的"一人之意"必须是贤士的意见，而且"一人之意"未必就是指一个人，而是指一类人的统一的意见。"两人之意""三人之意"也是同样，并不是指两三个人，而是指两种意见、多种意见。听取两种意见，就容易在下属中引起对立和斗争，即便一方的意见占上风，在此过程中也不免会使用权谋之术，因此最好也不过是以谋略成就霸业；听取三人之意，会导致各派势力相互攻讦，引发政治混乱，各派若不能通力合作，就必须保持制约平衡，因此国家也只能是仅存而已。因此《傅子·举贤》云："明主任人之道专，致人之道博。任人道专，故邪不得间；致人之道博，故下无所壅。任人之道不专，则谗说起而异心生；致人之道不博，则殊途塞而良材屈。"[193]

无论是兼听还是专一、止奸还是纳谏，都需要君主明智。《论语·颜渊》云："子张问明。子曰：'浸润之谮，肤受之诉，不行焉，可谓明也已。浸润之谮，肤受之诉，不行焉，可谓远也已。'"[194]如水般浸润的谗言，能令人逐渐接受；如肤垢般隐蔽的谗言，是浮泛不实的话语，都在他前面行不通，这种人可算是明白、有远见的人了，这种人德行高远，没有人比得上了。《傅子》云：英明君主担心阿谀自己的人多而无法听到自己的过失，便广开直言进谏之路，接纳违逆自己的言论，如果谏言出于忠诚，虽然不完全切合实事，仍然高兴地接受。

敞开直言之路，招引他们进谏，不是为取得好名声，而是认为听不到正直的言论，自己就会耳目闭塞。在内自己的耳目闭塞，在外阿谀之人又凡事顺从自己，这就是夏、商、周三代亡国之君在不知不觉中灭亡的原因。

二、拒谏致祸，偏信则暗

古圣贤王与亡国之君在纳谏拒谏上有着鲜明的对比。《孔子家语·六本》中孔子云："药酒苦于口而利于病，忠言逆于耳而利于行。汤、武以谔谔而昌，桀、纣以唯唯而亡。"[195]汤王、武王的朝中都是直谏之士，夏桀、商纣的朝中都是唯唯诺诺之臣。

夏桀王整天荒淫无度、喝酒作乐、不理朝政。臣子关龙逢来进谏说："为人君，身行礼义，爱民节财，故国安而身寿也。今君用财若无尽，用人若恐不能死。不革，天祸必降，而诛必至矣。君其革之。"[196]并站在身边不走，夏桀很生气，把关龙逢关起来并很快就处死。由于夏桀任用的全是奸佞之臣，而不任用犯颜直谏的臣子，结果夏朝很快灭亡。

商纣王也是如此。《史记》记载，商纣王整日同女子饮酒享乐，沉迷于靡靡之音，任用的"三公"是鄂侯、九侯、西伯昌（即周文王）。九侯的女儿长得美丽，九侯就把她进献给纣王。九侯的女儿不喜欢过度淫欲，商纣王很生气，就把她杀了。不仅如此，把九侯也杀了，并剁成了肉酱。鄂侯劝谏，厉声指正。纣王很生气，把鄂侯也杀了，把他做成肉干。西伯昌听后不免暗暗叹气。纣王知道后，将西伯昌关在羑里。后经西伯昌的几个臣子营救，为商纣王进献美女、宝马和珠宝，商纣王才把西伯昌放了。纣王身边有三位贤臣：微子、比干和箕子。微子三番五次地进谏纣王，纣王不听，微子就逃走了。比干犯颜直谏，商纣王很生气，杀害比干并剖视其心。箕子看到后，知道自己进谏也不会有效果，于是装作癫狂，沦为奴隶。但是商纣王还是不放过箕子，将他关了起来。结果，没有人再敢去进谏，商朝也很快就灭亡了。后来，周武王吊民伐罪，商纣王穿着珠宝玉石装饰的衣服投入火中，自杀身亡。

因此，《盐铁论·相刺》论曰："扁鹊不能治不受针药之疾，贤圣不能正不食善言之君。故桀有关龙逢而夏亡，纣有三仁而商灭。故不患无夷吾、由余之论；患无桓、穆之听耳。是以孔子东西无所遇，屈原放逐于楚国也。" **197**

秦朝亡国的一个原因，也是由于秦始皇和秦二世拒谏纳非。《史记上》云，秦自穆公以来，逐渐侵占诸侯，最终成就了秦始皇。始皇自以为功业超过五帝，疆土之广超过三王，因此耻于与五帝三王相提并论，自以为是，不征询意见，因此有错而不能改。秦二世继承他的作风，因循不改，残暴苛虐以加重祸患。子婴孤立而没有亲信，身危势弱而没有辅佐。三位君主迷惑终身而不觉悟，灭亡不是自然而然的吗？当时，世上并非没有深谋远虑、明晓形势变化的人。然而他们之所以不敢竭诚尽忠，匡恶去过，是因为秦朝风气多有忌讳的禁规，忠言还没说完就已遭到杀戮。所以使得天下之人侧耳倾听，重足而立，闭口不言。三位君主违背道义，忠臣不敢进谏，智士不敢为之谋划，天下大乱，奸贼叛乱不能被君主知晓，难道不可悲吗？

《说苑·反质》记载，秦始皇兼并天下之后，大肆奢淫放纵。方士韩人侯生、齐人卢生聚在一起商量，认为不能在秦国住下去了。皇上喜欢用刑杀树立威严，臣下惧怕加罪而只图保持俸禄，没有人敢尽忠言。皇上听不到自己的过失，而一天比一天骄横，臣下畏惧屈从，以怠慢欺骗来讨好皇上，进谏之官不用，因而愈来愈背离正道，如果我们长久住在这里，恐怕会被他杀害，只有逃去。秦始皇听说后大怒，认为这些儒生是在妖言惑众，于是，他命令御史将这些儒生全部捉拿归案。四百多儒生统统被活埋。

后来侯生被抓，秦始皇召见了他。侯生说："现在陛下奢侈淫逸，丧失根本、追求末事，宫室台阁接连扩建重修，珍珠美玉堆聚成山，美女歌伎数以万计，音乐放纵没有节制，车马彩绘装饰华丽。然而百姓资财困竭，民力已经用尽，陛下自己还不知道。有人把这些指为紧急严重之事，用威严制服臣下遵从，在下位者不敢讲话，在上位者不明事理，因此我们才要离去。我们不吝惜自己的性命，只是惋惜陛下的国家将会灭亡。陛下没有节制，超过丹朱万倍，是昆吾、桀纣的千倍，恐怕陛下有十条败亡的理由，却没有可以生存的理由。"

秦始皇沉默良久，感慨无人早点提醒。侯生说："陛下自以为贤明，自以为强盛。上对五帝轻慢，下对三王不敬。抛弃素朴，追求末技。陛下败亡的征兆其实已经出现很久了。我们怕说出来也没有用处，只有自寻死路，因而宁可逃走，也不敢陈说。现在我认为自己必死无疑，所以才向陛下陈述这些。虽然这些话不能使陛下免于败亡，但愿能够使陛下明白原因。"秦始皇又问还能否改变这种局势。侯生说："形势已经造成，只有坐等灭亡。如果陛下想改变这种形势，能像唐尧和夏禹那样吗？否则是没有希望的。"秦始皇听完，长叹一口气，放了侯生。

《后汉书三》中刘陶上疏指明了秦朝灭亡的教训："秦之将亡，正谏者诛，谀进者赏，嘉言结于忠舌，国命出于谗口。"[198]

这些历史典故都在提醒后人，荒淫无道、不接受忠言劝谏的君主，不会有好结果。过失日渐严重，倨傲之心愈发增强，最终导致了灭亡的结局。《孙卿子·修身》云："谄谀者亲，谏争者疏，循正为笑，至忠为贼，虽欲无灭亡，得乎哉？"[199] 因此，孔子提醒，"良药苦口利于病，忠言逆耳利于行"。如果人没有自我反省的能力，又没有善友提醒，就容易一错再错，以至于走上不归之途。

拒谏会导致灭亡，可以从上下交泰与上下不相交通来解释。泰卦

《象》曰："天地交，泰。后以财成天地之道，辅相天地之宜，以左右民。"**200** 天地互相交合，象征顺畅通泰，君主由此而裁制符合自然之道的施政方法，辅助天地化生万物之机宜，帮助百姓安居乐业。《彖》曰："天地交而万物通也，上下交而其志同也。内君子而外小人，君子道长，小人道消也。"**201** 天地阴阳交合，万物生养之道就通畅无阻；君臣上下交心感应，志向就会相同。此时，君子在内，小人在外，君子之道就能逐渐增长，小人之道就会逐渐消退。否卦《彖》曰："天地不交，否。"**202** 天地各居其位、互不交流，就是否塞之象。《彖》曰："天地不交而万物不通，上下不交而天下无邦也。内阴而外阳，内柔而外刚，内小人而外君子，小人道长，君子道消也。"**203** 天地之气互不交感，万物生长就会堵塞不通。君臣之间互不沟通，国家就会衰败灭亡。此卦内卦坤体为阴，外卦乾体为阳，表示内柔而外刚，小人在位而君子在野。这样，小人之道就会日渐增长，君子之道就会日渐消亡。

《汉书三》中刘向的上疏也论述了这个道理：任用贤德之人可以施行清明政治，如果有人进谗言，贤人就会离去，善政也就废止了。抱持猜疑之心会招引来诽谤中伤；持心不够坚决奸邪就会趁机而入。谗佞奸邪的人被任用，贤人就会退去；众奸邪兴盛，正直的势力就会消散。所以，《易经》中有否、泰二卦。小人之道增长，君子之道就会消减；君子之道消减，政治就会日渐混乱，所以称为"否"。"否"是闭塞不通而混乱。君子之道增长，小人之道就会消退；小人之道消退，政治就会日益清明，所以称为"泰"。"泰"是政治亨通而天下大治。**204**

《申子·大体》用城郭之闭为喻。君主修筑高大的城墙，把守大小门户，是因为怕敌军和盗贼。但如今杀害君主夺取国家的人，并不一定要逾越城墙。只要蒙蔽君王的双眼，堵塞君王的耳朵，夺取君主的权力，擅自发布君令，就能占有他的百姓，夺取他的国家。所以，蒙蔽君主使上情不能下达，拒谏使下情不能上达，这是上下不相交通的否闭之象。小人之道渐长，君子之道渐消，国家也就灭亡了。因此，上下不通是国家大的忧患。叔向云："大臣重禄而不极谏，近臣畏罪而不敢言，下情不上通，此患之大者也。"**205**

但是，一些不明理的君主不惜以诡辩之辞拒绝纳谏。正如《中论·应道》云：愚蠢的君主不仅不遵守先王制定的纳谏之法，还自以为智慧仁德，甚至圣明，没有什么有求于人的。因此导致罪错昭彰，百姓伤怨。如有人告知实情，他会说，这些事只是生自你的心里，出自你的口中。于是惩罚、处斩或者羞辱进谏之人。不仅如此，还说，这是因为你们与我离心离德，不明白我的方略。于是，这些昏庸之君有过而不改，坚持原来的谬误，以至于自身危急、国家灭亡。

除拒谏外，君主偏听偏信也会酿成祸患。《汉书五》记载邹阳所言，偏听一面之词会产生乱象，偏信某个人会酿成祸乱。从前鲁君听信季氏的话而使孔子离开鲁国，宋君采用子冉的算计把墨翟囚禁起来。孔子、墨翟都不能免于谗言的伤害，而宋、鲁两国也因谗言出现了危机。这是因为众口铄金，积毁销骨。

君主偏听偏信与拒谏往往是连在一起的。奸邪之人蒙蔽君主的视听，就能将君主的宠爱集于一身，自己独揽大权。这些人蒙蔽君主，往往做得微妙精巧，让君主被蒙蔽了却没有察觉，只有等到国家灭亡时才悔之晚矣。古往今来亡国的君主很多，很多是因为被臣子蒙蔽在宫内，沉湎于臣子的谄媚阿谀之中。所以，作为君主的关键在于去除蒙蔽。《政要论·决壅》云："为人君之务，在于决壅；决壅之务，在于进下；进下之道，在于博听；博听之义，无贵贱同异，隶竖牧圉，皆得达焉。若此，则所闻见者广；所闻见者广，则虽欲求壅，弗得也。"**206**

注 释

1.（魏）王弼注，（唐）孔颖达疏，卢光明、李申整理，吕绍刚审定：《周易正义》（十三经注疏），第 128 页。

2.（明）蕅益著，刘俊堂点校：《周易禅解》，崇文书局 2015 年版，第 98 页。

3.（唐）魏徵等辑：《群书治要》（永青文库四种），第 1 册，第 93 页。

4.（唐）魏徵等辑：《群书治要》（永青文库四种），第 4 册，第 590 页。

5.（唐）魏徵等辑：《群书治要》（永青文库四种），第 1 册，第 85 页。

6.（唐）魏徵等辑：《群书治要》（永青文库四种），第 1 册，第 388—389 页。

7.（唐）魏徵等辑：《群书治要》（永青文库四种），第 1 册，第 546 页。

8.（唐）魏徵等辑：《群书治要》（永青文库四种），第 1 册，第 320—321 页。

9.（唐）魏徵等辑：《群书治要》（永青文库四种），第 4 册，第 88—89 页。

10.（唐）魏徵等辑：《群书治要》（永青文库四种），第 4 册，第 214 页。

11.（唐）魏徵等辑：《群书治要》（永青文库四种），第 4 册，第 214—215 页。

12.（唐）魏徵等辑：《群书治要》（永青文库四种），第 1 册，第 519 页。

13.安平秋主编：《史记》第 2 册（许嘉璐主编：《二十四史全译》）汉语大字典出版社 2004 年版，第 1012 页。

14.（唐）魏徵等辑：《群书治要》（永青文库四种），第 1 册，第 120 页。

15.（唐）魏徵等辑：《群书治要》（永青文库四种），第 4 册，第 281 页。

16.（唐）魏徵等辑：《群书治要》（永青文库四种），第 4 册，第 6 页。

17.（唐）魏徵等辑：《群书治要》（永青文库四种），第 4 册，第 7 页。

18.（唐）魏徵等辑：《群书治要》（永青文库四种），第 4 册，第 21 页。

19.（唐）魏徵等辑：《群书治要》（永青文库四种），第 4 册，第 446—447 页。

20.（唐）魏徵等辑：《群书治要》（永青文库四种），第 4 册，第 88—89 页。

21.（唐）魏徵等辑：《群书治要》（永青文库四种），第 4 册，第 444 页。

22.（唐）魏徵等辑：《群书治要》（永青文库四种），第 4 册，第 428 页。

23.（唐）魏徵等辑：《群书治要》（永青文库四种），第 4 册，第 428 页。

24.（唐）魏徵等辑：《群书治要》（永青文库四种），第 4 册，第 581 页。

25.（唐）魏徵等辑：《群书治要》（永青文库四种），第 2 册，第 143—144 页。

26.（唐）魏徵等撰，刘余莉主编：《群书治要译注》，第 5 册，第 2203 页。

27.（唐）魏徵等辑：《群书治要》（永青文库四种），第 1 册，第 545 页。

28.（唐）魏徵等辑：《群书治要》（永青文库四种），第 1 册，第 546 页。

29.（唐）魏徵等辑：《群书治要》（永青文库四种），第 1 册，第 488—489 页。

30.（唐）魏徵等辑：《群书治要》（永青文库四种），第 1 册，第 54 页。

31.（唐）魏徵等辑：《群书治要》（永青文库四种），第 4 册，第 429 页。

32.（唐）魏徵等辑：《群书治要》（永青文库四种），第 4 册，第 411 页。

33.（唐）魏徵等辑：《群书治要》（永青文库四种），第 1 册，第 556—557 页。

34.（唐）魏徵等辑：《群书治要》（永青文库四种），第 4 册，第 83—84 页。

35.（唐）魏徵等辑：《群书治要》（永青文库四种），第 4 册，第 84 页。

36.（唐）魏徵等辑：《群书治要》（永青文库四种），第 1 册，第 510 页。

37.（唐）魏徵等辑：《群书治要》（永青文库四种），第 1 册，第 510 页。

38.（唐）魏徵等辑：《群书治要》（永青文库四种），第 1 册，第 338—339 页。

39.（唐）魏徵等辑：《群书治要》（永青文库四种），第 5 册，第 186 页。

40.（唐）魏徵等辑：《群书治要》（永青文库四种），第 4 册，第 82—83 页。

41.（唐）魏徵等辑：《群书治要》（永青文库四种），第 5 册，第 275 页。

42.（唐）魏徵等辑：《群书治要》（永青文库四种），第 5 册，第 286 页。

43.（唐）魏徵等辑：《群书治要》（永青文库四种），第 1 册，第 122 页。

44.（唐）魏徵等辑：《群书治要》（永青文库四种），第 2 册，第 310—311 页。

45.（唐）魏徵等辑：《群书治要》（永青文库四种），第 5 册，第 193 页。

46.（唐）魏徵等辑：《群书治要》（永青文库四种），第 1 册，第 262—263 页。

47.（唐）魏徵等辑：《群书治要》（永青文库四种），第 1 册，第 263 页。

48.（唐）魏徵等辑：《群书治要》（永青文库四种），第 1 册，第 262 页。

49.（唐）魏徵等辑：《群书治要》（永青文库四种），第 2 册，第 20—21 页。

50.（唐）魏徵等辑：《群书治要》（永青文库四种），第 1 册，第 417 页。

51.（唐）魏徵等辑：《群书治要》（永青文库四种），第 1 册，第 478 页。

52.（唐）魏徵等辑：《群书治要》（永青文库四种），第 1 册，第 104 页。

53.（唐）魏徵等辑：《群书治要》（永青文库四种），第 1 册，第 105 页。

54.（汉）孔安国注，（唐）孔颖达疏，廖名春、陈明整理，吕绍刚审定：《尚书正义》（十三经注疏），第 329 页上。

55.（汉）孔安国注，（唐）孔颖达疏，廖名春、陈明整理，吕绍刚审定：《尚书正义》（十三经注疏），第 131 页。

56.赵尔巽等撰：《清史稿》，中华书局 1977 年版，第 4 册，第 1004 页。

57.（唐）魏徵等辑：《群书治要》（永青文库四种），第 1 册，第 125 页。

58.（唐）魏徵等辑：《群书治要》（永青文库四种），第 4 册，第 477 页。

59.（唐）魏徵等辑：《群书治要》（永青文库四种），第 5 册，第 139 页。

60.（唐）魏徵等辑：《群书治要》（永青文库四种），第 1 册，第 510 页。

61.（唐）魏徵等辑：《群书治要》（永青文库四种），第 1 册，第 390 页。

62.（唐）魏徵等辑：《群书治要》（永青文库四种），第 1 册，第 390 页。

63.（明）蕅益著，江谦补注，梅愚点校：《四书蕅益解》，崇文书局 2015 年版，第 221 页。

64.（唐）魏徵等辑：《群书治要》（永青文库四种），第 1 册，第 125 页。

65.（唐）魏徵等辑：《群书治要》（永青文库四种），第 4 册，第 260 页。

66.（唐）魏徵等辑：《群书治要》（永青文库四种），第 4 册，第 591—592 页。

67.（唐）魏徵等辑：《群书治要》（永青文库四种），第 1 册，第 158—159 页。

68.（唐）魏徵等辑：《群书治要》（永青文库四种），第 4 册，第 41—42 页。

69.（唐）魏徵等辑：《群书治要》（永青文库四种），第 1 册，第 418 页。

70.（唐）魏徵等辑：《群书治要》（永青文库四种），第 3 册，第 443 页。

71.（唐）魏徵等辑：《群书治要》（永青文库四种），第 4 册，第 61 页。

72.（唐）魏徵等辑：《群书治要》（永青文库四种），第 1 册，第 493 页。

73.（唐）魏徵等辑：《群书治要》（永青文库四种），第 1 册，第 132—133 页。

74.（唐）魏徵等辑：《群书治要》（永青文库四种），第 1 册，第 490 页。

75.（唐）魏徵等辑：《群书治要》（永青文库四种），第 1 册，第 386 页。

76.（唐）魏徵等辑：《群书治要》（永青文库四种），第 1 册，第 389 页。

77.（唐）魏徵等辑：《群书治要》（永青文库四种），第 1 册，第 478 页。

78.（唐）魏徵等辑：《群书治要》（永青文库四种），第 1 册，第 536 页。

79.（唐）魏徵等辑：《群书治要》（永青文库四种），第 4 册，第 240 页。

80.（唐）魏徵等辑：《群书治要》（永青文库四种），第 1 册，第 183 页。

81.（唐）魏徵等辑：《群书治要》（永青文库四种），第 4 册，第 592 页。

82.（唐）魏徵等辑：《群书治要》（永青文库四种），第 5 册，第 210 页。

83.（唐）魏徵等辑：《群书治要》（永青文库四种），第 3 册，第 52—53 页。

84.（唐）魏徵等辑：《群书治要》（永青文库四种），第 3 册，第 53 页。

85.（唐）魏徵等辑：《群书治要》（永青文库四种），第 4 册，第 385 页。

86.（唐）魏徵等辑：《群书治要》（永青文库四种），第 5 册，第 42 页。

87.（唐）魏徵等辑：《群书治要》（永青文库四种），第 4 册，第 341 页。

88.（唐）魏徵等辑：《群书治要》（永青文库四种），第 1 册，第 489 页。

89.（唐）魏徵等辑：《群书治要》（永青文库四种），第 1 册，第 493 页。

90.（唐）魏徵等辑：《群书治要》（永青文库四种），第 1 册，第 493—494 页。

91.（唐）魏徵等辑：《群书治要》（永青文库四种），第 1 册，第 518 页。

92.（唐）魏徵等辑：《群书治要》（永青文库四种），第 1 册，第 386 页。

93.（唐）魏徵等辑：《群书治要》（永青文库四种），第 4 册，第 592—593 页。

94.（明）来知德撰，王丰先点校：《周易集注》，上册，中华书局 2019 年版，第

309 页。

95.金景芳、吕绍纲著，吕绍纲修订：《周易全解》（修订本），上海古籍出版社 2017年版，第 209—210 页。

96.（唐）魏徵等辑：《群书治要》（永青文库四种），第 1 册，第 45 页。

97.（唐）魏徵等辑：《群书治要》（永青文库四种），第 1 册，第 45 页。

98.（明）来知德撰，王丰先点校：《周易集注》，上册，第 310 页。

99.（唐）魏徵等辑：《群书治要》（永青文库四种），第 1 册，第 492—493 页。

100.（唐）魏徵等辑：《群书治要》（永青文库四种），第 5 册，第 45 页。

101.（唐）魏徵等辑：《群书治要》（永青文库四种），第 1 册，第 194 页。

102.（唐）魏徵等辑：《群书治要》（永青文库四种），第 1 册，第 86 页。

103.（唐）魏徵等辑：《群书治要》（永青文库四种），第 2 册，第 15 页。

104.（唐）魏徵等辑：《群书治要》（永青文库四种），第 1 册，第 465 页。

105.（唐）魏徵等辑：《群书治要》（永青文库四种），第 4 册，第 468 页。

106.（唐）魏徵等辑：《群书治要》（永青文库四种），第 4 册，第 551—552 页。

107.（唐）魏徵等辑：《群书治要》（永青文库四种），第 5 册，第 355 页。

108.（唐）魏徵等辑：《群书治要》（永青文库四种），第 4 册，第 437—438 页。

109.（唐）魏徵等辑：《群书治要》（永青文库四种），第 1 册，第 166 页。

110.（唐）魏徵等辑：《群书治要》（永青文库四种），第 1 册，第 166—167 页。

111.（唐）魏徵等辑：《群书治要》（永青文库四种），第 1 册，第 186 页。

112.（唐）魏徵等辑：《群书治要》（永青文库四种），第 1 册，第 197 页。

113.（唐）魏徵等辑：《群书治要》（永青文库四种），第 5 册，第 139 页。

114.（唐）魏徵等辑：《群书治要》（永青文库四种），第 5 册，第 82—84 页。

115.（唐）魏徵等辑：《群书治要》（永青文库四种），第 4 册，第 329 页。

116.（唐）魏徵等辑：《群书治要》（永青文库四种），第 5 册，第 140 页。

117.（唐）魏徵等辑：《群书治要》（永青文库四种），第 5 册，第 440 页。

118.（唐）魏徵等辑：《群书治要》（永青文库四种），第 3 册，第 302 页。

119.（唐）魏徵等辑：《群书治要》（永青文库四种），第 4 册，第 445—446 页。

120.（唐）魏徵等辑：《群书治要》（永青文库四种），第 5 册，第 484 页。

121.（唐）魏徵等辑：《群书治要》（永青文库四种），第 4 册，第 446 页。

122.（唐）魏徵等辑：《群书治要》（永青文库四种），第 5 册，第 407 页。

123.（唐）魏徵等辑：《群书治要》（永青文库四种），第 4 册，第 335 页。

124.（唐）魏徵等辑：《群书治要》（永青文库四种），第 5 册，第 353 页。

125.（唐）魏徵等辑：《群书治要》（永青文库四种），第 4 册，第 593—594 页。

126.（唐）魏徵等辑：《群书治要》（永青文库四种），第 4 册，第 411 页。

127.（唐）魏徵等辑：《群书治要》（永青文库四种），第 1 册，第 37 页。

128.（唐）魏徵等辑：《群书治要》（永青文库四种），第 4 册，第 578 页。

129.（唐）魏徵等辑：《群书治要》（永青文库四种），第 1 册，第 92 页。

130.（唐）魏徵等辑：《群书治要》（永青文库四种），第 4 册，第 447 页。

131.（唐）魏徵等辑：《群书治要》（永青文库四种），第 5 册，第 461 页。

132.（唐）魏徵等辑：《群书治要》（永青文库四种），第 4 册，第 524 页。

133.（唐）魏徵等辑：《群书治要》（永青文库四种），第 5 册，第 140 页。

134.（唐）魏徵等辑：《群书治要》（永青文库四种），第 1 册，第 491 页。

135.（唐）魏徵等辑：《群书治要》（永青文库四种），第 5 册，第 466 页。

136.（唐）魏徵等辑：《群书治要》（永青文库四种），第 4 册，第 24 页。

137.（唐）魏徵等辑：《群书治要》（永青文库四种），第 4 册，第 23 页。

138.（唐）魏徵等辑：《群书治要》（永青文库四种），第 3 册，第 385 页。

139.（唐）魏徵等辑：《群书治要》（永青文库四种），第 3 册，第 385 页。

140.（唐）魏徵等辑：《群书治要》（永青文库四种），第 4 册，第 558—559 页。

141.（唐）魏徵等辑：《群书治要》（永青文库四种），第 4 册，第 560 页。

142.（唐）魏徵等辑：《群书治要》（永青文库四种），第 4 册，第 11 页。

143.（唐）魏徵等辑：《群书治要》（永青文库四种），第 4 册，第 12 页。

144.（唐）魏徵等辑：《群书治要》（永青文库四种），第 5 册，第 513 页。

145.（唐）魏徵等辑：《群书治要》（永青文库四种），第 5 册，第 513—514 页。

146.（唐）魏徵等辑：《群书治要》（永青文库四种），第 4 册，第 560 页。

147.（唐）魏徵等辑：《群书治要》（永青文库四种），第 1 册，第 131 页。

148.（唐）魏徵等辑：《群书治要》（永青文库四种），第 4 册，第 330 页。

149.（唐）魏徵等辑：《群书治要》（永青文库四种），第 4 册，第 331—332 页。

150.（唐）魏徵等撰，刘余莉主编：《群书治要译注》，第 4 册，第 1637 页。

151.（唐）魏徵等辑：《群书治要》（永青文库四种），第 4 册，第 331 页。

152.（汉）郑玄注，（唐）贾公彦疏，赵伯雄整理，王文锦审定：《周礼注疏》（十三经注疏），北京大学出版社 2000 年版，第 36 页下。

153.（汉）郑玄注，（唐）贾公彦疏，赵伯雄整理，王文锦审定：《周礼注疏》（十三经注疏），北京大学出版社 2000 年版，第 37 页上。

154.（宋）司马光编著，（元）胡三省音注，"标点资治通鉴小组"校点：《资治通鉴》第 1 册，中华书局 1956 年版，第 14 页。

155.（宋）司马光编著，（元）胡三省音注，"标点资治通鉴小组"校点：《资治通鉴》第 1 册，第 14—15 页。

156.（唐）魏徵等辑：《群书治要》（永青文库四种），第 1 册，第 40 页。

157.（宋）程颐撰，王孝鱼点校：《周易程氏传》，中华书局 2011 年版，第 45 页。

158.（明）来知德撰，王丰先点校：《周易集注》上册，中华书局 2019 年版，第 236 页。

159.（唐）魏徵等辑：《群书治要》（永青文库四种），第 1 册，第 128 页。

160.（唐）魏徵等辑：《群书治要》（永青文库四种），第 1 册，第 105 页。

161.（唐）魏徵等辑：《群书治要》（永青文库四种），第 1 册，第 108 页。

162.（唐）魏徵等辑：《群书治要》（永青文库四种），第 1 册，第 337—338 页。

163.（唐）魏徵等辑：《群书治要》（永青文库四种），第 5 册，第 376 页。

164.（唐）魏徵等辑：《群书治要》（永青文库四种），第 4 册，第 590 页。

165.（唐）魏徵等辑：《群书治要》（永青文库四种），第 5 册，第 461 页。

166.（唐）魏徵等辑：《群书治要》（永青文库四种），第 5 册，第 467 页。

167.（唐）魏徵等辑：《群书治要》（永青文库四种），第 1 册，第 490—491 页。

168.（唐）魏徵等辑：《群书治要》（永青文库四种），第 4 册，第 520 页。

169.（唐）魏徵等辑：《群书治要》（永青文库四种），第 5 册，第 532—533 页。

170.（唐）魏徵等辑：《群书治要》（永青文库四种），第 1 册，第 224—225 页。

171.（唐）魏徵等辑：《群书治要》（永青文库四种），第 5 册，第 278—279 页。

172.（唐）魏徵等辑：《群书治要》（永青文库四种），第 5 册，第 146 页。

173.（唐）魏徵等辑：《群书治要》（永青文库四种），第 5 册，第 84 页。

174.（唐）魏徵等辑：《群书治要》（永青文库四种），第 4 册，第 448 页。

175.（唐）魏徵等辑：《群书治要》（永青文库四种），第 4 册，第 207 页。

176.（唐）魏徵等辑：《群书治要》（永青文库四种），第 4 册，第 278 页。

177.（唐）魏徵等辑：《群书治要》（永青文库四种），第 5 册，第 405—406 页。

178.（唐）魏徵等辑：《群书治要》（永青文库四种），第 4 册，第 262—263 页。

179.（唐）魏徵等辑：《群书治要》（永青文库四种），第 5 册，第 431—433 页。

180.（唐）魏徵等辑：《群书治要》（永青文库四种），第 3 册，第 460 页。

181.（唐）魏徵等辑：《群书治要》（永青文库四种），第 1 册，第 107 页。

182.（唐）魏徵等辑：《群书治要》（永青文库四种），第 1 册，第 473—474 页。

183.（唐）魏徵等辑：《群书治要》（永青文库四种），第 1 册，第 548—549 页。

184.（唐）魏徵等辑：《群书治要》（永青文库四种），第 5 册，第 390 页。

185.（唐）魏徵等辑：《群书治要》（永青文库四种），第 4 册，第 357—358 页。

186.（唐）魏徵等辑：《群书治要》（永青文库四种），第 1 册，第 90 页。

187.（唐）魏徵等辑：《群书治要》（永青文库四种），第 5 册，第 297—298 页。

188.（唐）魏徵等辑：《群书治要》（永青文库四种），第 5 册，第 263 页。

189.（唐）魏徵等辑：《群书治要》（永青文库四种），第 5 册，第 263—264 页。

190.（唐）魏徵等辑：《群书治要》（永青文库四种），第 5 册，第 191 页。

191.（唐）魏徵等辑：《群书治要》（永青文库四种），第 5 册，第 430 页。

192.（唐）魏徵等辑：《群书治要》（永青文库四种），第 5 册，第 464—465 页。

193.（唐）魏徵等辑：《群书治要》（永青文库四种），第 5 册，第 465 页。

194.（唐）魏徵等辑：《群书治要》（永青文库四种），第 1 册，第 488 页。

195.（唐）魏徵等辑：《群书治要》（永青文库四种），第 1 册，第 548—549 页。

196.马世年译注：《新序》（中华经典名著全本全注全译丛书），第 276 页。

197.（唐）魏徵等辑：《群书治要》（永青文库四种），第 5 册，第 58 页。

198.（唐）魏徵等辑：《群书治要》（永青文库四种），第 3 册，第 144 页。

199.（唐）魏徵等辑：《群书治要》（永青文库四种），第 4 册，第 417—418 页。

200.（唐）魏徵等辑：《群书治要》（永青文库四种），第 1 册，第 41 页。

201.（唐）魏徵等辑：《群书治要》（永青文库四种），第 1 册，第 41 页。

202.（唐）魏徵等辑：《群书治要》（永青文库四种），第 1 册，第 41 页。

203.（唐）魏徵等辑：《群书治要》（永青文库四种），第 1 册，第 41 页。

204.（唐）魏徵等辑：《群书治要》（永青文库四种），第 2 册，第 197 页。

205.（唐）魏徵等辑：《群书治要》（永青文库四种），第 5 册，第 102 页。

206.（唐）魏徵等辑：《群书治要》（永青文库四种），第 5 册，第 392 页。

第 四 章

必顺善制　而后致治

——从制度伦理的维度看德福一致

  制度和人是实现善政的两个重要方面。《群书治要》中的德福一致观不仅体现在君臣的道德品质和道德行为上，也体现在制度伦理上。在中国古人看来，好的制度必须上合天道、下顺民心，这样才能达到善治的目的。

  礼、乐、政、刑四个方面是古人治国理政尤为重视的四个方面。《礼记·乐记》云："礼节民心，乐和民声，政以行之，刑以防之。礼乐刑政，四达而不悖，则王道备矣。"[1]古人对这四个方面都有详细论述。《尹文子·圣人》云："仁、义、礼、乐，名、法、刑、赏，凡此八者，五帝三王治世之术也。故仁以导之，义以宜之，礼以行之，乐以和之，名以正之，法以齐之，刑以威之，赏以劝之。"[2]这八个方面常存世间，不会显扬于尧、汤之时，也不会逃遁于桀、纣之时。若用之得当，天下就能得到治理；若用之不当，天下就会纷乱。

  在治理国家时，礼、乐、政、刑的运用也有先后次序。《体论·政体》引孔子"为政以德"，又引"导之以德，齐之以礼，有耻且格"，而后云："然则德之为政大矣，而礼次之也。夫德礼也者，其导民之具欤。太上养化，使民日迁善而不知其所以然，此治之上也。其次使民交让处劳而不怨，此治之次也。其下正法，使民利赏而欢善，畏刑而不敢为非，此治之下也。"[3]按照礼、乐、政、刑的顺序重视其在国家治理中的作用，充分发挥礼乐防患于未然的治理效果，正确运用德法并赏罚得当才能达到国泰民安的效果。

第一节　礼乐

中华文化被称为礼乐文化，中华民族被誉为华夏之族。自古以来，礼乐在治国理政中具有不可替代的地位，发挥了至关重要的作用，产生了极其深远的影响。《孝经》云："移风易俗，莫善于乐。安上治民，莫善于礼。"[4]

礼乐是国家治理中最为要紧的环节之一。《汉书二》云："六经之道同归，而礼乐之用为急。治身者斯须忘礼，则暴嫚入之矣；为国者一朝失礼，则荒乱及之矣。"[5] 没有礼乐教化，无论是个人还是国家，都会陷入祸患和混乱。

一、安上治民，莫善于礼

礼是君主治理国家的重要方式。可以说，自汉代以降，中国都是以礼治国。春秋时期被称为礼崩乐坏的时代，宗周社会的礼乐文明走向瓦解，但也因此而掀起了尊礼尚礼之风，"礼"几乎成为衡量一切的标准。这在《周礼》《仪礼》和《礼记》中有详细记载。不仅如此，四书五经的其他经典也都体现了对礼的重视。例如，郑玄《六艺论》认为："《左氏》善于礼。"[6] 在《春秋左氏传》中，礼的思想极为浓厚，甚至可以称其为一部礼书。

《春秋左氏传》对礼的由来进行了深刻的论述。《春秋左氏传下》记载，昭公二十五年（前517年），诸侯在黄父会盟，郑国的子太叔谒见晋国赵简子，赵简子询问揖让进退之礼。子太叔引用先大夫子产的话说："夫礼，天之经，地之义，民之行。天地之经，而民实则之。则天之明，因地之性，生其六气，用其五行。气为五味，发为五色，章为五声。淫则昏乱，民失其性，是故为礼以奉之。民有好、恶、喜、怒、哀、乐，生于六气，是故审则宜类，以制六志。哀有哭泣，乐有歌舞，喜有施舍，怒有战斗。哀乐不失，乃能协于天地之性，是以长久。"赵简子赞叹说："甚哉，礼之大也！"子太叔继续说："礼，上下之纪，天地之经纬也，民之所以生也，是以先王尚之。故人之能自曲直以赴礼者，谓之成人。大，不亦宜乎？"**7** 由此可见，人藏天地阴阳之气，而生喜怒哀乐之情。上天赋予人们性情，而不能节制。圣人效法天地而制定礼乐，以此来感通神明、建立人伦、端正性情、节制万物使不过分。礼是顺天之道、缘人之情而生的。圣人制礼作乐，民为礼奉之。能自正曲直、辅弼人之本性者，就是大人。

古圣先王制礼的目的，是为了教导民众。《礼记·礼运》云："夫礼者，先王以承天之道，以治人之情。"**8**《礼记·乐记》云："先王之制礼乐，非以极口腹耳目之欲，将以教民平好恶，而反人道之正。"**9** 这是说明，礼是教化的形式。礼出于人之自性，并非后人所谓"吃人的礼教"。这是因为古人所谓的"自我"，是礼之制定者与遵从者之统一。**10** 先王顺承天道规律，则而述之，制礼于外以教导万民，目的是使民众遵循此修己之道，返回人之自性，彰明其明德。《孝经》云："道之以礼乐，而民和睦；示之以好恶，而民知禁。"**11**

礼是治国理政中不可或缺的组成部分。《礼记·曲礼》云："道德仁义，非礼不成；教训正俗，非礼不备；分争辨讼，非礼不决；君臣上下，父子兄弟，非礼不定；宦学事师，非礼不亲；班朝治军，莅官行法，非礼威严不行，祷祠祭祀，供给鬼神，非礼不诚不庄。"**12** 例如，就"父子兄弟，非礼不定"而言，长幼有序的德行要求是兄友弟恭，这种兄弟之间的情感，也可以通过一定的礼来表达。《春秋左氏传上（补）·文公十五年》云："'兄弟致美。'救乏、贺善、吊灾、祭敬、丧哀，情虽不同，毋绝其爱，亲之道也。"¹³这五件事的感情各不相同，但不断绝兄弟之间的友爱却是一致的。这就是对待亲人的做法。遵从这五件事各自的礼数，就是在表达兄弟之间的友爱。

礼通过理顺伦常之道，实现社稷之治。《礼记·经解》云："朝觐之礼，所以明君臣之义也。聘问之礼，所以使诸侯相尊敬也。丧祭之礼，所以明臣子之恩也。乡饮酒之礼，所以明长幼之序也。婚姻之礼，所以明男女之别也。"¹⁴

礼还可以防止过分的事情发生。《礼记·乐记》云："衰麻哭泣，所以节丧纪也。钟鼓干戚，所以和安乐也。婚姻冠笄，所以别男女也。射乡食飨，所以正交接也。"¹⁵由此看出，礼在顺人伦之情中处处都有体现，当人不能依循本性之自然而行时，礼则成为处理人伦关系的凭依。

君主执持礼来治国，就如同工匠执持斧斤的手柄来打造器物。君主以礼治国，可以使国政治理、君心安定。《礼记·礼运》云："圣王修义之柄、礼之序，以治人情。"¹⁶圣王遵循义的根本、礼的秩序来调治人情，也就是去除人情中受污染的一面，长养精华的一面。因此，人情就像圣王用以耕种的土地，用修养礼义来耕耘，用倡导道义来播种，播下善良的种子，用讲习学问来除草，通过讲学扶助正义、去除邪恶，发扬仁爱之心来收获，用音乐教化来安定人心。

在以礼治国的具体举措中，有吉礼、凶礼、宾礼、军礼、嘉礼这五种礼。《周礼·地官》云："以五礼防万民之伪，而教之中。"¹⁷通过这五种礼来防止人们诈伪，教导人们行为中正。《礼记·祭统》云："凡治人之道，莫急于礼。礼有五经，莫重于祭。"¹⁸祭祀之礼属于吉礼，因此以吉礼为首。

所谓吉礼，《周礼·春官·大宗伯》云："以吉礼事邦国之鬼神示：以禋祀祀昊天上帝，以实柴祀日月星辰，以槱燎祀司中、司命、风师、雨师。"¹⁹"以血祭祭社稷、五祀、五岳，以貍沈祭山林川泽，以疈辜祭四方百物。"**20**"以肆献祼享先王，以馈食享先王，以祠春享先王，以禴夏享先王，以尝秋享先王，以烝冬享先王。"**21**以上祭礼皆属吉礼，下面举文公二年祭祖之礼为例。

《春秋左氏传上（补）》记载，文公二年（前625年），鲁国于太庙举行祭祀，升僖公神位于闵公之上，这违背了祭祀顺序。这是因为，宗伯夏父弗忌尊崇僖公，于是他说："我见到新鬼（僖公）大，旧鬼（闵公）小，先大后小，这是顺序；使圣贤的位置上升，这是明智。明智、顺序，这是合于礼的。"然而君子认为这不合于礼。针对夏父弗忌的观点，君子评论曰："礼没有不合顺序的。祭祀是国家的大事，颠倒了君主的先后顺序，能说合于礼吗？儿子虽然聪明圣哲，其合食之位也不能先于父亲之位，这由来已久了。"接下来，君子举例说明祭祀的顺序。禹不先于鲧，汤不先于契，文王武王不先于不窋（不窋乃后稷之子）。宋的开国之君是商纣的庶兄微子启，因此尊商纣之父帝乙。郑国开国之君是周宣王之弟姬友（郑桓公），郑桓公为周厉王少子，宣王庶弟，因此郑国尊祖厉王。这两个国家不因帝乙、厉王不肖而不尊。君子继续说："以《鲁颂》曰：'春秋匪解，享祀不忒，皇皇后帝，皇祖后稷。'"**22**君子说这合于礼，是说后稷虽然是宗亲先祖，然而却先祭祀天帝。君子的这段话就是通过强调遵守祭祀之礼的顺序而表达恭敬，随意改序，是开违礼之先河，后世之人皆可随意更改，则几代之后，恐怕无法再见礼的痕迹，混乱也就会到来了。

所谓凶礼，《周礼·春官·大宗伯》云："以凶礼哀邦国之忧：以丧礼哀死亡，以荒礼哀凶札，以吊礼哀祸灾，以禬礼哀围败，以恤礼哀寇乱。"**23**其中，荒指人物有害也。"札"读为"截"，截为疫疠。凡遇到瘟疫流行，当行荒礼。荒礼具体规定可从凶年之礼见其一斑。《礼记·曲礼》曰："岁凶，年谷不登，君膳不祭肺，马不食谷，驰道不除，祭事不县。大夫不食粱，士饮酒不乐。"**24**节俭饮食、减少娱乐是遇灾荒之年或瘟疫流行时所当有的行为。

禬礼是诸侯国遭遇战争失败，结为同盟的国家通过对战败国捐赠财物，对其进行救济，帮助战败国渡过危难的外交礼仪。《春秋左氏传上（补）》记载，僖公元年（前 659 年）夏，邢国迁到夷仪，齐侯替他们筑城，解救他们于患难。凡是诸侯之长，都要救解祸患、分发谷帛赈灾、讨伐罪人，这是合于礼的。**25**

吊礼是指当有国家遇到祸灾（指水火之灾）时对其进行慰问的礼。《春秋左氏传上（补）》记载，庄公十一年（前 683 年）秋，宋国发生水灾。鲁庄公的使者前去吊灾，说："上天连降大雨，危害庄稼百谷，怎么不哀悯下民呢？"认为天不够哀悯。宋闵公回答说："实是因我不够恭敬，所以上天降灾，还因此让贵国国君担忧，敬承厚意，愧辱难当。"鲁国大夫臧文仲听说宋国国君的话后说："宋国大概要兴旺了吧！夏禹、商汤把罪归于自己，于是蓬勃兴盛起来；夏桀、商纣归罪于别人，于是迅速灭亡了。况且各国有凶灾，国君自称孤，这是合于礼的。言语罪己，自称名而合于礼，宋国差不多要兴盛了吧！"于礼，各诸侯国国君在无凶灾时自称寡人，有灾则称孤。不久又听说这是公子御说（即宋庄公之子）说的话。臧孙达（臧文仲祖父）说："这个人适合做国君，因为他有爱民恤民之心。"**26** 自古凡遇天灾，上至帝王下至各级官员，皆需反省己过及为政之失。

恤礼哀寇乱。恤为忧之意，邻国相忧，兵作于外为寇、作于内为乱。《春秋左氏传上（补）》记载，文公四年（前 633 年），楚国灭亡了江国。江、秦为同姓之国，也是同盟之国。秦穆公为此穿上素服，避开正寝，减去盛膳，这超过了应有的礼数。邻国之礼有一定的礼数，现在秦伯超过了，大夫对此进行劝谏。秦穆公说："同盟的国家灭亡了，纵使不能去救援，岂敢不哀怜呢？我也是自我警惕呀。"对此有君子评论说："《诗经》云'夏、商二国，政事不得人心，因而败亡；四方的诸侯国引以为鉴，推究其原因，自谋图存。'这说的就是秦穆公的做法吧。"[27]《诗经》讲夏、商二朝的君主，政事不得人心，四方诸侯都因此而戒惧，因此谋度他们自己的政事。对比此处秦穆公亦能有感于江国被灭，从而戒惧，谋划自己的政事。这件事体现了秦穆公作为诸侯国的国君，能保持戒惧之心，谋划政事。后来，秦穆公果然成为"春秋五霸"之一。

所谓宾礼，《周礼·春官·大宗伯》云："以宾礼亲邦国：春见曰朝，夏见曰宗，秋见曰觐，冬见曰遇，时见曰会，殷见曰同，"[28]"时聘曰问，殷覜曰视。"[29]朝、宗、觐、遇皆指四方诸侯根据时节朝见天子之礼。郑玄云："时见者，言无常期。"[30]《周礼·秋官·大行人》："时聘以结诸侯之好，殷覜以除邦国之慝。"[31]《大戴礼记·朝事》覜作"眺"。孔广森补注："诸侯之于天子也，比年一小聘，三年一大聘。时聘，小聘也。殷眺，大聘也。"[32]

《春秋左氏传上（补）》记载，僖公三十年（前630年）冬，周襄王派周公阅来鲁国聘问。鲁国宴请他的食物有昌歜、白、黑、形盐，即腌制的菖蒲根、白米糕、黑黍糕和虎形块盐。鲁国行飨礼，是最重的礼。飨礼主敬、宴礼主欢、食礼主饱。周公阅辞曰："国君，文足昭也，武可畏也，则有备物之飨，以象其德。荐五味，羞嘉谷，盐虎形，以献其功。吾何以堪之。"[33]意思是说，一国之君，文治足以显扬四方，武功可以使人畏惧，才有配备各种食物的宴飨，以象征他的德行。进献五味调和的菜肴、鲜美的米糕和虎形的块盐，以象征他的功业。昌歜有五味之和。嘉谷是熬稻黍，以象征君主的文治；虎形的盐块，以象征君主的武功。我怎么承受得起这样的宴礼呢？孔颖达《春秋左传正义》引《周礼·掌客》云："王巡守，百官从者，所过之国共其积膳，'三公视上公之礼，卿视侯伯之礼，大夫视子男之礼'。宰周公是天子三公，其主国待之当尊于国君，但周公自谦，不敢当比国君耳。"[34]这就是周公阅认为自己不能承受这样的宴礼的原因。

所谓军礼，《周礼·春官·大宗伯》云："以军礼同邦国：大师之礼，用众也；大均之礼，恤众也；大田之礼，简众也；大役之礼，任众也；大封之礼，合众也。"[35]"大师之礼，用众也"指天子六军、诸侯大国三军、次国二军、小国一军，出征之法用众。"大均之礼，恤众也"指均其地政、地守、地职之赋，所以忧民。"大田之礼，简众也"指古者因田习兵，阅其车徒之数。"大役之礼，任众也"指筑宫邑，所以事民力强弱。"大封之礼，合众也"指正封疆沟涂之固，所以合聚其民。军礼内容庞杂，非上述五个方面所能覆盖。

打胜仗有献捷礼。《春秋左氏传中》记载，宣公十二年（前597年）楚庄王述说"武功七德"后，楚子在战场上"为先君宫，告成事"[36]，也就是在战场上临时的祖庙里祭祀，告慰先人打了胜仗，这属于献捷礼中的告祭。据孔颖达《春秋左传正义》引《礼记·曾子问》云："古者师行，必以迁庙主行""载于齐车，言必有尊也"[37]。《春秋左氏传中》曰"为先君宫"就是为此迁主作宫，于此祀之，"告成事"就是告战胜。天子诸侯将要出征，必定用币帛皮圭告于祖祢，之后奉命出征，将牌位载于齐车，每次安营扎寨都会先祭奠，而后休息。

所谓嘉礼，《周礼·春官·大宗伯》云："以嘉礼亲万民：以饮食之礼亲宗族兄弟，以婚冠之礼亲成男女，以宾射之礼亲故旧朋友，以飨燕之礼亲四方之宾客，以脤膰之礼亲兄弟之国，以贺庆之礼亲异姓之国。"[38]以脤膰之礼为例，《春秋左氏传上（补）》记载，僖公九年（前651年），周襄王派宰孔赐给齐桓公祭肉。宰孔对齐桓公说："天子祭祀文王与武王，派我来赐给伯舅胙肉。"齐桓公准备下阶跪拜。宰孔连忙制止并说："还有后面的命令——天子让我说：'因为伯舅已是高龄，再加上有功劳，赐进一级，不用下阶跪拜。'"齐桓公回答说："天威不违颜咫尺（言天鉴察不远，威严常在颜面之前）。小白我的贱躯怎敢妄借天子之命而不下阶跪拜！唯恐颠坠于台阶之下，给天子蒙羞，我怎敢不下阶跪拜？"于是下阶，跪拜，登堂，受胙。**39** 根据《仪礼·觐礼》："同姓大国，则曰伯父；其异姓，则曰伯舅。同姓小邦，则曰叔父，其异姓小邦，则曰叔舅。"**40** 齐为异姓大国，因此称伯舅。又据孔颖达《春秋左传正义》："《周礼·大宗伯》：'以脤膰之礼，亲兄弟之国。'郑玄云：'脤膰，社稷宗庙之肉，以赐同姓之国，同福禄也。'脤膰即胙肉也。言亲兄弟之国，则异姓不合赐也。二十四年《传》曰：'宋，先代之后也，于周为客，天子有事膰焉。'是言二王之后，礼合得之。今赐齐侯，是尊之比二王后也。"**41** 异姓不合赐脤膰，但周天子仍赐胙并"赐一级，无下拜"，而且赏赐齐侯，是将其比肩文武二王之后，由此也可以看出，"春秋五霸"之一的齐桓公如日中天，周天子此举给了齐桓公足够的尊严，但也显示出周天子的威严已经不在，是王纲失坠的表现。

由以上古人对吉、凶、军、宾、嘉礼的重视可见，礼之用大矣！通过礼，可以达到经理国家、安定社会、和谐民众、利益子孙的作用。这就是《春秋左氏传上（补）·隐公十一年》所云："礼，经国家，定社稷，序民人，利后嗣者也。"**42** 正是由于礼的重要作用，故《礼记·礼运》云：礼，"失之者死，得之者生。《诗》云：'人而无礼，胡不遄死！'故圣人以礼示之，天下国家可得而正。"**43** 可见，重视以礼治国，避免礼崩乐坏，才能保证国家长治久安。

二、移风易俗，莫善于乐

古代圣王运用礼、乐、政、刑治理天下，乐排在第二位，仅次于礼；中国传统文化也常常被称为"礼乐文化"，这说明乐教在国家治理中起着至关重要的作用。在古人看来，音乐是感人至深的艺术形式，对人的心灵成长会产生潜移默化的影响，并与政治相通，也是素质教育最重要的内容之一。

《诗·大序》云："诗者，志之所之也。在心为志，发言为诗。情动于衷而形于言，言之不足，故嗟叹之；嗟叹之不足，故咏歌之；咏歌之不足，不知手之舞之、足之蹈之也。"[44]诗展现人的意志，当情感还在内心没有表达出来之时被称为志；把情感用语言表达出来就称为诗；把诗拉长声音吟唱出来就称为歌。用金、石、土、革、丝、木、匏、竹八种材料的乐器来演奏歌曲，再伴之以舞蹈，才称之为乐。和谐雅正的音乐，能达到不可思议的教化效果。《尚书》记载，舜帝命夔为乐正，教导他和卿大夫们的子弟，希望通过音乐的教化，可使这些年轻人"直而温，宽而栗，刚而无虐，简而无傲"[45]。

《礼记·乐记》详细讲述了音乐的起源、作乐的方法以及音乐的功效，其中特别强调对礼和乐的学习，认为礼乐对平衡人内在情感和外在行为，以达到社会的和谐秩序至关重要。

关于音乐的产生，《乐记》云："凡音者，生人心者也。情动于中，故形于声。声成文，谓之音。"[46]"乐者，音之所由生也。其本在人心之感于物。"[47]所有音的兴起，都是生于人心。人心的萌动是由于受到外境所惑而致。人心因受到外境所惑而情动于中，显现于外则为声。所谓"情"，即喜怒哀乐爱恶惧等情感。宫、商、角、徵、羽单出称为声，相互杂合而成章则谓之音。当眼耳鼻舌身意六根接触外界六尘（色声香味触法）境界时，在心上起心动念，进而产生分别，就有了喜怒哀乐爱恶惧等情感。感情萌动于内心，流露为宫商角徵羽五声。所谓"文"，是指曲调，即五声按照高低长短强弱的乐音组成一定的旋律，这才称为"音"。可见，乐由音而生，其本源是由人心受外境所惑而生起。

音乐是源于心灵的内在运动，因此也能渗透到心灵的深处。好的音乐能够引人进行心灵的内在反省。因此，圣人治礼作乐，帮助人回到本性的清静平和。《乐记》云："是故先王慎所以感之者，故礼以导其志，乐以和其声，政以一其行，刑以防其奸。礼乐刑政，其极一也，所以同民心而出治道。"[48]礼乐之所以具有这样的功能，就是因为其源于天而根于心。

《乐记》中记载子夏在回答魏文侯的提问中，解释了音与乐的不同，提出德音称为乐。真正的乐不失去其天地和谐、政治清明、人民安乐的实质，并说郑国的音乐，音调滥无节制，使人心志放荡；宋国的音乐过于安逸，使人心志沉溺；卫国的音乐急促快速，使人心志烦乱；齐国的音乐狂傲邪僻，使人心志骄逸。这四种音乐淫于色而害于德，不能称为乐，所以，祭祀的时候也不能用。最后，子夏还提醒魏文侯：作为国君，一定要谨慎选择自己的好恶，因为这会影响臣下和百姓。《诗》云："诱民孔易"[49]，即诱导百姓很容易，就是上行下效，自己的喜好会带动整个社会的风气。

在中国古人看来，音和乐是有所不同的。低层次的音悖逆天道中庸的原则，对人性的宣泄毫无节制，会引导人走向颓废或者暴戾的极端，最终毁灭人性，这也被称为亡国之音。而高层次的乐是天道的体现，使人在享受音乐的同时，受到道德的熏陶，涵养心性，是入德之门。换句话说，只有符合于道的音才称为乐。儒家认为，以道为主导的音乐，有益于人心性的提升；而以满足感官刺激作为主导的音乐，则将导向社会混乱。所以《乐记》云："乐者，乐也。君子乐得其道，小人乐得其欲。以道制欲，则乐而不乱；以欲忘道，则惑而不乐。"[50]

古代圣人制礼作乐，不是为了满足口腹耳目之欲，而是为了使人们具有正确的鉴赏力并平和好恶之心，返回到做人的正路之上，并恢复正常的社会秩序。正如《乐记》云："乐也者，圣人之所乐也，而可以善民心。其感人深，其移风易俗，故先王著其教焉。"[51]因此，乐教是改变和培养人的道德品质、维持社会秩序最有效的途径之一。

乐的目的是达到"和"。《乐记》云："乐也者，动于内者也。礼也者，动于外者也。乐极则和，礼极则顺，内和而外顺，则民瞻其颜色而不与争也，望其容貌而民不生易慢焉。"[52]因此，音乐在宗庙中演奏，君臣上下一同聆听，就无不和谐恭敬；在宗族乡党中演奏，长幼一同聆听，就无不和谐依顺；在家门之内演奏，父子、兄弟一同聆听，就无不和睦亲密。所以，音乐是为了和谐父子、君臣之间的关系，而使万民归附亲顺，这才是古代圣王作乐的宗旨所在。

《乐记》云："乐者，天地之和也。礼者，天地之序也。和，故百物皆化；序，故群物皆别。"[53] 可见，典雅庄重的乐能够成功地仿真自然的和谐。礼的制定，规定了明确的秩序和规则，而乐的普遍流行，则在人们当中建立了一种平和的气氛。《乐记》又云："乐至则无怨，礼至则不争，揖让而治天下者，礼乐之谓也。"[54] 如果乐教能够推行，人的心中就没有怨恨；礼教能够推行，人与人之间便不会争斗。古时圣王毫不费力便可使天下得到治理，就是礼乐发挥的作用。好的音乐出自和平的内心，也使人内心平和，而礼节是表现在外的恭敬行为，这种恭敬又进而能够影响内心。人人接受礼乐教化熏陶，自然能够内和外敬，无怨无争，社会和谐，天下太平。礼乐对人的内心和外在行为会产生潜移默化的影响，达到润物细无声的效果，让人在不知不觉中迁善远恶，文质彬彬。因此，礼乐能够起到"绝恶于未萌，起敬于微渺"的作用。

《周礼·地官》云："以六乐防万民之情而教之和。"[55] 六乐谓《云门》《咸池》《大韶》《大夏》《大濩》《大武》。乐可以荡正民之情思，使其心应和。庄重典雅的乐能使人心平和、社会和谐，对政治产生积极的影响。古代的艺人，包括乐师，音乐、诗歌、戏剧的作者和表演者等，都属于社会教育工作者，对社会的和谐作出了莫大贡献。

中国自古就特别重视对国家继承人的培养。在对继承人进行教育时，不可或缺的内容就是音乐教育。《礼记·文王世子》记载，在对世子的教育中，特别重视礼乐的教育："凡三王教世子，必以礼乐。乐所以修内也，礼所以修外也。礼乐交错于中，发形于外。"[56]《汉书四》贾谊在上疏中总结道，这种教育使太子从孩提有识之日，就亲近孝仁礼义之人，远离邪人，不见恶行。"故太子乃生而见正事、闻正言、行正道，左右前后皆正人。夫习与正人居之，不能无正，犹生长楚之乡，不能不楚言也。孔子曰：'少成若天性，习贯如自然。'"**57**

太子所接受的教育即现代所谓的素质教育，而且可以说是最为完善的素质教育，即《大学》之"明明德"的教育，回归清净和谐的本性，培养人们对真善美的自然的爱，对美好的和谐的人事物的自然亲近感。通过素质教育达到心地清净、以身观身的境界，产生"同声相应、同气相求"的效果。如果一个人修身有成，对于同道中人与邪恶之人都有识别能力，自然就会亲近真善美，远离假恶丑。这正是现代素质教育应当特别注重的。

音乐教育是为了达到对美的和谐的有秩序的事物的爱，这其实也就是古今中外素质教育的最终目的，包括琴棋书画等在内的一切艺术形式和道德教育，都是为了培养人对于美的和谐的有秩序的事物有节制的自然而然的爱。通过这些技能和艺术的学习，培养人对真善美的自然亲近、对假恶丑的自然远离，就如"恶恶臭，好好色"一样自然而然，这才是现代素质的真正目的。

音乐不仅能反映人的情感，塑造人的性格，还与政治息息相通。《乐记》云："大乐必易。"**58** 大乐是指典雅庄重的音乐，用于帝王祭祀、朝贺、宴飨等典礼。大乐必然平和简易。换言之，典雅的音乐节奏不应该求繁复，不应该有很多的音节。《乐记》又云："治世之音安以乐，其政和；乱世之音怨以怒，其政乖；亡国之音哀以思，其民困。音声之道，与政通矣。"**59** 太平盛世的曲子安详而喜乐，可以感受到政治的和谐；乱世的曲子怨恨而愤怒，可以感受到政治的混乱反常；亡国之音悲伤而哀愁，可以感受到民众的困苦。郑卫之音是乱世之音，已等同于无礼乖度。桑间濮上之音，是亡国之音，反映出君主政教荒废散乱，民众放纵情欲，臣下欺罔于上，各自怀挟私心行事而无法禁止。孔子每到一处，不问此地的政事办得如何，而是先听当地所流行的音乐，通过音乐便能准确地了解当地的民风和政治。《论语》记载，孔子"恶郑声之乱雅乐也"，因此要"放郑声"。子贡曰："见其礼而知其政，闻其乐而知其德。"(《孟子·公孙丑上》) **60** 其言真实不虚。《吕氏春秋》亦云："乱世之乐，为木革之声，则若雷；为金石之声，则若霆；为丝竹歌舞之声，则若噪。以此骇心气、动耳目、摇荡生，则可矣；以此为乐，则不乐。故乐愈侈，而民愈郁，国愈乱，主愈卑，则亦失乐之情矣。" **61** 乱世的音乐，演奏木制革制乐器的声音就像打雷，演奏金属石制乐器的声音就像霹雳，演奏丝竹乐器的歌舞之声，就像大嚷大叫。用这样的声音来扰人精神，震动耳目，放荡性情，是可以做到。但是用来作为音乐演奏，就不可能给人带来和乐。所以，音乐愈奢华放纵，人们愈抑郁，国家愈混乱，君主的地位就愈卑下，这也就失去了音乐本来的意义。

如能彻底明了古圣先王所讲的乐理，就能够闻其乐而知其政，甚至还可以预知治乱兴亡。《春秋左氏传中》记载，春秋时期的吴国公子季札精通音乐。鲁襄公二十九年（前 544 年），季札出访鲁国。鲁国是周公之后，保存着完备的先王礼乐以及各国的国风。季札到了鲁国后，要求观乐。当他听到郑风时，认为郑国的音乐过于细弱，没有远虑持久之风，便预言郑国将来亡国要比别的国家早。后来郑国被韩国所灭，果然比宋国灭于齐国早八十九年，比鲁国灭于楚国早一百一十九年。可见音乐与政治相通的道理真实不虚。国家重视乐教，使德音雅乐流行，自然使人心气和平，社会和谐，国家安定。

三、礼崩乐坏，祸乱丛生

教民以礼，民受教化而返归人道之正，则社会安、天下平。放弃德教、任凭私意、行为奢侈、废除礼义，这就是不能复兴太平的原因。礼的作用之大，可谓得礼者生，失之者死。礼可以从根源上防止动乱的产生，就像堤防能够阻止洪水泛滥一样。因此，倘若认为古老的堤防没有什么用处而毁弃，就必定会遭受水患；认为礼没有用处而废弃，必定导致人欲横流。

　　礼的作用是在承顺天地之道的基础上来治理人情，使人的欲望保持在合理的范围内，做到欲而不贪。如果违背了礼，就是违背了天道，导致人的情欲放纵，必然是逆天者亡。因此，《礼记·经解》云："故婚姻之礼废，则夫妇之道苦，而淫僻之罪多矣。乡饮酒之礼废，则长幼之序失，而斗争之狱繁矣。丧祭之礼废，则臣子之恩薄，而背死忘生者众矣。聘觐之礼废，则君臣之位失，而背叛侵陵之败起矣。"**62**《群书治要》夹注曰："苦，谓不至不答之属。"**63**"不至"指夫亲迎而女不至，"不答"谓夫不答耦于妇。婚姻之礼被废除，夫妇应尽的道义衰微，夫妻间的关系就不稳固，行为不符合礼，淫乱的罪行便会增多。由于受西方性自由观念的影响，婚姻两性间的乱象在现代社会凸显，这就是丧失婚姻之礼的教化的结果。乡饮酒之礼废弃了，长幼无序，争斗的官司就会频繁发生，对老人以强凌弱等现象也会出现。因为乡饮酒之礼是明确上下长幼之间的次序，让彼此之间互相尊敬，互相礼让。丧祭之礼被废，为人臣、为人子者的恩义就会淡薄，悖逆祖先、不忠不孝的人就会增多。提倡祭祀，是让人生起饮水思源、知恩报恩之心，能够心怀恭敬与感恩，进而生起责任心和使命感。把丧祭之礼废弃了，人们就会失去感恩图报之心，不忠不孝的事情就会越来越多。聘问之礼和朝觐之礼被废弃，诸侯不来朝见天子，诸侯之间也没有友好往来，就会使君和臣失去各自应有的身份和地位，反叛君主、欺凌邻国的祸乱就会随之产生。

　　这些都说明，礼确实有防患于未然的效果，通过礼仪的教化，可以防范邪恶于未形成之前，杜绝于萌芽状态。《史记·宋微子世家》记载，商纣王刚刚开始使用象牙的筷子时，叔父箕子就能够预测到商朝要亡国。因为箕子推论：用象牙做的筷子，就一定会搭配玉石做的酒杯；

用玉石做的酒杯，就一定会想把全国各地的珍宝据为己有；奢侈的车马宫殿也会由此兴起，到时就无法挽救了。所以箕子屡次进谏，但纣王不听，还逼走了微子，剖杀了比干。最后果然如箕子所料，纣王骄奢淫逸，积重难返，最后被天下人唾弃，武王讨纣一举灭商。

这就是在提醒人们，在事物有不良开端，刚露出苗头之时，就要加以制止，防微杜渐。古人明白这个道理，所以通过礼来起到防微杜渐的作用。通过对一切人事物，在日常生活的点点滴滴中培养起恭敬的态度，达到"绝恶于未萌，而起敬于微眇"的作用。礼的教化很微妙，没有严厉刑罚，却如同春风化雨，润物细无声，自然而然，让人在潜移默化、不知不觉中远离罪恶，向善向德靠近，所以先王都崇尚礼的教化作用。

礼崩乐坏的表现之一就是，以上种种礼都不能被很好地遵守，例如，婚姻之礼遭到废弃。《春秋左氏传上（补）》记载，庄公二十四年（前670年），哀姜来见，鲁庄公使同姓大夫之妇相见时，使用玉帛之属为礼。鲁大夫御孙劝谏说："男子进见时所拿的礼物，大到玉帛，小到禽鸟，用所执的礼物来显示等级。女子相见时所执的礼物，不过是榛子、栗子、枣子、肉脯，用来表示恭敬。现男女所执之礼相同，是无别。而男女有别，是国家重要的礼节。"[64] 御孙所言之礼，其大礼指公、侯、伯、子、男执玉，诸侯、世子、附庸国的国君、孤卿执帛。所谓玉，据《周礼·春官宗伯·大宗伯职》："公执桓圭，侯执信圭，伯执躬圭，子执谷璧，男执蒲璧。"[65] 小礼指卿执羔，大夫执鹰，士执雉。羔取其群而不失其类，雁取其候时而行，雉取其守介而死不失其节。女子所执之礼，取食物之名以示虔敬，即栗取其战栗，枣取其早起，榛是小栗，肉脯即修，修取其自修。执礼是表示诚敬，所执之礼皆有深刻含义，而鲁庄公让同姓大夫之妻用玉帛之属为礼则是失礼，国失大节，祸乱之始。

又如，文公四年（前633年），鲁国到齐国迎娶姜氏，而鲁国的上

卿没有前往，这是不合于礼的。君子因此知道出姜嫁到鲁国是不会有好
结果的。君子认为，之前公子遂纳币，这是用尊贵的礼节行聘，而今却
用卑贱的礼节迎娶，因为鲁国的上卿没有前往迎接。身份是国君夫人却
轻贱她，立为夫人却不以夫人之礼相待，等于废弃她，背弃了当初的信
义而损害了她作为夫人的身份，这样的事情发生在诸侯国，必然会使国
家动乱；发生在大夫家，必然会使家族灭亡。出姜（姜氏）没有好结果
也是必然的了。后来，果然不出所料，文公去世，出姜就被赶了出来，
因此被称为"出姜"。**66**

　　礼崩乐坏的表现之二是，人们不能区别"礼"和"仪"。礼的本质
是敬。《春秋左氏传（补）·僖公十一年》云："礼，国之干也。敬，礼
之舆也。不敬，则礼不行；礼不行，则上下昏，何以长世？"**67** 由此可见，
礼的本质是敬。《孝经》云："礼者，敬而已矣。"**68** 礼是内在美德与外在
形式的统一。失去了敬的本质，礼就是徒有其表的仪。徒有其表的仪不
仅不能起到礼的作用，还会掩盖礼崩乐坏的实质，导致国家和社会的
混乱。

　　《春秋左氏传下》记载，昭公五年（前537年），鲁昭公到晋国去，
从接受在郊外的慰劳之礼，到主宾相见之礼，以及离开时赠送财物之
礼，都没有失礼的地方。晋平公对汝叔齐说，鲁君也是很精通礼啊。汝
叔齐说："鲁君哪里懂得礼啊！"晋平公问为什么说鲁昭公不懂礼。汝
叔齐回答说："这是'仪'，不是'礼'。礼是用来保有国家、推行政令、
无失百姓的。现在鲁国的政令在三家大夫手里收不回来，有子家羁这样
的人才却得不到重用，触犯与大国的盟约还欺侮虐待小国（鲁国趁莒国
内乱夺取其郓地），在他人为难之际获取利益（上年趁莒国动乱夺取鄪
邑），却不知道自己有危难。公室军队一分为四，百姓就食于三大家族，
臣民无人心存公室，不为昭公谋划未来。身为一国之君，危难将要降临
到自己身上，却不忧虑自身的处境。礼的根本与枝末就体现在这些方

面，他却反复演习以仪为急务，说他精通'礼'，不是相差得太远了吗?"
汝叔齐的这段话以鲁昭公的事例深刻说明了"礼"与"仪"的区别。

孔子也有类似的论述。《孔子家语·问玉》记载，孔子对子张说，
你认为一定要大摆宴席，宾主拱手相让上座下座，相互斟酒敬献，这样
才叫作"礼"吗? 你认为一定要布置好舞蹈的行列和舞台，拿好雉羽和
器乐，击鸣钟鼓，这样才叫作"乐"吗? 说出的话可以践行，就是"礼"；
所做的事使人欢喜，就是"乐"。圣人能力行这两件事，然后恭敬庄严
地坐北向南临朝当政，才会有天下太平。万国顺服，百官尽职尽责，是
因为上下有"礼"。礼兴盛时，民众就能得到治理安定；礼废弃时，民
众就会混乱。从前圣明的君王分辨贵贱长幼、确定男女内外之别、排列
亲疏远近关系，而人们都能恭敬服从，不敢超越界限，都是根据这个道
理来的!

由此可见，礼不能仅有外在的表现，必须包含内在的实质。礼是内
在德行与外在仪规的统一，而仪只是外在表现，缺少内在的美德，也就
是缺少礼的本质。仅有外在的仪不能达到礼的作用。

当然，礼需要通过一定的外在表现（仪）来展示。外在仪的消失，
也是内在德行和礼的精神消失的表现。

礼崩乐坏的表现之三是，人们连外在的仪也不能遵守。例如，辛有
通过观察礼的消失，便知此地距离消亡不远了。昔周公制礼作乐，使成
康二代，德教普化，民皆亲爱，祸乱不起，灾害不生，囹圄空虚，刑措
不用四十余年。然后世子孙未能遵循先王道德礼义之教，周幽王为犬戎
所灭，平王嗣位，东迁洛邑。僖公二十二年（前 638 年），周大夫辛有
经过伊川，见有人披头散发在野外祭祀，便说："不及百年，此其戎乎!
其礼先亡矣。"[69]因为披发而祭是夷狄的习俗。果然，这年秋天，秦晋迁
陆浑之戎于伊川，这就是礼亡失之后的结果。

礼器和名号是礼的重要组成部分，也属于外在的仪。《春秋左氏传

中》记载，成公二年（前589年），卫穆公派孙良夫率兵攻打齐国，卫军战败。新筑大夫仲叔于奚救援孙良夫，孙良夫因此免受灾难。过后不久，卫君给仲叔于奚赏赐城邑，仲叔于奚谢绝了，而是请求赐给他诸侯才能使用的曲悬以及繁缨来朝见卫君，卫君允许了。孔子听说了这件事，就感叹道："可惜呀！还不如多赏他一些城邑。唯有礼器和名号，不能随便借人。这是国君所掌管的，是为政的大节。若将名器借人，就等于给人政权。政权丧失，国家也会跟着丧失，就无可挽回了。"**70** 由此可见，礼可以用来正名定分，僭越礼，就是不敬，也就乱了秩序，长此以往必然导致为政之失。因此，遵守外在的仪，就是遵守礼的规范；当规范被破坏，礼也就被破坏了。

威仪也是礼的体现。北宫文子曾论述什么是威仪，并根据令尹王子围的威仪断定，令尹恐怕不能免难。《春秋左氏传中》记载，襄公三十一年（前542年），卫襄公在楚国访问时，北宫文子看见令尹王子围的言行举止，对卫襄公说："令尹言语外观，行走异常，很像国君，表明他另有野心。虽然野心能得逞，但也不得善终。《诗》云：'靡不有初，鲜克有终。'善终确实很难，令尹恐怕不能幸免！"卫襄公问他是如何知道的。北宫文子回答说："《诗》云：'敬慎威仪，惟民之则。'令尹没有这样的威仪，民众就没有榜样。民众所不愿效法的人，却高居民众之上，就不能善终。"卫襄公便问什么是威仪。北宫文子回答说："有威严而使人敬畏叫作'威'，言行举止可使人效法叫作'仪'。国君有国君的威仪，臣子就会敬畏而爱戴他，把他作为准则并仿效之，所以能保有国家，让好名声长存于世。臣子有臣子的威仪，下属就会敬畏而爱戴他，所以能守住他的官职，从而保住家族，使家族和顺。以此向下类推，都是如此，所以上下能相互巩固。……文王的德行，至今还作为法则被效仿，这都是因为文王有威仪的缘故。所以君子在位时能使人敬畏，施惠于人使人敬爱，进退可作为法度，与人交往可作为准则，仪容举止足以观赏，待人处事可以效法，道德品行可以学习，声音气度使人高兴，动作斯文雅典，说话条理分明。用这些来对待下属，就叫作有威仪。"王子围就是后来的楚灵王。昭公十三年（前529年），楚灵王被弒，果然未能免难。

礼是内在德行和外在行仪的结合，礼在治国理政中起作用时，是通过外在的仪的要求与内在的德行相辅相成，而达到治理国家的目的。倘若外在的表现不能体现相应的德行，也就不能起到治国理政的作用。

晏子对齐景公说的话就说明了这一点。《春秋左氏传下》记载，昭公二十六年（前516年），齐景公和晏子坐在正厅中，景公叹息自己死后这么漂亮的屋子会被有德者也就是陈氏所占有。晏子说："陈氏虽然没有大的德行，对于民众则有所施舍。君王征收重税，而陈氏以丰厚的财物施舍于人，民众都归向他了。《诗经》说：'虽无德与汝，式歌且舞。'陈氏的施舍，民众已经为之唱歌跳舞颂扬了。您的后代如果稍有怠惰，且陈氏如果不灭亡，那么国家就要成为他的国家了。"景公听后，就问该如何是好。晏子回答说："只有礼方可制止此事。按礼来说，大夫家族的施惠不能涉及全国，大夫不能收取公共的利益。"景公说："说得对啊，可惜我却做不到。不过从现在开始，我知道礼是可以治国的了。"晏子回答说："礼之可以为国也久矣，与天地并。君令、臣恭、父慈、子孝、兄爱、弟敬、夫和、妻柔、姑慈、妇听，礼也。君令而不违，臣恭而不贰，父慈而教，子孝而箴，兄爱而友，弟敬而顺，夫和而义，妻柔而正，姑慈而从，妇听而婉，礼之善物也。"齐景公称赞晏子所说的话，但遗憾的是，此时他已经无能为力去改变这种状况了，后来果然田氏代齐。

总之，礼是用来顺乎天而教人的，是上天的正道。违反天道，就难免有祸难。《周颂》云："畏天之威，于时保之。"不畏敬上天，如何能保有福禄安定呢？《晏子·谏上》云："人君无礼，无以临其一邦，大夫无礼，官吏不恭，父子无礼，其家必凶。"**71** 君王奉行礼义尚且害怕不得善终，更何况多行无礼之事，就更不能得善终了。

　　春秋时期是礼崩乐坏的时代，到了战国时期，礼乐制度进一步被破坏。《傅子·礼乐》云：从商鞅开始毁坏礼法乐典，到秦始皇完全废除礼制，破坏五常之教，依靠严刑和暴政。虽有百万甲士，北胡南越也未曾动兵，秦始皇在身死尚未葬之时，奸邪逆谋就由内部而发，太子扶苏死于塞外。二世胡亥仍不觉悟，继位第二年便亡国，竟然没有尽忠效节的臣子来拯救危难。这是恭敬礼义没有确立、和睦仁爱率先丧失所造成的祸难。礼义，是先王用以防患的屏障，秦朝废除礼义，是去除了保卫国家的屏障。

　　由上论述可见，礼在治国安邦中所起的作用太大了。《傅子·礼乐》云："能以礼教兴天下者，其知大本之所立乎。夫大本者，与天地并存，与人道俱设。虽蔽天地，不可以质文损益变也。大本有三，一曰君臣以立邦国，二曰父子以定家室，三曰夫妇以别内外。三本者立，则天下正；三本不立，则天下不可得而正；天下不可得而正，则有国有家者亟亡，而立人之道废矣。"**72**

　　遗憾的是，由于礼被视为封建阶级的统治工具而受到错误批判，礼教不复存在。礼之所教不复存在，社会则会出现墨子所言"一人则一义，二人则二义，十人则十义"**73** 的道德观混乱现象，人们各是其所是而非人之非，甚至是非不分，善恶颠倒，道德教化便不复其效。又因"凡人之知，能见已然，不能见将然。礼者，禁于将然之前；而法者，禁于已然之后。是故法之用易见，而礼之所为生难知也"**74**，礼的作用容易被忽视，人们妄断将"礼之所为生"认为是"法之用"，从而强调"法"**75** 的作用，于是刑罚苛政便产生了。因此，历史上新的朝代建立之后，首重制礼作乐，颁布国家礼乐制度，使人们行为有所依止，结果很快就能从乱世变为治世，这离不开对礼乐教化意义的深刻认识和运用。

第二节　德法

在法制中注重道德是中华法系的一大特点。《唐律疏议》规定"一准乎礼",通过引经决狱、引礼入律的方式,将儒家思想贯彻到立法、司法、守法的整个过程,树立"德礼为本"的法制思想。

《群书治要》并未辑录具体的法律条文,这与《群书治要》作为"帝王学"之书"务乎政术,缀叙大略""网罗治体,事非一目"[76]的辑录特点有关;而在辑录的有关法制内容中,注重德教是突出的特点,这体现了德主刑辅、明德慎罚的思想主张,与魏徵等人对道德教育与司法惩处作用的认识深刻有关。道德教育能够防恶于未萌,而司法惩处只是事后惩处。治国理政应当实现劝善惩恶、导人向善的教化功能,在施政原则上,必然要主张德主刑辅、以德化人。这是出于情理之自然,是对天道规律的真实把握,是对历史治理经验的敬畏与遵循。

一、明刑弼教,期于无刑

古人设置刑罚的目的就是辅助教化,是为了使人能够有敬畏心,从而达到不再犯法,也就不必用刑。《尚书》云:"明于五刑,以弼五教。……刑,期于无刑。民协于中。"[77]虽然有时运用刑罚,但是以刑止刑,最终目的是没有犯刑者,期望达到无所用刑的境界,人民都合于大中之道。这就需要谨慎地使用刑罚,以好生之德浸润民心。

明德慎罚的为政理念在《尚书》中,也和敬畏之心一样贯彻始终。例如,当初尧帝准备让以至孝闻名的舜继承帝位之时,用各种政务、难事来历练和考验他,他让舜做的第一件事就是"慎徽五典,五典克从"。"五典"是指五常之教,即父义、母慈、兄友、弟恭、子孝。尧帝让舜敬慎地布施德教,让这五种做人的道理在民众中充实、笃行,人们都能够欣然顺从。在尧帝完成了上天赋予他的使命,将帝位禅让给舜之后,舜帝也对刑罚的原则进行了明确规定。他根据天之垂象，对于重罪、较重罪、稍轻之罪、轻罪、极轻之罪，分别制定了相应的刑罚准则以昭示于人。而无论刑罚之轻重，"钦哉！钦哉！惟刑之恤哉！"即"敬畏啊，敬畏啊，对用刑一定要有忧恤之心啊！"人道源于天道，天有好生之德，天罚有罪之人。一方面，对于判刑之轻重，毫厘间的差别都有其不易之定理，如是因，如是果，都是人自己的心行所感召，而圣人公正无私，不过是遵循天道的法则而行，不曾有半点私意夹杂其中；另一方面，圣人爱护民生之本心，从贯穿如一的钦恤之意中体现得那样分明。圣人用刑的这种原则、条理与成效，在《尚书》中集中展现出来。

舜帝召集禹和皋陶等大臣一起开会，商讨治国安民的大政方针。舜帝说："皋陶，现在群臣百姓没有干犯我的政令的。你担任法官以来，能够明察案情，对各类刑罚的运用都与罪行相符，审判得当，百姓信服。圣人之治是以德为化民之本，我们在百姓中大力推行五常之教，在教育所不及的地方，你能够以刑罚来加以辅助，以期实现我们理想的政治。虽然在治理之初，会不可避免地用到刑罚，但是事实上却是期望能够达到不用刑罚的效果。正是具备这样的存心和迫不得已而为之的做法，百姓们都能够走到正道上来。这都是你的功劳啊！请再接再厉！"

皋陶听到舜帝的褒美却不以为这是自己的功劳，于是推辞说道："这都是由于您的帝德没有过失啊。您对待臣下简要而不烦琐，治理大众宽仁而不急促。父亲有罪，惩罚不牵连其子；父亲有功，嘉赏却延及他的子孙后世。您对善行的赞美如此绵长，而对恶行的厌恶如此短暂。对因不了解情况而误犯罪行的，罪虽大必宽恕；对因明知不可为而故意犯罪的，罪虽小必用刑。对于罪行已定，但经过考量法规，仍觉得其既可以重判也可以轻判而难以裁决的，就从轻以罚之。对于功绩已定，但依法来衡量，仍觉其既可以轻赏也可以重赏的，就从重以赏之。若是依法可以杀也可以不杀，杀之恐错杀不应判死罪之人，不杀之又恐失之于轻判的，虽然这种杀也不是、不杀也不是的情况都非圣人至公至平之意，但杀无死罪之人更为圣人所不忍心，所以，与其杀之剥夺他的性命，宁可姑且保全其性命而自己甘愿承受执法不严的过失，这是仁爱忠厚达到了极致的表现啊，所谓有好生之德。大概圣人制定的法律再详尽也有它的难以穷及之处，然而圣人之心却可以超越有限以至于无穷。因而圣人用刑、行赏每当有所疑虑而难以裁决的时候，会常常屈法以伸恩，暂且使法律退让以施与恩惠，而不让执法之意胜过好生之德。这是圣人之本心不受阻遏，能够超脱于常法之外而运用自如的缘故。这种超越有限、摈弃对立而光辉盛大的德性，就如太阳一样、清泉一般，凡所照耀、浸润之处，都能够深入民众的内心，而使天下之人无不爱慕、感悦，兴起于善，自己就不愿去冒犯刑法。"

舜帝听了再次对皋陶赞叹道："我的愿望就是能够使民不犯法而上不用刑。你能助我从我所愿以治理天下，使教化至于四方，就像在风的鼓动下万物莫不顺服一样，这是你的盛大的功德啊！"

明刑弼教、德洽民心，从舜帝的这一治世经验中，可以体会到圣人之心，以及在这种至善的心灵作用下所开敷出来的德治主张与德治成效。也可以感受到在三代以前，人心是何等地诚挚，他们对上天的彰善瘅恶之举，觉察是何等地明晰。而圣人在人世间设立赏罚制度，尤其是后者，也并非仅仅出于人为的警世的方便。圣人之心合于天心，天道昭昭，理所当然。

这种德主刑辅、以德化人的为政心怀与举措，一直为后世的圣哲明王所遵循效法。据《尚书·康诰》记载，到了周朝，周武王在对康叔的诰令中就明确提出了"明德慎罚"的治理之道，这是对先王治理经验的概括与承续，也是敬天保民、巩固社稷的需要。这一理念对后世的影响极为深远。此篇故事讲的是，年轻而善良的康叔奉兄长周武王之命去治理殷商旧地，在他上任之前，武王对他进行教诲与嘱托。

武王先是回顾了父亲周文王缔造周朝的因由。他说道：我们的先父是那样的伟大而圣明，他崇尚道德、慎用刑罚。他对老弱孤苦之人从不敢轻慢，而是加恩体恤。他用其所当用，敬其所当敬，威其所当威，无论是重用能士、尊敬贤德还是惩罚有罪之人，都是遵循天理而为，没有私心。因而，他的圣德在民众中尊显而享有威望，人们视之如父，戴之如天。上天也为此褒美先父，令他承奉天命，代替殷商来统治万国，天下因此各得其所，莫不顺遂。

武王不但自己谨承父志，对明德慎罚之道勉力不怠，他也希望康叔能够将此道发扬光大。例如，在明德方面，他对康叔说：要想使人民安康，就要以恭敬之心力行先父的德政、德言，并且到你治理的地方，广泛地寻求殷商哲王的宝贵经验，充分地了解商朝遗老的所思所需，此外，还要求教于更早的古先哲王。以这样的博学、笃行来充实己德，通达义理，待到德能广大而游刃有余时，才能尽到王臣的使命。武王语重心长地嘱咐康叔：一定要心存敬畏！要视百姓的不安就像疾痛在你的身上一样，不可不敬。虽然天命可畏，但若诚敬就会得到辅助。虽然民情可见，但是保民并不是容易的事情。你此去所封之国，能够使你得治的，不在其他，就在尽你心，不要安于自身的享受而好逸乐。古人说："民怨不在大，也不在小；而在于你顺不顺于天理良心，勉不勉于你所应当做好的工作。"也就是说，你能顺理、勉行，民怨再大都可化解；否则，民怨再小也会酿成大祸。你作为诸侯的领袖、王的臣子，要光大君德、保护殷民啊，这是你助王安定天命、使百姓归于正道的职责。

在慎罚方面，武王也再三以敬畏之意告诫康叔。特别是他提到，要"敬明以罚"：一个人犯了小罪，但他不是因过失误犯，而是故意扰乱常法，并且屡犯不改，这样的人罪虽小，不可不杀。一个人犯了大罪，不是故意犯法，而是由于过失、不可避免地偶然而犯，并且是主动称罪，尽情发露自身的问题而不敢有所隐瞒，这样的人罪虽大，但不可杀。对刑罚次序的把握一定要非常明白，才能使民众心服。民众受到了训诫，就会互相劝勉为善，而顺从国法。你治理国家，能以祛除疾病之心除恶，百姓就都会抛弃罪行；能以爱护婴儿之心保善，百姓就都会安治。无论刑罚是重是轻，实质上都是上天在讨伐有罪之人，而不是你掌握了权力就可以罚人杀人的，你不要以自己的意思去行事。

康叔是受封在殷商故地，所以武王命他向国民陈示用刑的原则与事项，并按照殷商一直沿用的常法来判刑。但他怕康叔泥古而不通，便对康叔说，运用殷商成法必须合乎当下的时宜，所谓"义刑义杀"。"义"就是宜的意思，要根据实际情况，该罚才可罚，该杀才可杀。武王又恐康叔因而盲从时风、主观专断，又告诫他说，刑杀不可以按照你自己的想法随意为之。又忧虑其做到了刑杀公允，而起了得意之心，就又对他说，你用刑要完全地顺于义。虽然你定罪判刑恰当了，合乎天意了，但你仍应说还有未顺义之事。因为大凡只要自夸之心生，就是怠惰之心起的时候，而刑杀就是由此而无法合于中道的，你不敢不戒！

针对应当施以刑罚的事情，武王也给予了康叔非常明确的指教。他说：凡是有民众自行犯罪，而不是被人引诱坑陷以犯罪的，比如那些盗贼和扰乱国政的奸恶之人，不惜杀人伤人以掠夺财货，强狠又不怕死的，这种罪人无不为百姓所憎恶，理应用刑。

武王紧接着说：这样的大恶之人尚且为人憎恶，又何况那些不孝敬父母、不友爱兄弟的人呢？为人子的不敬事其父，反而大伤父心；为人父的也不能爱养其子，反而讨厌其子；为人弟的不念长幼天然之序而不能恭敬其兄，为人兄的亦不念父母鞠养之劳而大不友爱其弟。父子兄弟若是到了这样的地步还不受到为政者的惩罚，那么上天赐予我的治理民众的法度，必然受到严重的破坏和毁灭。像这种情形，你要从速按照文王所定的违反典教的刑罚予以惩戒，不得宽恕。

人之罪恶，莫大于不孝不友。对于民众中这些违背德教之人，固当处以刑罚，更何况是那些以教导民众为己任的官员呢？还有一些为政之官和接受委任的小臣，他们悖逆正道，另搞一套言教以迷惑民心，钓取声誉。他们无视国君命令，不执行国家大法，反而煽动人们仇视国君，这是在助长民众的罪恶，这样的官员是我所厌恶的。武王叹气说，臣子若不忠到了这个地步，对其用刑是可以的。你要从速根据他们的罪行，按照国法杀之。

而假若你康叔身为一国君长，不能教育好你的家族，教育好你的臣子，而是作威作福，大逆天子的命令，这是妄想以无德之政而得到好的治理成效，这怎么可能呢？你若尚且不能遵从天子之命，又怎么能去责怪那些臣子痛恨他们的国君呢？只有以敬畏之心遵循文王所定的常法，承续其传统，才能导民于正道。

要常常思考并且深深明白怎样开导人民，使之向善；向善，人民才会安康。做到了这一点，我也就相当于以殷商先哲王的德教来安治他们的子民了！倘若我不能以上率下，引导人民向善从而获得幸福，那也就无所谓为政，无所谓用刑了！

在这篇诰辞最后，武王又反复用"敬哉""惟命不于常""勿替敬"等重申其义，他叮嘱康叔：一定要恭敬啊！不要做让民抱怨的事情，不要用不善的谋略和经不起考验的措施，而是用你的真诚去作为。要发自内心地效法古人纯粹、仁厚的道德，来安定你的心灵，反省你的德行，广远你的智慧，使你宽厚丰盈而临事不迫，百姓将不期而自康宁矣。天命本无常，行善则得之，不善则失之。敬记我所命你的这些话语，勤而行之。去到你所统治的国家，安治你的子民吧，万勿荒废了应当敬畏的天道之规律与人道之常法。

从《尚书·康诰》所记载的这则故事里可以看到，武王子承父志，对文王明德慎罚的治道经验是何等恭敬、尊崇，在他对其弟康叔上任前的付嘱中，仁厚之情与敬慎之意又是何等恳切！他由明德，说到慎罚，又继而回归明德；在所举的用刑之事中，他由民众的罪行，回溯至国家中为政教的官员之罪行，又继而警诫作为诸侯国国君的康叔之所为，最后返归到对自身作为天子之德的警励。这里的"明德"，在深层意义上是指开显人所固有的光明本性，使之发挥无量的效用。它要求以忘我无私、积极光明、奋发有为的心态投入到利他的事业中去，也就是武王对康叔所说的"尽乃心"，在尽心中体认天道，见证父子、兄弟、君臣、官民乃至宇宙的本然的一体性。武王自言，"百姓有过，在予一人"[78]。前代汤王亦说，"朕躬有罪，无以万方；万方有罪，罪在朕躬"[79]，意即，我自身有罪，请天帝不要牵连天下百姓；天下百姓有罪，其罪责由我承担，请只降罚我一人。古圣先王的这种共同体思维，这种宏大的气象、超凡的勇力和代百姓受苦的担当，既是他们崇高生命境界的自然流现，也是从古到今无数仁人志士与明君贤臣的永恒追求。当然，它也是中国文化超迈绝伦、具有极强涵容力的显著标识。

今人常说，要认识规律，把握规律，进而运用规律。宇宙间最大的规律就是恒常不变的因果法则。认识到了这一规律，用它来指导社会人生，就要劝善惩恶，由己及他践行断恶修善。善是良心、真心之所发；德是顺着良心去行，并将此心不断保持和光大。劝善就要主张以德化人、德教为先，即以良心启发良心，良心感发出来，所言所行自然就是善的。而从字源上看，"教"的本义就是上所施、下所效，长善而救其失。"化"，在上位者变而在下者从之改变，有如春风化雨，润物无声，非至诚不能化，"化"是心与心之间的感动、感通和感应。"育"，养子使作善。"感"，动人心也。道德教化，是成于君民之间以心应心的感动兴发之效果，所表征的是对为政施教之人内在道德力量与真实修养的注重，是由内而外、由上而下、由本而末地，使受教者因心悦诚服而发生人格气质的主动转变。所以，古人非常注重道德教化，并以此来包蕴一切为政措施，说道教即德教，政即德政，刑即德刑，德是安邦治世的主宰、源头、归宿和精神所在。可以说，无德便无政、无教、无刑。前贤有云，"德是政之本，政是德之迹"，教育与刑罚的施设亦然。

刑罚之源起，生于人违背道德本心以致嗜欲好恶没有节度。刑罚之目的，是令无德之人复归于德，使欲望无节度之人复归于有节度的安乐生活。因而刑罚虽然摄于法治，但从根本上亦是德教。就罪犯自身而言，无论蒙受国法，抑或遭受天罚，都是其所行不善而感召到的必然结果，就像"种瓜得瓜，种豆得豆"，定律使然；罪业不消，实无摆脱之法。就为政者而言，是不得已而为之的威慑策略，也是对罪犯本性的保护和长远的负责，以防其无知而无畏，造下更大的罪业，遭受更深重的惩罚，这是以仁厚之心而行严峻之事；而从本质上讲，也是由于为政者有这个职责要代天行使处罚。《尚书》中有句话叫"天工，人其代之"，就是指人世间所有官职的设立，都是要代天理事、代天保民，不可不深戒。而要尽到代天行道的职责，就不敢有私欲夹杂，否则，"欲令智迷，利令智昏"，作为天道的载体，就无法体现上天的好生之德与公正无私，势必伤害到民众而无法起到导民于正道的责任，为政者无法德称其位，就一样会受到惩罚，所谓"德不配位，必有灾殃"。因此，先人是那样地敬畏道德、尊崇道德，那样地严于律己，以求无我无私、与道合一。

《尚书》作为中国最早的政书与史书，其义理何其精微！以上所撷取的，仅是其中的一两颗明珠而已。从尧帝之"钦"德，他对历史、对上天、对宇宙中处处存在的因果法则的敬畏，到舜帝的"明刑弼教，德洽民心"，到文王的"明德慎罚"，再到武王对其父文王治道的遵从与发扬，还有孔子的"君子有三畏"，等等，虽然时代不同、身境各异，但是古圣先哲的心是相同的，道是相同的，用以实现身修、家齐、国治而天下平的为政理念都贯通如一。

二、德主刑辅，化民成俗

德教和刑罚是治国的两个关键。《说苑·政理》云：“治国有二机，刑德是也。”[80]《政要论·治本》也持类似的观点：“夫治国之本有二，刑也，德也。二者相须而行，相待而成矣。天以阴阳成岁，人以刑德成治，故虽圣人为政，不能偏用也。”[81]德教与刑罚之间的关系如《汉书二》所言，帝王之治，有文德、武威二柄。文德者，礼乐教化也，为帝王之利器；武威者，刑罚也，辅助文德。“文之所加者深，则武之所服者大；德之所施者博，则威之所制者广。三代之盛，至于刑措兵寝者，以其本末有序，帝王之极功也。”[82]

德、刑在治国中的侧重不同，可以成就不同的国家。《说苑·政理》云：“王者尚其德而稀其刑，霸者刑德并凑，强国先其刑而后其德。”[83]《政要论·治本》云：“任德多，用刑少者，五帝也；刑德相半者，三王也；杖刑多，任德少者，五霸也；纯用刑强而亡者，秦也。”[84]德刑即礼法，故又有《孙卿子·天论》云：“君人者隆礼尊贤而王，重法爱民而霸，好利多诈而危，权谋倾覆而亡矣。”[85]

圣人顺从天地之道治理国家，以德教为主，以刑罚为辅。《汉书二·志》云：“圣人既躬明哲之性，必通天地之心，制礼作教，立法设刑，动缘民情，而则天象地，故因天秩而制五礼，因天讨而作五刑。”[86]这是因为，天道好生而恶杀，天地有好生之德，圣人为政，最善莫属教之以德，齐之以礼；次阶乃为导之以政，禁之以刑；倘若教化引导之后仍不听从，依旧做伤义败俗之事，不得已才用刑。正如《孔子家语·刑政》记载，“孔子曰：圣人之治化也。必刑政相参焉。太上以德教民，而以礼齐之，其次以政导民，以刑禁之，化之弗变，导之弗从，伤义败俗，于是乎用刑矣。”[87]

为什么古人治国遵循德主刑辅的原则呢？这是出于以下几个原因。

第一，德教可成刑罚不及之功，故以德为主。《淮南子·泰族》云："民无廉耻，不可治也。非修礼义，廉耻不立。民不知礼义，法弗能正也。非崇善废丑，不向礼义。无法不可以为治也，不知礼义不可以行法。法能杀不孝者，而不能使人为孔墨之行；法能刑窃盗者，而不能使人为伯夷之廉。孔子养徒三千人，皆入孝出悌，言为文章，行为仪表，教之所成也。墨子服役百八十人，皆可使赴火蹈刃，死不还踵，化之所致也。"[88] 不通过道德礼义的教化，在民众中树立起廉耻的观念，法就无法起到正人化人的作用。孔子、墨子教导弟子的成果，都是通过教化所成就的。这正如《盐铁论·诏圣》所云：古时君王宣明仁义，使百姓不僭越礼；不教而杀是残害百姓。与其制定刑法使百姓不敢触犯，不如提倡礼义使百姓耻于犯法。只听说过推行礼义后，刑罚就能运用得恰当的；却没听说过施行刑罚，孝悌之风就能兴盛的。

有效的道德教化可以免除刑罚之用。西周建立后，周公制礼作乐，民用和睦，灾害不生，祸乱不作，囹圄空虚，刑措不用，前后长达四十余年。这就是德教浃洽的结果。子曰："听讼，吾犹人也。必也使无讼乎！"[89] 孔子断狱也是听取双方的诉讼之辞，判定是非曲直，与别人无异，不同的是孔子是使人不再争讼。这就需要以德化人。真正有德的法官使人感受到德风的浸润，诉讼也就止息了。

《孔子家语·始诛》记载，孔子任鲁国大司寇时，有父子俩诉讼，孔子把他们羁押在同一间牢房，三个月不加审理。后来父亲撤诉，孔子赦免了他们。孔子说："身居上位不能恪行其道，没有教好百姓，却要滥杀，是不合情理的。不教导百姓孝顺父母、友爱兄弟，为官只知道判案定罪，是滥杀无辜。为政者应提倡伦理道德，并以身作则使人民信服；如果不行，就通过表彰树立道德模范来勉励大众积极向善；若还是不行，就放逐罢黜品行不端的人，以儆效尤。那么百姓自然就会遵纪守法，民风也就良善了。若还有奸邪之徒，顽固不化，最后才用刑罚制裁他们。如此，民众就能明理而知耻，羞于犯罪。这样，就无须威势惮压，也无须严刑峻法。"

孔子对这个案件的处理，也为如何处理犯错之人提供了示范，那就是依然要以教化之心来对待犯错之人，因为"不教而杀谓之虐"。《盐铁论》云：圣人之道不再盛行，礼义败坏，就不能再防止人们犯法，百姓获罪就法办，这就好比打开栏圈放出野兽，再用毒箭去射死它们。不忧虑百姓没有治理好，反而自我夸耀能制裁奸人，就像捕鸟的人看到飞鸟陷入自己悬挂的罗网一样高兴，这是虐政。不正确的执法态度，可能导致不法分子更加极端，增加案件的解决难度。而通过人性化执法，以怜悯仁爱之心，通过教育感化犯错之人，有助于他走上悔改之路。曾子曰："上失其道，民散久矣。如得其情，则哀矜而勿喜。"**90**民众有奸邪之行，是在上位者没有教导或教化不力的缘故。因此，民众混乱，要从朝政上反省原因；朝政混乱，要从执政者自身反省原因。

历史上的有识之士都会劝谏君主注重道德教化。《汉书二》记载，刘向劝谏汉成帝说：应当兴建辟雍，设立庠序，陈设礼乐，使雅颂的音乐隆盛，使揖让的礼仪盛行，以此来教育感化天下百姓。如此而天下不能达到太平的，还从未有过。有人说恐怕不能完备礼制。礼以育人为本，即使出现过差，其本质也是教人育人的，而刑罚却会致人死伤。何况如今的刑法并非皋陶所制定的，有关官吏奏请制定法律，往往是自认为该删就删，该改就改，以补救当前要务。至于礼乐，则说不敢轻为，这就是敢杀人而不敢教育人了。刑法和教化相比，刑法为轻。这就等于是舍弃要务，而急于不急之务。教化是天下太平的依靠，刑法只起辅助作用。废弃应依靠的教育，只建立辅助性的刑罚，这不是使天下实现太平的方法。

第二，失去道德教化和礼法规范，百姓就没有了学习的依据，也就会偏离正道，做出奸邪之事。《孔子家语·执辔》云，孔子曰："德法者，御民之具，犹御马之有衔勒也。君者，人也；吏者，辔也；刑者，策也。人君之政，执其辔策而已矣。"91 孔子进而以驾驭马匹为比喻：古代天子以内史为左右手，以道德和礼法作嚼子和笼头，把百官当作缰绳，把刑罚当作鞭子，把百姓当作马匹，所以统治天下数百年也不失去江山。善驾马匹的人，给马戴好嚼子笼头，备齐缰绳和马鞭，均衡地使用马力，平抚马的情绪。所以不用吆喝，马也会应绳而动；不用扬鞭，马也能跑千里之外。善于治理百姓的君王，统一道德和礼法规范，端正百官言行，协调均衡地使用民力，使百姓和顺安宁。所以政令不必三令五申，百姓便会顺从；不用刑罚就能教化治理好天下。其恩德可以感通天地，天下百姓纷纷归附。不会治理的君王，抛弃道德和礼法，专用刑罚惩治，就好比驾马时抛弃嚼子和笼头，专用鞭子鞭打，这样一来，马车失控是必然的。没有嚼子和笼头而专用鞭子，马匹必然受伤，车也会毁坏；治理百姓不用道德和礼法，专用刑罚，百姓必然流失，国家必然灭亡。凡是治理国家而没有道德和礼法规范，则百姓没有效法和学习的依据。百姓没有效法和学习的依据，就会迷惑而偏离正道。百姓因为没有受到教育而做出奸邪之事，倘若再专用刑罚，就必然会导致混乱。

　　刑罚产生的根源，就是道德教化不得力。《说苑·反质》记载，李克对魏文侯说，刑罚产生于奸诈邪恶、放纵逸乐的行为。凡是奸邪之念，由饥寒所生；淫逸的行为，源于文饰的耗费。雕绘彩饰，会妨害农业生产；锦绣绶带，会妨害女工。农事受害，是饥饿的本源；女工受害，是寒冷的本源。饥寒交迫，却能不做邪恶之事的，还未曾有过。男女打扮得漂亮来互相夸耀，而没有放纵行为的，也未曾有过。所以君主不禁止奇技淫巧，就会使国家贫困、百姓奢侈，进而使贫穷者行奸邪之事、富足者有荒淫之行，这就等于驱使百姓去做坏事。百姓既已做了坏事，又下令用法律诛杀他们，就如同为百姓设下陷阱。刑罚的产生是有根源的，君主不堵塞其根源，而去责罚枝末小事，是有害于国家的做法。

由此可见，人们作奸犯科的根源是因为奸邪和放纵的心行，而这正是道德教化缺失所导致，倘若不兴起伦常道德的教育，而是专注刑罚，则更会加重社会的混乱。因此，无论是治世还是乱世，道德教化都是治国的首要之事。

第三，刑罚是道德教育的补充。道德、礼义、法律、赏罚，这些都是教育的形式，只是起作用的方式不同。《说苑·政理》云："夫刑德者，化之所由兴也。德者，养善而进之者也；刑者，惩恶而禁后者也。"[92]

道德教化实施之后，如果仍未达到效果，才需要刑罚作为补充。《说苑·政理》云："政有三品，王者之政化之，霸者之政威之，强国之政胁之。夫此三者各有所施，而化之为贵矣。夫化之不变而后威之，威之不变而后胁之，胁之不变而后刑之。夫至于刑者，则非王者之所贵也。是以圣王先德教而后刑罚，立荣耻而明防禁，崇礼义之节以示之，贱货利之弊以变之，则下莫不慕义节之荣，而恶贪乱之耻。其所由致之者，化使然也。"[93]

刑罚在后，是因为它不是为了惩处民众的过恶，而是为了挽救祸败，约束奸邪。《潜夫论·德化》云："是故凡立法者，非以司民短而诛过误，乃以防奸恶而救祸败，捡淫邪而内正道耳。"[94]因此，圣明的君主非常尊崇道德礼教，而不注重刑罚。所以舜先命契施行五教，后命皋陶使用五刑，流放也区别远近三等。

刑罚只能作为道德教化的辅助，是因为法律作为一种治理的工具，其本身并不能使社会风清气朗。"法令者，治之具，而非制治清浊之源也。"[95]秦朝的法律严苛，却依然不能制止邪恶欺诈。这就是"法出而奸生，令下而诈起，如以汤止沸，沸愈甚而无益"[96]。因此，汉朝摒弃了秦朝严酷的刑罚，遵从简朴，"破觚而为圆，斫雕而为朴，网漏于吞舟之鱼，而吏治烝烝，不至于奸，黎民艾安。由是观之，在彼不在此"[97]。所谓"在彼不在此"，就是指"在道德不在严酷"⁹⁸。如果能够通过教育把人教好，奸邪之事自然减少。

董仲舒云：大凡百姓追逐利益，就像水往低处流一样，不用教化来约束，就不能阻止。因此，教化树立起来，奸邪之事就会停止，是因为防备民众邪思邪行的堤坝是完善的；教化荒废，奸邪之事就会出现，即便使用刑罚也不能制止，这是因为堤防坏了。古代的君王，没有不把教化当作治国要务的。在国都设立太学推行教化，在地方建立庠序（地方学校）开展教化；对民众，用仁爱来惠及，用道义来勉励，用礼教来节制。所以，刑罚虽然轻，但没有人违犯禁令，这是教化施行而习俗美善的缘故。

第四，德教为恒常之道，刑罚为权宜之事，恒常大道世代通行，权宜之计适用于一时。这也是要以道德教化为主、刑罚为辅的原因。《昌言·德教》云："德教者，人君之常任也，而刑罚为之佐助焉。古之圣帝明王所以能亲百姓，训五品，和万邦，蕃黎民，召天地之嘉应，降鬼神之吉灵者，实德是为，而非刑之攸致也。至于革命之期运，非征伐用兵，则不能定其业；奸宄之成群，非严刑峻法，则不能破其党。时势不同，所用之数，亦宜异也。教化以礼义为宗，礼义以典籍为本，常道行于百世，权宜用于一时，所不可得而易者也。"⁹⁹古圣贤王之所以能使百官互相亲睦，使天下顺从于五常之教，使人民变化迁善而天下大和，感召天地之祥瑞，感应神祇之福佑，是厚德载物的结果，而非刑罚所致，即依靠的是伦理道德的教化，而非刑罚。至于顺天应人改朝易代或者消除奸邪，若非兴兵讨伐或严刑峻法，则无法奠定基业、破其朋党。因此，时势不同，所用的方法也应不同。教化以礼义为宗，礼义以典籍为本，恒常大道世代通行，权宜之计适用于一时，此两者不可相互替代。因此，若制度不完备，操持其制则会无所成就；礼没有等差次序，引用其礼则会无可依凭；法度无常准，则人民不知所当从，故动辄得咎。教化不明，百姓无可取信，则心志不知所定，这些都不是治理之道。

道德的教化之功在治国中起着主导作用，但刑罚的辅助之功也不可忽视。特别是处乱之时，也需要适当地运用刑罚作为权宜，以达到治理的目的。《傅子·法刑》云："治世之民，从善者多，上立德而下服其化，故先礼而后刑也。乱世之民，从善者少，上不能以德化之，故先刑而后礼也。"**100** 例如，对于有了充分保障却还贪腐的官员，就要依法进行惩处。"居官奉职者坐而食于人，不敢以私利经心，既受禄于官，而或营私利，则公法绳之于上，而显议废之于下。"**101** 刑罚除能起震慑作用外，其所带来的名誉损失也能使官吏心生警惧。

自古就有乱世用重典之说。但是挽救当世之风后，依然要回归到道德教育。《昌言·德教》云："大治之后，有易乱之民者，安宁无故，邪心起也。大乱之后，有易治之势者，创艾祸灾，乐生全也。"**102** 长治久安之后，百姓之所以易兴乱者，是由于无可忧患之事，百姓安享太平日久，故生邪念也。大乱之后，世势之所以易治理者，是由于饱受乱世之苦，百姓畏惧灾祸复至，故思安而以休养生息为乐也。

据《贞观政要》记载，贞观之初，唐朝大乱之伤未愈，太宗君臣讨论自古理政得失。魏徵向太宗谏言："行帝道则帝，行王道则王。"**103** 他认为，倘若民风日渐奸薄而不可教，那么自五帝至贞观，百姓岂不是像鬼魅一样了吗？但事实并非如此。上古时候，三皇五帝并没有换掉他们的人民，但是人民却受到了教化。施行帝道就成为帝，施行王道就成为王，关键在于秉持怎样的道理，民众就会被教化成什么样子。唐太宗依魏徵之见，偃武修文，普施德政，广行教化，果然再现盛世，河清海晏。太宗感慨地说，听从魏徵谏言，乱世转盛不过数载，如今华夏安宁，异族归附，能有这样的成就，都是魏徵的功劳。**104**

因此，对于德法二者，任何一方都不可偏废。《袁子正书》云，认为仁义不足以治理国家的，是不懂得人性本具仁义的善德，于是缺乏教化，这样治理就失去了根本。认为刑罚不可用以治理国家的，是不了解人情诈伪，于是失去威慑，这样就不能禁止恶行。有刑罚而无仁义，久之百姓会生起轻忽之心；有仁义而无刑罚，百姓就会怠慢，作奸犯科就会兴起。

德法要相须而成。《傅子》云："夫威德者，相须而济者也。故独任威刑而无德惠，则民不乐生；独任德惠而无威刑，则民不畏死。民不乐生，不可得而教也；民不畏死，不可得而制也。有国立政，能使其民可教可制者，其唯威德足以相济者乎。"[105]《孙卿子·富国》云："不教而诛，则刑繁而邪不胜；教而不诛，则奸民不惩；诛而不赏，则勤励之民不劝；诛赏而不类，则下疑俗险，而百姓不壹。"[106]事先不教育就惩罚，是虐政，上暴虐则民怨恨，同时会生出更多奸邪之事，即便刑罚繁多，也不能压制邪恶。教育之后继续犯错，倘若不惩罚，就会使违法乱纪之人不被惩戒，这会给其他人带来不好的示范，进而效仿；只有惩罚没有奖赏，勤勉努力的百姓就不再勤勉。赏不当功，罚不当罪，臣民就会疑惑赏罚的标准，使得社会风俗变得险恶，百姓也不再淳朴。因此，为政者要制定周全的礼制，宣扬教化。礼制完备，教化宣明，屡教不改的人再处以刑罚。刑罚适当，百姓就不会有怨言。

在运用德法治理国家时要注意正确理解古人的存心。倘若不能正确运用古圣先贤的道德教化，而去模仿先王的哀悯仁爱之心，随便对罪犯施以缓刑赦免，会导致严重的社会问题。同样，如果不能明了古人设立五刑的目的，就滥用刑罚，也会导致严重的社会问题。《傅子·法刑》指出，柔懦的君主听说先王有哀悯仁爱之心，会审议因过失犯罪的狱案，缓赦死刑，就胡乱减轻刑罚、赦免罪大恶极者，这就会导致政令败落，法律被轻易触犯。罪大恶极之人被赦免，会导致奸邪之人兴起，而良善之人困窘。刚强的君主，听说先王用五种刑罚纠察万民，舜帝也诛杀四凶而使天下顺服。于是用严刑峻法侵犯侮慢天下百姓，犯罪株连三族，杀戮殃及善民，无罪却被杀的人数超过处死人数的一半。民众愤怨而叛乱，诸侯趁乱起兵，使得大国之主罪死人手，就是抛弃治国大道的缘故。……浅薄的儒生只见严刑峻法会引发叛乱，于是去除刑法，仅存仁政；片面的法家只看到削弱刑法使政令衰败，于是去除仁政而仅施用刑罚。这就是法令条款有的世代轻，有的世代重，常常偏离中道的原因。

总体而言，刑与德在治理中的关系，是运用刑罚辅助德教，统摄刑罚入于道德，根据道德制定刑罚，施用刑罚为了道德。若为政者德盛，一方之民能被其感化而欣然向善，那么刑罚就可以搁置不用。倘若为政者暴虐无道，滥杀无辜，那么德不存在，民众之安乐就不复存在。而对于死刑，圣人之意很明确，以不枉杀为戒。有时，对恶人的慈悲就等于对世人的残忍。罪大恶极的人后患无穷，如果真正是罪有应得的人，执行死刑是对的。

三、严刑峻法，亡国无日

刑罚历代有之。《尚书》载，上古时，"象以典刑，流宥五刑，眚灾肆赦，怙终贼刑"[107]。象刑作为常刑，是对周围人的警示。在使用象刑时，上等刑法穿上赭色衣服，不加缘饰，中等刑法穿上颜色不同的鞋子，下等刑法戴上墨色的头巾，让他们终身居住州里，自己深以为耻，如同受了刑罚一样。虽犯五刑，但在三种予以宽宥的情况之列的，予以流放处理。因过错造成灾害，或者非故意误失的，予以赦免；对于倚仗赦宥而为非的人，终为残贼之人，以五刑处罚。可见，上古之用刑，必也慎之，恤以教之。

专用刑法能使国家得到治理的，自古至今，未尝有也。为什么治理国家不能专用刑罚，是因为刑罚会加剧社会混乱，具体有以下几个原因。

首先，刑罚的出现本身就是衰世的表现，是社会道德水平下降的结果；奸邪之事增多，导致刑罚增多。《春秋左氏传下》记载，鲁昭公六年（前536年），郑国人把刑法条文铸在鼎上，作为国家的常法。叔向派人送信给子产说：从前，先王通过衡量事情的轻重来判罪，不预先制定刑法，这是怕民众有争夺之心。就这样仍不能禁止犯罪，因此以道义来防范，靠政令来约束，制定礼以奉行，凭信用来守持，用仁爱培养，规定俸禄爵位来勉励人遵从教令，严格断案定刑以威慑放纵之人。担心还不能奏效，就用忠恕来教诲，用善恶之行来劝勉警惧，用当时所急需之务来教导，用和悦的态度来役使，以敬肃的态度面对，用威严来监督，有违犯者则坚决判刑。还要有访求贤能的公侯大人、明察事理的卿大夫、忠诚守信的长者、仁慈和蔼的老师，于是民众就能够被差使而不发生祸乱了。民众知道有法律，就不会敬畏上级，人人都有争夺之心，各自征引刑法以证明，而想侥幸成功，那样就无法治理了。夏朝政事出现混乱，就制定了《禹刑》；商朝政事出现混乱，就制定了《汤刑》；周朝政事出现混乱，就制定了《九刑》。这三种刑法的产生都是在衰微的末世。现在您辅相郑国，制定了三个刑法，并铸之于鼎，打算用这种办法安定民众，不是很困难吗？《诗经》云：'仪式刑文王之德，日靖四方。'又说：'仪刑文王，万邦作孚。'能像《诗经》说的所用的只是德与信，何必要刑法呢？百姓知道了争夺的依据（即刑书），将会丢弃礼义而征引刑书，细枝末节都要争明白，犯法的案件会更加繁多，贿赂遍行。在您活着的时候，郑国恐怕就要衰败了吧！我听说，'国将亡，必多制'。说的就是这个吧！"子产给叔向回信说："诚如您说的那样。然而我没有才能，不能顾及子孙。我是用此来挽救当代的。"**108**

由此看出，三代进入衰世，才出现了明文的刑罚。叔向指出，用衰世的办法治理，必然将社会引入衰世。对此，子产也并未否认，只是指出，自己此行是为了挽救当代。这就说明，即使是乱世用重典，也只能救弊于一时。从长远来看，依然要注重道德教育。

其次，刑罚增多，政令繁苛，使民众迷惑，陷入罪责而被治罪，久而久之会生起苟免无耻之心。刑罚繁杂严苛而奸邪却不能制止，奸邪不能制止则刑罚愈加繁苛，这就进入了恶性循环。此时若不注重道德教化，自然会使混乱加剧。《昌言·德教》云："刑繁而乱益甚者，法难胜避，苟免而无耻也。教兴而罚罕用者，仁义相厉，廉耻成也。"[109]刑罚繁多却世风日下，皆因上位者没有实行道德教化。再多的法令，奸邪反而屡禁不止，这是民众有苟免之心。君主以道德仁义劝勉百姓，天下能升起廉耻之心而羞于作恶，刑罚也就罕用了。

《盐铁论·刑德》云："道径众，民不知所由也；法令众，人不知所避也。故王者之制法也，昭乎如日月，故民不迷；旷乎若大路，故民不惑；幽隐远方，折乎知之；愚妇童妇，咸知所避。是故法令不犯，而狱犴不用也。"[110]秦朝的法律比秋天的茅草还多，刑法比凝结的油脂还细密，然而官吏逃避君主的制裁，民众逃避官吏的制裁，奸诈虚伪的事层出不穷，官吏治理这些，就像挽救腐烂之品、扑灭烧焦之物那样急迫，即使如此仍不能禁止。这并不是法律松弛造成的罪犯漏网，而是废弃礼仪、滥用刑法的结果。

范晔在《后汉书四·酷吏传》中论述说，古人淳朴敦厚，善恶易分，给罪犯穿上有特殊标志的衣冠，便无人敢犯罪了。末世风气浇薄，上下互蒙。德义不足以让人们融洽相处，教化也不能阻止犯罪发生，于是就靠严刑痛杀的办法，用暴力治理奸邪，用憎恶邪行的公正，来助成残苛暴虐。这与笃诚守道的官吏相比，天壤之别，所以严延年嗤笑黄霸的宽政，密县的人民耻笑卓茂的政令。威猛的办法用尽，但仍起不到应有的效果。试想朱邑从来不以笞打羞辱的方式对待众人，袁安未曾审问过犯人的贪赃之罪，但是奸邪之事却自动禁绝了，百姓也不欺诈犯法，是什么原因呢？那是因为，严酷的刑法一经施用，苟且求免的行为便会

兴起；落实仁爱之道能使人信服，感化之情就能起到作用。只求苟免的
人，当法律威慑有隙漏时，奸邪之事就会发生；受到感化的人，即使施
政者不在了，其仁爱思想依然长存于心。从邦邑来看天下，刑罚诉讼是
否应当繁多错杂，就可以知道了。

第三，刑罚繁苛不仅无助于人们道德提升，反而会破坏道德，这有
两种表现：

其一，刑罚繁苛会破坏道德标准。《后汉书二·杜林传》记载了东
汉杜林在给汉光武帝的上疏中，举例说明法令繁苛对道德标准的危害。
汉朝建国后，详细考察了历代得失，去除严刑峻法而遵从简易，去除浮
华而崇尚质朴，废除苛政而改立宽律，从而举国欢欣，人民怀德。后来
又逐渐增添法律条款，吹毛求疵，毁谤欺侮，无以复加。把果蔬馈赠都
认作贪赃行为，把对大义无妨的小事也视为当杀的大罪。以此标准，使
得整个国家都没有廉士，家中没有完美德操的人。以至于有法不能制
约，有令不能禁止，上下互相回避，造成的弊端就更深了。繁苛的法令
使得全国上下再无有德之士，法律也失去了令行禁止的作用。

其二，刑罚繁苛破坏道德，突出体现在连坐制度上，不仅破坏了亲
情，也破坏了由此生出的德行要求。《晋书上·刑法志》记载，卫展升
迁为大理，即执掌刑罚的官员后，曾上书劝谏晋元帝司马睿说：现在施
行的诏书，其中有拷问儿子来证实父亲应判死刑，或者鞭挞父母查问儿
子下落的内容。近来主管刑律的人所依据的《庚寅诏书》中也规定，全
家逃亡则家长应被处斩。如果家长确实是逃亡的主谋，斩杀虽说量刑过
重，但也算说得过去。假若子孙犯罪逃亡，却拷问父亲和祖父逃亡之
情。逃亡的是子孙，父、祖无辜遭受酷刑，就不合乎情理了，也有损教
化。如果这样的情况很多，就会破坏父子相隐的人之常情，也会使君臣
之义渐遭废弃。君臣之义被废，犯上作乱的邪恶之事就会发生。卫展的
论述直接说明了繁苛的法令对道德和亲情的破坏作用，父子之间不再有

亲，父慈子孝的德行要求就被破坏了。

《盐铁论·周秦》引《春秋公羊传》云："子有罪，执其父；臣有罪，执其君。听失之大者也。"[111] 儿子犯罪了株连父亲，弟弟犯罪了株连兄长，亲戚之间相互牵连，邻里之间相互连坐，这就像拔起植物的根而连及花和叶子、伤一小指而牵连四肢一样。这是一个人犯罪却加罪于无罪之人！自从开始施行首谋藏匿罪人相互牵连罪之后，人与人之间的骨肉亲情被抛弃了，违法现象也越来越多。从前只听说父子相隐，却未听说父子连坐。憎恨恶人要止于其本人，痛恨始作俑者，惩办罪魁祸首，却从未听说邻里之间要相互连坐。如果父子间互相背弃，兄弟间互相轻侮，甚至骨肉相残，上下互杀，百姓不寒而栗，生活犹如刀山火海，内心会充满怨恨，最终结果就是对上危害君主，往下断送自己的性命。

第四，注重德教还是刑罚，会影响民风喜乐哀怨，祸福也就由此而产生了。《汉书四·贾谊传》云："导之以德教，德教洽而民气乐；驱之以法令者，法令极而民风哀。哀乐之感，祸福之应也。"[112] 严刑峻法，会导致民不乐生；民不乐生，则不畏死；"民不畏死，奈何以死惧之？"[113] 不能以死惧之，民众安能躲避犯罪？及至祸乱作而正道不可返时，民众揭竿而起，不灭亡，又何待乎？

《史记上·世家》云，秦国凭狭小的地盘，诸侯的权势，举八州并使地位相同的六国诸侯都来朝拜进贡，这已有一百多年了。然后统一天下，以崤山和函谷关为宫墙，却因陈涉发难，使得七庙被毁，国君被杀，让天下人讥笑。其原因就是秦朝不施行仁义，导致打天下与守天下的形势不同了。

秦专任刑罚，二世即亡，重要的原因就是专用刑罚。秦二世听信赵高的计谋，用繁重的刑罚任意杀人，路上有一半是囚徒，被处死的人日益增多。官吏以杀人多者为忠，以刮尽民财者为能。其结果是，百官无法再承受苛求，平民无法再忍受刑罚，全天下的人都忧愁终日，民不聊生。普通百姓也敢与天子拼命，家臣也敢杀害主人，陈胜、吴广就是这样的人。秦国很快就不复存在了。这就是，"高墙狭基，不可立也；严刑峻法，不可久也"[114]。

威刑不是不能有，而是不能专用刑罚。《吕氏春秋·杂俗览》云："不得其道，而徒多其威，威愈多，民愈不用。亡国之主，多以威使其民矣。"[115]这就好像烹饪要用盐一样，盐的用量要根据食物而定，不适量地使用就会败坏食物。威严也是如此。威严凭借的是爱护百姓之心，君主能够爱护百姓就会加惠于百姓，百姓对君主爱敬有加，就易于治理了。倘若爱民利民之心消失了，却还极力地对百姓施以威严，自己最终必会遭受灾祸。

由是观之，德、刑之治，其效天壤之别。《汉书四·贾谊传》云："汤武置天下于仁义礼乐，而德泽洽禽兽，草木广裕，德被子孙数十世，此天下所共闻也。秦王置天下于法令刑罚，德泽无一有，而怨毒盈于世，人憎恶之如仇雠，祸几及身，子孙诛绝，此天下之所共见也。是非其明效大验邪。"[116]如今之人，倘若认为礼义不如法令，教化不如刑罚，就不如看看殷周和秦朝。"以礼义治之者，积礼义；以刑罚治之者，积刑罚。刑罚积而民怨背，礼义积而民和亲。"[117]礼为教之上者，法为教之下者；礼可导民回归性德，而法无过禁民为非。礼乐教化普施，则社会安定和谐，如"成康盛世"；而法之独用，则社会动乱，国家加速灭亡，如秦十五年而亡。此即国家施用德、刑中体现的德福一致。

第三节　赏罚

赏罚能起到劝善惩恶的效用。《中论·赏罚》云："政之大纲有二，赏罚之谓也。人君明乎赏罚之道，则治不难矣。"[118]《申鉴·政体》云："赏罚，政之柄也。明赏必罚，审信慎令。赏以劝善，罚以惩恶。"[119]

劝善惩恶是为了成就万物之美。大有卦《象》云："火在天上，大有。君子以遏恶扬善，顺天休命。"[120] 火焰高悬于天上，无处不照，象征大获所有。大有是包容之象。君子以此卦象所兆，应当遏阻奸邪，称扬善良，以奉承顺应上天的德性，美善万物的性命。扬善阻恶的一个有效方式，就是奖惩的示范效应。

一、赏以劝善，惩以遏恶

赏罚作为为政者的两把权柄，通过劝善惩恶，对治国理政起到促进作用。《文子·上义》云，善于奖赏的人，奖赏所用的花费少而得到劝勉的人多；善用惩罚的人，使用刑罚不多就能禁止奸邪。善于给予的人，给予的不多却能使人感激其德；善于获取的人，收取虽多却不会让人抱怨。所以圣人根据百姓的喜好来劝勉善行，根据百姓的憎恶来禁止奸邪。奖赏一人，天下人都会争相为善；处罚一人，天下人都会畏惧作恶。最恰当的奖赏没有不必要的花费，恰当的刑罚没有滥用。圣人持守简约但治理功效却很大，说的就是这种情况。

古圣先王都是以德、以功而行封赏。例如，成汤成就帝王之业的原因之一就包含用赏赐来劝善。《尚书》云："惟王弗迩声色，弗殖货利。德懋懋官，功懋懋赏。用人惟己，改过弗吝。克宽克仁，彰信兆民。"[121] 成汤不近声乐女色，不贪资货财利；对努力修德者，用官职来勉励；对努力建功者，用赏赐来激励；采用别人的意见就像自己的一样，改正过失毫不吝惜；待人能够宽厚仁爱，彰显了成汤宽仁之德，使得万民信任。

古代圣王治理国家，不仅赏赐有功有德的官员，也赏赐有德的庶民，以勉励民众向他学习，形成良善的社会风气。《韩诗外传》云，古时有"命民"的称号。对于能够尊敬长辈、怜爱孤苦、面对利益得失时能够以谦让为先、竭忠尽智者，君主就会颁赐嘉奖诏命。得到诏命后，受嘉奖的人可以乘坐由两匹马并排驾驶的装饰华丽的车。未得诏命者则不许乘坐这样的车马，任意乘坐便会受到处罚。所以，即使人们有多余的钱财，但如果行为不合礼义，没有功业和德行，也不能使用多余的财物。如此一来，人们就都会倡行仁义而轻视财利。轻视财利就不会有争夺；不争夺，就不会有人以强凌弱、以众欺寡。尧舜之时通过树立这样的道德典型对民众进行道德教育。

舜帝对昏德奸邪者进行惩处，获得了民众的拥戴，也使民众明了何为恶。《尚书》记载，舜将共工（即穷奇）流放到北方边裔幽州，将欢兜（即浑敦）驱逐到南方边裔崇山，将三苗（号饕餮）投弃到西方边裔三危，将鲧（即梼杌）放逐到东方边裔羽山。这四个罪人得到惩处，天下人都心悦诚服，赞美舜帝的善行。关于舜惩四恶得当而获得拥戴尊敬的效果，在《春秋左氏传上（补）·文公十八年》中有详细记载：帝鸿氏有一个不成材的儿子，掩蔽仁义，包庇奸贼，喜做恶事，与丑恶之人为伍，与心不念德义、口不道忠信之言、无友爱之人勾结在一起，天下的百姓称他浑敦。少暤氏有一个不成材的儿子，毁坏信义，抛弃忠诚，以恶为善，花言巧语，惯听谮语，信用奸邪，常出谗言，隐藏罪恶，诬罔贤人，天下的百姓称他穷奇。颛顼氏有一个不成材的儿子，无法教训，不懂善言。教导他，则愚顽不听；丢弃他，则肆意纵恶。他鄙视明德，不听教导，搅乱伦常，天下的百姓称他梼杌。缙云氏有一个不成材的儿子，贪图饮食，贪求财货，任性奢侈，无有满足，聚财积谷，不知限度，不分给孤儿寡妇，不体恤贫穷困苦，天下的百姓称他饕餮。舜做了尧的臣子，在明堂四方之门以宾礼接待众位贤人，流放四个凶恶的氏族浑敦、穷奇、梼杌、饕餮，把他们流放到四方边远之地，去抵御螭魅等怪物。因此尧去世后，天下稳定而统一，同心拥戴舜做天子，是舜举荐了八元八恺十六位贤臣，还除去了四凶的缘故。**122**

古圣先王在赏善罚恶、引导人们向善恶恶时，是顺应人们的喜好而施行的，建立在古人对人的性情，即本性与习性关系的深刻认识的基础上。《傅子·戒言》云，先王知道人有喜好善良、崇尚美德的本性，也有贪慕荣誉、看重财利的习性，所以就重视其所崇尚的，而抑制其所贪求的。重视所崇尚的德行，礼让之风就会兴起；抑制所贪求的名利，廉耻之风就会常存。抑制人们追求荣誉和财利，但却不能断绝人们这种想法。故而制定显名、高位、丰禄、厚赏，让天下人都希求并且向往。不修养德行、崇尚道德，就不能获得显名，不能身处高位，不能享受丰禄，不能收获厚赏，这是先王立定教义重要的道理。人的本性是向善好德的，但是习性又会受到名利的诱惑，因此先王利用人们的习性而行赏罚，达到顺应人的本性教人，同时抑制习性发展的目的。

正是由于道德仁义难以被人们发现，因此需要爵位、赏赐等作为承载，使之可见，让人们有了尊重的对象。《尸子·劝学》云：爵位是德行的依托之所，应安住于此。《诗》云："蔽芾甘棠，勿翦勿败，召伯所憩。"¹²³ 仁者休憩之处，人们不敢损坏。天子、诸侯之位，最为人们推重，但夏桀、商纣处在这样的位置就会被轻视。所以说，爵位之尊贵并不尽然。如今天下人尊崇爵位却轻视德行，就如同推重甘棠而轻视召伯，这就适得其反了。道德仁义，眼看不见，耳听不到，天地因此而各得其所，万物因此而生养繁衍，虽无爵位却地位高贵，不受俸禄但身份尊显。使有德者获得封赏，才能引导人们生起向善好德之心。

在上位者就是通过赏罚使民众知晓，哪些是应该崇尚追求的。《墨子·尚贤》记载，往昔圣君执政秉持的原则是："对不义之人不要给予厚禄，不要给予高官，不要与他亲密，不要跟他接近。"因此，国内富贵之人听到后，私下考虑说："以前我们所依仗的是富贵，如今君王选拔义士不避贫贱者。既然如此，我们不能不行仁义。"与君王沾亲带故的人听到后，私下考虑说："以前我凭借亲戚关系，如今君王选拔义士不避亲疏。既然如此，我们不能不行仁义啊。"君王身边的人听到后，私下考虑说："以前我们所依赖的是跟随君王左右，如今君王选拔义士不避远近。既然如此，我们不能不行仁义啊。"远离君王的人听到后，私下考虑说："以前我们认为自己离君主太远而无所依靠，如今君王选拔义士不避远近。既然如此，我们不能不行仁义啊。"人们听到这些，都争着去行仁义。这就是"上之所以使下者，一物也；下之所以事上者，一术也"。在上位者通过奖赏告知人们要行仁义，在下位者自然跟随，这是顺应了人的好恶和本性，自然产生这样的功效。

由上可见，古人的赏罚之道是有德者爵，有功者赏，败德者惩，纵恶者罚。赏罚可以起到引领和示范效应。《袁子正书》云："赏足荣而罚可畏，智者知荣辱之必至，是故劝善之心生，而不轨之奸息。赏一人而天下知所从，罚一人而天下知所避。明开塞之路，使百姓晓然知轨疏之所由。"[124] 赏罚与荣辱相连，明智的人由此而知上之所劝及所禁，以点带面，引发示范效应，就能在民众中生起扬善遏恶的社会风气。

二、赏罚有则，民劝矣哉

赏罚是领导者威德的体现，行使威德必须顺道而行。《傅子·治体》云："治国有二柄，一曰赏，二曰罚。赏者，政之大德也；罚者，政之大威也。人所以畏天地者，以其能生而杀之也。为治审持二柄，能使杀生不妄，则其威德与天地并矣。"[125] 顺应天地生养肃杀之道行赏罚，才能使百姓爱敬有加，奖惩也才能有效。

然而，正确的赏罚并不容易，需要领导者修身有成、自身明智。《袁子正书·人主》云："智不能见是非之理，明不能察浸润之言，所任者不必智，所用者不必忠，故有赏贤罚暴之名，而有戮能养奸之实，此天下之大患也。"[126] 如果领导者不足以洞察是非、审察谗言，那么所任命的人就未必有才智，所取用的人就未必是忠良。这样的君主虽然有赏贤罚暴之名，却导致了刑戮贤能、容养奸佞之实，这是天下的大患。

领导者要重视奖惩的原则，才能使赏罚起到劝善惩恶的效果。赏罚的原则之一是"爵非德不授，禄非功不与"。《傅子·重爵禄》云："爵禄者，国柄之本，而贵富之所由，不可以不重也。然则，爵非德不授，禄非功不与。二教既立，则良士不敢以贱德受贵爵，劳臣不敢以微功受重禄。况无德无功而敢虚干爵禄之制乎？"[127]《孙卿子·富国》云："德必称位，位必称禄，禄必称用。"[128]所以先王封爵授禄，绝不可轻率而行。正如《管子·立政》所云："国有德义未明于朝者，则不可加于尊位；功力未见于国者，则不可与重禄；临事不信于民者，则不可使任大官。故德厚而位卑者谓之过，德薄而位尊者谓之失。"[129]

这说明，爵位的高低、俸禄的厚薄，与受赏者的德行高低和功劳大小相配。《傅子·重爵禄》对此进行了更深入的阐述：爵是位的级别，禄是官的收入。级别分等，与位相称；收入丰足，与官职相合。这是立爵定禄需要明辨的准则。确定准则后，就要严格选用合适之人并予以重用。德行高尚、功劳显赫的人，授高爵重位、厚禄尊官；德行浅薄、功劳少的人，授低爵轻位、薄禄微官。《中论·爵禄》亦云："古之制爵禄也，爵以居有德，禄以养有功。功大者其禄厚，德远者其爵尊；功小者其禄薄，德近者其爵卑。是故观其爵则别其人之德，见其禄则知其人之功，不待问之也。古之君子贵爵禄者，盖以此也。"[130]《吕氏春秋·务本》云，荣耀和富有不是凭空的，而是凭借建立功业来获得。功劳小而期望得到的回报多，这是妄求；没有功劳却要求荣耀富有，这是欺诈。像这种欺诈诬妄的做法，君子是不会干的。

唯有在位者德位相配，人们才会尊重高居爵位之人，起到以上率下的效果，这样上下一心，实现良好有效的治理。《袁子正书·王子主失》云，人之所以会尊重身居高位的人，并非因为显贵的官爵，而是因为言语忠信，品行笃厚诚敬；人君没有虚授官爵，人臣也没有妄受爵位。如果授官不依其力，奖赏不议其功，那么徇私之路就会开启，而公正之道就被阻塞了。《中论·爵禄》云，先王非常重视爵禄。但是后来爵禄被轻视，是因为享有爵禄者德不配位，因而民众轻贱其人，也轻视其爵禄。爵禄被尊重，是由于享受爵禄者的德功配其爵禄，因敬重其人也敬重其爵禄。黻衣绣裳是君子所穿的衣服，人们喜爱君子的美德，因此亦会赞美君子的服饰。残暴淫乱的君主，并非没有这样的服饰，民众却不愿意赞美。德不配位，会降低人们对爵位的尊重程度和对奖赏的信赖。

由此可见，中国古代并非"官本位"，而是"德本位"。在中国传统社会，要成为领导者，首先必须有德行。诸葛亮"鞠躬尽瘁，死而后已"，范仲淹"先天下之忧而忧，后天下之乐而乐"，文天祥"人生自古谁无死，留取丹心照汗青"，林则徐"苟利国家生死以，岂因祸福避趋之"，顾炎武"天下兴亡，匹夫有责"。他们心系天下、国家，鲜有自私自利的念头。正是因为他们有这样的德行气节，所以备受百姓尊敬。

赏罚的原则之二是公正。傅子云："善赏者，赏一善而天下之善皆劝；善罚者，罚一恶而天下之恶皆惧者何？赏公而罚不贰也。有善，虽疏贱必赏；有恶，虽贵近必诛，可不谓公而不贰乎。"[131] 只有公正不二，劝善惩恶才能起到效果，否则人们就会质疑赏罚的结果，进而对赏罚失去信心。

《蜀志》记载，丞相府长史张裔常称赞诸葛亮说："诸葛公奖赏时不遗漏关系疏远之人，惩罚时不袒护亲近之人；爵位不可无功而获取，刑罚不可因权势显贵而免除。这就是为什么不论贤愚皆能忘我效劳。"《蜀志》评论诸葛丞相云：诸葛亮担任丞相，安抚百姓，明示礼法，精简官职，采取顺应时宜的制度，开诚布公。对竭尽忠心有益时政者，即使是怨仇也必定奖赏；对触犯法律做事懈怠者，即使是亲信也必定惩罚；对承认罪过真情悔改者，即使罪重也必定释放；对以游辞伪饰罪恶者，即使罪轻也必加严判。对微细之善，无不奖赏；对轻微罪恶，无不贬斥。精通各项政事，从根本上治理，要求名实相符，虚伪不实者不得以年龄

的次序录于平民。最终，蜀国邦界内，人人都敬畏而爱戴他，刑罚法令
虽然严厉却无人怨恨，这是因为他用心公平，勉励告诫明确。诸葛公可
称得上是精通治国理政的杰出人才，能与管仲、萧何相媲美之人。赏罚
公正，就有如此功效。不仅能使民知好恶、社会治理，还能使为政者受
到拥戴。

若要做到赏罚公正，关键在于为政者自身能够遵行法令。《文子·上
义》云，君王制定法规，自己首先要遵守。自己能够遵守禁令，就能在
百姓中推行了。法律是天下人言行的准则，是君王裁决事情的尺度。公
布法令，是要惩罚违法之人。"法定之后，中绳者赏，缺绳者诛。虽尊
贵者，不轻其赏；卑贱者，不重其刑。犯法者，虽贤必诛；中度者，虽
不肖无罪。是故公道行而私欲塞也。" **132**

赏罚的原则之三是重在执行。《中论·赏罚》云：赏罚不在于重，
在于能够执行。只要能够切实执行，虽然不重，百姓也会严肃对待；如
果不能够切实执行，即使很重，百姓也会懈怠。所以，古代先王致力于
使赏罚能够切实执行。如果应该赏的没赏，为善者就会失去本来的愿望
而自我怀疑；如果该罚的没罚，为恶者就会轻视国家法纪，而坚持其固
有的行为。如果这样，即便每天使用斧钺在街市上行刑，民众也不会
放弃邪行；即便每日在朝中封官赐禄，民间也不会兴起良好的风气。所
以，圣人不敢因亲属的恩情而免除惩罚，也不敢因个人的仇怨而免除奖
赏，其原因就是要用此来挽救世风呀！

执行赏罚要及时。《司马法》云："赏不逾时，欲民速得为善之利也。
罚不迁列，欲民速睹为不善之害也。" **133** 奖赏不拖延，为的是让民众迅
速得到做善事的利益；惩罚不要变更地点，为的是使民众迅速看到做坏
事的害处。

赏罚的原则四是要掌握"度"，这体现在三个方面。

其一是奖惩的频率。《六韬·虎韬》载，太公对武王说，生养百姓

有三件细微的事情需要注意，频繁变动会带来凶险。明确赏赐的标准并且不能随意更改，否则会导致百姓的欲望得不到满足，进而会引起百姓的怨恨；明确刑罚的标准并且不能屡屡变更，否则会使百姓感到恐惧害怕，进而生出意外；明确审察的标准并且不能随意更改，否则会侵扰百姓，使百姓不能安定地生活，从而容易发生变故。因此，太公特别强调，奖赏的目的在于成就百姓的生计，刑罚的目的在于使百姓不犯罪。因此，正确地运用赏罚措施，就可以教化天下。太公之言说明，奖惩的"度"要以能养民育民、劝善惩恶为原则，而不能侵扰民众，影响民众的正常生活。

其二是奖惩的程度。《典语·重爵》云："爵禄赏罚，人主之威柄，帝王之所以为尊者也。故爵禄不可不重。重之则居之者贵，轻之则处之者贱。居之者贵则君子慕义，取之者贱则小人觊觎。君子慕义，治道之兆；小人觊觎，乱政之渐也。"[134]奖惩的程度要能劝勉有德者，同时也不能使小人觊觎，通过邪曲不正之行获得。《典语·重爵》进一步讲，先王重视爵位，谨慎任免。对有德之人赐爵，对有功之人发俸。爵位高低彰显德行高低，俸禄多少代表功劳大小。即使如此，仍然设置刑罚惩戒，用降职的方式劝诫，用天子的诰命使其显达，用车服使其显耀。如此，则朝廷没有虚设官位而被讥讽，士大夫也不会因空拿俸禄而受到指责。奖惩的程度要与德行和功劳相一致。

其三是奖惩要符合礼的节度。《春秋左氏传中》云：赏赐在春夏举行，用刑在秋冬进行，这是顺应天时。将要行赏时会增加膳食，加膳就会赐以丰盛的酒食，以此可知其乐于赏赐；将要行刑时就除去丰盛的肴馔，除去盛馔就会撤去乐悬，由此可知其畏惧动用刑罚；早起晚睡，日夜亲理政务，由此可知他忧虑民众的疾苦。这三种表现，是礼制的基本纲纪。有礼就不会失败。

三、废善赏恶，令失逆结

不当的赏罚会成为社会动乱之源。正如《汉书二》所云："德不称位，能不称官，赏不当功，刑不当罪，不祥莫大焉。"[135]《管子·立政》亦云："君之所审者三，一曰德不当其位，二曰功不当其禄，三曰能不当其官，此三本者，治乱之原也。"[136]

赏罚不当会影响国家治理，其根本原因在于善不能劝，恶不能止。《后汉书三》云："有功不赏，为善失其望；奸回不诘，为恶肆其凶。"[137]《孙卿子·大略》云，古时贤明的君主，惩罚不超过其罪行，赐爵不超过其德行。因此能够杀死有罪的父亲却用其子，杀死有罪的哥哥却任用其弟；量刑处罚不因怒而加罪，赏赐爵位不过其德。因此，行善事者能得到勉励，做坏事者会感到沮丧，威信传布如同流水，风气改变似有神助。然而，乱世就不是这样：刑罚超过罪行，封赏超过德行；按宗族来定罪，凭门第来选人。一人有罪，三族被诛，即使其族有德行如大舜，也不免受刑，就是因为按照宗族来判罪。先祖贤良，后代子孙必然显贵，即使后代有如桀一样残暴，地位也必定尊贵，就是因为凭门第选拔。这样还希望社会不乱，怎么可能呢？

为人君者慎赏罚，是为了不妄加赏罚，以免导致止善纵恶。只有善不止，恶不纵，国家才能得到治理。《申鉴·政体》云："人主不妄赏，非徒爱其财也；赏妄行则善不劝矣。不妄罚，非徒矜其人也；罚妄行则恶不惩矣。赏不劝，谓之止善；罚不惩，谓之纵恶。在上者能不止下为善，不纵下为恶，则国治矣。"[138]

赏罚不当的后果表现在诸多方面。

第一，赏罚不当，会使民众难以治理。这是因为，领导者肆意奖惩，会给民众造成不良引导，无法在民众中树立起正确的是非观念，不仅民众难以被教化，还会败坏风气，引发社会问题。《说苑·政理》云：

"诛赏缪则善恶乱矣。夫有功而不赏，则善不劝矣；有过而不诛，则恶不惧矣。善不劝而能以行化乎天下者，未尝闻也。"**139**《管子·七法》云："言是而不能立，言非而不能废，有功而不能赏，有罪而不能诛，若是而能理民者，未之有也。是必立，非必废，有功必赏，有罪必诛，若是，治安矣。"**140**《傅子》云："若赏一无功，则天下饰诈矣；罚一无罪，则天下怀疑矣。是以明德慎赏而不肯轻之，明德慎罚而不肯忽之。"**141**

例如，《春秋左氏传中》记载了鲁国的季武子奖励不当导致鲁国出现盗贼且无法禁止的故事。鲁襄公二十一年（前552年），邾国大夫庶其带着漆邑、闾丘邑逃奔鲁国，季武子把鲁襄公的姑母嫁给庶其做妻子，并赏赐了庶其的随从。这期间鲁国出现很多盗贼。季武子问臧武仲为什么不惩治盗贼。臧武仲回答说："无法查办，无能为力。"季武子说："您身为司寇，除去盗贼是职责，怎么说没有能力查办呢？"臧武仲说："您把外国的盗贼招到鲁国并礼待他们，还怎么禁止我们国内的盗贼呢？您身为正卿，却招来外边的大盗，又让我惩治国内的盗匪，我怎么能办得到呢？庶其偷盗了邾国的城邑前来我国，您竟把姬氏嫁给他为妻，而且又将漆、闾丘赠给他作食邑，甚至连他的随员也都各有赏赐。礼遇这种大盗，把国君的姑母嫁给他，又给他城邑；次一等之人，赏赐奴仆车马；连最下层的都赏赐给衣裳、佩剑。这分明是在奖赏盗贼。奖赏盗贼而又要除去他们，恐怕很难吧！下官也听说过，居于上位的人洗涤心地，以诚待人，前后一致，言行诚信而合于规范法度，并可获得验证，然后才可以治理百姓。居上位者的所作所为，是百姓所趋向效法的。居上位者不做，而百姓做了，会因此受到惩处，也就没有人敢不警戒的。若居上位者在做，民众也做，则是势之必然，又怎能禁止得了呢？"

第二，赏罚不当，会伤贤助佞。《袁子正书·用贤》云："治国有四，一曰尚德，二曰考能，三曰赏功，四曰罚罪。四者明则国治矣。"**142**如果论士不因其德行而因其在位长短，考量能力不因其才能而因其资历，却希求下级尊重上级，是办不到的；如果奖赏可以通过权势求取，刑罚可以凭借功绩躲避，如此却希求臣下没有奸邪的行为，是办不到的。作为长官不是仅能辅佐君主，而是要治理天下；任用贤才不是为了役使，而是崇尚其德行。在位者以公道行事，赏罚得当，就能天下归心。

伤贤助佞有几方面的表现：其一，赏罚不当伤害贤良，进而影响国家治理。《春秋左氏传中》云：善于治理国家的人，赏赐不过分，刑罚不滥用。赏赐过分，就怕赏给邪人；刑罚滥用，就怕伤及善人。如果不幸赏罚过当，那么宁可赏赐过分，也不可滥用刑罚。与其伤害贤人，宁可让奸人获利，因为没有贤人，国家就会灭亡。不惩处奸邪之人，最终伤害的是良善之人以及向善的社会风气。《管子·明法解》云："夫赏功诛罪者，所以为天下致利除害也。草茅弗去则害禾谷，盗贼弗诛则伤良民。"143 其二，赏罚不当会导致上下离心离德，群臣之间相互怨恨。《文子·上行》云："赏不当功，诛不应罪，即上下乖心，群臣相怨矣。"144 其三，会招致小人的到来。《中论·亡国》云，如若不致力修明仁义而空设高官厚禄，可以得到小人，而难以得到君子。所谓君子，行事不会阿谀迎合，处世不会改变为人之道，不因世人的喜好而违背道义，不为保全自己而损害仁爱，怎会受到高官厚禄的诱惑呢？即使用强制的手段控制君子，不得已而从之，也会闭口不言，假装愚钝，暂且让自己免遭伤害都来不及，怎么会尽心尽力来辅佐君王？如此，国家的安危将依赖什么呢？这就是《春秋左氏传上（补）》所云："无德而禄，殃也。殃将至矣。"145 如果没有德行而享受福禄，就会导致灾祸的到来。无德者不仅为自身招致灾殃，也会为国家和民众带来灾殃。

第三，赏罚不当，会为国家招致一系列的深远危害。其一，会使爵位失去意义。《孙卿子·大略》云："故刑当罪则威，不当罪则侮。爵当贤则贵，不当贤则贱。"146 惩罚与罪行相符合就有威信，反之人们就会对犯罪行为怠慢，不以为然；爵位与贤德相称，人就会崇尚爵位，反之就会轻贱。《典语·重爵》云：任命了称职的官员，大家都会向他看齐，即使官位不高，士人也会以此位为荣。用贿赂的方法取得官位，官职就失去本来的意义，即使位及三公，人们也会以此为耻。卖官鬻爵，会降低人们对爵位的向往，也破坏了政府的公信力，不能起到劝善惩恶的作用。其二，使君主的威严受损。《管子·明法解》云，如果舍弃国法而施行私惠，就是利于奸邪而助长暴乱；施行私惠而奖赏无功者，是使人苟且侥幸而讨好君主；施行私惠而赦免有罪的人，就是使人民轻视君主而为非。舍弃国法而施用私惠，明君是不会做的。所以"不在法度之内行私惠"**147**，对于国家长治久安至关重要。

注　释

1.（唐）魏徵等辑：《群书治要》（永青文库四种），第 1 册，第 363 页。

2.（唐）魏徵等辑：《群书治要》（永青文库四种），第 4 册，第 385—386 页。

3.（唐）魏徵等辑：《群书治要》（永青文库四种），第 5 册，第 421 页。

4.（唐）魏徵等辑：《群书治要》（永青文库四种），第 1 册，第 471 页。

5.（唐）魏徵等辑：《群书治要》（永青文库四种），第 2 册，第 125 页。

6.（清）皮锡瑞撰：《六艺论疏证》（吴仰湘编：《皮锡瑞全集》第 3 册），中华书局 2015 年版，第 574 页。

7.（唐）魏徵等辑：《群书治要》（永青文库四种），第 1 册，第 304—306 页。

8.（唐）魏徵等辑：《群书治要》（永青文库四种），第 1 册，第 351 页。

9.（唐）魏徵等辑：《群书治要》（永青文库四种），第 1 册，第 363 页。

10.刘慧敏、刘余莉：《儒家的礼，"自我"与性德完善》，《吉首大学学报（社会科学版）》2012 年第 6 期。

11.（唐）魏徵等辑：《群书治要》（永青文库四种），第 1 册，第 465 页。

12.（唐）魏徵等辑：《群书治要》（永青文库四种），第 1 册，第 334 页。

13.（唐）魏徵等撰，刘余莉主编：《群书治要译注》第 2 册，第 545 页。

14.（唐）魏徵等辑：《群书治要》（永青文库四种），第 1 册，第 379—380 页。

15.（唐）魏徵等辑：《群书治要》（永青文库四种），第 1 册，第 363 页。

16.（唐）魏徵等辑：《群书治要》（永青文库四种），第 1 册，第 351 页。

17.（唐）魏徵等辑：《群书治要》（永青文库四种），第 1 册，第 403 页。

18.（唐）魏徵等辑：《群书治要》（永青文库四种），第 1 册，第 377 页。

19.（汉）郑玄注，（唐）贾公彦疏，赵伯雄整理，王文锦审定：《周礼注疏》（十三经注疏），第 529 页下—530 页上。

20.（汉）郑玄注，（唐）贾公彦疏，赵伯雄整理，王文锦审定：《周礼注疏》（十三经注疏），第 536 页下—537 页上。

21.（汉）郑玄注，（唐）贾公彦疏，赵伯雄整理，王文锦审定：《周礼注疏》（十三经注疏），第 540 页下。

22.（唐）魏徵等撰，刘余莉主编：《群书治要译注》第 2 册，第 528 页。

23.（汉）郑玄注，（唐）贾公彦疏，赵伯雄整理，王文锦审定：《周礼注疏》（十三经注疏），第 543 页下—545 页下。

24.（唐）魏徵等辑：《群书治要》（永青文库四种），第 1 册，第 334—335 页。

25.（唐）魏徵等撰，刘余莉主编：《群书治要译注》，第 2 册，第 486 页。

26.（唐）魏徵等撰，刘余莉主编：《群书治要译注》，第 2 册，第 477 页。

27.（唐）魏徵等撰，刘余莉主编：《群书治要译注》，第 2 册，第 533—534 页。

28.（汉）郑玄注，（唐）贾公彦疏，赵伯雄整理，王文锦审定：《周礼注疏》（十三经注疏），第 546 页上。

29.（汉）郑玄注，（唐）贾公彦疏，赵伯雄整理，王文锦审定：《周礼注疏》（十三经注疏），第 548 页上。

30.（汉）郑玄注，（唐）贾公彦疏，赵伯雄整理，王文锦审定：《周礼注疏》（十三经注疏），第 546 页上。

31.（汉）郑玄注，（唐）贾公彦疏，赵伯雄整理，王文锦审定：《周礼注疏》（十三经注疏），第 1164 页上。

32.（清）孔广森撰，王丰先点校：《大戴礼记补注（附校正孔氏大戴礼记补注）》（十三经清人注疏），中华书局 2013 年版，第 228 页。

33.（唐）魏徵等撰，刘余莉主编：《群书治要译注》，第 2 册，第 518 页。

34.（周）左丘明传，（晋）杜预注，（唐）孔颖达正义，浦卫忠等整理，杨向奎审定：《春秋左传正义》（十三经注疏），第 548 页下—549 页下。

35.（汉）郑玄注，（唐）贾公彦疏，赵伯雄整理，王文锦审定：《周礼注疏》（十三经注疏），第 548 页上。

36.（唐）魏徵等辑：《群书治要》（永青文库四种），第 1 册，第 221 页。

37.（周）左丘明传，（晋）杜预注，（唐）孔颖达正义，浦卫忠等整理，杨向奎审定：《春秋左传正义》（十三经注疏），第 753 页下。

38.（汉）郑玄注，（唐）贾公彦疏，赵伯雄整理，王文锦审定：《周礼注疏》（十三经注疏），第 550 页上—552 页下。

39.（唐）魏徵等撰，刘余莉主编：《群书治要译注》，第 2 册，第 490 页。

40.（汉）郑玄注，（唐）贾公彦疏，彭林整理，王文锦审定：《仪礼注疏》（十三经注疏），第 606 页上。

41.（周）左丘明传，（晋）杜预注，（唐）孔颖达正义，浦卫忠等整理，杨向奎审定：《春秋左传正义》（十三经注疏），第 409 页下。

42.（唐）魏徵等撰，刘余莉主编：《群书治要译注》，第 2 册，第 491 页。

43.（唐）魏徵等辑：《群书治要》（永青文库四种），第 1 册，第 351 页。

44.（唐）魏徵等辑：《群书治要》（永青文库四种），第 1 册，第 145—146 页。

45.（汉）孔安国注，（唐）孔颖达疏，廖名春、陈明整理，吕绍刚审定：《尚书正义》（十三经注疏），第 94 页上—95 页上。

46.（唐）魏徵等辑：《群书治要》（永青文库四种），第 1 册，第 360—361 页。

47.（唐）魏徵等辑：《群书治要》（永青文库四种），第 1 册，第 360 页。

48.（唐）魏徵等辑：《群书治要》（永青文库四种），第 1 册，第 360 页。

49.（唐）魏徵等辑：《群书治要》（永青文库四种），第 1 册，第 369 页。

50.（汉）郑玄注，（唐）孔颖达疏，龚抗云整理，王文锦审定：《礼记正义》（十三经注疏），第 1295 页上。

51.（汉）郑玄注，（唐）孔颖达疏，龚抗云整理，王文锦审定：《礼记正义》（十三经注疏），第 1285 页下。

52.（唐）魏徵等辑：《群书治要》（永青文库四种），第 1 册，第 369—370 页。

53.（汉）郑玄注，（唐）孔颖达疏，龚抗云整理，王文锦审定：《礼记正义》（十三经注疏），第 1330 页上。

54.（唐）魏徵等辑：《群书治要》（永青文库四种），第 1 册，第 364 页。

55.（唐）魏徵等辑：《群书治要》（永青文库四种），第 1 册，第 403 页。

56.（唐）魏徵等辑：《群书治要》（永青文库四种），第 1 册，第 346—347 页。

57.（唐）魏徵等辑：《群书治要》（永青文库四种），第 1 册，第 263—264 页。

58.（唐）魏徵等辑：《群书治要》（永青文库四种），第 1 册，第 363 页。

59.（唐）魏徵等辑：《群书治要》（永青文库四种），第 1 册，第 361 页。

60.（汉）赵岐注，（宋）孙奭疏，廖名春、刘佑平整理，钱逊审定：《孟子注疏》（十三经注疏），第 95 页上。

61.（唐）魏徵等辑：《群书治要》（永青文库四种），第 4 册，第 481—482 页。

62.（唐）魏徵等辑：《群书治要》（永青文库四种），第 1 册，第 380—381 页。

63.（唐）魏徵等辑：《群书治要》（永青文库四种），第 1 册，第 381 页。

64.（唐）魏徵等撰，刘余莉主编：《群书治要译注》，第 2 册，第 482 页。

65.（汉）郑玄注，（唐）贾公彦疏，赵伯雄整理，王文锦审定：《周礼注疏》（十三经注疏），第 558 页下—559 页下。

66.（唐）魏徵等撰，刘余莉主编：《群书治要译注》，第 2 册，第 532 页。

67.（唐）魏徵等撰，刘余莉主编：《群书治要译注》，第 2 册，第 491 页。

68.（唐）魏徵等辑：《群书治要》（永青文库四种），第 1 册，第 471 页。

69.（唐）魏徵等撰，刘余莉主编：《群书治要译注》，第 2 册，第 501 页。

70.（唐）魏徵等辑：《群书治要》（永青文库四种），第 1 册，第 228—229 页。

71.（唐）魏徵等辑：《群书治要》（永青文库四种），第 4 册，第 114 页。

72.（唐）魏徵等辑：《群书治要》（永青文库四种），第 5 册，第 478 页。

73.方勇译注：《墨子》（中华经典名著全本全注全译丛书），中华书局 2011 年版，第 84 页。

74.（清）孔广森撰，王丰先点校：《大戴礼记补注（附校正孔氏大戴礼记补注）》（十三经清人注疏），第 36 页。

75.“法”在古代指法度，即治国之常理常法，其现代意义为刑法、刑罚。此处及“第二节德法”所论之“法”，乃指刑法、刑罚。

76.（唐）魏徵等辑：《群书治要》（永青文库四种），第 1 册，第 17 页。

77.（唐）魏徵等辑：《群书治要》（永青文库四种），第 1 册，第 83—84 页。

78.（唐）魏徵等辑：《群书治要》（永青文库四种），第 1 册，第 510 页。

79.（唐）魏徵等辑：《群书治要》（永青文库四种），第 1 册，第 510 页。

80.（唐）魏徵等辑：《群书治要》（永青文库四种），第 5 册，第 131 页。

81.（唐）魏徵等辑：《群书治要》（永青文库四种），第 5 册，第 376 页。

82.（唐）魏徵等辑：《群书治要》（永青文库四种），第 2 册，第 135 页。

83.（唐）魏徵等辑：《群书治要》（永青文库四种），第 5 册，第 131 页。

84.（唐）魏徵等辑：《群书治要》（永青文库四种），第 5 册，第 376 页。

85.（唐）魏徵等辑：《群书治要》（永青文库四种），第 4 册，第 460 页。

86.（唐）魏徵等辑：《群书治要》（永青文库四种），第 2 册，第 133—134 页。

87.（唐）魏徵等辑：《群书治要》（永青文库四种），第 1 册，第 563—564 页。

88.（唐）魏徵等辑：《群书治要》（永青文库四种），第 5 册，第 48—49 页。

89.（唐）魏徵等辑：《群书治要》（永青文库四种），第 1 册，第 489 页。

90.（唐）魏徵等辑：《群书治要》（永青文库四种），第 1 册，第 509 页。

91.（唐）魏徵等辑：《群书治要》（永青文库四种），第 1 册，第 558 页。

92.（唐）魏徵等辑：《群书治要》（永青文库四种），第 5 册，第 131 页。

93.（唐）魏徵等辑：《群书治要》（永青文库四种），第 5 册，第 130—131 页。

94.（唐）魏徵等辑：《群书治要》（永青文库四种），第 5 册，第 209 页。

95.（唐）魏徵等辑：《群书治要》（永青文库四种），第 2 册，第 110 页。

96.（唐）魏徵等辑：《群书治要》（永青文库四种），第 2 册，第 129—130 页。

97.（唐）魏徵等辑：《群书治要》（永青文库四种），第 2 册，第 110 页。

98.（唐）魏徵等辑：《群书治要》（永青文库四种），第 2 册，第 110 页。

99.（唐）魏徵等辑：《群书治要》（永青文库四种），第 5 册，第 244—245 页。

100.（唐）魏徵等辑：《群书治要》（永青文库四种），第 5 册，第 480 页。

101.（唐）魏徵等辑：《群书治要》（永青文库四种），第 5 册，第 484 页。

102.（唐）魏徵等辑：《群书治要》（永青文库四种），第 5 册，第 246—247 页。

103.（唐）吴兢撰，谢保成集校：《贞观政要集校》，中华书局 2012 年版，第 36 页。

104.（唐）吴兢撰，谢保成集校：《贞观政要集校》，第 7 页。

105.（唐）魏徵等辑：《群书治要》（永青文库四种），第 5 册，第 460—461 页。

106.（唐）魏徵等辑：《群书治要》（永青文库四种），第 4 册，第 434 页。

107.（唐）魏徵等辑：《群书治要》（永青文库四种），第 1 册，第 79 页。

108.（唐）魏徵等辑：《群书治要》（永青文库四种），第 1 册，第 280—283 页。

109.（唐）魏徵等辑：《群书治要》（永青文库四种），第 5 册，第 247 页。

110.（唐）魏徵等辑：《群书治要》（永青文库四种），第 5 册，第 67 页。

111.（唐）魏徵等辑：《群书治要》（永青文库四种），第 5 册，第 70—71 页。

112.（唐）魏徵等辑：《群书治要》（永青文库四种），第 2 册，第 267 页。

113.（唐）魏徵等辑：《群书治要》（永青文库四种），第 4 册，第 197 页。

114.（唐）魏徵等辑：《群书治要》（永青文库四种），第 5 册，第 74 页。

115.（唐）魏徵等辑：《群书治要》（永青文库四种），第 4 册，第 518 页。

116.（唐）魏徵等辑：《群书治要》（永青文库四种），第 2 册，第 268—269 页。

117.（唐）魏徵等辑：《群书治要》（永青文库四种），第 2 册，第 267 页。

118.（唐）魏徵等辑：《群书治要》（永青文库四种），第 5 册，第 314 页。

119.（唐）魏徵等辑：《群书治要》（永青文库四种），第 5 册，第 277 页。

120.（唐）魏徵等辑：《群书治要》（永青文库四种），第 1 册，第 42 页。

121.（唐）魏徵等辑：《群书治要》（永青文库四种），第 1 册，第 95—96 页。

122.（唐）魏徵等撰，刘余莉主编：《群书治要译注》，第 2 册，第 553—554 页。

123.（唐）魏徵等辑：《群书治要》（永青文库四种），第 4 册，第 312 页。

124.（唐）魏徵等辑：《群书治要》（永青文库四种），第 5 册，第 562 页。

125.（唐）魏徵等辑：《群书治要》（永青文库四种），第 5 册，第 459 页。

126.（唐）魏徵等辑：《群书治要》（永青文库四种），第 5 册，第 560 页。

127.（唐）魏徵等辑：《群书治要》（永青文库四种），第 5 册，第 483 页。

128.（唐）魏徵等辑：《群书治要》（永青文库四种），第 4 册，第 430 页。

129.（唐）魏徵等辑：《群书治要》（永青文库四种），第 4 册，第 62 页。

130.（唐）魏徵等辑：《群书治要》（永青文库四种），第 5 册，第 302—303 页。

131.（唐）魏徵等辑：《群书治要》（永青文库四种），第 5 册，第 460 页。

132.（唐）魏徵等辑：《群书治要》（永青文库四种），第 4 册，第 275—276 页。

133.（唐）魏徵等辑：《群书治要》（永青文库四种），第 4 册，第 162 页。

134.（唐）魏徵等辑：《群书治要》（永青文库四种），第 5 册，第 437 页。

135.（唐）魏徵等辑：《群书治要》（永青文库四种），第 2 册，第 140 页。

136.（唐）魏徵等辑：《群书治要》（永青文库四种），第 4 册，第 61—62 页。

137.（唐）魏徵等辑：《群书治要》（永青文库四种），第 3 册，第 182 页。

138.（唐）魏徵等辑：《群书治要》（永青文库四种），第 5 册，第 277 页。

139.（唐）魏徵等辑：《群书治要》（永青文库四种），第 5 册，第 131—132 页。

140.（唐）魏徵等辑：《群书治要》（永青文库四种），第 4 册，第 63—64 页。

141.（唐）魏徵等辑：《群书治要》（永青文库四种），第 5 册，第 460 页。

142.（唐）魏徵等辑：《群书治要》（永青文库四种），第 5 册，第 540 页。

143.（唐）魏徵等辑：《群书治要》（永青文库四种），第 4 册，第 98 页。

144.（唐）魏徵等辑：《群书治要》（永青文库四种），第 4 册，第 269—270 页。

145.（唐）魏徵等撰，刘余莉主编：《群书治要译注》，第 2 册，第 484 页。

146.（唐）魏徵等辑：《群书治要》（永青文库四种），第 4 册，第 467 页。

147.（唐）魏徵等辑：《群书治要》（永青文库四种），第 4 册，第 97—98 页。

第 五 章
德福一致的深层内涵

德福一致，除世人所见的现象之外，还当以大格局、高境界视之。本章以《中庸》之"大德必得其位，必得其禄，必得其名，必得其寿"为例，进一步论述德福一致的深层内涵。

第一节　大德必得其位——大宝之位

古时根据德行授予爵位，德位相叙。《尚书》云："天难忱，命靡常，常厥德，保厥位。厥德匪常，九有以亡。"[1]"九有"即指诸侯，能长保德行，就能安住其位。《典语》云："制爵必俟有德，班禄必施有功，是以见其爵者昭其德，闻其禄者知其功。"[2]

君主以德保天命。《尚书》云，以前夏朝先君，自大禹以下、少康以上的贤王，能够修养德行以消除灾祸，夏朝天命不改，得保其位。

臣子以德享其位。《后汉书·杨震列传》记载，关西夫子杨震，在赴任东莱太守的路上路过昌邑县，面对王密趁夜色欲赠的十金说："天知，神知，我知，子知。何谓无知?"杨震认为，这是"四知财"，于是拒不接受。王密羞愧而归。杨震后转为涿郡太守。杨震秉性公廉，不接受私谒。他的子孙常吃的不过蔬菜，外出则步行。有故旧长者想要为其开产业，杨震不肯，说道："使后世人称他们为清白官吏的子孙，把这个作为遗产，不是很丰厚吗?"[3]杨震的后代子孙都秉承了杨震为官清廉、刚正不阿的作风。杨秉是杨震的第三个儿子，官至太尉。杨秉以"三不惑"著称。他说："我有三不惑：酒，色，财也。"⁴ 杨秉一生曾经三次被贬，四次复出，都是因为志虑忠诚、刚正不阿。杨秉的儿子杨赐同样是无私无畏，官做到司徒、司空、太尉。杨赐的儿子杨彪，也官至太尉。杨震及其三世子孙，四世德业相继，刚正不阿、勤政为民，位至三公，世称"四世三公"。

无论是天子、诸侯，还是卿大夫，都是世间之位。《尸子·劝学》云："人君贵于一国，而不达于天下；天子贵于一世，而不达于后世。唯德行与天地相弊也。爵列者，德行之舍也，其所息也。"⁵ 德以配位，位以显德。德行比肩天地，便能达于天下、达于后世。能与此德行相配的，是大宝之位。

大宝之位即圣人之位。孔子为一介布衣，德配天地，被历代天子所尊，后世帝王无有可及者，是以"仲尼为匹夫而称'素王'"⁶。孔子之位是大宝之位。

世间之位，人爵也；大宝之位，天爵也。孔子有天地之德而无人君之位，却俎豆千秋，为万世师表，这是人弗予而天予之。殷纣无德，诸侯尽叛，商亡于一独夫。纣虽为天子，却被称为独夫，是无其位也。这就是人予之而天夺之。

圣人以大宝之位教化众生。《老子》云："圣人常善救人，故无弃人；常善救物，故无弃物。"⁷ 圣人教人忠孝之道，是为了挽救人的本性，使人人得以安于本位；圣人教人顺应四时节气的变化，是为了使万物得以合理地利用。因此在圣人的治理之下，人各得其所，物各有其用。《老子》又云："圣人无常心，以百姓心为心。善者，吾善之；不善者，吾亦善之。信者，吾信之；不信者，吾亦信之。"⁸ 圣人注重察机应时，遵循自然大道，随大众之根性机缘而行教化。百姓有了善行，圣人欢喜赞叹；百姓不能为善，圣人以身作则，通过教化皆使之向善。百姓讲信用，圣人欣然响应；百姓不讲信用，圣人以身作则，通过教化使大家都能诚实守信。《中论·爵禄》云："位也者，立德之机也。势也者，行义之杓也。圣人蹈机握杓，织成天地之化，使万物顺焉，人伦正焉。六合之内，各充其愿，其为大宝，不亦宜乎？"[9]圣人通过位而推行道德教化，使万物和顺，人伦肃正，国泰民安，圣人得大宝之位，不是很合适吗？

圣人缘何得此天爵？《周易》云："天地之大德曰生。圣人之大宝曰位。何以守位，曰仁。"[10]《周易禅解》注云："是故生生之谓易，而天地之大德，不过此无尽之生理耳。圣人体天立极，其所以济民无强者则在位耳。何以守位？则必全体天地之德，纯一不已之仁耳，仁则物我一体矣。"[11]易之精神在于生生。天地滋养化育，万物生生不息。圣人体悟天道，立极垂范，经世济民，最有效的方式莫过于凭借所在的"位"，也就是圣人之大宝之位。守位的方式在于行一体之仁。《六韬·龙韬》云："利天下者取天下，安天下者有天下，爱天下者久天下，仁天下者化天下。"[12]圣人能利天下、安天下、爱天下、仁天下，故能长久保有天下，教化天下众生。圣人以大德，得大宝之位，而有天下众生，此圣人之德福一致也。

第二节　大德必得其禄——无量之禄

世间之禄，终有尽时；而"必得其禄"之"禄"，还指无量之天禄，天禄随天爵而来。成康之治是中国历史上第一个盛世。《毛诗·假乐》诗小序赞美成王云："假乐君子，显显令德。宜民宜人，受禄于天。干禄百福，子孙千亿。穆穆皇皇，宜君宜王。不愆不忘，率由旧章。"[13]成王的美德如日月高悬，安民任贤无所不宜，因此国运昌盛，天清地宁。正是由于显赫的美德，上天降之大福大禄，子孙也能互相勉励，勤修德行，遵循大道，以培厚福，得禄不计其数。成王的美德体现在对周公的典章礼法不弃不忘，遵循古之常道不失不偏。

非圣人希求大宝之位，只是圣人仁德，天予之大宝之位，而天禄随之，以财聚人，教民以义。《易·系辞》云："何以聚人，曰财。理财正辞，禁民为非，曰义。"**14**《周易禅解》注云："庶必加之以富，故曰财；富必加之以教，故曰义。此内圣外王之学，一取法于天地事物者也。"**15**

圣人以天禄教化惠利群生，从不聚积财富。《老子》云："圣人不积，既以为人，己愈有。"**16** 为什么圣人不聚集财富？因为积财丧道。圣人明了此理，因此不但不聚集财富，而且还将财富施予他人，或用财富为人民谋福利，自己的财富反而越来越充足，就如同日月的光芒，没有穷尽的时候。这就是古人常讲的财布施得财富、愈施愈有的道理。圣人积累的是德行，通过德行来教化蒙昧的民众。圣人之道，是施行教化、利益众生，与人一无所争。这种行为是效法天道，生物成物，无所相害。不与在下者争功，所以能够成全至圣之功。

第三节　大德必得其名——不朽之名

伴随禄位而来的必定是功名。名乃天爵，尤须慎之。《了凡四训》云："世之享盛名而实不副者，多有奇祸。"**17**《尸子·四仪》论述了如何用"四仪"慎守功名："行有四仪，一曰志动不忘仁，二曰智用不忘义，三曰力事不忘忠，四曰口言不忘信。慎守四仪，以终其身，名功之从之也。犹形之有影，声之有响也。是故，志不忘仁则中能宽裕，智不忘义则行有文理，力不忘忠则动无废功，口不忘信则言若符节，若中宽裕而行文理，动有功而言可信也。虽古之有厚功大名，见于四海之外，知万世之后者，其行身也无以加于此矣。"**18** 仁义忠信是人行为的四个准则，当终其一生谨慎遵守，如此，则功名随之而来，就如影之随形，响之应声。如果内心广大从容而且举止合乎礼义，劳作富有成效而且言语诚实无欺，即使古代有功名卓著，显扬于四海，为万世之后所知的人，他们立身处世之道也不会超过于此。总结而言，是德建方能名立。

大德所必得之名，非世间虚名，乃万世之名也。谚云："求名当求万世名。"《文子·上义》云："圣人以仁义为准绳，中绳者谓之君子，弗中者谓之小人。君子虽死亡，其名不灭；小人虽得势，其罪不除。左手据天下之图，而右手刿其喉，愚者不为，身贵乎天下也。死君亲之难者，视死若归，义重于身故也。天下大利，比身即小，身所重也，比义即轻。此以仁义为准绳者也。"**19**生命诚可贵，能在君王和父母危难之际视死如归的人，是把义看得比生命还重要。天下最大的利，也无法与生命相比。生命虽然宝贵，但同仁义相比，却又是微不足道的。这就是仁义的标准。符合的是君子，不符合的是小人。君子即使失去生命，他的声名也不会泯灭。

圣贤君子的万世之名，并不是求来的，而是天予之用以教化万民的。孔子被尊为"至圣先师""万世师表"；天子祭孔，必以太牢；夫子之名，天地之名也。王子比干，志虑忠纯，身殁无世考，却留赫赫显名。文武、周公，皆至孝也，德比圣人，扬名于后世，为后世子孙效法。杨震拒收"四知财"，杨家后人也以"四知堂"为家族堂号。以上圣贤君子皆得不朽之名也。《孝经》云："立身行道，扬名于后世。"**20**此之谓也。

第四节　大德必得其寿——无疆之寿

世间之寿，可以指人寿而言。大德之人得寿考之福，享国长久。《尚书》云："昔在殷王中宗，治民祗惧，弗敢荒宁，享国七十有五年。其在高宗，嘉靖殷邦，至于小大，无时或怨，享国五十有九年。其在祖甲，爰知小人之依，能保惠于庶民，弗侮鳏寡，享国三十有三年。"[21] 殷中宗太戊，心怀敬畏，治理民众，享国七十五年。殷高宗武丁，安邦定国，小大无怨，享国五十九年。汤王之孙太甲，保惠万民，不慢鳏寡，享国三十三年。又有周之文王，勤勉政事，由朝及暮无暇食，协和万民，享国五十。

反之，倘若德行有亏甚至昏聩，则难有得寿者。《尚书》云："自时厥后，立王生则逸，弗知稼穑之艰难，弗闻小人之劳，惟耽乐之从，亦罔或克寿，或十年，或七八年，或四三年。"[22] 开国之君建立功业，克勤克俭，后世帝王则不同，他们生于安逸之中，没有法度，不知耕耘收获的艰难，不闻百姓的劳苦，只追求耽乐之事，则难有长寿者，在位或者十年，或者七八年，或者三四年。这就是安逸享乐减损了寿命。

世间之寿，亦可以指国祚而言。国祚也与德行相配，德行广大，则国祚长；德行昏乱，则国祚短。周朝先祖数世修德，泽被子孙，周之祚，世三十，年八百。《春秋左氏传》记载，鲁宣公三年（前606年），楚庄王问鼎中原，觊觎王室。王孙满对曰："天祚明德，有所底止。周德虽衰，天命未改。鼎之轻重，未可问也。"[23] 王孙满是告诉楚王，国祚在德不在鼎。《论语·宪问》记载，孔子认为卫灵公无道，季康子问无道为何还没有亡国，孔子回答说："仲叔圉治宾客，祝鮀治宗庙，王孙贾治军旅。夫如是，奚其丧？"[24] 仲叔圉即孔文子，能办理外交之事，祝鮀虽有缺点，但有处理祭祀之事的特长，王孙贾也有缺点，但专长军旅之事。虽然卫灵公无道，但是有能臣在朝，各当其道，当然也就不会亡国了。又如蜀汉后主，无治国之能，然用诸葛孔明，终延汉祚五十载。忠臣之德，使得国危而不坠。

"必得其寿"之"寿"，既非形寿，亦非寿比南山之寿。形寿不过百年，山河亦有寿。所谓"必得其寿"之"寿"，是指无疆之寿，死而不亡者寿。道家称"等生死"，佛家称"涅槃"。子曰："仁者寿。"[25] 有人会疑惑，颜渊早亡，讲"仁者寿"还可信吗？古人云死而不朽，即"大上有立德，其次有立功，其次有立言"[26]，三立传世，身虽殁而道存，则死而不朽。世间夭寿之别，区区数十年；而立德与否，差异何止千秋。形寿比之无疆之寿，又岂可同日而语。

德福一致，君子深明此理。德、能，君子之所重也；福、禄，君子之所慎也。先王以此行教。有德者，纵使世间之福不可得，然真正之福，乃大宝之位、无量之禄、不朽之名、无疆之寿。这是德福一致之深层内涵，归根结底，德福一致。明了这一层内涵，也能有助于人们树立崇高理想，心系万物苍生，放眼天地未来。

注　释

1.（唐）魏徵等辑：《群书治要》（永青文库四种），第 1 册，第 104 页。

2.（唐）魏徵等辑：《群书治要》（永青文库四种），第 5 册，第 437 页。

3.（唐）魏徵等辑：《群书治要》（永青文库四种），第 3 册，第 125—126 页。

4.（唐）魏徵等辑：《群书治要》（永青文库四种），第 3 册，第 133 页。

5.（唐）魏徵等辑：《群书治要》（永青文库四种），第 4 册，第 312 页。

6.（魏）徐干撰，孙启治解诂：《中论解诂》（新编诸子集成续编），中华书局 2014 年版，第 80 页。

7.（唐）魏徵等辑：《群书治要》（永青文库四种），第 4 册，第 175 页。

8.（唐）魏徵等辑：《群书治要》（永青文库四种），第 4 册，第 187 页。

9.（唐）魏徵等辑：《群书治要》（永青文库四种），第 5 册，第 303 页。

10.（唐）魏徵等辑：《群书治要》（永青文库四种），第 1 册，第 70 页。

11.（明）蕅益著，刘俊堂点校：《周易禅解》，第 250 页。

12.（唐）魏徵等辑：《群书治要》（永青文库四种），第 4 册，第 38 页。

13.（唐）魏徵等辑：《群书治要》（永青文库四种），第 1 册，第 190—191 页。

14.（唐）魏徵等辑：《群书治要》（永青文库四种），第 1 册，第 70—71 页。

15.（明）蕅益著，刘俊堂点校：《周易禅解》，第 250 页。

16.（唐）魏徵等辑：《群书治要》（永青文库四种），第 4 册，第 200 页。

17.（明）袁了凡著，尚荣、徐敏、赵锐译注：《了凡四训》（中华经典藏书），中华书局 2016 年版，第 162 页。

18.（唐）魏徵等辑：《群书治要》（永青文库四种），第 4 册，第 318 页。

19.（唐）魏徵等辑：《群书治要》（永青文库四种），第 4 册，第 279—280 页。

20.（唐）魏徵等辑：《群书治要》（永青文库四种），第 1 册，第 460 页。

21.（唐）魏徵等辑：《群书治要》（永青文库四种），第 1 册，第 122—123 页。

22.（唐）魏徵等辑：《群书治要》（永青文库四种），第 1 册，第 123 页。

23.（唐）魏徵等辑：《群书治要》（永青文库四种），第 1 册，第 215 页。

24.（唐）魏徵等辑：《群书治要》（永青文库四种），第 1 册，第 497 页。

25.（魏）何晏注，（宋）邢昺疏，朱汉民整理，张岂之审定：《论语注疏》（十三经注疏），第 88 页上。

26.（周）左丘明传，（晋）杜预注，（唐）孔颖达正义，浦卫忠等整理，杨向奎审定：《春秋左传正义》（十三经注疏），第 1152 页上。

第 六 章

德福一致的作用原理

在德福一致背后起作用的，是"种瓜得瓜，种豆得豆"这一朴素的因果规律。因果律可以归纳为必然性、普遍性、相应性、历时性、放大性、变易性六个方面。这六个方面的规律不仅能阐释德福一致，还能解释看似德福背离的现象。当今社会，有人认为德行与福祉之间的关系不一致，就是由于不能科学理性地解释现实中所谓德福背离的现象，这是对德福一致的作用原理没有深入认识所造成的。

第一节　对德福一致现象的阐释

因果律中的必然性、普遍性、相应性可以直接解释德福一致的现象。

一、多行不义，必将自毙（必然性）

古人一般谨慎文辞，但在谈及因果的必然性时，用词皆为"必""弗""未有"等，肯定态度一览无余。

《易·系辞》云："子曰：非所困而困焉，名必辱；非所据而据焉，身必危。"[1] 本不是自己所应经历的困境，却为了欲望而受困，必遭致声名俱裂的恶果。本不是自己所应凭据的据点，却后退以安身，必遭身家危殆的恶果。

《尚书》云："天作孽，犹可违；自作孽，弗可逭。"[2] 天灾是可以避

免的，但自招之灾则是无法逃避的。这句话是太甲的自省之言。太甲即
位后，不明道德，既不遵循伊尹的训诫，也不履行居丧之礼，伊尹将他
放逐桐宫，即商朝开国之君商汤王的安葬地。太甲在桐宫思念祖德，忏
悔前愆，三年后，伊尹奉迎太甲回朝。太甲反省，是自己对道德昏暗不
明，因此使自己落入不善的境地。放纵情欲，毁坏礼仪法度，就会给自
己招来罪祸。太甲说："予小子弗明于德，自底弗类。欲败度，纵败礼，
以速戾于厥躬。天作孽，犹可违；自作孽，弗可逭。"³

《春秋左氏传上（补）》节录了僖公十三年至十五年秦晋两国因饥荒
买粮卖粮的故事。僖公十三年（前 647 年）冬，晋国再次发生饥荒，派
人向秦国请求购买粮食。秦穆公问大夫百里奚是否卖给他们，百里奚回
答说："天灾总在各国间交替发生。救灾、周济邻国，这是道。按道行
事就会有福。"⁴僖公十四年（前 646 年）冬，秦国发生饥荒，派人到晋
国请求购买粮食，晋国人不给。晋大夫庆郑认为，背弃别人的恩惠就会
失去亲近自己的人，庆幸他人有灾是不仁，贪爱自己的货物是不祥，激
怒邻国是不义，这四种德行都丢失了，就没什么可以来保卫国家的。晋
惠公的舅舅虢射用"皮之不存，毛将安傅"来比喻，认为晋国已经背弃
信诺不给秦国城池，为怨已深，即使卖给秦国粟米，就好像没有皮而施
与毛，给了粮食也不能减少秦对我们的怨恨，反而使敌人增强实力，不
如不给。庆郑力谏说："背弃恩施，庆幸灾害，是民人所抛弃的。亲近
的人尚且会因此而结仇，何况是有深怨的敌人呢？"晋惠公没有听从庆
郑的劝告。庆郑认为晋国国君将会为此后悔。⁵果然，僖公十五年（前
645 年），秦穆公攻打晋国。⁶这充分说明了晋国被攻打是背信弃义、咎
由自取的结果。

《傅子》云："秦始皇之无道，岂不甚哉？视杀人如杀狗彘，狗彘仁
人用之犹有节。始皇之杀人，触情而已，其不以道如是。而李斯又深刑
峻法，随其指而妄杀人，秦不二世而灭。李斯无遗类，以不道遇人，人

亦以不道报之。人仇之，天绝之。行无道，未有不亡者也。"**7**傅子的论述，以秦始皇、李斯为例说明，违背"道"没有不灭亡的。

在一对因果之中，"因"就犹如种子，机缘成熟时，必定开花结果，也就是产生"果"。至于是善恶祸福，都是源自心念和行为是否与道相应，即是否有德。这就是《新语》所说的："善者必有所主而至，恶者必有所因而来。夫善恶不空作，祸福不滥生，唯心之所向，志之所行而已矣。"**8**

二、天网恢恢，疏而不失（普遍性）

因果具有普遍性，无论是多么微小隐蔽的事情，都会产生结果，无有不报。《老子》云："天网恢恢，疏而不失。"**9**天所罗网宽阔广大，虽然疏远，看似遥不可及，但是察人善恶是不会有所偏差的，所谓因果丝毫不爽。

中国古人所谓的"天"与西方"人格神"的概念并不相同。古人所谓的"天"，是"道"的代名词。"天网恢恢"指天道无处不在，背离天道就会有灾祸和惩罚，这与《中庸》"道也者，不可须臾离也；可离，非道也"异曲同工。又如《傅子》所云："利天下者，天下亦利；害天下者，天下亦害之。利则利，害则害，无有幽深隐微，无不报也。"**10**

因果的普遍性表现在各个层面上。《孔子家语·正论》记载，鲁国的国君鲁哀公向孔子请教说："我听说向东扩展房屋是一件不吉祥的事，不知道这件事可信不可信？"孔子说，我听说天下有五种不吉祥的事，但是向东扩展房屋，并不包括在其中。五种不吉祥之事是："损人而自益，身之不祥也。弃老而取幼，家之不祥也。释贤而用不肖，国之不祥也。老者不教，幼者不学，俗之不祥也。圣人伏匿，愚者擅权，天下不祥也。"**11**孔子通过鲁哀公的发问，对鲁哀公进行了机会教育，从不同层面上，即个人、家庭、国家、社会、天下五个层面，说明了德行是福祉的基础，体现了因果的普遍性。

在天人合一、一元和合宇宙观的指导下，中国古人胸怀宽广，言必称天下。《六韬》云："天下非一人之天下，乃天下之天下也。"[12]古人有"以天下之财，利天下之人"的主张。《六韬》云："与天下同利者，则得天下；擅天下之利者，则失天下。"[13]《六韬》还阐释了仁、义、道、德在天下层面产生的作用。"天有时，地有财，能与人共之者，仁也；仁之所在，天下归之。免人之死、解人之难、救人之患、济人之急者，德也；德之所在，天下归之。与人同忧同乐、同好同恶者，义也；义之所在，天下归之。凡人恶死而乐生，好德而归利，能生利者，道也；道之所在，天下归之。"[14]具有仁义道德的人，能够天下归之，成为天下共主。这是在天下的层面上阐释因果作用，是在最大范围上论述因果的普遍性。

三、顺道则吉，从逆则凶（相应性）

因果的相应性可以分为性质相应和大小相应两大类。所谓性质相应，是指一对因果内，从因到果的性质是不会发生改变的，例如善因有善果，恶因有恶报。相应性可以用《尚书》"惠迪吉，从逆凶，惟影响"[15]一句为总括，"迪"是道的意思，顺道则吉祥，违背则凶险，吉凶之报，其效如响之应声，影之随形，从不虚言。所谓大小相应，是不同的因果之间相比较而言，小因得小果，大因有大果。

（一）积爱成福，积憎成祸（性质相应）

性质相应体现在很多方面。例如，体现在人际关系上，《孔子家语·贤君》云："爱人者则人爱之，恶人者则人恶之。"[16]《文子·微明》云："积爱成福，积憎成祸。"[17]

《后汉书三·张皓传》记载，张皓之子张纲被派往广陵任太守。当时广陵反贼张婴等杀害刺史、太守，侵扰扬、徐二州，十余年来朝廷不能平息。先前派遣的郡守一般都会向朝廷要求多派兵马，唯独张纲请求单车赴任。到任后，张纲率领十余官兵，径直造访张婴军营，向其表明朝廷恩惠，并动之以情，晓之以理。张婴等人也是因不堪忍受之前地方官的侵害，聚众苟且求生，听罢哭诉道，听到大人的一番话，犹如重生。但仍担心投降之后不免被杀戮的命运，张纲便以天地为约定，对日月发誓，张婴深受感动，幡然醒悟。第二天，张婴率领部下一万余人和妻子儿女，双手反绑投降归顺。张纲亲自安抚，遣散其部下，任由其离去，或为选宅看地，或征召引用。广陵人民心悦诚服，南方得以平定。张纲任广陵太守一年后逝世，百姓扶老携幼，吊唁者不计其数。自从张纲患病，官吏和百姓就为他立祠祭神求福，大家都说："千秋万世，什么时候才能再见到这样的太守呢？"张纲过世后，张婴等五百多人穿着丧服为他举办丧事，扶灵至张纲老家，背土筑坟。后来皇帝下诏任张纲的儿子张续为郎中，赏赐钱财百万。

又如《蜀志》记载，关羽善待士兵而轻视士大夫，张飞敬重君子却不忧恤士卒。先主常警告他说："你用刑罚杀戮已经过度，又天天鞭打士卒，还让他们在身边随侍，这是招取灾祸的做法！"张飞不思悔改。先主讨伐东吴，张飞正准备率兵一万人从阆中出发，与先主在江州会合。临行前，其帐下的部将张达、范强杀害了张飞。张纲与之前太守以及张飞的遭遇，正说明了爱人者则人爱之，恶人者则人恶之，积爱成福，积憎成祸。一个人德行的高低与其荣辱直接相关。而且官员个人层面的人际关系，也与社会治理的好坏密不可分。

同样是执行刑罚，孔子的弟子季羔与张飞的结局完全不同，这取决于出于什么样的目的。《孔子家语·致思》记载，季羔在卫国担任执掌禁令刑狱的官员时，因为执行刑罚而砍掉了一个人的脚。不久卫国突发暴乱，季羔想出城躲避，把守城门的恰巧是被季羔砍去脚的那个人。守门人帮助季羔躲避了追兵。等追兵走后，季羔要离去时，不解地问被他砍断脚的人为什么会帮助自己逃脱。守门人说自己被砍断脚是罪有应得。季羔依据法律审理，先审理别人的再审理自己的，是想让我有减免的机会，是一片仁慈之心；定罪行刑时季羔显得忧伤，这是恻隐之心的表现。说明季羔并非偏爱，而是天生君子。这是自己爱戴并帮助季羔摆脱险境的原因。孔子听说后赞叹道："太好了！作为官员，同样是执行法令，如果以仁爱宽恕存心，给百姓留下的就是仁德之风；如果存心严酷残暴，那么与百姓结下的就是怨仇。真正做到了公正执法，大概就是像子羔这样的吧。"季羔以一片仁爱之心执行刑罚，使受刑之人也受到了感化，在季羔落难之际帮助其逃离险境。这就是从心而论、爱人者则人爱之的写照。

爱人之心从何而来？从孝亲而来。《孝经》云："爱亲者不敢恶于人，敬亲者不敢慢于人。"[18]爱自己亲人的人，不敢憎恶他人之亲，因为自己怠慢了他人之亲，他人也会怠慢自己的亲人，而具有孝敬之心的人是不会如此的，这就是爱己之亲而及人之亲。相反，"不爱其亲而爱他人者，谓之悖德；不敬其亲而敬他人者，谓之悖礼"[19]。父母的养育之恩昊天罔极，一个人如果连养育自己的父母都不亲爱恭敬，反而去亲爱恭敬他人，一定是对他人另有所图，悖德悖礼的行为是逆乱之道，久而久之就会引祸上身。

这种爱人者则人爱之的现象，就是"出乎尔者，反乎尔者"的道理，这表现在各个方面。例如，古人多告诫世人不要求取他人的赞誉而获得自我的满足。《尚书》云："罔违道以干百姓之誉，罔咈百姓以从己之欲。"[20]违背了"道"还求取百姓的赞誉，古人以此为耻。暴虐百姓而满足私欲，侵犯众人会给自己带来灾祸，古人对此多有教诫。因此重要的是自我道德的提升，而非从外在求得。

《魏志下·王昶传》记载王昶告诫他的儿子们说："掩人者，人亦掩之；陵人者，人亦陵之。因此晋国的郤锜、郤犨、郤至三人被杀，王叔与人争权夺利最后成为周朝的罪人。这正是自夸自傲、争强好胜惹来的灾祸。所以君子不自我称赞，不是为了谦让，而是因为这样做会掩盖别人。人如果能够以屈为伸，以让为得，以弱为强，就很少会有不顺利的。"21 王昶进一步说："夫毁誉，爱恶之原，而祸福之机也。是以圣人慎之。"22 孔子说自己对他人的诋毁或赞誉都要经过验证。圣人尚且如此，何况平庸之辈，怎能轻易诋毁或赞誉别人呢。

《孙卿子·不苟》讨论了君子与小人在追求荣誉利益时选择不同的道路，因而得到了不同的结局。喜欢荣誉和利益，厌恶耻辱与祸害，在这点上君子与小人相同，但他们追求荣誉利益的途径则完全不同。……君子容易明智地考虑事情，容易稳妥地行事，所持之道能够长久保持，最终必然会得到他所喜好的，而不会遇到他所厌恶的。所以，君子处于穷困时，高尚的德行不会被隐蔽，到了通达时就会分外显赫，身死之后名望会更加辉煌。之所以会如此，就是因为，有德之人会与有德之人相互感召。《周易》云："方以类聚，物以群分，吉凶生矣。"23 具有仁爱之心的人会相互吸引，而具有怨恨之心的人总会相遇，这就是吸引力法则。与具有仁爱之心的人相聚，随之而来的是幸福。与心怀怨恨的人在一起，灾难就会随之而来。荀子的论述是对《周易》"方以类聚，物以群分，吉凶生矣"道理的具体阐释。

在社会治理方面，领导者实行什么样的治理，从而得到怎样的回报，也体现了因果性质的相应性。《文子·精诚》云："夫忧民之忧者，民亦忧其忧；乐人之乐者，人亦乐其乐。故乐以天下，忧以天下，然而不王者，未之有也。"24《申鉴·政体》论述了圣王与凡主的区别："圣王以天下为忧，天下以圣王为乐；凡主以天下为乐，天下以凡主为忧。圣王屈己以申天下之乐，凡主申己以屈天下之忧。申天下之乐，故乐亦报之；屈天下之忧，故忧亦及之。天之道也。"25

《管子·牧民》云："政之所行，在顺民心；政之所废，在逆民心。民恶忧劳，我逸乐之；民恶贫贱，我富贵之；民恶危坠，我存安之；民恶灭绝，我生育之。能逸乐之，则民为之忧劳；能富贵之，则民为之贫贱；能存安之，则民为之危坠；能生育之，则民为之灭绝。"26 君主如果能让民众安乐、富贵、安定、繁衍，民众就情愿为他忧劳、忍受贫贱、承担危难甚至牺牲生命。为政要顺民心，然而顺民心，特别是逸乐和富贵，都必须顺应"道"的方向。顺天者存，逆天者亡，天即天道也。古云"官门好积德"，为政者实行善政，利国利民，无形之中也为自己积累了功德；但同时也有"官门好造罪"，身处要职却以权谋私，不仅为自己增添了罪责，甚至误国误民，那么罪责就更加严重。

《六韬·武韬》列举了八种顺天逆天的行为及其结果，凸显了因果之间性质相应的特点："利天下者天下启之，害天下者天下闭之，生天下者天下德之，杀天下者天下贼之，彻天下者天下通之，穷天下者天下仇之，安天下者天下恃之，危天下者天下灾之。天下者，非一人之天下，唯有道者得天下也。"27 从这八个方面可以看出，一切皆有果，这是由因果的普遍性所决定的，至于获得何种结果，则有赖于何种原因。归根结底，还是要顺"道"才能昌达。

《群书治要》中论述因果性质相应性的特点时，有时是从逆向的角度来加以说明，即无德则无福。《易·系辞》云："德薄而位尊，知小而谋大，力小而任重，鲜不及矣。"28 当一个人德不配位、能不堪任，即德福不相应的时候，就鲜有不遇到灾祸的。解卦六三《爻辞》云："负且乘，致寇至。贞吝。"29 用背负重物又乘坐大车，必然招致强盗来抢夺，说明位尊德卑会招致羞辱。六三处在九四之下、九二之上，阴柔而处阳刚之位，处在不正之位，行不正之事。依附于九四，采用奸邪伪善的手段谄媚巴结。乘凌九二阳刚之上而攀附于九四来容纳自身，由此招来强盗抢夺，是自己造成的啊！哪怕侥幸免难，但仍为君子所鄙视。孔子在《系辞传》中对此也进行了阐释，认为创作《易经》的人知道招致盗贼的原因，盗贼是乘机而至。"负也者，小人之事也。乘也者，君子之器也。小人而乘君子之器，盗思夺之矣。上慢下暴，盗思伐之矣。"30 背负东西是普通人的事，车是君子乘坐的器具，普通人乘坐君子才能拥有的车子，盗贼就会想要夺取了。居上位的人轻慢，在下位的人暴虐，盗贼才想要讨伐他！德不配位，必有灾殃是逆向说明因果的相应性，德行是因，福祉是果。

《老子》中关于凡事不可过分的教诲，也是逆向说明因果的相应性。《老子》云："甚爱必大费，多藏必厚亡。知足不辱，知止不殆，可以长久。"[31] 过分珍爱，必定会造成庞大的耗费。因为过分贪着色相，会耗费精神；过分爱恋钱财，容易遭遇灾难。所爱的少，失去的却很多，所以说是大的耗费。过多贮藏，必会遭受严重的损失。例如，活着时将财富封藏在府库中，就有被攻打劫掠的忧患；死后将殉葬品藏在坟墓中，就有被偷坟掘墓的忧虑。因此，知道满足，放弃对名利的追求，远离欲望，便可使自身免于受辱；知道适可而止，财利就不会变成累赘，声色不会扰乱耳目，便终身都不会陷于险境。这样才能获得长久的平安。《老子河上公注》云："人能知止足，则福禄在己，治身者神不劳，治国者人不扰，故可长久也。"[32]

（二）小行小福，大行大福（大小相应）

大小相应指的是不同的因果之间进行比较，小因得小果，大因得大果。《文子》云："夫道者，小行之小得福，大行之大得福，尽行之天下服。"[33] 道实行得小，会得到小的福祉；实行得大，会得到大的福祉；完全按照道的要求来做，全天下的人都会信服。此处不言"福"而言"服"，也就是已不再简单以福祉而论了。天下的信服和归附，得到的是天下之福，是至福。《文子》这段是对因果大小相应性最直接的论述。

《鹖子》和《管子》中的论述，分别从范围和程度上阐明了大小相应。《鹖子》认为，从前的为政者之所以能成就功德，依靠的是百姓。劳力出于百姓，治功聚于官吏，福祉归于君主。百姓的地位最为低下，如果让他们选择官吏，必定会选取能惠民之人。"故十人爱之，则十人之吏也。百人爱之，则百人之吏也。千人爱之，则千人之吏也。万人爱之，则万人之吏也。"**34** 这段话说明了官吏爱民所及的范围与其级别的高低成正比。《管子·形势解》云："民之所以守战至死而不衰者，上之所以加施于民者厚也。故上施厚则民之报上亦厚，上施薄则民之报上亦薄。故薄施而厚责，君不能得于臣，父不能得于子。"**35** 这段话说明官吏爱民的程度与其从百姓处得到的回报相一致。

古圣先王胸怀宽广，言必称天下，因为他们深知天下非一人之天下，而是天下之天下。《六韬·武韬》记载，文王问太公如何治理天下。太公回答说："大盖天下，然后能容天下；信盖天下，然后可约天下；仁盖天下，然后可以求天下；恩盖天下，然后王天下；权盖天下，然后可以不失天下；事而不疑，然后天下恃：此六者备，然后可以为天下政。"**36** 器量弘广能覆盖天下，然后才能包容天下；忠悫诚信才能覆盖天下，然后才能约束天下；心地仁慈能覆盖天下，然后才能求得天下；惠爱恩泽能覆盖天下，然后才能称王天下；权术谋略能覆盖天下，然后才能不失天下；举事行动能果断不迟疑，然后才能被天下依恃。这六个条件具备了，才可以治理天下的政事。《三略·下略》云："夫能扶天下之危者，则据天下之安；能除天下之忧者，则享天下之乐；能救天下之祸者，则得天下之福。"**37**《六韬》和《三略》两段论述是在天下的层面上论述德福一致，也就是最大范围上的因果的相应性。

第二节　对看似德福背离现象的解释

现在很多人认为德福是背离的，是因为有很多看似德福不一致的现象。实际上，之所以认为德福不一致，还是因为对因果规律没有深入了解。例如，《文子》"夫有阴德者必有阳报，有隐行者必有昭名"**38** 这句话，不仅阐述了因果的必然性，也能解释看似德福背离的现象。例如，某人看起来没做什么好事，甚至以前还做过错事坏事，现在却飞黄腾达，名声显赫。这可能由于此人改过向善，在默默之中积累了大善。如果周围人不明白隐行昭名的道理，仅以眼见或听说之事为真实，就认定德福不一致，以至生出愤愤之心，谓恶人得善报，进而否定因果，甚至教唆他人也怀疑因果，更是错上加错，这就是不了解阴德阳报的道理。

因果律还具有历时性、放大性、变易性三个特点，在证明德福一致的同时，也可以对看似德福背离的现象作出解释。

一、冰冻三尺，非日之寒（历时性）

多数因果具有不同时的特征，也就是历时性。产生历时性有两方面原因。第一，所谓的"因""果"，准确讲是"因""缘""果"，"缘"是条件，只有条件具足才能产生结果。这就如若没有阳光、水分、空气、土壤等条件，种子也无法发芽。第二，冰冻三尺非一日之寒，种子发芽亦有快有慢，"因"需要时间的累积，由量变到质变而结"果"。

《群书治要·魏志下》夹注引用《魏氏春秋》记载的魏宗室曹冏的奏书，奏书中曹冏对这两方面的原因都进行了阐述："墉基不可仓卒而成，威名不可一朝而立，皆为之有渐，建之有素。譬之种树，久则深固其根本，茂盛其枝叶，若造次徙于山林之中，植于宫阙之下，虽壅之以黑坟，暖之以春日，犹不救于枯槁，何暇蕃育哉？"[39]曹冏用城墙的地基不能在仓促间完成来比喻说明，威望名声不能在一时间树立，需要经过逐步发展日积月累，阐明了时间累积的因素，进而又用种树的方式和所处环境的不同导致树木生长结果的不同作比喻，阐明了条件在因果之中所起的作用。

历时性会使人产生德福不一致的错觉。因果具有必然性的特点，"因"是不会消失的，当结果还没有显现的时候，可能是积累得不够，或者诱发"果"的"缘"尚未成熟，但是不能认为种下的"因"就不会产生"果"。

（一）迟速有时，以积渐然

从因到果所历时间不同，有迟有速，或一日二日，或累月经年，甚至到后世子孙，这就是迟速有时，都是积累所导致的。

个人荣辱成败有积累的过程。《易·系辞》云："善不积不足以成名，恶不积不足以灭身。小人以小善为无益而弗为也。以小恶为无伤而弗去也。故恶积而不可掩，罪大而不可解。"[40]个人的成名与失败是积德行善或者恶贯满盈的结果，这需要时间的积累。但是小人没有长远的眼光，只关注于当前利益，认为小善没有什么好处就不去做，以为小恶无伤大体便不去改过。日积月累，以致罪恶到了无法掩盖和不可解救的地步，也就是到了不可逆转之时，灾祸也就产生了。噬嗑卦上九《爻辞》"荷校灭耳，凶"[41]，当肩上的刑具没过耳朵，那时就凶险了，说的就是这个道理。

君子懂得迟速有时的道理，不仅能泰然自若，安素而行，还积极地立身修德，洗心易行。乾卦九三《爻辞》云："君子终日乾乾，夕惕若厉，无咎。"[42]君子终日勤勉不懈怠，即使到了夜晚也和白天一样如临危境、自我警惕，如此便可以免于灾祸。小人不懂上述道理，小错不断累积就容易铸成大错，因此需要有适当的提醒。《易·系辞》云："小人不耻不仁，不畏不义，不见利不劝，不威不惩，小惩而大诫，此小人之福也。"[43]小人行不仁之事却不以为羞耻，做不义的事也无所畏惧，没有利益就不去做，不用威刑就不能使他受到惩戒。小的惩罚使他受到大的戒惧，以致不犯大罪，这是小人之福。噬嗑卦初九《爻辞》"屦校灭趾，无咎"[44]，脚上戴着刑具没过脚趾，但最终没有大的灾祸，说的就是这个意思。

社会的治乱兴衰也是累积的过程，最早都是从一点一滴小的得失开始的。《晋书下》云："天地不能顿为寒暑，人主亦不能顿为治乱，故寒暑渐于春秋，治乱起于得失。"[45]《汉书四·贾谊传》云："安者，非一日而安也；危者，非一日而危也。皆以积渐然，不可不察也。人主之所积，在其取舍。以礼义治之者，积礼义；以刑罚治之者，积刑罚。刑罚积而民怨背，礼义积而民和亲。"[46]为人君者治理国家，要想达到安定繁荣的局面，需要从日用之间点滴处入手，特别是在处理与民众的关系时，要以礼义治之。民众是社会的基础，积善成德，才能获得社会的安定。否则，民心背离，必然导致政权覆灭，正如《贾子·大政》所云，"自古而至于今，与民为仇者，有迟有速，而民必胜之矣。"[47]

为什么要从细小之处、日用之间下手？因为每一毫厘的偏差累积之后，导致的结果是大厦的倾覆。《汉书五·权乘传》记载，权乘在给对朝廷心怀不满而图谋叛逆的吴王刘濞的奏疏中讲到，一铢一铢地称量，达到一石的重量时，就必定会产生误差；一寸一寸地测量，量到一丈的长度时，也必定会出现差错。倘若直接用石称重，用丈测量，就会很少出现失误。十围粗的大树，开始生长时也不过是个幼枝，用脚踩便可折断，用手拔也可拔掉，那是趁着它还未长大、尚未成形时做到的。用磨石磨东西，看不见磨石磨损，到一定时候就会被磨完；种植树木饲养牲口，没看出它们在生长，到一定时候就发现它们长大了。以此为喻，权乘说："积德累行，不知其善，有时而用；弃义背理，不知其恶，有时而亡。"[48]虽然用石称重、用丈测量可以减少误差，但是在国家治理中，日常更多的是一铢一寸；而且石、丈易于发现，而铢、寸则容易忽略。权乘用日常称量方式不同从而导致结果巨大差异的例子，生动说明了这种累积效果，也是告诫这是"百世不易之道"，劝谏吴王要"孰计而行之"[49]。

古人告诫为政者，国家治理是累积的结果，要注重点滴之处的同时，也勉励为政者要立日日之功。《鹖子》云："夫卿相无世，贤者有之；国无因治，智者理之。智者非一日之志也，治者非一日之谋也。"[50]卿相没有世代承袭不变者，唯有贤者居其位；国家太平没有因袭不变者，要靠智者来治理。智者并非立一日之志便能使国家得到治理，治理国家也并非靠一日之谋略就会取得成效。

行日日之功，就不能祈求速成。《后汉书二·朱浮传》记载，朱浮向汉光武帝谏言道："夫物暴长者必夭折，功卒成者必亟坏。如摧长久之业，而造速成之功，非陛下之福也。天下非一时之用也，海内非一旦之功也。愿陛下游意于经年之外，望化于一世之后，天下幸甚。"51 天下不是一时就能治理好的，功业也不是一天就能建立起来，如果损毁长久的基业来满足速成的功效，绝非国家社稷之福。治国要具有长远的眼光和宽广的胸襟，开长久太平之治。

（二）疑今察古，鉴往知来

正是因为从因到果需要经历时间，因此，对当今事情有疑虑的，可以察看过去；同理，也可以根据以往的情况预测未来。这就是《管子·形势》所说的"疑今者察之古，不知来者视之往"52。历史上有诸多史实为证，不仅有往昔之因决定今日之果的例证，亦有当下之因决定日后之果的例证。

在往昔之因决定今日之果的例证中，首先以得天下为例进行论述。周从始祖后稷开始，世代累善积德，到了文王已经传了十余世。文王德行广大，感召殷商三分之二的诸侯国前来归附。文王之子武王继承父亲的志向和事业，在孟津观兵时，八百诸侯国不期而会，共同响应武王伐纣。牧野之战，一举灭殷商，四海归周。周得天下，并非武王一世之功，而是从周的始祖开始便累世积德，到武王时灭殷得天下的机缘成熟。

再以"失天下"为例进行论述。蒋子在《蒋子·用奇篇》中用秦汉两朝为例进行了阐述，认为秦始皇好用刑法，秦二世的灾祸，实是由秦始皇所引起的。而汉朝在中途灭亡，责任在宣帝而非太子（即后来的汉元帝）。本是天下归附之势、人民安居乐业之时，汉宣帝却用严厉的刑罚来治理国家，轻视儒生。此时，名声显赫的石显、弘恭之流，逢迎谄媚、位高阴险、堵塞言路、独断专行，使国君遭受无尽的谴责。汉宣帝凭借刑罚，很短时间汉朝也失去了天下，与秦朝的之国之祸没有多少不同之处。

上面周朝建国、秦朝亡国、汉朝衰败的例子说明，影响武王得天下、二世失天下、汉室中道衰落的因素，都产生在当朝君主之前，也就是往昔种下的因，经过时间的累积产生了结果。而且对比周朝兴起、秦汉衰败的速度可以发现，获得好的结果往往需要长期积德累善，而若是背道而行，坏结果的到来却非常迅速。

正是这种历时性，使得"果"尚未成熟前，容易给人留下因未必有果的幻象。例如，有些官员贪污受贿，但是尚未受到惩罚，过得悠然自在。这种看似因果背离的现象，其实是产生结果的条件尚未成熟。当纪检监察人员审查到他们的时候，就是条件成熟的时候，他们自然会尝到锒铛入狱的苦果。此外，由于坏结果产生的速度通常很快，因此以不正当手段得来的财富，是不会长久享用的。"积德累行，不知其善，有时而用；弃义背理，不知其恶，有时而亡。"诚哉！俗语云，"善有善报，恶有恶报，不是不报，时候未到，时候一到，一切都报"，非虚言也。

既然今日之果由往昔之凶决定，那么当下之因也决定了日后之果。《国语·楚语》记载，楚国大夫斗且去见令尹子常。子常和斗且谈话，问的都是怎样多积财宝、多得好马。斗且回来对弟弟说："楚国大概要亡国了！即便楚国不亡，楚令尹也一定不会免于灾祸。因为我去见令尹，令尹问我聚敛财富的事，活像一只饥饿的豺狼，恐怕是一定要灭亡了！"正是令尹子常这种长期索取贿赂的行为，后来最终导致了身死国破。

倘若不在错误出现端倪时加以制止，而是任其发展，久而久之，必定酿成大祸。《后汉书四·史弼传》记载，史弼还是北军中候的时候，桓帝的弟弟渤海王刘悝平素行为阴险乖僻、骄横非礼，常搞越礼犯法的事。史弼怕他犯上作乱，于是密奏，劝谏桓帝对亲属要多加约束，渤海王刘悝借着皇帝特殊的宠爱骄慢无礼，长此以往，必定会出现谋反之事。然而，桓帝与刘悝是至亲，不忍心将此事交付大臣讨论。后来刘悝犯了谋逆之罪，被贬为瘿陶王。

《晋书上》记载，晋臣何曾告老，被世祖武皇帝司马炎召见侍坐。但是何曾发现，司马炎不谈国事，只说一些寻常之语。何曾退朝后感叹恐怕会身不免难。何曾对他的两个儿子说，你们尚可善终；但指着孙辈说，你们这辈就必遭遇祸乱而死。后来，何曾的孙子何绥死于动乱，何绥的兄长何嵩感叹祖父预料如神。其实何曾能够准确预断，是因为他明白德为福之基。司马炎昏庸，不谈朝政，长此以往必定导致国家混乱。

历史上对何曾的评价毁誉参半，虽知天下之乱而子孙必忧其中，但骄奢过度，终亡其族。西晋忠正之臣秦秀生性憎恶奸佞之人，在议论何曾应该获得什么样的谥号时，秦秀认为何曾侍奉父母有"色养"的美名，为官进言也能以伊尹为楷模，然而他生性骄傲，生活奢侈，不守规矩，给后辈留下傲慢失德的印象，没有比这更严重的了。若在世时尽情骄奢放纵，死后又不给予应有的谴责，这样就没有公正的刑罚了。根据谥号的法则，名与实不符叫作缪，仗势胡作非为叫作丑，何曾的谥号应该叫缪丑公。古人盖棺定论，不因前半生好而掩盖后半生的罪过。

何曾给人如下启示：第一，因必有果。无论何曾有过何种行为，是善是恶，都会产生结果。他作为西晋开国之臣，受到了应有的礼遇和爵位，然而骄奢淫逸，最终家族败亡。第二，因果性质相应。何曾的功过是不相抵消的，后半生的骄奢不因前半生有功而抵消。第三，因果具有历时性。从何曾侍坐司马炎，到西晋动乱以及何曾孙子罹难，经历了一个过程，在此过程中，一方面之前善因积累的善果逐渐消退，而恶因逐渐成熟，最终产生了结果。第四，无论是何曾，以及他的家族，还是西晋，也就是个人、家族还是国家，其兴衰成败都体现了德福一致。何曾个人虽然生前荣华，但死后盖棺定论，虽然有人认为其能"明"，但他也成为后世骄奢的典型，这死后之辱，也是生时骄奢的果报。无德则无福，最终何曾的孙子在动乱中遇害。司马炎虽为西晋开国之君，而在何曾告老之时表现出不谈朝政的态度，以小见大，足见其无德，最终也导致了西晋的动乱。

《晋书上·晋惠帝纪》引《干宝纪》论述了晋武帝的功过。司马炎登基后能谨慎言行，慎用刑法，用仁爱之心宽恕臣下，气度宽宏而又能决断，虽然未致太平，但也使人民安居乐业。然而，晋武帝驾崩后，陵墓上的土还没有干，国家就陷入混乱，其原因是治国的方略违背了常道，政事托付于无能之人，致使礼义廉耻四维不张，不循礼法的政令充斥。法令在太平盛世其弊端尚且会导致混乱，倘若用在乱世，还有谁能挽救其弊呢？这就充分说明，晋武帝治国时，仅考虑当世的功业安危，最后不能任人唯贤，政事所托非人，最终导致国家混乱，而之所以用人失败，也是因为晋武帝自身德行修养不够。

正是由于当下的境况会对后世产生深远影响，因此，为后世长治久安考虑的君主，必然精心治理眼前的政务，把国家治理得太平安定，然后将这份不朽的基业传给子孙，使后世几代人都能够有所依赖。如果只考虑当朝君主自身的安定，而不顾全大局，那么遗留的风教和功业，后代也是难以为继的。这就是《晋书下·刘颂传》所告诫的，"虑经后世者，必精目下之治，治安遗业，使数世赖之。……如或当身之治，遗风余烈，不及后嗣"**53**。

用当代的史实举例说明，如果没有中国共产党人带领中华儿女披荆斩棘，英勇斗争，以非凡的智慧和大无畏的英雄气概，为民族解放事业不懈奋斗，就没有新中国的成立；同样，没有新中国成立后三十年的节衣缩食、艰苦奋斗，没有四十多年改革开放、锐意进取，就不会有现在中国的繁荣和昌盛；同样的道理，只有我们现在继承先辈的精神，自强不息，勇毅前行，才能在将来实现中华民族伟大复兴。

二、作善百祥，不善百殃（放大性）

放大性是指从因到果是因小果大。用自然界的现象比喻，参天之木，长于毫末，就是因小果大。因果放大性的特点与相应性中的大小相应是不同的。此处放大性是就一个因果而言，从因到果是因小果大；而相应性中的大小相应是不同因果之间的对比，小因得小果，大因得大果。

正是由于因小果大的特点，因此，当从"因"出发以避免或希求某"果"时，古人或者强调要注意细微之处，以免酿成大恶；或者强调持之以恒，才能最终迎来成功。《尚书》云："弗务细行，终累大德；为山九仞，功亏一篑。"54 轻视疏忽小事，其危害积累起来，就会坏了大事。《史记下·循吏传》记载，鲁国宰相公仪休不食客人送的鱼，说："今为相，能自给鱼。今受鱼而免，谁复给我鱼者。吾故不受也。"55 公仪休的话就体现了"弗务细行，终累大德"的道理。君子会谨慎对待几微小事。堆土成山，倘若只差一篑，也终究不能成山，功亏一篑。所以圣人终日乾乾，自强不息，慎终如始。

任何事物都是从小长大，从低到高，由近及远。《老子》云："合抱之木，生于毫末；九层之台，起于累土；千里之行，始于足下。"56"为之于未有，治之于未乱。"57 解决问题要在萌芽发生之前，堵塞端倪；治理动乱，要在动乱开始之前关闭祸乱之门。

古人对德行非常谨慎，会从小处入手，逐渐积累。升卦《象》曰："地中生木，升。君子以慎德，积小以成高大。"58《周易正义》云："地中生木，始于毫末，终至合抱。君子象之，以顺行其德，积其小善，以成大名。"**59**君子见苗木生长，从毫末至合抱这种积小而成高大之象，便想到要谨慎德行，积累小善而成就大名。圣人懂得积小以成高大的道理，效法天地恒久不已之象，教人立身修道，持之以恒，因此有"圣人久于其道而天下化成"**60**。

当从"果"出发而求"因"时，就要明白，即使是伟大的成就，也需要从一点一滴开始，既不可望而生畏，也不能好高骛远；而且要持之以恒，慎终如始。《尚书》云："若升高必自下，若陟遐必自迩。"**61**这是提醒为政者，施行善政要循序渐进，如登高必从低处开始，行远必从近处开始，然后才能达到高远的地方。《老子》云："图难于其易，为大于其细。天下难事，必作于易；天下大事，必作于细。"**62**要想成就艰难而伟大的事业，应当从易处、从小事下手，不要等到事情已经很难办时再去处理，也不要使小事引发大的失败。"是以圣人终不为大，故能成其大。"**63**

虽然从小事易事入手，但不能始终着眼于小事易事，更不能由此而生轻忽之心。《老子》云："夫轻诺必寡信，多易必多难，是以圣人犹难之，故终无难。"**64**随便允诺别人的要求，久而久之，就不重视自己说出的话，也就势必很少能守信用了；经常把事情看得太容易，就会对隐患不重视，也势必常常遭受困难。因此，圣人一直重视困难，言行举止都当作难事来办，目的就是要堵塞困难的源头，所以就没有办不成的难事，也会终其一生没有灾难，因为灾难从根本上避免了。

因果的放大性有三层内涵：程度深、范围广、历史久。

（一）赏善众劝，惩恶众惧（程度深）

小善小恶产生的结果，可以达到严重的程度。《尚书》云："怨弗在大，亦弗在小，惠弗惠，懋弗懋。"**65**民怨不在于大，也不在于小。不在于大，是因为大必起于小；不在于小，是因为小可至于大。这是告诫为政者，民怨不可结，要使不顺从的人顺从、不勤勉的人勤勉。

人君为政，当扬善遏恶，勿以善小而不为，勿以恶小而为之。《尚书》云："惟上帝弗常。作善，降之百祥；作不善，降之百殃。"[66] 天降祸福，唯善恶之所在，不常在一家。百为虚数，百祥百殃，皆是善与不善的果报。"尔惟德罔小，万邦惟庆；尔惟弗德罔大，坠厥宗。"[67] 切勿以为修德事小，修德则天下都会得到吉庆。同样，切勿以为苟且不德无关紧要，无德累积最终定会导致家族覆灭、国家败亡。

为政的利与害，有时看似只是施加在某一个人身上，但是其结果却不容小觑。《文子·上义》云："义者，非能尽利天下之民也，利一人而天下从；暴者，非能尽害海内也，害一人而天下叛。故举措废置，不可不审也。"[68] 这就说明，在某一个人身上起到的示范效应或者警示效果，会影响整个民众的心理。《三略·下略》亦云："利一害百，民去城郭；利一害万，国乃思散。去一利百，民乃慕泽；去一利万，政乃不乱。"[69] 利在一人而害及百人，一个城邦的民众就会离去；利在一人而殃及万人，全国的民众都会想逃走。相反，如果去除一人而能利及百人，民众就会感慕君主的恩惠德泽；去除一人而利及万人，国家政事就不会昏乱。

在奖惩方面，为政者细微的行为更会产生深远的影响。《典语》云："敬一贤则众贤悦，诛一恶则众恶惧。"[70]《三略·下略》云："废一善，则众善衰；赏一恶，则众恶多。"[71] 只有善者得到护佑，恶者受到诛罚，国家才能安定，诸种祥瑞也才能到来。"一令逆者，则百令失；一恶施者，则百恶结。"[72] 君王施行的教令一旦背离常理，百姓就不会顺从，进而众多的教令就都会被弃置；实施一种恶刑，众多恶刑就会接连而至。因此，应当将教令施于顺服可化之民，恶刑加于凶恶悖逆之人，教令合宜，刑法得当，百姓就会欣喜而愿意亲附了。《阴谋》云："杀一人千人惧者杀之，杀二人而万人惧者杀之，杀三人而三军振者杀之；赏一人而千人喜者赏之，赏二人而万人喜者赏之，赏三人三军喜者赏之；令一人千人得者令之，禁二人而万人止者禁之，教三人而三军正者教之。杀一以惩万，赏一而劝众，此明君之威福也。"**73**

赏罚在将兵方面能起到关键作用。《六韬·龙韬》云："杀一人而三军振者杀之，赏一人而万人说者赏之。故杀贵大，赏贵小，杀及贵重当路之臣，是刑上极也。赏及牛马厮养，是赏下通也。刑上极，赏下通，是将威之所行也。夫杀一人而三军不闻，杀一人而万民不知，杀一人而千万人不恐，虽多杀之，其将不重。封一人而三军不悦，爵一人而万人不劝，赏一人而万人不欣，是为赏无功，贵无能也。若此，则三军不为使，是失众之纪也。"**74**法律的公正往往会被权贵扭曲破坏，恩惠往往会忽视遗漏地位卑贱之人，所以诛杀位尊之人，奖赏位卑之人，能够使将帅树立威信。奖赏和惩罚要能够起到劝善惩恶的作用。如果杀一人而全军不闻，杀一人而万民不知，杀一人而千万人不惧，那即便杀得再多，将帅也不能让人感到威严。如果封赏一人而全军不高兴，授爵一人而万人得不到勉励，奖赏一人而万人不欢喜，奖赏的就是无功之人。如果这样，全军将士就不会接受将帅的领导，这是失去众人之心的开始。

（二）千里应善，迩违不善（范围广）

小善小恶引发的结果不仅程度可以很深，范围也可以很广。《文子·微明》云："言出于口，不可止于人；行发于近，不可禁于远。事者难成易败，名者难立易废。凡人皆以轻小害，易微事，以至于大患也。"**75**一言既出，驷马难追。事情难成而易败，名声难立而易坏。如果不能在小事上谨慎，就容易酿成大错。这就是"千里之堤，以蝼蚁之穴漏；百寻之屋，以突隙之烟焚"**76**的道理。

为政者的言行举止、为政之道，都会产生广泛的影响。《易·系辞》云："君子居其室，出其言善，则千里之外应之，况其迩者乎。居其室，出其言不善，则千里之外违之，况其迩者乎。言出乎身，加乎民，行发乎迩，见乎远。"**77**此处的君子即指君主。君主在庙堂之上的言行，不仅对周围的人有影响，还会影响远方的民众，因此君主必须谨慎言行。

《桓子新论·言体》中也有类似的论述："夫言行在于美善，不在于众多。出一美言善行而天下从之，或见一恶意丑事而万民违，可不慎乎。"[78] 言行甚至可以感动天地，是万民拥护，还是众叛亲离，都与君主的言行有直接的关系。正如《汉书七·王吉传》云："圣主独行于深宫，得，则天下称诵之；失，则天下咸言之。行发于近，必见于远。"[79]

为人君者谬误出口，祸乱不仅会殃及自身，还有可能殃及万里之外。言语都有如此的效果，何况刑罚失度呢？《新语·明君》云："夫持天地之政，操四海之纲，屈申不可以失法，动作不可以离度。谬误出口，则乱及万里之外，何况刑无罪于狱，而诛无辜于市哉？"[80] 君主为政有失，远近之民都会困苦，就像日月之光被遮蔽后，天下都会黯然。《抱朴子》曰："三辰蔽于天，则清景暗于地；根荄蹶于此，则柯条瘁于彼；道失于近，则祸及于远；政缪于上，而民困于下。[81]"因此，世衰道微乃国君自招，非天之所为。

君主有德，德泽及远；臣子有义，义可致大。汤以七十里封地而升帝王之位；周公辅政，德行比五帝三王。这就是口出善言、身行善道、胸怀大义的结果。因此，《新语·明君》云："安危之效，吉凶之符，壹出于身；存亡之道，成败之事，一起于善行。尧舜不易日月而兴，桀纣不易星辰而亡。天道不改，而人道易也"[82]，"善道存乎心，无远而不至也；恶行着乎己，无近而不去也"[83]。心中怀有美善之道的人，距离再远的百姓也会前来归附；君王恶行显明于身，关系再近的人也会离开。周公躬行礼义，行郊天之祭，尊奉始祖后稷，感得越裳国前来进奉朝贡，感召麒麟凤凰白雉等祥瑞鸟兽在草地水泽中应现。殷纣王无道，哥哥微子舍弃他而逃亡。领导者实行善政，百姓就会喜爱拥护他；实行恶政者，子孙都会怨恨他。所以圣明的人能招致远方的人，邪恶的人连最亲近的人都会失去。

（三）积善余庆，不善余殃（历时久）

善恶之报会持续很长时间。此处的"历时久"是指产生的结果会持续很长时间。《易·坤·文言》云："积善之家，必有余庆；积不善之家，必有余殃。"[84]"余庆""余殃"指吉庆和灾殃之后持续的余波，此处"余"字是关键，说明无论是吉庆的余荫还是灾殃的余波，都会持续很长时间，甚至会波及后世子孙。《管子·形势解》云："古者三王五伯，皆人主之利天下者也，故身贵显而子孙被其泽；桀纣幽厉，皆人主之害天下者也，故身困伤而子孙蒙其祸。"[85]

中国历史上的朝代更迭，呈现出一定的周期率。开国帝王建立功业，其子孙尚能克勤克俭，几代之后，往往就陷入昏庸奢侈，走上败坏祖宗基业之途。败亡会经历一个过程。那些没有立刻亡国的，也是在祖先的德荫庇佑之下而苟延维持，也就是享受祖先的余福。《春秋左氏传中》记载，成公八年（前583年），晋国诛杀赵同、赵括。赵武跟随母亲赵姬寄养在舅舅晋景公的宫中。晋景公把赵氏的田地赐给祁奚。韩厥向晋景公进谏说："凭赵衰的功勋、赵盾的忠诚，却没有后人，这将使做好事的人感到恐惧。'三代之令王，皆数百年，保天禄。夫岂无僻王，赖前哲以免也。'[86]《周书》说：'不敢欺凌鳏夫寡妇！'因此德行更加彰显。"韩厥之意是，夏、商、周三代贤明的君主，都能护佑上天赐予的福祉数百年。他们的后代也都有邪僻的君主出现，只是仰仗其祖先的贤明而免于亡国之难。赵同、赵括虽然被诛杀，但是赵武作为赵氏的后人，却被剥夺了田产，那么凭借赵氏先人中赵衰的功勋和赵盾的忠诚，都尚不能保赵武之田产，这样会使做好事的人感到恐惧，也就是无以劝善。《周书》上记载，文王不侮鳏寡，而德行更加彰明。韩厥这段论述是想让晋侯效法文王。晋景公听从了韩厥的建议，立赵武为赵氏家长，并将田地归还给他。在这段史料中，韩厥之言和赵武的事例分别从国家层面和个人层面证明了"积善之家，必有余庆"。

因果的放大性也可以解释很多看似德福背离的现象。例如，当一个人已经迁善改过，却还是遭遇了灾殃，可能是先前恶行的后果尚有余波。既知因小果大之理，则起心动念、言语造作，可不慎乎？知历时久的特点，则见人作恶得福，自己行善受苦时，不可怀疑因果，当知此皆往昔之善恶所致，更应生悔过向善之心，诸恶莫作，众善奉行，久久必获吉庆。

三、存亡祸福，在己而已（变易性）

因果具有变易性的特点。用善恶来举例，善恶不会相互抵消，这是必然性决定的，但是善恶会相互影响，这分为四种情况：后善长养先善，善报增强；后恶助长先恶，恶果加重；后善压制先恶，恶报减轻；后恶抑制先善，善果减弱。

正是善恶会相互影响的规律，造成了德福不一致的错觉。例如，可能是在因果变易性的作用下，后善压制先恶，从而恶果减轻了，不然原本可能遭受的厄运会更加严重。当一个人过去作恶，从今日起改邪归正，将恶缘斩断，那么恶因也无法产生恶果。这也一定程度上造成了德福背离的假象。当然，这些恶因并未消除，这是因果的必然性决定的，当恶念再次出现的时候，就会诱发恶缘，使之前的恶因再结恶果。但一个人如果始终行善，恶缘被善行压制，失去了缘的作用，因便无法产生果。所以持之以恒地修善，断除恶缘，只让善因结善果，那么命运也就改变了。这正如《体论·君体》中所论述的："夫善进，不善无由入；不善进，善亦无由入。故汤举伊尹而不仁者远，何畏乎欢兜？何迁乎有苗？"[87]

正因为有了变易性的特征，人们通过努力改变自己的命运，甚至改变国家的命运成为可能。《老子》云："祸兮，福之所倚；福兮，祸之所伏。孰知其极？"[88] 人遭祸，能悔过向善，便会祸去福来；人得福，却骄恣放纵，则会福去祸来。祸福更相而生，无有尽时。

（一）临难知惧，在危获安

关于将祸兆变为福祉，《史记上·世家》和《孔子家语·五仪》皆记载有殷中宗太戊反身修德之事。在殷中宗太戊统治时期，曾经一度社会道德衰败，国家法纪紊乱，以致出现桑穀二树共生在朝堂之上的反常现象，七天树就有两手合拢那么粗。太戊十分恐惧。伊陟说，妖邪抵不过有德。这是政务有缺失，请修身养德。于是，太戊遵从了教导，谨慎地修养自己的德行，树便枯死了。三年之后，远方国家仰慕他的仁义，通过重重障碍前来朝拜的国家就多达十六个。这就是通过自己的努力改变天时，将祸兆变为福祉的事例。太戊使殷朝复兴，史称中宗。

《贾子》记载，梁国大夫宋就是边境地区一个县的县令，此县与楚国交界。梁国和楚国的边亭都种了瓜。梁亭的守卫勤劳，经常浇灌，瓜就长得很好；楚亭的守卫懒惰，很少浇灌，瓜就长得丑陋。楚国的县令训斥守卫未将边亭的瓜照看好，守卫因而心生嫉妒，就在夜里偷偷地去破坏梁亭的瓜，导致很多瓜都枯死了。宋就查清原委，并未报复，反而派人在夜晚偷偷前往楚亭浇灌他们的瓜，楚亭的瓜一天比一天长得好。楚亭的长官觉得奇怪，查寻原因后发现，原来竟是梁亭的守卫帮忙浇灌。楚王听说后，对梁国的宽宏心悦诚服，于是用厚礼致谢，并请求与梁王建立邦交。所以说，梁、楚两国的友好邦交是从宋就开始的。俗话说"转败而为功，因祸而为福"，《老子》说"报怨以德"，说的就是这样的事。

灾变怪异是天下常有的事，历代如此，这些现象是给人主以警示。《孔子家语·五仪》云："天灾地妖，所以儆人主也。寤梦征怪，所以儆人臣也。灾妖不胜善政，梦怪不胜善行，能知此，至治之极也。明王达此也。"[89] 遇到明主贤臣和有智慧有德行的人，便能修养道德，改善政治，反省己责，谨慎地应对灾异，就能使灾殃消失，转祸为福，转危为机，化险为夷。

（二）得志骄居，业成致败

倘若君主得志骄居，就会使福祉变为灾祸，导致功业失败。

《史记上·世家》记载，在殷商帝辛登基之后，人们称其为纣。纣天资聪颖，体健灵活，博闻通达。他用才智来回绝谏言，粉饰过错，嗜酒淫乐，宠爱妲己，令师涓作淫乱之乐，重赋厚敛，怠慢鬼神，造酒池肉林、炮烙之刑，杀九侯、鄂侯，囚西伯昌，重用善于毁谤进谗言的恶来。微子屡劝不从，便离开殷国。比干极力诤谏，被剖心而死。箕子佯装颠狂，仍被囚禁。周武王率八百诸侯讨伐纣王。纣王败走，着宝玉衣服投火而死。商纣得志骄居、倒行逆施，最终导致王朝覆灭。《孔子家语·五仪》记载，在商纣王执政时期，曾经有一只雀鸟在城墙角生下一只大鸟，商纣王便妄以为可以凭借雀鸟带来的福祉，从而不理国政，殷朝因此灭亡了。这就是自己违逆天时，使福祉变为灾祸的事例。

《贾子》中也有类似的记载。宋康王时，一只麻雀在城角生出了一只鹯，康王就让筮人占卜吉凶。史官称吉，康王大喜。他消灭滕国，攻打诸侯，夺取了淮北的城池，于是便更加自信，急于称霸天下。他射天鞭地，将土神、谷神像从宗庙里砍断并烧掉；咒骂年长的谏臣，做了一个无头冠以示勇敢，国人极为震惊。齐王听说后，前来讨伐。宋国的百姓逃散，城中无人防守，康王于是逃亡而死。所以，看到祥瑞之兆而行不善之事，祥瑞就会变成祸殃。

此类事例说明，国家的存亡祸福，并非由天命决定，而是人力所左右的。这就是孔子回答鲁哀公的疑问时所说的，"存亡祸福，皆在己而已，天灾地妖，弗能加也"[90]。这种因果变易的特点，也为改造命运提供了理论基础。

以上六个因果规律的特征，必然性、普遍性、相应性、历时性、变易性、放大性，都是从《群书治要》所记载的历史验证即经、子部的相关论证中概括总结出来的。这些规律不仅解释了德福一致，而且指明了看似德福背离现象的原因，说明无论对个人而言，还是对一个民族、一个国家而言，德行与福祉都是一致的。

注　释

1.（唐）魏徵等辑：《群书治要》（永青文库四种），第 1 册，第 71 页。

2.（唐）魏徵等辑：《群书治要》（永青文库四种），第 1 册，第 101 页。

3.（唐）魏徵等辑：《群书治要》（永青文库四种），第 1 册，第 101 页。

4.（唐）魏徵等撰，刘余莉主编：《群书治要译注》，第 2 册，第 548 页。

5.（唐）魏徵等撰，刘余莉主编：《群书治要译注》，第 2 册，第 549 页。

6.（唐）魏徵等撰，刘余莉主编：《群书治要译注》，第 2 册，第 550 页。

7.（唐）魏徵等辑：《群书治要》（永青文库四种），第 5 册，第 511 页。

8.（唐）魏徵等辑：《群书治要》（永青文库四种），第 4 册，第 578 页。

9.（唐）魏徵等辑：《群书治要》（永青文库四种），第 4 册，第 179 页。

10.（唐）魏徵等辑：《群书治要》（永青文库四种），第 5 册，第 509 页。

11.（唐）魏徵等辑：《群书治要》（永青文库四种），第 1 册，第 571—572 页。

12.（唐）魏徵等辑：《群书治要》（永青文库四种），第 4 册，第 4 页。

13.（唐）魏徵等辑：《群书治要》（永青文库四种），第 4 册，第 4 页。

14.（唐）魏徵等辑：《群书治要》（永青文库四种），第 4 册，第 4 页。

15.（唐）魏徵等辑：《群书治要》（永青文库四种），第 1 册，第 82 页。

16.（唐）魏徵等辑：《群书治要》（永青文库四种），第 1 册，第 546 页。

17.（唐）魏徵等辑：《群书治要》（永青文库四种），第 4 册，第 247 页。

18.（唐）魏徵等辑：《群书治要》（永青文库四种），第 1 册，第 460 页。

19.（唐）魏徵等辑：《群书治要》（永青文库四种），第 1 册，第 469 页。

20.（唐）魏徵等辑：《群书治要》（永青文库四种），第 1 册，第 82 页。

21.（唐）魏徵等辑：《群书治要》（永青文库四种），第 3 册，第 373—374 页。

22.（唐）魏徵等辑：《群书治要》（永青文库四种），第 3 册，第 374 页。

23.（唐）魏徵等辑：《群书治要》（永青文库四种），第 1 册，第 61 页。

24.（唐）魏徵等辑：《群书治要》（永青文库四种），第 4 册，第 241 页。

25.（唐）魏徵等辑：《群书治要》（永青文库四种），第 5 册，第 281 页。

26.（唐）魏徵等辑：《群书治要》（永青文库四种），第 4 册，第 54 页。

27.（唐）魏徵等辑：《群书治要》（永青文库四种），第 4 册，第 25 页。

28.（唐）魏徵等辑：《群书治要》（永青文库四种），第 1 册，第 72 页。

29.（唐）魏徵等辑：《群书治要》（永青文库四种），第 1 册，第 53 页。

30.（唐）魏徵等辑：《群书治要》（永青文库四种），第 1 册，第 66—67 页。

31.（唐）魏徵等辑：《群书治要》（永青文库四种），第 4 册，第 184 页。

32.（唐）魏徵等辑：《群书治要》（永青文库四种），第 4 册，第 184 页。

33.（唐）魏徵等辑：《群书治要》（永青文库四种），第 4 册，第 243 页。

34.（唐）魏徵等辑：《群书治要》（永青文库四种），第 4 册，第 48—49 页。

35.（唐）魏徵等辑：《群书治要》（永青文库四种），第 4 册，第 89 页。

36.（唐）魏徵等辑：《群书治要》（永青文库四种），第 4 册，第 24—25 页。

37.（唐）魏徵等辑：《群书治要》（永青文库四种），第 4 册，第 556—557 页。

38.（唐）魏徵等辑：《群书治要》（永青文库四种），第 4 册，第 246 页。

39.（唐）魏徵等辑：《群书治要》（永青文库四种），第 3 册，第 334 页。

40.（唐）魏徵等辑：《群书治要》（永青文库四种），第 1 册，第 71 页。

41.（唐）魏徵等辑：《群书治要》（永青文库四种），第 1 册，第 71 页。

42.（唐）魏徵等辑：《群书治要》（永青文库四种），第 1 册，第 35 页。

43.（唐）魏徵等辑：《群书治要》（永青文库四种），第 1 册，第 71 页。

44.（唐）魏徵等辑：《群书治要》（永青文库四种），第 1 册，第 71 页。

45.（唐）魏徵等辑：《群书治要》（永青文库四种），第 3 册，第 561 页。

46.（唐）魏徵等辑：《群书治要》（永青文库四种），第 2 册，第 267 页。

47.（唐）魏徵等辑：《群书治要》（永青文库四种），第 4 册，第 591 页。

48.（唐）魏徵等辑：《群书治要》（永青文库四种），第 2 册，第 325 页。

49.（唐）魏徵等辑：《群书治要》（永青文库四种），第 2 册，第 325 页。

50.（唐）魏徵等辑：《群书治要》（永青文库四种），第 4 册，第 50 页。

51.（唐）魏徵等辑：《群书治要》（永青文库四种），第 3 册，第 85 页。

52.（唐）魏徵等辑：《群书治要》（永青文库四种），第 4 册，第 91 页。

53.（唐）魏徵等辑：《群书治要》（永青文库四种），第 3 册，第 566—567 页。

54.（唐）魏徵等辑：《群书治要》（永青文库四种），第 1 册，第 118 页。

55.（唐）魏徵等辑：《群书治要》（永青文库四种），第 2 册，第 109 页。

56.（唐）魏徵等辑：《群书治要》（永青文库四种），第 4 册，第 192 页。

57.（唐）魏徵等辑：《群书治要》（永青文库四种），第 4 册，第 192 页。

58.（唐）魏徵等辑：《群书治要》（永青文库四种），第 1 册，第 54 页。

59.（魏）王弼注，（唐）孔颖达疏，卢光明、李申整理，吕绍纲审定：《周易正义》（十三经注疏），第 225 页。

60.（唐）魏徵等辑：《群书治要》（永青文库四种），第 1 册，第 49 页。

61.（唐）魏徵等辑：《群书治要》（永青文库四种），第 1 册，第 103 页。

62.（唐）魏徵等辑：《群书治要》（永青文库四种），第 4 册，第 191 页。

63.（唐）魏徵等辑：《群书治要》（永青文库四种），第 4 册，第 191 页。

64.（唐）魏徵等辑：《群书治要》（永青文库四种），第 4 册，第 191—192 页。

65.（唐）魏徵等辑：《群书治要》（永青文库四种），第 1 册，第 119 页。

66.（唐）魏徵等辑：《群书治要》（永青文库四种），第 1 册，第 100 页。

67.（唐）魏徵等辑：《群书治要》（永青文库四种），第 1 册，第 100 页。

68.（唐）魏徵等辑：《群书治要》（永青文库四种），第 4 册，第 277—278 页。

69.（唐）魏徵等辑：《群书治要》（永青文库四种），第 4 册，第 560—561 页。

70.（唐）魏徵等辑：《群书治要》（永青文库四种），第 5 册，第 440 页。

71.（唐）魏徵等辑：《群书治要》（永青文库四种），第 4 册，第 558 页。

72.（唐）魏徵等辑：《群书治要》（永青文库四种），第 4 册，第 558 页。

73.（唐）魏徵等辑：《群书治要》（永青文库四种），第 4 册，第 45 页。

74.（唐）魏徵等辑：《群书治要》（永青文库四种），第 4 册，第 32 页。

75.（唐）魏徵等辑：《群书治要》（永青文库四种），第 4 册，第 247 页。

76.（唐）魏徵等辑：《群书治要》（永青文库四种），第 5 册，第 43 页。

77.（唐）魏徵等辑：《群书治要》（永青文库四种），第 1 册，第 65 页。

78.（唐）魏徵等辑：《群书治要》（永青文库四种），第 5 册，第 169 页。

79.（唐）魏徵等辑：《群书治要》（永青文库四种），第 2 册，第 424 页。

80.（唐）魏徵等辑：《群书治要》（永青文库四种），第 4 册，第 574 页。

81.（唐）魏徵等辑：《群书治要》（永青文库四种），第 5 册，第 579 页。

82.（唐）魏徵等辑：《群书治要》（永青文库四种），第 4 册，第 574 页。

83.（唐）魏徵等辑：《群书治要》（永青文库四种），第 4 册，第 575 页。

84.（唐）魏徵等辑：《群书治要》（永青文库四种），第 1 册，第 39 页。

85.（唐）魏徵等辑：《群书治要》（永青文库四种），第 4 册，第 91 页。

86.（唐）魏徵等辑：《群书治要》（永青文库四种），第 1 册，第 233 页。

87.（唐）魏徵等辑：《群书治要》（永青文库四种），第 5 册，第 403 页。

88.（唐）魏徵等辑：《群书治要》（永青文库四种），第 4 册，第 190 页。

89.（唐）魏徵等辑：《群书治要》（永青文库四种），第 1 册，第 533 页。

90.（唐）魏徵等辑：《群书治要》（永青文库四种），第 1 册，第 532 页。

第 七 章

德福一致的实践价值

深信德福一致，因果不虚，具有重要的实践价值。第一，因果向人昭示了德福一致的规律，既然祸福由己，那么趋吉避凶、改造命运的方法也就有章可循了。第二，德福一致背后的因果原理，是世间运行的常理，无微不至，它犹如无形之鞭，保障伦理道德教育行之有效。第三，生于忧患，死于安乐。常怀忧患意识，居安思危，不仅有益个人身安道隆，也有助于国家长治久安。第四，前事不忘，后事之师。考朝代更替，鉴盛衰之理，参之以当世，有助审势度宜，临事不惑，以史为鉴，开创未来。第五，德行是福祉的基础，功业之大小与德行之广微直接相关，欲立千秋伟业，需怀广大仁心。

第一节　迁善改过　人强胜天

因果昭示了祸福由己的道理。《春秋左氏传》云："祸福无门，唯人所召。"[1]《新语》云："善者必有所主而至，恶者必有所因而来。夫善恶不空作，祸福不滥生，唯心之所向，志之所行而已矣。"[2]心志所向是善是恶，决定了最后结果是福是祸。既然命自我作，福自我求，那么命运就没有固定不变的道理。《周书》云："兵强胜人，人强胜天。"[3]所谓"胜天"，是指战胜天命，即改变命运，也就是改变最后祸福的结果。既然德行是福祉的基础，那么能够战胜天命的就是德行。修养德行、迁善改过，就是改变命运最好的方法。

圣人通达这个道理，因此对于善事，再小也要做；对于过错，再小也要改正。《文子·微明》云："圣人之于善也，无小而不行；其于过也，无微而不改。"**4** 而知善不行、知恶不改者，则为狂惑之人。对此圣人多有告诫。《鹖子》云："知善不行者则谓之狂，知恶不改者则谓之惑。夫狂与惑者，圣人之戒也。"**5**

一、过而不改，是谓过矣

子曰："过而不改，是谓过矣。"**6** 有过而不改，是真正的过失。《鹖子》云："大忌知身之恶而不改也，以贼其身，乃丧其躯，有行如此，之谓大忌也。"**7** 人生最大的忌讳，就是明明知道自己身上有过恶，却不能够改正，这会贼害自己的身心，乃至丧失生命，一个人有这样的行为，确实是人生的大忌。

《大学》开篇讲，"大学之道，在明明德"。人都有光明的性德，具备一切知能，但因一念之动不觉失明，便为过失了。所以，人不能明明德，不能明心见性，便是过失。也就是除圣人无过以外，其余人都不免犯过。明明德的功夫非普通人所能着力，那么普通人改过就需要有标准。五伦、五常、四维、八德都是性德的流露，因此可以说，只要与五伦、五常、四维、八德不相应的身语意，就都可以称为过。人非圣贤，孰能无过，过而能改，善莫大焉。依循这些便可回归明德。不改过是对不起自己的明德，能够改过，就能够恢复自性明德。

人主有过恶想改却改不了，是最令人担心的事。《袁子正书·王子主失》云："凡世之所患，非患人主之有过失也，患有过欲改而不能得也。"**8** 这是因为奸臣侍奉君主，本来就想讨君主欢心。事物都有似是而非的地方，表面看似有道理的话、慢慢渗透的逸言，不是贤明的人听不出来。奸臣用看似有道理的话谄媚君主，君主不能辨别，并心生欢喜，迷失了自己的心，行为日益荒谬，却常常认为自己做得合乎道义，这是有国者的通病。如此一来，过恶不断加重，整个国家的前途命运就会岌岌可危。

有过而不能改是君子要摒弃的。《中论·贵验》云："闻过而不改，谓之丧心；思过而不改，谓之失体。失体丧心之人，祸乱之所及也。君子舍旃。"[9]

人不能改过，有以下四方面的原因。第一，未能认识到过恶的严重危害。《易·系辞》云："小人以小善为无益而弗为也，以小恶为无伤而弗去也。故恶积而不可掩，罪大而不可解。"[10] 这就是"多行不义必自毙"。所以古人说"勿以善小而不为，勿以恶小而为之"。

第二，身边没有好的榜样。古人讲，选择一个好的修学环境对自己的成就特别重要。《曾子》云："蓬生麻中，不扶乃直。"[11] 蓬草虽然是软绵绵的，但是麻都向上生长。如果蓬草生在麻中，没有人扶也自会向上生长，而且很直。这就是在强调亲明师、择善友的重要性。

第三，志向不坚定。因为志向不够坚定，所以改过的愿望也不迫切。苏轼研究古人有成就的原因时总结说，"古之立大事者，不惟有超世之才，亦必有坚忍不拔之志"[12]。王阳明也说："志不立，天下无可成之事。"[13] 立志就是树立目标，人生有了目标才不会受人诱惑。

第四，未能生起孝敬之心。孝是中华文化的根，敬是中华文化的本。孝敬父母首先要自己成就道业。《孟子》云："老吾老以及人之老，幼吾幼以及人之幼。"大孝孝天下之父母。不能改过，便不能成就道业。

明了不能改过的原因，就能用相应的方法进行对治，也就有了改过的方法。过而能改，善莫大焉。

二、亲师纳谏，省察知过

发现过失的方法，可以通过师长善友指出，也可以通过听闻谏言，自我学习和自我省察。

第一，人总是很难看到自己的过失，在多数情况下，要靠他人指出。因此，亲近明师、善友为依就显得尤为重要了。《中论》云："夫恶犹疾也，攻之则日益悛，不攻则日甚。故君子之相求也，非特与善也，将以攻恶也；恶不废则善不兴，自然之道也。"**14** 君子所交往的朋友不单单是赞美自己的人，还是能够直言不讳、指正自己过失缺点的人。《春秋左氏传中》记载，有一个人叫张孙，孟孙厌恶他，季孙喜欢他。孟孙过世的时候，张孙进入灵堂哭得非常悲哀。这是因为，张孙认为，季孙虽然喜欢他，却犹如增添了他的疾病。孟孙虽然厌恶他，却犹如给他治病的药石。孟孙过世了，就没有人时时指正他的过失了。如果看不到过失，错误累积多了就会有灾祸发生。张孙因为没有人再指正他的过失而感到惊慌。所以，要以感恩的心面对挑剔，有则改之，无则加勉。

接受他人的指正，以及指正他人的错误，是两大难事。《中论》云："先民有言，人之所难者二，乐知其恶者难，以恶告人者难。"**15** 古人曾说，人难以做到的有两件事，一难就是乐于别人指出自己的缺点并加以改正，二难是把别人的错误指出来，告诉对方。因此，必须有谦虚的态度，能够虚心接受别人的指正，才能体会到别人指出的缺点。《中论》云："人之为德，其犹器欤，器虚则物注，满则止焉。故君子常虚其心志，恭其容貌，不以逸群之才，加乎众人之上；视彼犹贤，自视犹不肖也。故人愿告之而不厌，诲之而不倦。"**16** 这就是"满招损，谦受益"的道理。

第二，对于在上位的君主而言，闻谏也是重要的知过方式。《说苑》云："明主者有三惧，一曰处尊位而恐不闻其过，二曰得意而恐骄，三曰闻天下之至言而恐不能行。"**17** 为避免君主因骄慢而不能明察，古人设立制度使君主能够听到过失。《汉书五》云："古者圣王之制，史在前书过失，工诵箴谏，庶人谤于道，商旅议于市，然后君得闻其过失也。闻其过失而改之，见义而从之，所以永有天下也。"**18**

　　史官记载君王的过失是一种独特的监督省察机制。《汉书·艺文志》云："古之王者世有史官，君举必书，所以慎言行，昭法式也。左史记言，右史记事，事为《春秋》，言为《尚书》，帝王靡不同之。"[19] 这种机制让天子的言行举动都要小心谨慎，不敢造次。此外，乐工要读诵规劝和教诲的箴言，使君主时时提起正念和警觉。平民百姓在道路上可以随时批评时政的得失，商人在市场上也可议论朝政，这样，君主才得以听到自己的过失。听到过失后，重要的是能够改过。见到符合道义的，就听从并顺着去做，这样才能够永久保持天下。可见，古人把知过看得非常重要。因为对个人而言，能知过改过，修身就能够成就，进而能够成圣成贤；不能改过，就会身败名裂。对于治国而言，能否知过改过关系到国家的兴衰、治理的成败。历史上取得非凡成就的君主，都是主动求取谏言，十分重视听取采纳民众的意见，并根据民众的意见来判断施政的得失，以此来改善自己的政治，达到国泰民安。

　　第三，要善于观察和学习才能发现过失。《论语·述而》云："子曰：我三人行，必得我师焉，择其善者而从之，其不善者而改之。"[20] 这句话与《论语》通行本略有不同。《论语》通行本为"三人行，必有我师焉"，而《群书治要》是"我三人行，必得我师焉"，更强调在三人之中，有一个人是我。何晏注解曰："言我三人行，本无贤愚，择善从之，不善改之。故无常师。"[21] 本无贤愚是因为每一个人的本性都是纯净纯善的，人之初，性本善。贤愚之分是后天的习性熏染所致，实际上没有绝对的善人与恶人。看到善的行为就学习效仿，看到不善的行为就反躬自省，避免自己出现相同的行为，因此说圣人无常师。《尸子·治天下》云："有虞氏盛德，见人有善，如己有善；见人有过，如己有过。"[22]

　　通过观察，可以遍览自己的过失。观卦九五《爻辞》云："观我生，君子无咎。"[23] 君王巡视国家，察看民风，可以体察自己的治理是否合于道。在上位的人是教化的主导者，在上位者教化在下位者，就如同风吹草木，草木顺风而倒。所以要想知道施行的政令是否合于道，通过观察民风就可以知道。观察天下有君子之风，可知君主没有过咎。普通人若以这样的心态，见人之过，如己之过，有则改之，无则加勉，便可以达到无咎的境地。

第四，发现过失还要善于省察自己的内心。《曾子》云："君子之于不善也，身勿为可能也，色勿为不可能也，心勿为不可能也。"[24]改过的重要一环是觉知错误的念头。古人言："不怕念起，只怕觉迟。"念念皆有因果，因此善改过者，当从心念上去改。《尚书》云："惟圣罔念作狂，惟狂克念作圣。"[25]"克"字有两种解释。一是作"能"解。圣人不能念善就是狂妄之人，狂妄之人能念善则为圣人。一是作"克制"解。"罔念"即失掉觉察，"克念"即克除妄念。一旦妄念起，相续不断，被烦恼缠缚，即为凡夫；如若凡夫能够克制妄念，保持正念，就会变成圣人。人人都有圣明的本性，人之初，性本善，人皆可以为尧舜。圣狂之分，只在罔念与克念之间，即失掉觉察与克服妄念之间。

三、见善则迁，有过则改

迁善改过要树立正确的心态，对于过恶，要生起耻心、畏心和勇心进行改正。

第一，改过须发耻心。《说文解字》云："耻，辱也，从心、耳声。"[26]耻是心有所惭表现出来的状态。孟子云："耻之于人大矣！"人有羞耻心，就可以知耻近乎勇，进而改过自新，进而成圣成贤。《了凡四训》云："思古之圣贤，与我同为丈夫。彼何以百世可师，我何以一身瓦裂。耽染尘情，私行不义，谓人不知。傲然无愧，将日沦于禽兽而不自知矣；世之可羞可耻者，莫大乎此。孟子曰：'耻之于人大矣。'以其得之则圣贤，失之则禽兽耳。此改过之要机也。"[27]圣人也是从凡夫一点一点修出来的。修行就是从培养羞耻心做起。

第二，改过须发畏心。从因果规律知因果真实不虚，对因果要有敬畏之心。《了凡四训》云："天地在上，鬼神难欺，吾虽过在隐微，而天地鬼神，实鉴临之，重则降之百殃，轻则损其现福，吾何可以不惧？不惟此也。闲居之地，指视昭然；吾虽掩之甚密，文之甚巧，而肺肝早露，终难自欺；被人觑破，不值一文矣。乌得不懔懔？"[28]纵使是将过恶严密掩饰，对明眼人来讲也是"如见其肺肝然"，终难自欺，被人看破更是一文不值。所以要深信因果，有人一生作恶，临死之前幡然悔悟，发一善念，也可得善终。

有敬畏之心，能战兢惕厉，自然就能严肃对待人和事，就能减少祸患发生，增加成功的可能。《曾子·修身》云："君子出言愕愕，行身战战，亦殆免于罪矣。昔者，天子日旦思其四海之内，战战唯恐不能乂也。诸侯日旦思其四封之内，战战唯恐失损之也。大夫日旦思其官，战战唯恐不能胜也。庶人日旦思其事，战战唯恐刑罚之至也。是故临事而栗者，鲜不济矣。"[29]

第三，改过须发勇心。君子勇于改过，而不文过饰非。《论语·子张》："子贡曰：君子之过也，如日月之食焉：过也，人皆见之；更也，人皆仰之。"[30]并非君子永远不会犯过失，关键在于君子能够认识自己的过失，不掩盖过失，进而改正过失。《了凡四训》云："人不改过，多是因循退缩；吾须奋然振作，不用迟疑，不烦等待。小者如芒刺在肉，速与抉剔；大者如毒蛇啮指，速与斩除，无丝毫凝滞。此风雷之所以为益也。"[31]士为因循难成事。因此而道德学问不能增长，耽误一生。因此要勇猛精进，对于大小过失，都不能有丝毫的懈怠，要速速斩除。

益卦《象》云："风雷，益。君子以见善则迁，有过则改矣。"[32]从善改过，益莫大焉。《周易禅解》注云："风以鼓之，迁善之速也；雷以动之，改过之勇也。陆庸成曰：'风之入也最微，故片善不遗，纤过必剔；雷之发也最迅，故迁无留念，改无停机。'"[33]风、雷相得益彰，法象此二物，正告君子迁善改过当片善不遗，且如疾风之疾速；当毫无保留，且如雷霆之迅猛。

耻心、畏心、勇心，这三种改过之心在太甲身上体现得尤为明显。《尚书》记载，商汤的孙子太甲登上帝位之后，他不明道德仁义，也不听从伊尹的劝诫，在为父亲居丧的时候，不遵循应循的礼法，于是伊尹就安排他在桐宫为父亲守灵。太甲住进桐宫后，终日面对列祖列宗，追念先王的风范与教诲，忧思愧责，终于成就了自己真实的德行。第三年，伊尹将太甲迎回国都。太甲向老师伊尹真诚地跪拜并说："是我不明于道德，才招致了种种不善，放纵欲妄、败坏礼法，给自身招来罪过。天作孽，犹可违；自作孽，不可逭。过去我违背了您的教导，不能从一开始就严格要求自己。今后还需要依赖您匡正扶助的恩德，亡羊补牢，力图能有一个好结局。"可以看出，这是太甲发自内心的忏悔。复位之后，太甲沉痛地接受教训，勤政爱民，励精图治，最后也成了一代明君。

《韩非子》云："荣辱之责，在乎己而不在乎人。"[34] 是荣是辱都在于自己，都是自作自受，而不在于别人。成圣成贤是自己的事，而与他人无关。不改过，是对不起自己的明德；自己的明德不能够开发，这个损失是最大的。因此，人要能够知耻而后勇，勇于改正自己的过失，成就圣贤为人所尊重，乃至于垂范后世。

树立正确的改过心态之后，就要在行动中践行。古人非常重视道德修养和迁善改过。《中论·应道》："故夫才敏过人，未足贵也；博辨过人，未足贵也；勇决过人，未足贵也。君子之所贵者，迁善惧其不及，改恶恐其有余。"[35]

改过有从事上改、从理上改、从心上改三个层次。第一个层次，从事上改。倘若不明其理，并不认同，那也是病根终在，不明究竟的改过之道。

第二个层次，从理上改。善于改过的人，先明白过恶的道理，就会终止过恶。例如，出现毁谤之言，是因自己"德未修，感未至"，造成他人对自己的误解，因此欣然接受，而且这些都是磨炼自己、提升自己境界的机会，何怒之有？唯有至诚方能感通。听到毁谤之言而不怒，纵使谤言熏天，亦会犹如"举火焚空，终将自熄"。倘若闻毁谤之言而愤怒，进而辩解，犹如春蚕作茧，不仅无益而且有害。《论语·卫灵公》云："子曰：躬自厚而薄责于人，则远怨矣。"³⁶《魏志下·王昶传》记载，王昶教导家中子弟说，别人如果诋毁我，应当退一步反省自己。如果自己有可以被人诋毁的行为，那所说的就是恰当的；如果自己没有可被诋毁的行为，那所说就是虚妄的。所言恰当，就不能怨恨别人；所言不实，对自己也没有损害，何必要报复怨恨。听见别人诋毁便发怒，这样的人也会用恶言恶语对待别人，如此，别人的报复就会变本加厉，不如默不作声而去修养自己的德行。谚语说"救寒莫如重裘，止谤莫如自修"，此话真实不虚。因此，从理上改者，但凡行有不得，悉皆反求诸己，从自身寻找问题，从而下手改正。

第三个层次，从心上改。这是改过的关键，因为过恶终究是从心发出的，而不是源自外在。《老子》云："胜人者有力，自胜者强。"³⁷能够战胜别人只是靠勇力，而能够战胜内心欲念，才能使天下无有与自己相争的人，才是真正的强者。就像砍倒毒树，要直断其根，而不是从一根根树枝、一片片树叶下手。树根就好比是心中的欲念。因此，对于好色、好名、好货、好怒诸过，不必逐类寻求，但当一心为善，正念现前，邪念自然污染不上。我心不动，过恶又从哪里生起呢？

人非圣贤，孰能无过。就改过而言，重要的是"不二过"，也就是不重复犯相同的错误。《曾子·修身》云："太上不生恶，其次生而能夙绝之，其下复而能改，复而不改，陨身覆家，大者倾社稷。"³⁸德行最上乘的人连犯过错的想法都没有，德行其次的人是产生了犯错的想法，但随之就能断绝，德行其下的人是产生了犯错的想法，并且行为上也已经犯下过错，但能够改正错误。重复犯下过错而不去改正，小则殒殁自身覆灭家族，大则倾覆整个江山社稷。因此君子出言正直，而行为戒慎，这样方能免于罪责。

《易·系辞》云：“颜氏之子，其殆庶几乎，有不善未尝不知，知之未尝复行也。《易》曰：‘不远复，无祇悔，元吉。’”**39** 孔子赞叹颜渊说：“颜家的这位子弟，差不多算是知几通达了吧！心里有了不好的念头，没有自己不知道的，一经觉察便不会付诸行动。复卦初九《爻辞》说：‘还未走远就能回头，便不至于有大的悔吝，则有大吉。’”即使是误入歧途，也要早日醒悟，迷途知返，莫待穷底，则不至于悔，还能获大吉，此为身行者。更有意行者，颜渊便是，心里有了不善的念头便不会付诸行动。

迁善便要有善的标准，五伦、五常、四维、八德，这是人人都当遵循的常理。具体而言，典籍中有众多的论述，例如，《昌言》列出了居家可仿效践行的准则。《昌言·教禁》云：“肃礼容，居中正，康道德，履仁义，敬天地，恪宗庙，此吉祥之术也。不幸而有灾，则克己责躬之所复也。”**40** 端正仪容，存心中正，乐好道德，践行仁义，敬事天地，恭敬宗庙，这是吉祥之道。不幸遭到祸患，则克己复礼、反躬内省而归于安宁。《曾子·修身》云：“太上乐善，其次安之，其下亦能自强也。”**41** 德行最上乘的人是乐于为善，德行其次的人是安于为善，德行其下的人也是能够勉强为善。不管是哪一个层次，只要向着善的标准一步步靠近，长保德行，则能胜天命矣。无论是对一个人，还是一个家族、一个民族、一个国家，都是如此。

改过迁善之后，要长久地保持德行修养。恒卦九三《爻辞》云：“不恒其德，或承之羞。不恒其德，无所容也。”**42** 不能保持美德，就会行有乖违，产生过失，不足以问明事理，就会蒙受他人的羞辱。如果不能长久地保持德行，将无容身之地。恒卦是《周易》修德七卦之一。《周易》中有七个卦在道德修养中非常重要，孔子的一段话说明了它们在道德修养中的意义。"子曰：履，德之基也。谦，德之柄也。复，德之本也。恒，德之固也。损，德之修也。益，德之裕也。困，德之辨也。"[43] 履卦教人循礼而行，是修德的基础；谦卦教人谦虚礼让，是修德的柯柄；复卦教人回归正道，是修德的根本；恒卦教人持之以恒，是巩固道德的保证；损卦教人克损物欲、减少过失，是修德的重要方式；益卦教人施益于外、充裕己德，是道德的充裕；困卦教人身处困境、守正不乱，用以分辨考验道德，使人在困境中彰明其德。能够常保自己的德行，才能最终改变命运。

第二节　因果教育　绝恶未萌

在中国传统社会，伦理道德教化之所以行之有效，德福一致的观念深入人心是其重要原因。明了德福一致，就能起到劝善遏恶的效果。倘若通过德福一致的教育，使人们深信因果，就可以起到绝恶于未萌的作用。

一、敬畏因果，治于无形

上医治未病，良吏治未然。《盐铁论》云："所贵良医者，贵其审消息而退邪气也。非贵其下针石而钻肌肤也。所贵良吏者，贵其绝恶于未萌，使之不为非，非贵其拘之囹圄而刑杀之也。"[44] 刑罚仅能治人身，不能治人心。《盐铁论·申韩》云："法能刑人而不能使人廉，能杀人而不能使人仁。"[45] 法律不能起到道德教化的作用，没有道德的自律，一旦在法律所不及的地方，就会继续为非。《袁子正书·厚德》云："民知耻而无过行也。不能止民恶心，而欲以刀锯禁其外，虽日刑人于市，不能制也。明者知制之在于本，故退而修德。"**46** 道德既能治人身，亦可治人心。这就直接说明，不能在人的内心树立起防范奸邪的高墙，那么，什么样的刑罚都无济于事。因此，明智之人治国首重道德教化。

如果人们知道邪思邪念不仅对自己无用，反而有害，而善心善行才是福祉之源，那么人们就会止息恶行而争相为善了。《文子·上礼》云："夫使天下畏刑，而不敢盗窃，岂若使无有盗心哉？故知其无所用，虽贪者皆辞之；不知其无所用，廉者不能让。夫人之所以亡社稷，身死人手，为天下笑者，未尝非欲也。知冬日之扇，夏日之裘，无用于己，则万物之变为尘垢。故以汤止沸，沸乃益甚，知其本者，去火而已。"**47** 止沸的方法不是添加热水，而是去掉火源。同理，例如，为防止盗窃发生，可以通过紧闭门户来防盗，但这不如通过明示盗窃的刑罚以禁盗，而明示刑罚又不如加强道德教化，使民众生起羞耻心而没有盗窃的行为。让天下人畏惧刑罚，从而不敢进行盗窃，不如使天下人不产生盗窃的邪念。

所以，人们崇敬圣人，不是崇敬他给不同的罪恶制定出相应的刑罚，而是崇敬他知道祸乱产生的原因。《文子·下德》云："所贵圣人者，非贵其随罪而作刑也，贵其知乱之所生也。若纵之放僻淫逸，而禁之以法，随之以刑，虽残天下，不能禁其奸矣。"**48** 如果放纵邪恶淫逸，然后用法律去禁止，用刑罚去惩治，即使是残灭天下人，也禁止不了奸邪小人的恶行。

祸患刚开始的时候，就好像迸起的火花、新发的嫩芽，很容易抑止，等到酿成大祸，就难以挽救了。《尸子·贵言》用"曲突远薪"的故事说明从根本上绝恶的重要性："屋焚而人救之，则知德之；年老者，使涂隙戒突，故终身无失火之患，而不知德也。入于图圄，解于患难者，则三族德之；教之以仁义慈悌，则终身无患而莫之德。夫祸亦有突，贤者行天下而务塞之，则天下无兵患矣，而莫之知德也。故曰'圣人治于神，愚人争于神也'。"**49**

德者，本也；法者，末也。为人君者，莫不欲治而不欲乱也，然而，国家却没能得到治理，是什么原因呢？多是由于轻视了道德教育这个根本，而一味注重刑罚这个枝末。刑罚教育，如"燋头烂额"之客，是枝末；道德教育，如"曲突远薪"之言，是根本。然而出现施行德教而民众却未受教化的情况，其中一个很重要的原因就在于失掉因果教育。因果，含因、缘、果。因者，突、薪是也；缘者，燔屋之火也；果者，屋之燔也。倘若能提前知道燔屋之害，也知道直突附薪必然引起火灾，就能知道"曲突远薪"之言的可贵，教化也就起到效果了。因此，因果教育有助于道德教化切实有效。

人们明了德福一致的因果规律，就能从"因"上入手，防止灾祸的发生。古人非常强调这一点。《文子·微明》云："人皆知救患，莫知使患无生。夫使患无生易于救患。今人不务使患无生，而务于救之，虽神圣人，不能为谋也。"**50**积累仁爱会带来福报，积累憎恨会招致祸患，这是很容易理解的。人们都知道要救患，却不知道关键是要避免祸患产生。如果用草籽和杂草来比喻，杂草是祸患，草籽是产生祸患的原因，救患需要一根根地拔除杂草，倘若不播撒草籽，也就不会杂草丛生了。因此，让祸患不产生比解救祸患更容易。然而，遗憾的是，现在人们不致力于使祸患不产生，而是疲于救患。最后《文子·微明》指出，圣人在灾祸尚未显露之时就已留心，而不会等到事情已经发生再竭尽智虑，因此祸患无从降临，众人的非议和称誉也不能玷污其身了。

善治民者，善用因果教育民众。因果教育使人通过明了后果而杜绝为非，这便是从"因"上下手，没有"因"自然就没有"果"。敬畏因果，不仅能除逍遥法外之痼疾，亦能使生疾之因无所依附。因果律犹如无形之鞭、无声之言，导人向善、禁人为非，教人于无声无息、化人于不知不觉，使"人人自爱而重犯法，先行谊而黜愧辱"**51**。如果因果教育深入人心，就可使道德教化深入人心，行之有效，治社会于无形之中。

二、不欺之治，不欺己心

在中国古代有"三不欺"之治。《史记下·滑稽传》记载："子产治郑，民不能欺；子贱治单父，人不忍欺；西门豹治邺，人不敢欺。"**52** 春秋时期，郑国的子产在主持郑国的政务时，将法律监督机制设计得非常严密，使民众无法欺骗他，达到了"不能欺"的境界。孔子的弟子子贱（宓子贱），在治理单父（鲁邑）时，把孔子仁义忠恕的理念落实在治理之中，百姓不忍欺骗他，实现了"不忍欺"。战国时期，魏国西门豹在治理邺县时，将法律制定得非常严苛，所以百姓战战兢兢，因为畏惧，所以没有人敢欺骗他，实现了"不敢欺"的治理境界。有智慧的人当然能够分辨，"不忍欺"是这三个境界中最高的层次。

宓子贱治下的单父有多好，在《淮南子·道应》中有所记载。子贱的同学巫马期到单父微服私访，看到一人在夜色下捕鱼，但却把所捕之鱼放回河里。巫马期便上前询问原因。这个人说："子贱不让捕捞那些还在生长中的小鱼，而我刚才所捕的，恰是那些还在生长中的小鱼。"巫马期非常感慨，向孔子禀告说："子贱的德行达到了极致！他治理单父，能够达到人即使在无人看管时，也像有严刑峻法在身边那样小心谨慎。不知道子贱是怎样做到这点的？"孔子说："我曾经问过子贱治理的方法。他说，'诚于此者形于彼'。子贱一定是把这种理念运用到了治理之中。"子贱作为地方官，对身边的人事物有精诚的仁爱之心，爱民如子，视民如伤，制定制度政策都是为百姓着想，完全没有自私自利，这种精诚之心能够被百姓感受到，影响自然就会传播到远方。就如同这位捕鱼的人，可能并没有见过长官子贱，但却能够感受到子贱的精诚之心。所以子贱制定的制度和政策，百姓都愿意发自内心地配合。

魏文帝曾就三种不欺的情况向群臣询问，哪一种对君主的德行而言是更好的。太尉钟繇、司徒华歆、司空王朗回答说，君主施行德政，臣下受道义的感化而不忍欺；君主能够明察，臣下因担心被察觉而不能欺；君主用刑罚施政，臣下会因畏惧有罪而不敢欺。君主施行德政，臣下受道义的感化，这和"导之以德，齐之以礼，有耻且格"属于同一类。孔子说"为政以德，譬如北辰。居其所而众星共之"。以此来看，不忍欺、不能欺之优劣悬殊，如同钧铢之别。诸位大臣进一步引用"仁者安仁，智者利仁，畏罪者强仁"作解释。真正的仁者能够安于行仁，聪明的人因为行仁有好处而行仁，害怕受到惩罚和治罪的人勉强行仁。这三种人行仁的结果没有什么差别，倘若审察行仁的原因，区别就立刻显现了。安于行仁的人是本性仁善的人，为了利益而行仁的人是努力向仁的人，勉强行善的人则是不得已而行仁的人。使百姓安于行仁的教化和迫使百姓勉强行善的教化，其优劣就不能不说相差甚远。三种治理境界都是"不欺"，但使之不欺的原因却不一样。纯粹因为恩义使臣子不欺，和因为权势苛察而导致的不欺相比，既不能一概混同而相提并论，也不能前后错乱而颠倒了位置。诸位臣子之意是，能够达到"不忍欺"的境界，就是使人能够安于行仁，这需要通过教化使人成为仁善的人，而这又与君主有德行，能行恩义、道义密不可分。

以上三种治理，表相上看都是不欺于君。此外，还有一种不欺之治，能使人人自律，不欺于己。因果教育就能达到这样的效果。当然，"三不欺"中的"不忍欺"也具有不欺于己的内在特质，是道德教育深入人心的结果，然而要想普遍达到这种效果，亦需要有因果教育深入人心为保障，才能使道德教育真正行之有效，不会出现说教以及伪君子的现象。

从人心下手能使教化行之有效，这是因为，心是身体的主宰。《尸子·贵言》云，心是身的主宰。君王使天下都听命于一己之心，此心不正，天下就会遭殃；诸侯使一国都听命于一己之心，此心不正，国家就会灭亡；平民使一身都听命于自己内心，此心不正，己身就会受屠戮。祸患在最初之时最易除去，如果除不掉则避开，等到祸患已然形成，想要除去或者避开都已经不可能了。因此，重视因果教育，从修治内心入手，费力少而收效大。

三、臧否必记，荣辱千载

典籍是一种有形的因果教育，也能使人生起敬慎戒惧之心而不敢为非。《申鉴·时事》云："朝有二史，右史记事，左史记言，事为《春秋》，言为《尚书》。君举必记，臧否成败，无不存焉。下及士庶，苟有茂异，咸在载籍。或欲显而不得，欲隐而名章，得失一朝，荣辱千载，善人劝焉，淫人惧焉。故先王重之。以副赏罚，以辅法教。"[53] 君主的言行，善恶成败，记录在册。然而典籍记载的内容不止如此，上至君王，下至百姓，官吏平民有才德或者奇异之事，也都有记录。有人想显扬自己，却达不到目的；有人想隐而不露，美名却被彰显。行善作恶只在朝夕之间，但是荣辱却流传千载。因此，典籍可以劝勉善人，警惧恶人。

赞象是古代的一种记述功勋和美德的文体。《政要论·赞象》论述了赞象的写作原则："夫赞象之所作，所以昭述勋德，思咏政惠，此盖诗颂之末流矣。宜由上而兴，非专下而作也。世考之，导实有勋绩，惠利加于百姓，遗爱留于民庶，宜请于国，当录于史官，载于竹帛，上章君将之德，下宣臣吏之忠。若言不足纪，事不足述，虚而为盈，亡而为有，此圣人之所疾，庶几之所耻也。"[54] 赞象如果只是为了彰显记述功勋和美德，追思和咏叹政治的恩惠美善，这就是歌功颂德诗篇的末流。写作赞象应该经过考察，确实有功绩的才能够写入史册。若言不足纪，事不足述，虚而为盈，亡而为有，则为人所耻了。

典籍这种有形之物通过无形的鞭策和警示，传递大道，教化人心。作为正常人，谁不想流芳百世，谁也不想遗臭万年。中国古代历史被称为信史。这一"信"字说明，前人留给后世的是可以相信的文字，相信古人才不会诬枉圣人。从治国理政的角度讲，相信圣贤人的教诲，才能真正从前人治国理政的智慧和经验中获得借鉴。从个人的角度讲，相信圣贤人的教诲，修学才能获得真实利益。

第三节　居安思危　安身保国

中国古人有着浓厚的忧患意识，敬畏历史，敬畏天命。知道天有恒而命无常，天道无亲，常与善人，因此告诫世人要居安思危，安身保国。

一、戒慎警惧，防患未然

古人常告诫人君莫入"死于安乐"之途。《崔寔政论》云："凡天下之所以不治者，常由人主承平日久，俗渐弊而不寤，政浸衰而不改，习乱安危，逸不自睹。"⁵⁵在君主方面，有的君主沉溺于嗜好贪欲，不顾念政务；有的听不进规劝教导，轻忽真诚恳切的话，反而喜听奸巧之辞；有的遇事不能决断，不知所从。在臣子方面，有的是受君主信任的辅臣，为保禄位而闭口不言；有的是被君主疏远的臣子，虽进忠谏之言却因身份卑微而被废弃。所以国家的纲纪被破坏于上，有识之士忧愤郁结于下，可悲啊！古人之忧患意识，可见一斑。

居安思危的治道思想，可防患于未然。忧患意识自何而来？古人饱读经史，深明前人成功之经验、失败之教训。知天有恒而命无常，天不祐一姓，民不归一家。西汉成帝时期，刘向见汉成帝建造昌陵制度泰奢，数年不成，便上疏写道，孔子在讨论《诗》"殷士肤敏，祼将于京"时感慨道："大哉天命！善不可不传于子孙，是以富贵无常。不如是，则王公其何以戒慎，民萌其何以劝勉？"⁵⁶天命之伟大就在于，人们必须永葆善德，才可以将福祉传给子孙。如果富贵恒常不变，那达官显贵何以自警，百姓何以自勉？"虽有尧舜之圣，不能化丹朱之子，虽有禹汤之德，不能移末孙之桀纣。自古及今，未有不亡之国也。故常战栗不敢讳亡。孔子所谓'富贵无常'，盖谓此也。"**57**

圣人能够未雨绸缪。《晋书下·江统传》云："夫圣贤之谋事，为之于未有，治之于未乱，道不着而平，德不显而成。其次则能转祸为福，因败为功，值困必济，遇否能通。"**58**圣人谋事，未雨绸缪，在动乱还未兴起时就着手治理，因此其道义并不显扬，却能够平定万物；圣德并未彰显，却能够成就万物。次一等的人谋事在于能够转祸为福、转败为胜，转困为助力、转闭塞为通达。

贤明的领导者一般都具有忧患意识。《淮南子·道应》中有赵襄子得胜反露忧色的故事。赵襄子派兵攻打翟国，大获全胜。得知消息时，赵襄子正要吃饭，却面露忧色。赵襄子认为，赵家的德行没有积累多少，又一早晨攻下两城，恐怕衰亡也就会接踵而至。孔子得知后说，赵氏会昌盛的。这种得胜后反而忧患就是昌盛的原因，为点小胜而沾沾自喜就是衰亡的祸根。打胜仗并不难，但要保持胜利果实并不容易。齐、楚、吴、越四国都曾战胜诸侯称霸天下，然而最终还是自取灭亡，这是因为它们不懂得保持胜利果实的道理。

贤明的君主始终警觉是否会灭亡，用忧患意识来保持胜利果实，所以能保存政权，泽及后世；相反，亡国之君都自诩不会灭亡，但最终都难逃覆灭的命运。《魏志下》云："是以亡国之主，自谓不亡，然后至于亡。贤圣之君，自谓将亡，然后至于不亡。"**59**"圣王安而不逸，以虑危也。存而设备，以惧亡也。故疾风卒至而无摧拔之忧，天下有变而无倾危之患矣。"**60**圣明的帝王安定而不放逸，因为要考虑如何应对危难；存在时而有设防，因为惧怕灭亡。所以即使剧烈的变故突然袭来，也不会有摧枝拔根的担忧；即使天下有变乱，国家也不会有倾覆灭亡的忧患。

　　贤君治国，国家越大越有居安思危的意识。《吕氏春秋·慎大览》云：贤君治国，国家越大、国力越强，就越恐惧。因为很多国家疆域广大，就伴随着邻国疆域变小；国家强盛是因为战胜了敌国。战胜敌国就会招致怨恨，侵吞邻国就会招致祸患。面临祸患与怨恨，国家虽然强大，又怎能不担心害怕？所以"贤主于安思危，于达思穷，于得思丧"⁶¹。

　　只有在身安时不忘危亡，治理时不忘混乱，才能真正实现安身保国。《易·系辞》云："子曰：危者，安其位者也。亡者，保其存者也。乱者，有其治者也。是故君子安不忘危，存不忘亡，治不忘乱，是以身安而国家可保也。"⁶²今日的倾危者，是因为之前安乐其位，就自以为位可以恒安，没有畏慎之心，因此导致了今日的倾危。今日的灭亡者，是因为之前保有其存，就自以为可以永恒存在，没有忧惧，因此导致了今日的灭亡。今日有祸乱者，是因为之前自恃其有治理，便以为可以永葆这种治理，没有忧虑，因此导致了祸乱，就像唐玄宗、隋炀帝之类。只有领导者做到在安定的情况下，能时时不忘倾危之事；在国家虽存之时，能常常不忘灭亡之事；在社会治理之时，能念念不忘祸乱之事，才能真正安其位、保其国。能够安其位依靠的是德行，能够保其存依靠的是智慧，能够使国家得到治理依靠的是能力。领导者当朝乾夕惕，常以否卦九五《爻辞》所云"其亡其亡，系于苞桑"⁶³自警。

　　居安思危、防患于未然，需要为政者心怀敬畏之心。《尚书》云："罔弗惟畏，弗畏入畏。"⁶⁴要无不敬畏。如果不知敬畏，就会坠入可畏之境。《阴谋》中记载，武王询问五帝治理国家的教诫。尚父曰："黄帝之时戒曰：吾之居民上也，摇摇恐夕不至朝；尧之居民上，振振如临深川；舜之居民上，兢兢如履薄冰；禹之居民上，栗栗恐不满日；汤之居民上，战战恐不见旦。"⁶⁵武王听后说道："寡人今新并殷居民上，翼翼惧不敢怠。"⁶⁶天命无常，君子畏顺吉逆凶之天命，因畏生敬，法天而行，自强不息，"乾乾因其时而惕，虽危无咎矣"⁶⁷。能够终日自强不息，时刻保持警惕谨行，即使面临危机，也不会有什么过失和患难。

二、备豫不虞，古之善教

备豫不虞，古之善教也。《尚书》云："若昔大猷，制治于未乱，保邦于未危。"**68** 在未乱未危之前思虑祸患的发生，从而进行预防。

做好充分准备就能有备无患。同样，准备也不可过度，或者措施不当。《国语·周语》云："且夫备，有未至而设之，有至而后救之，是不相入也。可先而不备，谓之怠；可后而先之，谓之召灾。"**69** 这段单穆公劝谏周景王的话认为，国家储备分为两种情况：一是在灾变发生前预先防备，这是有备无患、居安思危；二是在灾变发生后进行补救，指的是如救火、治病、查点资金、权衡轻重钱财一类的事。这两件事不能相互替代。本来可以事先准备而没有准备，叫作懈怠；应该在受灾后才做的却先做了，叫作招灾。周王室本来已经衰弱了，上天又降灾不止，而今又要离散百姓以助长灾祸，怎么可以呢？本应团结人民却使他们离散，本应预防灾祸却去招灾，还怎么治理国家呢？

要想事先做准备，就需要了解治理国家时存在的隐患。墨子认为治国有七患：国家不能得到守卫却务修宫殿；敌军压境却得不到周边国家的救援；让百姓做无益之事，奖赏无能之人；为官者只想保持俸禄，说客只担心结交不到好友，国君制定法令来处置臣下，臣下畏惧而不敢直言；国君自以为仁爱聪慧而不问政事，自认为国家安定强盛而不加强守备；国君信任的人不忠，忠于国君的人却不被信任；种植和储藏的粮食不足以养活百姓，大臣的德能不足以为国家办事，奖赏不能让人心悦诚服，惩处不能让人心生敬畏。无论是治理国家还是守护城池，出现这七种忧患，必定国破家亡。这七种忧患存在的地方，就会有灾难。

墨子举出的是七种具体的治国之患，然而，治国之患远不止于此。

那么，要忧虑哪些事情，以保家国天下呢？下面按照类别举例说明。

一曰道。治理国家，首先要担忧的是治国之策是否合于道。古语云："得道多助，失道寡助。"《管子·牧民》云："城郭沟渠不足以固守，兵甲勇力不足以应敌，博地多财不足以有众。唯有道者，能备患于未形也。"**70** 城郭沟渠、兵甲勇力、博地多财，都不足以使国家安定太平，只有"道"才能备患于无形，使国家大安大荣。应当依循古人的大道，制定安邦定国的政策。《孙卿子》云："得道以持之，则大安也、大荣也。不得道以持之，则大危矣、大累矣。"**71**《文子·下德》云："国有亡主，世无亡道；人有穷，而理无不通也。故不因道理之数而专己之能，其穷不远矣。"**72**《文子·上行》云："国之所以存者，得道也；所以亡者，理塞也。故得生道者，虽小必大；有亡征者，虽成必败。国之亡也，大不足恃；道之行也，小不可轻。故存在得道，不在于小；亡在失道，不在于大。故乱国之主，务于广地而不务于仁义，务于高位而不务于道德，是舍其所以存，而造其所以亡也。"**73**

人君治理国家，当关注大道，而非详察小事。《中论·务本》云："人君之大患也，莫大乎详于小事而略于大道，察于近物而暗于远数，自古及今，未有如此而不亡也。"**74**《中论》中所谓的小事近物，指的是耳朵能听出丝竹歌谣的和音，眼睛看到雕琢彩色的花纹，口能说出辨黠慧敏的辞令，心里只懂得短言浅论，手上熟悉的只有射箭、驾车、书法、数术的技巧，身体喜好俯仰旋转、翩翩起舞的仪态。这些足以能够让人欢愉，并且改变人的志趣，但是，这些是古代先王所说的细枝末节。如果只详察于小事而忽略治国的大道，只看到眼前而没有长远的谋划，没有比这更严重的祸患了。

二曰德。治理国家，其次要担忧的是为政者是否具备应有的德行。如果做到了地大国富，民众兵强，但是没有道德，这样的国家即使处于强盛，也会盛极必衰。《管子·形势解》进一步讲到："地大国富，民众兵强，此盛满之国也。虽已盛满，无德厚以安之，无度数以治之，则国非其国，而民非其民也。故曰：'失天之度，虽满必涸。'"[75] 没有厚德为承载，强盛的国家也会走向衰弱。国无德不兴，人无德不立。无德，则国非其国，民非其民。

国君实行善政称为"经"，臣子奉行善政称为"纬"。《周语》云："国无经，何以出令。令之不从，上之患也。故圣王树德于民以除之。"[76] 圣人在民众中树立威德来消除忧患。为政者治理国家，贵在公正诚信。《袁子正书·治乱》云："凡有国者，患在壅塞，故不可以不公；患在虚巧，故不可以不实；患在诈伪，故不可以不信。三者明则国安，三者不明则国危。"[77] 能够做到公、实、信，国家就会安定，否则国家就有危险。

三曰臣。贤臣为国之栋梁。没有贤德的臣子，何以治国？能否任用贤才与君主直接相关。《体论·君体》论述说，想要宫殿楼宇高大华丽，一定会悬重赏以求得好工匠。对内不会偏袒家族亲人，对外也不会遗漏关系疏远的能人，一定要找到好工匠再予以重赏，这样建造的宫殿才会建造得高大华丽。可是当寻求辅佐贤才的时候就不像选工匠那样公正了，只用那些谄媚奉承、关系亲近的人。所以图谋国事还不如图谋家舍那样周到公正，这是国君常有的毛病。这是君主在任用贤才方面当时刻自我警醒之事。

君主当忧虑的是，能否得到忠臣良将，能否使能者在位，贤者在职，能否人尽其才，当忧虑小人是否会扰乱家邦。春秋时期的晏子就非常重视贤才，典籍中多有晏子劝谏君主忧虑贤才的记载。《晏子·问上》记载，景公问晏子，君主治理国家，什么是当忧患之事。晏子说："所患者三。忠臣不信，一患也。信臣不忠，二患也。君臣异心，三患也。"[78]《说苑·政理》记载，齐侯问晏子为政何患。晏子说要忧患善恶不分。齐侯问如何观察。晏子说："审择左右，左右善，则百僚各获其所宜而善恶分矣。"[79] 孔子听说之后赞叹说："此言信矣！善进，则不善无由入矣。不善进，则善亦无由入矣。"⁸⁰要使贤者在位，能者在职，无德无能之人才会远离。

在任用贤才的时候，如果用不贤德的人来评价，也会使人才流失。《体论·君体》云："使贤者为之，与不肖者议之；使智者虑之，与愚者断之；使修士履之，与邪人疑之。此又人主之所患也。"⁸¹派贤人做事，却与不贤之人议事；叫明智的人考虑问题，却与愚笨的人决断问题；派品德美好的人去执行任务，却与邪恶的人怀疑猜忌他，这又是为政者治理国家的一大忧患之事。

身为臣子，也需要有忧患意识。《尚书》云"居宠思危"⁸²，当处于贵宠之位时，就要想到危险。《淮南子·人间》云："天下有三危，少德而多宠，一危也。材下而位高，二危也。身无大功，而有厚禄，三危也。"⁸³德不配位者，才不堪任，无功而禄者，则难保其位，总之是有德者有位。

四曰民。民众是邦国根本。《孔子家语》云："君者，舟也；民者，水也。水所以载舟，亦所以覆舟。"⁸⁴因此，百姓是否安定是君主当忧虑的事情。《尚书》云："无轻民事，惟难；无安厥位，惟危。"⁸⁵苛求百姓，百姓难以承受时，便会揭竿而起。于是《尚书》告诫为政者，不要轻易兴起劳役之事，不要轻视人民的劳作，要想到他们的艰辛；不要自安于天子之位，要常常感到危惧，想到危险，才能长保其位。

民众的状态直接表现为社会风俗，民风厚薄是国家治乱的体现，因此是君主当忧患的方面。《崔寔政论·制度》中列出了三方面国家忧患，都与风俗相关。第一，没有礼仪和法度来节制人的欲望，就会导致奢侈之风盛行。先王治理天下，必定明确法度以禁止民众的欲望泛滥，就如同高筑堤坝以防水灾一样。法度废弃，民众就会散乱，就如同堤坝毁坏，洪水就会泛滥。例如，如果商铺都卖奢侈品，出售越礼违制的服饰，工匠也制作奢华、逾越礼制的器物，百姓的欲望被引发，竞相购买，家家户户都越过等级奢靡无度，社会风俗就会败坏了，这就是国家的祸患。第二，世风奢侈，农业就会被轻贱。因为从事农桑辛勤但获利微薄，从事工商业安逸且收入丰厚，这就会诱导农夫舍弃农桑而从事手工业。农耕人少，工商业人多，即使荒地已经开垦，不精心耕作，怎么能有丰收？财富积于地中而不发掘，百姓贫穷就会作奸犯科，致使粮仓空虚而监狱人满。粮食歉收，就会有饥民，粮食匮乏也无法拯济。"国以民为根，民以谷为命，命尽则根拔，根拔则本颠，此最国家之毒忧，可为热心者也。"**86** 这是国家最大的祸患，是最令人焦心的。第三，社会风俗败坏，在位的领导者不惜触犯王法以搜刮财货，愚民则甘冒杀身之祸来出风头。以上三个方面都与社会风俗相关。风俗日渐浇薄，与为政者的喜好和导向有密切的关系。因此，当社会风俗败坏之时，需要为政者自我警觉，反躬自省。

为政者所当忧虑的事情，绝非仅此四者。《孔子家语·哀公问政》云："凡事豫则立，不豫则废，言前定则不跲，事前定则不困，行前定则不疚，道前定则不穷。"**87** 中华民族绵延不绝，一个很重要的原因就是自古就有强烈的忧患意识，做到有备无患，就能备预不虞。在当今中国走向繁荣富强、民族复兴的阶段，更需要领导者有居安思危的忧患意识，以史为镜、鉴往知来，不断完善社会治理。

第四节　见微知著　鉴往知来

事物的发展必有征兆。《中庸》云："国家将兴，必有祯祥；国家将亡，必有妖孽。"**88** 了知兴衰成败之理、祸福存亡之机，通过征兆，就可以对未来的趋势和结果进行判断，也就是见微知著、睹始知终。

一、曲突远薪，先醒知几

《桓子新论·见微》讲述了淳于髡"曲突远薪"的预言，以此论述见微知著。淳于髡到邻居家，看到他家灶上的烟道太直，而柴草又堆放在灶旁，就对邻居说，这样早晚会发生火灾。淳于髡还教导邻人应将直烟道改为弯曲，并将柴草移到远处，邻人没有听从。后来灶火果然燃及柴草并烧着了房子，邻里都来救火。火被扑灭后，失火者烹羊摆酒答谢救火人，随后将烟道改弯，将柴草搬离锅灶，却不肯请淳于髡吃饭。智者讥讽失火者说："教人曲突远薪，固无恩泽；燋头烂额，反为上客。"**89**这是智者在哀怜失火者轻视根本而看重末节。难道只是改烟道和移柴草就能免除灾害吗？人们生病、国家动乱，道理也是如此。所以，高明的医生在疾病未发生之前就医治，圣明的君主从根本上杜绝动乱发生的原因。后人多疏于杜绝尚未发生的动乱苗头，而勤于打击已成事实的动乱行动，那些当初出谋划策的大臣很少得到赏赐，而那些平息动乱之士却常荣耀尊显，这就如同那失火者一样，弄错了事情的轻重。读懂淳于髡"曲突远薪"的例子，便可举一反三、触类旁通，无论是个人、家庭、国家，大事小事都可以预判。

关于见微知著的例子，史书中记载了很多。《史记上》就记载了箕子通过商纣使用象牙筷子一事判断了商朝的覆灭。又《六韬·武韬》记载，太公讲到，现在的殷商，众人的言论使人迷惑混乱，田野里茅草的生长超过了谷物，民众中邪曲不正之徒超过了忠直正义之士，官吏凶狠暴虐，败坏法纪，乱施刑罚。然而面对这些情况，君臣上下仍然执迷不悟，这已经到了国家灭亡的时候。君主贪爱财物，群臣贪获利益，而贤德的人纷纷逃遁藏匿，国家的混乱已经到了极点。商纣沉湎酒色、奢侈无度、残害忠良、拒谏饰非。上行下效，整个国家都弥漫着歪风邪气。果不其然，商纣成为亡国之君。

　　《礼记·檀弓》记载了晋国探子通过小事判断此时不能攻打宋国的故事。晋国探子看到司城官子罕因阳门士兵去世而哀恸，推论此时不可征伐。因为卫士的地位很低贱，而子罕身为国家的卿相，以贵哭贱，使民心深受感动，所以人民都心悦诚服，愿意与他同生共死。假若有人来讨伐，人民必然会誓死保卫，所以说恐怕不可讨伐。孔子听后说："真是一位善于侦探的人啊！"称赞晋国的探子，认为他能见微知著。从微小的事情就可以看到不能够讨伐宋国。孟子说："天时不如地利，地利不如人和。"决定一场战争成败的关键就在于人。《孙子兵法·谋攻》云："上下同欲者胜。"统帅与士卒、上级与下级，民众上下一心，同仇敌忾，就一定能够战胜敌人。决定战斗胜负的关键因素就在于在上者的德行，能够感得人心归一，这就是常说的"得人心者得天下"。

　　为什么有人能预先知晓事情的发展结果？是因为他们能够体悟或者通达"道"，特别是德福一致的规律。《贾子》中有关于"先醒"的论述。梁怀王问贾子，人们为什么称通晓天地之道、深明人世之理的人为"先生"。贾君回答说："这是泛称。上则君主可称，中为卿大夫可称，下至一般平民可称。至于说到它的确切概念，不应称'先生'，应称'先醒'。普通的君王未学关于'道'的道理，于得失方面默然无知，不明白治乱存亡的原因，像喝醉酒一般蒙昧不明。而贤明的君主勤学好问孜孜不倦，好行于道不知满足，聪颖智慧，比别人早了解关于'道'的道理。所以还未达到大治，就知道如何达到大治；还未出现动乱，就知道致乱的原因；未安定时，知道如何安定。未危亡时，知道危亡的原因，所以能清楚地悟出国家存亡的原因。所以称为'先醒'，譬如大家都喝酒醉倒后独自先醒来的人一样。"贾君认为，世间的君主有先觉醒的，有后觉醒的，有不觉醒的。先觉悟到存亡之道，是先醒者；已经亡国，然后才觉悟到存亡的原因，是后醒者；已经灭亡了，尚且不能觉悟存亡原因的，称之为不醒者。

先醒与后醒、不醒之分，便是圣、凡之别。《文子·微明》云，圣人能在重重障碍之内预见大福，能考虑到遥远将来的忧患。愚昧的人被小利所迷惑而忘记了大害。所以有些时候，利于小的事情，会妨害大的事情；仅于此有所得，而于彼却有所失。圣人和先醒者更具有长远的眼光和宽广的胸怀，不论一时而论长远，不论现行而论流弊。不醒、后醒者往往只注重眼前小利，从而伤害了长远的大利，或是面对困难产生畏难情绪，导致问题积重难返。

能够知道事情发展趋势的"知几"者被称赞为"神"。《易·系辞》云："知几其神乎。君子上交不谄，下交不渎，其知几乎。几者，动之微。君子见几而作，不俟终日。《易》曰：'介于石，不终日，贞吉。'君子知微知彰，知柔知刚，万夫之望。"[90] 能觉察事物的苗头可以称得上神。君子上交不谄媚，下交不轻慢，就是能预先觉察事物苗头和趋势。"几"是事情细微的苗头和趋势。君子能通过细微之事而行动，不必等到事情终结。豫卦六二《爻辞》说："辨别石头，不必等到最后，这是贞固而吉利的。"意思是在事物萌芽之初就看出吉凶，因此不需要等到事情终结之时。君子通过细微之事而知彰显之事，通过柔弱之事而知刚强之事，能见微知著，则为天下万民景仰。这就是知几如神的人了。所谓"神"者，非世间所说的神秘，也不是玄妙，而是以明了宇宙人生真理、因果规律而能前知。至于"见乎蓍龟，动乎四体"[91]，则如蕅益大师所言，至诚则必先料知如神，何必等到妖祥显现、蓍龟扰动而后才知道？妖祥蓍龟，不过是为了让愚者来决疑之用。[92] 古圣先贤述兴亡之征，传给后世，而不教以蓍龟之术，是告诉子孙，修身明德才是根本，不可舍本而求诸鬼神。清朝的覆灭，其鉴不远！

二、兴亡之兆，唯前为明

兴废存亡之征兆，遍诸典籍。《申鉴·政体》中列出了九种国风：

"一曰治，二曰衰，三曰弱，四曰乖，五曰乱，六曰荒，七曰叛，八曰危，九曰亡。"[93]君臣亲近又能保持礼节，百官和谐相处而不盲目附和，封赏时互相谦让而不争，勤劳国事没有怨言，官员各司其职，这是治国之风。礼教和风俗不相一致，官职和爵位不被敬重，小人得志妄意揣测国事，普通百姓也议论纷纷，这是衰国之风。君主委屈忍让，臣子好逸恶劳，士人喜好游乐，民众游手好闲，这是弱国之风。君臣争着显示聪明，群臣争功，士大夫争名，民众争利，这是乖国之风。上层官员私欲泛滥，下层官员作恶多端，法规朝令夕改，政出多门，这是乱国之风。以奢侈无度为博大，以骄纵无礼为高贵，以漫无准则为通达，以遵守礼仪为烦劳，以遵纪守法为固执，这是荒国之风。以严苛为明察，以谋私为公务，以欺凌下属百姓为能，以溜须拍马为忠，这是叛国之风。上下互相疏远，内外互相猜疑，小官争宠，大臣争权，这是危国之风。君主不问百姓疾苦，臣子不向君主进谏，后宫干预朝政，私政公行畅通，这是亡国之风。审视社会中出现的情形，对比以上九种风气，就能知道国家处于哪种类型，也就知道需要什么样的政策来应对和治理了。

《尹文子·圣人》列出了六类国家：衰国、乱国、亡国、昌国、强国、治国。这六类国家分为乱亡之国和强治之国。《尹文子·圣人》云："君年长，多妾媵，少子孙，疏宗强，衰国也。君宠臣，臣爱君，公法废，私欲行，乱国也。国贫小，家富大，君权轻，臣势重，亡国也。凡此三征，不待凶虐残暴而后弱也，虽曰见存，吾必谓之亡者也。内无专宠，外无近习，支庶繁息，长幼不乱，昌国也。农桑以时，仓廪充实，兵甲劲利，封疆修理，强国也。上不能胜其下，下不能犯其上，上下不相胜犯，故禁令行，人人无私，虽经险易而国不可侵，治国也。凡此三征，不待威力仁义而后强，虽曰见弱，吾必谓之存者也。"[94]所谓动乱灭亡之国，并不都与凶残、暴虐相关涉；所谓强盛太平之国，并不都与威力、仁义相关涉。事物都有一个发展的过程，当出现一些小的苗头的时候，通过观察社会中出现的征兆，可以在事物未萌之际，看到国家未来的发展趋势。

以上列举了一些判断国家现状的特征。参究这些兴衰的征兆，察以当今社会和国家中出现的情形，就可以知道事情的发展趋势，乃至预测将来的结果。国家若出现的是正向的征兆，就应继续保持，使其发扬光大；若是负面的征兆，就应当采取措施禁绝其发展。人之所以要用发展的眼光来看问题，就是因为微小的征兆经过长期累积，结果之大会难以想象，因此要在出现苗头之时予以扭转。

前人治国理政之智慧、方法、经验、教训，无不载于典籍。《申鉴·杂言》云："君子有三鉴：鉴乎前，鉴乎人，鉴乎镜。前惟训，人惟贤，镜惟明。"[95]夏朝和商朝的衰败，是因为不借鉴大禹、商汤；周朝、秦朝的弊端，是不取鉴于群臣百官；帽子歪戴，脸存污垢，是不借鉴于明镜。所以君子将借鉴视为很重要的事情。

魏徵作为"千古谏臣"，其谏言多被唐太宗采纳，对"贞观之治"有着不可磨灭的功绩。魏徵殂逝，唐太宗辍朝五日，临朝痛哭，感慨说："夫以铜为镜，可以正衣冠；以古为镜，可以知兴替；以人为镜，可以明得失。朕常保此三镜，以防己过。今魏徵殂逝，遂亡一镜矣。"[96]唐太宗读《群书治要》手不释卷，感叹"致治稽古，临事不惑"。《群书治要》助太宗开创"贞观之治"，后又助日本实现承和、贞观两代盛世。天不变，道亦不变。运用《群书治要》中的德福一致智慧和因果规律，也可以帮助佐今日的为政者，使社会臻至太平之境。

第五节　一体之仁　不世之功

德福一致的作用规律和一体之仁的宇宙观基础有助于使为政者明白，成就功业之大小与德行直接相关。自古以来，上至天子，下至庶人，建功立业者众矣。或显赫一时，或生前身后，抑或百世千秋。《魏志下》云："有不世之君，必能用不世之臣。用不世之臣，必能立不世之功。"[97]"不世之功"即千秋伟业。非凡之君必能任用超群之臣，君臣同心所建功业，亦必世所罕见。

一、天下一家，中国一人

要想成就不世之功，为政者必须有高尚的德行。道德是国家治理的基础。中国古人在处理与家国社会、天地自然的关系时，都崇尚效法于"道"，按照"道"的要求成就功业。孔子在体悟"道"的基础上，将由"道"发出的"德"统之于相对具体的"仁"，因此孔子的学说又被称为"仁学"，倡导的理想政治又被称为"仁政"。子曰："仁者，爱人。"孟子提出"有不忍人之心，斯有不忍人之政"。可见，仁政由仁心而来，在位者有仁心才能施行爱人的仁政。仁是道的显现，建立在对"天地万物为一体"之道的体悟上，因此又被称为"一体之仁"。不世君臣有一体之仁，而能建立不世之功。为政者欲成就盛世，当以一体之仁为修德境界，具有长远眼光、广阔胸襟和大历史观。

古者以"一体之仁"形容仁爱。一体，即密不可分。一体之仁爱，如举手护头以避锋芒，不讲条件，无所希求。一体有小大之分。小者，己身也；中者，于诸众生，视若自己；大者，自他不二，物我一体，是所谓"天地与我并生，而万物与我为一"。一体有小大之分，则仁爱亦有小大之别。仁爱于小，敬己之身；于中，推己及人；于大，无缘大慈、无碍大悲。

王阳明《大学问》深邃阐发一体之仁：

大人者，以天地万物为一体者也。其视天下犹一家，中国犹一人焉。若夫间形骸而分尔我者，小人矣。大人之能以天地万物为一体也，非意之也，其心之仁本若是，其与天地万物而为一也。岂惟大人，虽小人之心亦莫不然，彼顾自小之耳。是故见孺子之入井，而必有怵惕恻隐之心焉，是其仁之与孺子而为一体也；孺子犹同类者也，见鸟兽之哀鸣觳觫，而必有不忍之心，是其仁之与鸟兽而为一体也；鸟兽犹有知觉者也，见草木之摧折而必有悯恤之心焉，是其仁之与草木而为一体也；草木犹有生意者也，见瓦石之毁坏而必有顾惜之心焉，是其仁之与瓦石而为一体也：是其一体之仁也，虽小人之心亦必有之。是乃根于天命之性，而自然灵昭不昧者也，是故谓之"明德"。**98**

明德即自性。万物与我一体，实乃因万事万物皆出于人之自性。孟子曰："仁，人心也"，"仁也者，人也"。仁为人之本，一体的根本在仁。既然一体，自然无有对立，诚如孟子所云："仁者无敌。"大人视天地万物与我为一体，实则本性之自然流露。无论大人、小人，本性一如。只因小人取向分别，情执深重，将本来是一体的仁心分出你我。

仁心从孝而来。《中庸》云："思修身，不可以不事亲；思事亲，不可以不知人；思知人，不可以不知天。"天即道，即自性。《说文解字》云："孝，善事父母者，从老省，从子，子承老也。"**99**"老"的省体与"子"合并组成"孝"字，说明上一代与下一代是一体的关系。孝养父母向上一代扩展，过去无始；慈爱幼者向下一代延伸，未来无终。上一代和下一代始终是一体。把对父母的孝和对子孙的慈爱横向扩展，"老吾老，以及人之老；幼吾幼，以及人之幼"，"亲亲而仁民，仁民而爱物"。由爱自己的亲人，扩展到爱其他人，进而扩展到万事万物。知孝，则能了知一体。了知一体，则知人之本性一如，在圣不增，在凡不减。在此认知之上，推己及人，践行一体之仁。

二、君臣一体，同亮天功

君臣是一体的关系。《申鉴·政体》云："天下国家，一体也，君为元首，臣为股肱，民为手足。"[100]君主圣明仁义，臣子竭忠尽智，则国治天下平。《汉书三》云："众贤和于朝，则万物和于野，故四海之内，靡不和宁。"[101]唯有真正之贤臣，方可佐君臻至太平。《蒋子》云："陶唐钦明，羲氏平秩，有虞明目，元恺敷教，皆此君唱臣和，同亮天功，故能天成地平，咸熙于和穆，盛德之治也。"[102]上位者修身有功，知人善任，则仁者在位而仁者来。禹、稷、契、皋陶、伯益五臣因舜之继位而显耀，舜亦因得此五臣而实现盛德之治。

仁以立命，立命建功。仁乃人之性德，属无为之法，无为而无不为。行仁在于无私博爱。《弟子规》云："凡是人，皆须爱；天同覆，地同载。"广泛仁爱所有人，就要学习天地那种一切平等、无不包容、承载万物的品德。子曰："天无私覆，地无私载，日月无私照。"[103]天地日月所表现出来的是无私之德。上天化育万物，大地承载万物，一切都是平等无私的，人要效法天地的存心。《老子》云："天道无亲，常与善人。"并非天偏向善人，天对于万事万物都是平等的。奖善惩恶正是平等的表现。如果有所亲，则是对喜欢的人即使作恶也不予以惩罚，但是天并非如此。

无私博爱，是以孝悌为根本。《中庸》云："仁者人也，亲亲为大。"行仁端自孝悌。《大学》云："一家仁，一国兴仁。"文王尽性以修其身，行孝以齐其家，得民心者民归之，文王受命于天始作周。孝为众德之本。然而，"人不学，不知道。是故古之王者，建国君民，教学为先"[104]。舜忧人们衣食饱暖逸居而无教，则无别于禽兽，便设司徒教以人伦：父子有亲、君臣有义、夫妇有别、长幼有序、朋友有信。《孟子》云："人人亲其亲长其长，而天下平。"这便是"圣王以天下为忧"[105]，"圣人以天下为度者"[106]。

然而，并非世世都有圣人出现。《文子》云："欲治之主不世出，可与治之臣不万一，以不世出求不万一，此至治所以千岁不一至，霸王之功不世立也。"[107]圣君非世代所能出，可与之共治之贤臣良相亦万人难觅。若欲不世之君求不世之臣，更加千载难逢，因此大业非世代所能成就。所以，须有世人效法圣贤之道，以古圣先贤为师，践行圣贤之志。曾子曰："士不可以不弘毅，任重而道远。仁以为己任，不亦重乎？死而后已，不亦远乎？"[108]行仁弘仁，责任莫重乎此，征程莫远乎此。志士当弘毅。行仁之功，全赖心量之宽广，即一体之大小。一体含摄愈宽，仁爱之心愈广，所建功业愈大。犹如"忎，古文仁，从千心"[109]，彰明仁爱万物之心。那么欲立不世之功，当发无上仁爱之心。

不世之君，必能以孝悌为本，行一体之仁。同声相应，同气相求，不世之君必能感召不世之臣。君臣交感之关键在于上位者尽己之诚，至诚则能感通。为政者修身，以道德为上治，以仁义为本行。君臣和合，相须而行，上合天道，自强不息；下应地道，厚德载物；万物而作，生生不息，立不世之功。

观今之世，百年未有之大变局加速演进。实现中华民族伟大复兴，首先要实现中华文化全面复兴。习近平总书记号召文化传承发展，倡议共建"一带一路"，构建人类命运共同体，直指世界大同，非唯中华民族伟大复兴之伟业可期可冀，全人类盛世亦可开启！此即当今最不可思议之一体之仁，实属不世之大计。

综上所述，德福一致的因果律无处不在，其于修身、齐家、治国、平天下之各方面，无不影响深远。深信因果，知命由我作，则人能以积极心态，弃恶扬善，改造命运。因果教育，可维护安定和平，治社会于无形。历史证明之因果律，告诸为政者当居安思危，有备方能无患。今世之人，参诸经史，明晰因果，可知兴衰存亡之理；鉴古问今，则可处变不惊，临事不惑；扭转乾坤，当为之事，亦可知矣。了知德福一致，则以一体之广大仁心，践行道德，成就福荫人类之功。

注　释

1.（周）左丘明传，（晋）杜预注，（唐）孔颖达正义，浦卫忠等整理，杨向奎审定：《春秋左传正义》（十三经注疏），第 1142 页上。

2.（唐）魏徵等辑：《群书治要》（永青文库四种），第 4 册，第 578 页。

3.（唐）魏徵等辑：《群书治要》（永青文库四种），第 1 册，第 415 页。

4.（唐）魏徵等辑：《群书治要》（永青文库四种），第 4 册，第 249 页。

5.（唐）魏徵等辑：《群书治要》（永青文库四种），第 4 册，第 49 页。

6.（唐）魏徵等辑：《群书治要》（永青文库四种），第 1 册，第 500—501 页。

7.（唐）魏徵等辑：《群书治要》（永青文库四种），第 4 册，第 48 页。

8.（唐）魏徵等辑：《群书治要》（永青文库四种），第 5 册，第 534—535 页。

9.（唐）魏徵等辑：《群书治要》（永青文库四种），第 5 册，第 300—301 页。

10.（唐）魏徵等辑：《群书治要》（永青文库四种），第 1 册，第 71 页。

11.（唐）魏徵等辑：《群书治要》（永青文库四种），第 4 册，第 291 页。

12.（北宋）苏轼：《晁错论》，载（清）吴楚材、吴调侯选：《古文观止》下册，中华书局 1959 年版，第 482 页。

13.（明）王阳明：《王阳明集》，下册，第 183 页。

14.（唐）魏徵等辑：《群书治要》（永青文库四种），第 5 册，第 296 页。

15.（唐）魏徵等辑：《群书治要》（永青文库四种），第 5 册，第 296 页。

16.（唐）魏徵等辑：《群书治要》（永青文库四种），第 5 册，第 294—295 页。

17.（唐）魏徵等辑：《群书治要》（永青文库四种），第 5 册，第 119—120 页。

18.（唐）魏徵等辑：《群书治要》（永青文库四种），第 2 册，第 310—311 页。

19.安平秋、张传玺主编：《汉书》第 2 册（许嘉璐主编：《二十四史全译》）第 777 页。

20.（唐）魏徵等辑：《群书治要》（永青文库四种），第 1 册，第 483 页。

21.（魏）何晏注，（宋）邢昺疏，朱汉民整理，张岂之审定：《论语注疏》（十三经注疏），第 102 页下。

22.（唐）魏徵等辑：《群书治要》（永青文库四种），第 4 册，第 334 页。

23.（唐）魏徵等辑：《群书治要》（永青文库四种），第 1 册，第 45 页。

24.（唐）魏徵等辑：《群书治要》（永青文库四种），第 4 册，第 288 页。

25.（唐）魏徵等辑：《群书治要》（永青文库四种），第 1 册，第 126 页。

26.（汉）许慎撰，（宋）徐铉校定：《说文解字》，第 223 页上。

27.（明）袁了凡著，尚荣、徐敏、赵锐译注：《了凡四训》（中华经典藏书），第 83—84 页。

28.（明）袁了凡著，尚荣、徐敏、赵锐译注：《了凡四训》（中华经典藏书），第 86，88 页。

29.（唐）魏徵等辑：《群书治要》（永青文库四种），第 4 册，第 288—289 页。

30.（唐）魏徵等辑：《群书治要》（永青文库四种），第 1 册，第 510 页。

31.（明）袁了凡著，尚荣、徐敏、赵锐译注：《了凡四训》(中华经典藏书)，第 92 页。

32.（唐）魏徵等辑：《群书治要》（永青文库四种），第 1 册，第 54 页。

33.（明）蕅益著，刘俊堂点校：《周易禅解》，第 16 页。

34.（唐）魏徵等辑：《群书治要》（永青文库四种），第 4 册，第 543 页。

35.（唐）魏徵等辑：《群书治要》（永青文库四种），第 5 册，第 295 页。

36.（唐）魏徵等辑：《群书治要》（永青文库四种），第 1 册，第 500 页。

37.（唐）魏徵等辑：《群书治要》（永青文库四种），第 4 册，第 179 页。

38.（唐）魏徵等辑：《群书治要》（永青文库四种），第 4 册，第 288 页。

39.（唐）魏徵等辑：《群书治要》（永青文库四种），第 1 册，第 72—73 页。

40.（唐）魏徵等辑：《群书治要》（永青文库四种），第 5 册，第 253—254 页。

41.（唐）魏徵等辑：《群书治要》（永青文库四种），第 4 册，第 288 页。

42.（唐）魏徵等辑：《群书治要》（永青文库四种），第 1 册，第 49 页。

43.（唐）魏徵等辑：《群书治要》（永青文库四种），第 1 册，第 73 页。

44.（唐）魏徵等辑：《群书治要》（永青文库四种），第 5 册，第 68—69 页。

45.（唐）魏徵等辑：《群书治要》（永青文库四种），第 5 册，第 68 页。

46.（唐）魏徵等辑：《群书治要》（永青文库四种），第 5 册，第 539 页。

47.（唐）魏徵等辑：《群书治要》（永青文库四种），第 4 册，第 284—285 页。

48.（唐）魏徵等辑：《群书治要》（永青文库四种），第 4 册，第 260 页。

49.（唐）魏徵等辑：《群书治要》（永青文库四种），第 4 册，第 316 页。

50.（唐）魏徵等辑：《群书治要》（永青文库四种），第 4 册，第 247—248 页。

51.（唐）魏徵等辑：《群书治要》（永青文库四种），第 2 册，第 153 页。

52.（唐）魏徵等辑：《群书治要》（永青文库四种），第 2 册，第 115 页。

53.（唐）魏徵等辑：《群书治要》（永青文库四种），第 5 册，第 284 页。

54.（唐）魏徵等辑：《群书治要》（永青文库四种），第 5 册，第 394 页。

55.（唐）魏徵等辑：《群书治要》（永青文库四种），第 5 册，第 217—218 页。

56.（唐）魏徵等辑：《群书治要》（永青文库四种），第 2 册，第 201—202 页。

57.（唐）魏徵等辑：《群书治要》（永青文库四种），第 2 册，第 202 页。

58.（唐）魏徵等辑：《群书治要》（永青文库四种），第 3 册，第 589 页。

59.（唐）魏徵等辑：《群书治要》（永青文库四种），第 3 册，第 365 页。

60.（唐）魏徵等辑：《群书治要》（永青文库四种），第 3 册，第 335 页。

61.（唐）魏徵等辑：《群书治要》（永青文库四种），第 4 册，第 507 页。

62.（唐）魏徵等辑：《群书治要》（永青文库四种），第 1 册，第 71—72 页。

63.（唐）魏徵等辑：《群书治要》（永青文库四种），第 1 册，第 41 页。

64.（唐）魏徵等辑：《群书治要》（永青文库四种），第 1 册，第 131 页。

65.（唐）魏徵等辑：《群书治要》（永青文库四种），第 4 册，第 46—47 页。

66.（唐）魏徵等辑：《群书治要》（永青文库四种），第 4 册，第 47 页。

67.（唐）魏徵等辑：《群书治要》（永青文库四种），第 1 册，第 37 页。

68.（唐）魏徵等辑：《群书治要》（永青文库四种），第 1 册，第 127 页。

69.（唐）魏徵等辑：《群书治要》（永青文库四种），第 1 册，第 421—422 页。

70.（唐）魏徵等辑：《群书治要》（永青文库四种），第 4 册，第 56—57 页。

71.（唐）魏徵等辑：《群书治要》（永青文库四种），第 4 册，第 435 页。

72.（唐）魏徵等辑：《群书治要》（永青文库四种），第 4 册，第 263 页。

73.（唐）魏徵等辑：《群书治要》（永青文库四种），第 4 册，第 270—271 页。

74.（唐）魏徵等辑：《群书治要》（永青文库四种），第 5 册，第 304—305 页。

75.（唐）魏徵等辑：《群书治要》（永青文库四种），第 4 册，第 90 页。

76.（唐）魏徵等辑：《群书治要》（永青文库四种），第 1 册，第 422 页。

77.（唐）魏徵等辑：《群书治要》（永青文库四种），第 5 册，第 550—551 页。

78.（唐）魏徵等辑：《群书治要》（永青文库四种），第 4 册，第 132 页。

79.（唐）魏徵等辑：《群书治要》（永青文库四种），第 5 册，第 136 页。

80.（唐）魏徵等辑：《群书治要》（永青文库四种），第 5 册，第 137 页。

81.（唐）魏徵等辑：《群书治要》（永青文库四种），第 5 册，第 409 页。

82.（唐）魏徵等辑：《群书治要》（永青文库四种），第 1 册，第 131 页。

83.（唐）魏徵等辑：《群书治要》（永青文库四种），第 5 册，第 44 页。

84.（唐）魏徵等辑：《群书治要》（永青文库四种），第 1 册，第 531 页。

85.（唐）魏徵等辑：《群书治要》（永青文库四种），第 1 册，第 103 页。

86.（唐）魏徵等辑：《群书治要》（永青文库四种），第 5 册，第 224 页。

87.（唐）魏徵等辑：《群书治要》（永青文库四种），第 1 册，第 554—555 页。

88.(汉)郑玄注,(唐)孔颖达疏,龚抗云整理,王文锦审定:《礼记正义》(十三经注疏),1692 页下—1693 页上。

89.(唐)魏徵等辑:《群书治要》(永青文库四种),第 5 册,第 171—172 页。

90.(唐)魏徵等辑:《群书治要》(永青文库四种),第 1 册,第 72 页。

91.(汉)郑玄注,(唐)孔颖达疏,龚抗云整理,王文锦审定:《礼记正义》(十三经注疏),第 1693 页上。

92.(明)蕅益著,江谦补注,梅愚点校:《四书蕅益解》,第 188 页。

93.(唐)魏徵等辑:《群书治要》(永青文库四种),第 5 册,第 279 页。

94.(唐)魏徵等辑:《群书治要》(永青文库四种),第 4 册,第 387—388 页。

95.(唐)魏徵等辑:《群书治要》(永青文库四种),第 5 册,第 284—285 页。

96.(唐)吴兢撰,谢保成集校:《贞观政要集校》,第 63 页。

97.(唐)魏徵等辑:《群书治要》(永青文库四种),第 3 册,第 321 页。

98.(明)王阳明:《王阳明集》,下册,第 178 页。

99.(汉)许慎撰,(宋)徐铉校定:《说文解字》,第 171 页上。

100.(汉)荀悦撰,(明)黄省曾注,孙启治校补:《申鉴注校补》,中华书局 2012 年版,第 37 页。

101.(唐)魏徵等辑:《群书治要》(永青文库四种),第 2 册,第 194 页。

102.(唐)魏徵等辑:《群书治要》(永青文库四种),第 5 册,第 355 页。

103.(汉)郑玄注,(唐)孔颖达疏,龚抗云整理,王文锦审定:《礼记正义》(十三经注疏),第 1630 页下。

104.(汉)郑玄注,(唐)孔颖达疏,龚抗云整理,王文锦审定:《礼记正义》(十三经注疏),第 1225 页上。

105.(唐)魏徵等辑:《群书治要》(永青文库四种),第 5 册,第 281 页。

106.(唐)魏徵等辑:《群书治要》(永青文库四种),第 2 册,第 338 页。

107.(唐)魏徵等辑:《群书治要》(永青文库四种),第 4 册,第 259—260 页。

108.(唐)魏徵等辑:《群书治要》(永青文库四种),第 1 册,第 484 页。

109.(汉)许慎撰,(宋)徐铉校定:《说文解字》,第 159 页上。

结　语

国无德不兴，人无德不立

　　中国古代伦理道德教化效果显著，德福一致观念深入人心乃为重要原因。德福一致教育可净化人心、安定社会。人人信因果，则努力行善不敢作恶，实天下大治之道也；人人不信因果，则无法无天甚至无恶不作，乃天下大乱之道也。德福一致观是中国传统伦理型文化的重要特征，亦是中国传统圣贤教育的重要组成部分，在传统道德教育中起着不可替代的重要作用。但由于历史原因，现代人对德福一致的思想质疑、误解甚至批判。又在百年来西学东渐的影响下，不能理性对待因果规律，不仅不信因果，还斥之为封建迷信，其结果是心无畏惧，社会风气日渐浇薄。党的十八大以来，习近平总书记在多次重要讲话中强调"国无德不兴，人无德不立"，肯定了德福一致的基本观念，为重新研究并正确认识中国历史典籍中的德福一致观提供了新契机。

　　本书以《群书治要》中的德福观为研究对象，通过经史合参的研究方法昭示世人，古圣先贤如何将德福一致的因果思想运用于修身、齐家、治国、平天下。历史证明，国家兴衰之根本在于修德。行仁，则天下归之；行俭，则贪腐减少；谦虚礼贤，则人才归附；知"德"为"才"之帅，则知如何选贤举能；知仁者爱人乃为自觉觉他，则能反躬修德，以身作则，以教学为先，德化万民；深信因果，则知礼乐并非枷锁，法令亦有其害；明礼法之本质皆为教化，德主刑辅为治平之要，则能在依法治国的同时，注重以德治国。此可助为政者树立正确治理观，促进社会达致长治久安。

今人不信德福一致的另一个重要原因在于不能解释现实中所谓的德福背离的现象。鉴于此，本书通过历史与逻辑相统一、史论结合的方式，着重研究了《群书治要》德福一致的宇宙观基础——天人合一论，特别是德福一致的深层内涵和作用原理，总结了因果规律的六大特性。其中对因果律之阐述，力求融通百家，详尽透彻，尤其对历时性、放大性、变易性三大特征的阐释，通过经史互证，消除人们对因果的误解，使人不为表象所迷惑，从更深层次理解德福一致。以因果律研究德福一致的作用原理，能够拨云见日，洞彻事理，能从规律的层面而非仅从经验的层面证明德乃福之基。因果规律示人顺道吉、从逆凶之理，以此教人敬畏天命，顺天修德，察己改过，纠政之偏，为化解灾难、趋吉避凶提供出路。同时告人祸福由己，命自我作，以此引导世人修己消灾，并使学习传统文化回归修身明德这一根本，而非流于算命祈福等仪式。德福一致还教人跳脱世俗禄考，胸怀天地万物，放眼过去未来，树立崇高理想，并为之不懈奋斗。

德福一致思想的实践意义主要体现在，通过迁善改过，教人改往修来，改造命运。因果教育使人无欺于天、无欺于己，对因果、圣人之言心生敬畏，使人从心上不敢作恶，治社会于无形。洞察古人兴衰成败，古镜今鉴，则生居安思危之心，有备无患。通晓历史之因果律，则能见微知著，睹始知终，知事态发展规律，故能于初起未发时消除隐患，导归正道。悉知此理，亦可消除传统文化之神秘色彩。最后，还能以一体之广大仁心，崇德广业，立福荫人类之功。

总之，《群书治要》中的德福观，内容丰富翔实，论述全面深刻，表明因果乃世间运行之事实，而非宗教所独有，乃诸子百家同声共赞。因果对古时教化人心、安定社会所起之保障作用，举足轻重，无可取代。全面深入研究《群书治要》中的德福观，对于消除世人对因果律之疑虑，劝人断恶修善，积功累德，"绝恶于未萌，起敬于微眇"，达致身

心和乐、家庭和睦、社会和谐、天下和平等，都具有深远意义。希望本
书能够为坚定文化自信，探索用中国话语研究中国伦理问题提供理论借
鉴，为实现道德教育深入人心、行之有效提供路径，为形成中国特色的
社会治理理论，实现"中国之治"，建设物质文明和精神文明相协调的
现代化提供思想借鉴。

参考文献

安平秋、张传玺主编：《汉书》（许嘉璐主编：《二十四史全译》），汉语大字典出版社 2004 年版。

（宋）蔡沈撰，王丰先点校：《书集传》，中华书局 2018 年版。

陈桐生译注：《国语》（中华经典名著全本全注全译丛书），中华书局 2013 年版。

（宋）程颐撰，王孝鱼点校：《周易程氏传》，中华书局 2011 年版。

方勇、李波译注：《荀子》（中华经典名著全本全注全译丛书），中华书局 2011 年版。

方勇译注：《墨子》（中华经典名著全本全注全译丛书），中华书局 2011 年版。

谷衍奎编：《汉字源流字典》，语文出版社 2008 年版。

（清）郭庆潘辑，王孝鱼整理：《庄子集释》（新编诸子集成），中华书局 1961 年版。

（魏）何晏注，（宋）邢昺疏，朱汉民整理，张岂之审定：《论语注疏》（十三经注疏），北京大学出版社 2000 年版。

黄怀信译注：《大戴礼记译注》，上海古籍出版社 2019 年版。

金景芳、吕绍纲著，吕绍纲修订：《周易全解修订本》，上海古籍出版社 2017 年版。

（汉）孔安国注，（唐）孔颖达疏，廖名春、陈明整理，吕绍刚审定：《尚书正义》（十三经注疏），北京大学出版社 2000 年版。

（清）孔广森撰，王丰先点校：《大戴礼记补注（附校正孔氏大戴礼记补注）》（十三经清人注疏），中华书局 2013 年版。

（明）来知德撰，王丰先点校：《周易集注》上册，中华书局 2019 年版。

李圃、郑明主编：《古文字释要》，上海教育出版社 2010 年版。

刘慧敏、刘余莉：《儒家的礼，"自我"与德性完善》，《吉首大学学报：社会科学版》2012 年第 6 期。

刘娟编著：《忠经孝经译读》，中南大学出版社 2017 年版。

（唐）刘肃撰，许德楠、李鼎霞点校：《大唐新语》，中华书局 1984 年版。

刘余莉：《群书治要十讲》，团结出版社 2014 年版。

（唐）陆德明撰：《经典释文》，上海古籍出版社 2013 年版。

陆玖译注：《吕氏春秋》（中华经典名著全本全注全译丛书），中华书局 2011 年版。

（宋）陆九渊著，钟哲点校：《陆九渊集》，中华书局 1980 年版。

吕效祖、赵宝玉、张耀武主编：《群书治要考译》，团结出版社 2011 年版。

马世年译注：《新序》（中华经典名著全本全注全译丛书），中华书局 2014 年版。

（汉）毛亨传，（汉）郑玄笺，（唐）孔颖达疏，龚抗云等整理：《毛诗正义》（十三经注疏），北京大学出版社 2000 年版。

聂菲璘：《群书治要的流传与版本递嬗研究》，中华书局 2024 年版。

（明）蕅益著，江谦补注，梅愚点校：《四书蕅益解》，崇文书局 2015 年版。

（明）蕅益著，刘俊堂点校：《周易禅解》，崇文书局 2015 年版。

（清）皮锡瑞撰：《六艺论疏证》（吴仰湘编：《皮锡瑞全集》第 3 册），

中华书局 2015 年版。

[英] 塞缪尔·斯迈尔斯著，宋景堂、刘曙光、刘志明译：《品格的力量》，北京图书馆出版社 1999 年版。

（宋）司马光编著，（元）胡三省音注，"标点资治通鉴小组"校点：《资治通鉴》第 1 册，中华书局 1956 年版。

（清）苏舆撰，钟哲点校：《春秋繁露义证》（新编诸子集成），中华书局 1992 年版。

（清）孙希旦撰，沈啸寰、王星贤点校：《礼记集解》（十三经清人注疏），中华书局 1989 年版。

唐宇辰、徐湘霖译注：《申鉴中论》（中华经典名著全本全注全译丛书），中华书局 2020 年版。

（魏）王弼注，（唐）孔颖达疏，卢光明、李申整理，吕绍刚审定：《周易正义》（十三经注疏），北京大学出版社 2000 年版。

王国轩、王秀梅译注：《孔子家语》（中华经典名著全本全注全译丛书），中华书局 2011 年版。

王天海、杨秀岚译注：《说苑》上册（中华经典名著全本全译全注丛书），中华书局 2019 年版。

（明）王阳明：《王阳明集》，中国华侨出版社 2017 年版。

（唐）魏徵等辑：《群书治要》（永青文库四种）第 1—5 册，国家图书馆出版社 2019 年版。

（唐）魏徵等撰，刘余莉主编：《群书治要译注》，中国书店 2012 年版。

（清）吴楚材、吴调侯选：《古文观止》下册，中华书局 1959 年版。

（唐）吴兢撰，谢保成集校：《贞观政要集校》，中华书局 2012 年版。

《习近平著作选读》第一卷，人民出版社 2023 年版。

习近平：《高举中国特色社会主义伟大旗帜　为全面建设社会主义

现代化国家而团结奋斗——在中国共产党第二十次全国代表大会上的报告》，人民出版社 2022 年版。

习近平：《领导干部要读点历史——在中央党校 2011 年秋季学期开学典礼上的讲话》，《学习时报》2011 年 9 月 5 日。

萧祥剑：《群书治要五十讲》，团结出版社 2013 年版。

（汉）许慎撰，（清）段玉裁注，许惟贤整理：《说文解字注》，凤凰出版社 2015 年版。

（汉）许慎撰，（宋）徐铉校定：《说文解字》，中华书局 2013 年版。

徐中舒主编：《甲骨文字典》，四川辞书出版社 1989 年版。

（汉）荀悦撰，（明）黄省曾注，孙启治校补：《申鉴注校补》，中华书局 2012 年版。

余迺永校注：《新校互注宋本广韵：定稿本》，上海人民出版社 2008 年版。

（明）袁了凡著，尚荣、徐敏、赵锐译注：《了凡四训》（中华经典藏书），中华书局 2016 年版。

（宋）张载：《张载集》，中华书局 1978 年版。

（汉）赵岐注，（宋）孙奭疏，廖名春、刘佑平整理，钱逊审定：《孟子注疏》（十三经注疏），北京大学出版社 2000 年版。

（汉）郑玄注，（唐）贾公彦疏，彭林整理，王文锦审定：《仪礼注疏》（十三经注疏），北京大学出版社 2000 年版。

（汉）郑玄注，（唐）贾公彦疏，赵伯雄整理，王文锦审定：《周礼注疏》（十三经注疏），北京大学出版社 2000 年版。

（汉）郑玄注，（唐）孔颖达疏，龚抗云整理，王文锦审定：《礼记正义》（十三经注疏），北京大学出版社 2000 年版。

中共中央党史和文献研究院编：《习近平关于社会主义精神文明建设论述摘编》，中央文献出版社 2022 年版。

中国社会科学院考古研究所编:《殷周金文集成释文》,香港中文大学中国文化研究所 2001 年版。

(宋)朱熹撰:《四书章句集注》,中华书局 1983 年版。

(周)左丘明传,(晋)杜预注,(唐)孔颖达正义,浦卫忠等整理,杨向奎审定:《春秋左传正义》(十三经注疏),北京大学出版社 2000 年版。

Patrick Marnhan. "Nobel winners say tap wisdom of Confucius." *The Canberra Times*, 1988.1.24.

后 记

《德福一致——〈群书治要〉中的德福观》一书是国家社会科学基金 2019 年度一般项目"《群书治要》中的德福观研究"（19BZX123）的最终成果。

《群书治要》被誉为中华优秀传统文化的精华，是中国古代治国理政思想的智慧结晶。本书梳理并研究《群书治要》的德福观，阐释德福一致背后的因果作用规律，及其在中国古代社会治理和道德教育中的功能和作用，旨在帮助领导干部和广大读者更好地学习和借鉴中华优秀传统文化，以史为鉴、开创未来，为建设物质文明和精神文明相协调的现代化提供启示。

除本书作者外，中央司法警官学院讲师刘红利博士撰写了第一章第二节和第四章第二节部分内容，中国人民大学博士生郭家瑞撰写了第二章第一节部分内容。此外，中国传统文化促进会《群书治要》传承委员会副主任罗嘉羽博士，河南师范大学讲师程丽君博士，河北经贸大学讲师黄少雄博士，中国佛学院讲师谷文国博士，北京师范大学副教授刘海天博士，山东建筑大学副教授秦芳博士，河南省委党校讲师徐佳佳博士，国家开放大学讲师葛斯青博士，北京财贸职业学院讲师邢梦潺博士，中共中央党校（国家行政学院）张超、申静思博士，博士生刘震寰、邓超然等参与了课题阶段性成果的写作。

本书内容是作者长期研究的成果，反映了作者对《群书治要》中的德福观的理解和认识。由于水平所限，书中内容或有不当，敬请读者批评指正。

　　本书的出版得益于人民出版社编辑许运娜女士的辛苦付出，在此一并表示衷心感谢。

责任编辑：许运娜
特约编辑：肖国良
版式设计：汪　莹

图书在版编目（CIP）数据

德福一致 ：《群书治要》中的德福观 / 刘余莉，聂菲璘著．
北京 ：人民出版社，2025. 6. -- ISBN 978 - 7 - 01 - 027207 - 8

Ⅰ．D691.5

中国国家版本馆 CIP 数据核字第 2025YJ4285 号

德福一致
DEFU YIZHI
——《群书治要》中的德福观

刘余莉　聂菲璘　著

人民出版社 出版发行
（100706　北京市东城区隆福寺街 99 号）

北京汇林印务有限公司印刷　新华书店经销

2025 年 6 月第 1 版　2025 年 6 月北京第 1 次印刷
开本：710 毫米 ×1000 毫米 1/16　印张：21.5
字数：273 千字

ISBN 978 - 7 - 01 - 027207 - 8　定价：88.00 元

邮购地址 100706　北京市东城区隆福寺街 99 号
人民东方图书销售中心　电话（010）65250042　65289539